KB069523

담임이 이끌어 가는

학급상담

2판

박성희 저

－교사와 학생이 함께 행복한 교실－

학지사

2판 서문

　초판을 낸 지 벌써 3년이라는 세월이 흘렀다. 이 세월 동안 '학급상담' 과 관련된 지식이 얼마나 풍부해졌을까? 개정판을 내도 좋을 정도로 학급에서 아동을 대하는 상담 지식의 양이 현격하게 증가했을까? 이 물음에 자신 있게 "예"라고 답할 수 있는 현실이 참으로 행복하다. 사실 '학급상담' 관련 지식은 이 책 한 권에 담을 수 없을 만큼 많이 발전하였다. 그리하여 필자는 지금 이러한 지식을 10권의 책으로 담아내는 작업을 진행하고 있다.

　이 개정판에는 초판을 낼 때 누락되었던 ADHD 아동에 대한 내용을 포함시켰다. ADHD 아동들은 거의 모든 초등학교 학급에서 발견되며, 이들은 학급을 난장판으로 만들어 담임교사들을 당황하게도 한다. 그렇기 때문에 ADHD 아동들을 빼놓고서 제대로 '학급상담' 을 다뤘다고 말하기에는 부족함이 있다. 실은 ADHD 아동에 대한 원고 역시 3년 전에 완성하였으나 개인 사정으로 초판에 싣지 못하였던 것인데, 이번 개정판을 빌려 이 부분을 싣게 된 것을 다행이라고 생각한다.

　초판에서 '학급상담' 이라는 용어를 처음 사용했음에도 불구하고, 현장 교사들은 이 용어를 자연스럽게 받아들이는 경향을 보였다. 오히려 일부 초등학교 교사들은 그동안 '학급상담' 이라는 이름으로 본격적인 탐구가 이루어지지 않았다는 점에 놀라고 안타까워하는 모습을 보이기도 하였다. 베스트 셀러 수준은 아니지만 꾸준히 책이 판매되는 모습을 보며 초등학교 교사들이 이 책에 상당한 관심을 가지고 있었음을 확인할 수 있었다. 초등학교 현장 교육에 조금이나마 도움이 된 것 같아 뿌듯한 마음이다. '학급상담'에 대해 보다 더 실제적인 지식을 접하고 싶은 독자들은 이 문제를 깊이 파고들어 사전식 사례집으로 출간될 'wonderful teachers!' 라는 책을 기대하기 바란다. 마지막으로 독자 여러분에게 감사의 마음을 전한다.

2009년 6월
박성희

초판 서문

 초등학교 담임으로서 하나의 학급을 담당하여 생활하다 보면 그야말로 여러 가지 일이 발생한다. 한창 자라고 있는 장난꾸러기 아동 35명이 좁은 공간에 오랜 시간 함께 모여 있으니 무슨 일인들 일어나지 않겠는가! 때로는 아동들이 담임선생님 뜻에 잘 따라 별 탈 없이 지내기도 하지만, 선생님 뜻에 어긋나는 일이 종종 발생하는 곳이 학급이다. 오죽했으면 어느 선생님은 "아이들이 원수처럼 느껴진다."는 속내를 털어놓을까.

 사실 학급은 단순히 '공부'만 하는 장소가 아니다. 아동에게도 담임선생님에게도 학급은 가정 다음으로 가장 많은 시간을 보내는 삶의 터전이다. 이곳에서 아동은 밥을 먹고, 뜀박질하고, 지식을 쌓고, 친구를 사귀고, 세상 사는 법을 배워 나간다. 그러니까 아동에게 학급은 하나의 작은 세상이다. 이 작은 세상에서 아동들이 소중한 인생 경험을 하며 행복하게 자라도록 돕는 사람이 바로 담임선생님이다. 학급이라는 상황 자체가 초등학교 담임선생님을 아동의 삶에 깊숙이 관여하게끔 만드는 것이다.

 싫든 좋든 아동들의 삶에 깊숙이 관여하는 사람이 담임선생님이라면 우리는 담임선생님의 역할을 새롭게 바라볼 필요가 있다. 또한 담임선생님 역시 학급에서 자신의 역할을 새롭게 검토할 필요가 있다. 필자는 초등학교 담임선생님은 교사이자 상담자여야 한다고 생각한다. 다시 말해, 초등학교 담임선생님은 아동들에게 공부를 가르치는 교사 역할과 이들의 성장과 발달을 돕는 상담자 역할을 함께해야 한다. 그러니까 초등학교 담임선생님을 학급상담자로 자리매김하자는 말이다. 학급에서 아동들을 상대로 학급상담을 하는 학급상담자의 역할을 담임선생님에게 부여하자는 것이다.

'학급상담'이라는 말은 초등학교 학급에서 담임교사가 수행하는 독특한 역할에 주목한 필자가 새로 만들어 낸 용어다. '학급상담'은 단순히 '학급'이라는 장소와 일반적인 의미의 '상담'을 합성한 말이 아니다. 얼핏 생각하면 학급상담을 학급에서 이루어지는 개인/집단상담이라고 오해할 소지가 있지만, 필자는 이와 아주 다른 생각을 하고 있다. 다소 긴 듯하지만 필자가 다른 곳에 발표했던 글 중 일부를 인용해 보겠다.

"예비교사와 대학원에 다니는 초등교사들에게 상담과 생활지도 과목을 가르치면서 부딪치는 한계의 하나는 대학에서 가르치는 지식이 초등학교 현장과 잘 맞지 않는다는 사실이다. 처음에는 이런 현상이 발생하는 이유를 강의를 들은 교사들의 상담 기능이 충분히 숙달되지 않았거나 배운 바를 학교 현장에 적용하려는 교사들의 역량이 부족하기 때문이라고 생각하였다. 그러나 최근 들어 새롭게 깨달은 사실은 문제의 상당 부분을 교사뿐 아니라 대학에서 가르치는 상담 지식의 내용과 방법에서도 찾을 수 있다는 점이다. 대학에서 가르치는 대부분의 생활지도와 상담 지식은 개인상담 또는 집단상담을 염두에 두고 개발된 지식이다. 그런데 학교에서 교사가 담당하는 학급은 개인상담이나 집단상담 지식이 그대로 적용될 수 없는 고유한 환경적 배경을 갖고 있다. 즉, 교사는 학급이라는 큰 규모의 집단을 상대하면서 동시에 개별 아동들에게 관심과 사랑을 쏟는 복합적인 역할을 수행해야 한다. 따라서 교사에게는 학생 개개인과 학급 전체를 동시에 조화롭게 관리하는 역량이 필요하다. 하지만 학생 개인과 학급 전체를 관리할 수 있는 이 같은 역량은 상담 지식과 학급 경영 지식을 아우를 수 있는 통합적 안목과 지식을 갖고 있을 때 발휘할 수 있다. 대학에서 이루어지는 상담에 대한 강의와 초등학교 현장에서의 실천 사이에 괴리가 발생하는 중요한 이유가 바로 여기에 있다. 초등학교 교사들에게 상담자의 역할과 학급 경영자로서의 역할을 아우르는 지식을 개발하여 보급한다면 상담이론과 실천이 하나로 연결되어 바람직한 교육효과를 거둘 수 있을 것이다."

"담임교사가 학급에서 수행하는 학급상담은 여러 가지 측면에서 아동 개인상담 또는 일반상담과 다르다. 학급이라는 상황 자체가 특이하기 때문이다. 학급 상황이 갖는 특이성을 대략 꼽아 보아도 담임교사가 학생들과 함께 있는 시간이 매우 길고 장기적이라는 점, 교사와 학생의 관계가 다른 학생들에게 노출되어 있다는 점, 원칙상 교사는 학생 개개인에게 균등한 관심을 베풀어야 한다는 점, 학생에게 영향을 미치는 자원이 학교 내 조직(교육행정가, 동학년 교사, 선후배 관계 등)과 학교 외 조직(학부모, 학원 등)에 걸쳐 널리 퍼져 있다는 점, 교사가 수행하는 역할이 매우 다양하다는 점, 교사의 언행이 학생에게 미치는 모델링의 영향력이 매우 크다는 점 등을 들 수 있다. 따라서 성공적인 학급상담이 구성되는 원리와 학급에서 효율적으로 사용될 수 있는 상담 기법이 일반 상담과 크게 다른 모습을 취할 것이라 예상된다. 이러한 측면에서 학급상담은 새롭게 탐구되어야 할 가치를 충분히 가지고 있다. 아울러 아동상담, 특히 학교에서 전개되는 아동상담은 학급상담에 초점을 두고 발전될 필요가 있다."

처음으로 '학급상담' 이라는 이름을 달고 출판되는 이 책이 학급상담의 성격을 얼마나 잘 드러내는지, 그리고 학급을 담당하는 담임선생님들에게 얼마나 도움이 되는지는 지켜봐야겠지만 학급상담을 지향하는 첫걸음으로서 의미는 있다고 생각한다. 앞으로 초등학교 현장 교사들을 중심으로 학급상담을 탐구하는 활동이 활발하게 전개되어 학급상담의 원리와 기법에 대한 보다 새롭고 충실한 지식이 확보되기를 기대한다.

이 책은 전체 7개의 장으로 구성되어 있다. 그중 칭찬, 꾸중, 학급집단의 이해와 관리는 아동과 학급을 이해하고 지도할 때 담임선생님이 알아야 할 일반적인 지식을 다루었고, 학업상담, 공격행동·비행행동, 위축·고립행동, 절도행동은 학급에서 특별한 행동이나 문제가 발생했을 때 효과적으로 대처하는 방식에 대해 다루고 있다. 각 장의 내용을 논리적 순서에 따라 배치한 것은 아니므로 책을 읽을 때 굳이 순서에 얽매일 필요는 없다. 그리고 이 책과 더불어 학지사에서 출판될 '한국형 초등학교 생활지도와 상담' 이라는 책을 함께 읽으면 초등학교상담의 맥락에서 초등학급상담을 이해하는 데에 도움이 될 것이다.

이 책을 저술하면서 초등학교 교사들의 도움을 많이 받았다. 특히 청주교육대학교 교육대학원 초등상담교육과에 몸을 담고 있는 선생님들의 역할이 컸다. 이들과 원고를 함께 읽고 토론하고 수정하면서 필자는 초등학교 학급에서 어떤 일들이 벌어지는지 생생한 대리 체험을 할 수 있었다. 필자는 이 선생님들의 역량이 하루빨리 성장하여 독자적으로 학교상담이나 학급상담에 대한 지식을 생산하는 날이 오기를 간절히 바라고 있다. 언제나 기꺼이 출판을 맡아 주시는 김진환 사장님, 이 책을 보기 좋게 편집해 주신 정혜재 선생님에게도 고마운 마음을 전한다.

2005년 12월
박성희

차 례

chapter 4 **학업상담** 127

제 1 장

꾸 중

학급 아동들을 통제하기 위하여 교사가 가장 많이 활용하는 수단이 꾸중이다. 짧은 시간 간단하게 교사의 의도를 전달할 수 있을 뿐 아니라 아동들의 반응도 비교적 신속하게 나타나기 때문이다. 교사가 언성을 높여 꾸지람을 시작하면 잠시나마 아동들은 하던 행동을 멈추고 교사를 주목하며 눈치를 살핀다. 속으로야 어떻게 생각할지 모르지만 적어도 겉으로는 교사의 말에 귀 기울이는 시늉을 한다. 꾸중이 가져오는 이 같은 외형적 효과로 인해 교사는 꾸중하는 일에 쉽게 익숙해진다.

한국의 초등학교·학급에서 '질서'는 대단히 귀중한 가치를 가진다(김영천, 2000). 학급당 인원수 30여 명이 넘는 상황에서 '질서'가 무너지면 수업이나 기타 학급 활동이 제대로 운영될 수 없다. 하지만 에너지가 펄펄 넘치는 아동들이 그것도 30여 명이 넘는 집단을 형성한 상태에서 항상 질서를 지키며 조용한 생활을 하리라고 기대할 수는 없다. 꾸중은 바로 이러한 상태에서 아동들의 행동에 제동을 걸고 학급활동에 필요한 질서를 회복하는 데 사용하는 중요한 훈육수단이다. 학교에서 발생하는 아동의 행동문제에 대해 조사한 한 연구(성병창, 2000)에 의하면 초등학교에서 교사와 학생이 공통적으로 지적하고 있는 문제행동에 복도에서 뛰어다니기, 실내에서 떠들기, 친구 괴롭히기, 쓰레기 함부로 버리기, 욕설하기, 청소 안하기, 학교 시설물 훼손하기, 정리 정돈 안하기, 실내화 신고 밖으로 나가기, 인사 안하기, 금품 갈취하기, 화장실 사용 후 뒤처리하지 않기, 오락실 또는 만화방 가기, 계단 난간 타기, 중앙계단(현관) 사용하기, 화장실에서 장난치기, 떼 지어 다니기, 침 뱉기 등이 포함된다고 한다. 더구나 아동들의 이러한 문제행동은 한두 번에 그치는 것이 아니라 이들이 학교에 머물러 있는 동안 끊임없이 발생한다. 따라서 이들의 행동을 통제하기 위한 주요 수단으로 꾸중에 의존한다면 교사는 쉴 틈 없이 꾸중을 할 수밖에 없다.

학급과 학교에서 아동에게 발생하는 모든 문제에 대하여 담임교사에게 책임을 묻는 우리의 교육적 현실 역시 교사들을 꾸중에 의존하게 하는 또 하나의 요소다. 책임을 문책 당할 만한 사고를 미연에 방지하기 위하여 교사는 엄격한 행동 규칙을 설정하고 아동들이 이를 지키도록 하기 위해 이 과정에서 아동들에게 꾸중을 많이 하게 된다.

상황이 이러하므로 학교에서 꾸중은 버릴 수 없는 교사의 훈육수단이라는 점을 인정해야 한다. 문제는 꾸중을 꾸중답게 하는 일이다. 한국에서 학교를 다녀본 사람치고 교사들에게 꾸중을 들어 보지 않은 사람은 없을 것이다. 조금 과장하면 교사의 하루는 꾸중으로 시작해서 꾸중으로 끝난다. 아침 조례 시간에 지각한 아이를 꾸중하는 데서부터 저녁에 청소 담당 아이를 꾸중해 보낼 때까지 교사는 꾸중을 입에 달고 산다. 사태가 이렇다면 꾸중을 하지 말라고 할 것이 아니라 꾸중을 꾸중답게, 다시 말하면 교육적인 꾸중을 해달라고 주문해야 한다. 교육백년지대계라는 말이 있을 정도로 교육의 효과는 오랜 시간이 흐른 뒤에 나타난다고 하는데 사실은 이와 다르다. 잘못된 교육은 백년은커녕 바로 그 자리에서 효과가 나타난다. 교사의 교육력은 역설적으로 교사가 교육을 잘 할 때가 아니라 교사가 교육을 잘못할 때 극명하게 드러난다. 학생의 인격을 무시하는 교사의 한 마디는 바로 그 자리에서 학생의 가슴에 깊은 상처를 준다. 물론 이 상처는 쉽게 아물지 않고 평생을 간다. 우리 주변에 '교육'과 '교사'에 대해 부정적인 시선을 가진 성인이 한둘이 아니라는 사실이 이를 뒷받침한다. 그런데 교사의 잘못된 교육의 대부분이 실은 잘못된 꾸중에서 비롯된다. 교육적 알맹이가 빠진 채 교사의 화풀이로 진행되는 꾸중이 바로 그것이다. 교사의 꾸중이 아동의 잘못된 점을 지적하고 바람직한 행동으로 이끄는 데 초점을 두지 않고 쌓인 화를 푸는 데 초점을 둔다면 이는 분명 잘못된 꾸중이다.

사람을 키우려면 가르치고, 칭찬하고, 꾸중해야 하며(조성구 역, 2000) 이를 4:4:2의 비율로 하는 것이 좋다는 지적이 있다. 가르치기만 해서는 그 결과를 알 수 없고 칭찬이 지나치면 자만심을 불러일으켜 무용해지므로 때로 잘못된 부분을 지적하여 꾸중하는 것이 필요하다. 그러니까 좋은 꾸중은 성장과 발전의 원동력이다. 꾸중이 이런 것이라면 상황 때문에 어쩔 수 없이 의존하는 필요악이라는 개념에서 벗어나서 좀 더 적극적인 자세로 꾸중을 재해석할 필요가 있다. 꾸중을 꾸중답게 하는 원리가 무엇인지, 좋은 꾸중은 어떤 것이며 이를 어떤 방식으로 표현할 것인지 등을 깊이 있게 탐구하고 실천지식으로 다듬어 가자는 말이다.

꾸중의 의미

사전을 찾아보면 꾸중은 '꾸지람의 높임말', 꾸지람은 '아랫사람의 잘못을 꾸짖음, 또는 그 말'이라고 정의되어 있다(동아출판사, 1990). 결국 꾸중은 윗사람이 아랫사람의 잘못에 대해 꾸짖고 나무라는 말을 일컫는다. 꾸중과 비슷한 용어로 사용되는 질책은 '꾸짖어 나무라다' 야단치다는 '크게 꾸짖다'로 풀이되어 있다.

꾸중의 정의 중에서 우리가 주목할 부분은 아랫사람의 '잘못'과 '꾸짖는 말'이다.

'잘못'은 크게 두 가지로 나눌 수 있다. 하나는 결과적으로 남에게 피해를 입히는 행동이며 다른 하나는 바람직한 기준에 도달하지 못한 행동이다. 수업시간에 떠드는 행동은 교사의 수업진행과 다른 아동들의 학습을 방해하므로 잘못된 행동이며 동시에 수업시간에 학생에게 기대되는 바람직한(또는 이상적인) 행동 기준(수업에 집중하는)을 어겼으므로 잘못된 행동이기도 하다. 대부분의 잘못된 행동은 이 두 부류에 모두 포함되지만 때때로 두 번째 기준에만 속하는 잘못된 행동도 있다. 예를 들어, 숙제를 해오지 않은 행동이 이에 속한다. 전자의 경우 꾸중은 '제재'의 성격이 강하고 후자의 경우 꾸중은 '격려'의 성격이 강하다. 여기에서 우리는 꾸중을 하는 중요한 이유를 발견하게 된다. 꾸중은 한편으로 아동의 잘못된 행동을 제재하는 것이지만 다른 한편으로 잘못된 행동을 고쳐 바람직한 행동을 하라고 격려하는 것이기도 하다.

아동을 꾸중하는 목적은 방금 말한 대로 잘못된 행동을 제재하고 이를 보다 바람직한 행동으로 바꾸기 위함이다. 여기에서 우리는 두 번째 목적에 주목할 필요가 있다. 꾸중을 할 때 사람들은 대부분 첫 번째 목적을 달성하는 데서 그치는 경향이 있다. 잘못된 행동을 꾸짖고 야단치는 데서 멈추는 것이다. 하지만 제대로 된 꾸중은 여기서 한 걸음 더 나아가 아동의 행동을 변화시키도록 도움을 주는 데에 있다. 다시 말하면 다음에 같은 상황이 펼쳐지면 보다 나은 행동을 하라고 촉구하는 것이다. 이렇게 보면 꾸중은 궁극적으로 아동의 성장을 위해서 존재하는 것임을 분명히 알 수 있다. 맥락은 다르지만 꾸중에 대한 서적들에서 우리는 다음과 같은 문구들을 발견할 수 있는데 이 문구들은 모두 꾸중의 목적이 상대방의 성장에 있다는 점을 분명하게 못 박

고 있다. "질책은 상대의 성장을 위해 솔직하게 부정적인 의견을 말해 주는
것이다. 그렇기 때문에 그때의 태도는 'for you(상대방을 위한)'다(최현숙 역,
2003)." "질책하는 이유는 당신이 품고 있는 이미지와 상대방의 현실적인 모
습에 차이가 있기 때문이며, 기대와 현재 상태의 차이를 메우기 위함이다. 질
책은 부하 직원에게 자극을 주고 의욕을 환기시킨다(조성구 역, 2000)." "꾸짖
거나 칭찬하는 행위의 밑바탕에는 무엇이 옳고 그르다는 부모의 도덕관과
가치관이 내재되어 있다. 그러므로 그것이 아이에게 향해질 때는 어떤 아이
로 키우고 싶은가 하는 문제와 연계된다(박혜정 역, 2002)." "꾸중은 상대방의
잘못, 즉 일하는 모습, 태도, 발언 등을 관찰하고 잘못된 점을 지적해서 새로
운 기분으로 다시 일하게 만드는 커뮤니케이션이다(안소현 역, 2003)." "질책
의 목적은 부모가 원치 않는 행위를 자녀들이 저질러 성장하는 데 지장을 초
래하므로 이를 제재하자는 것이다. 그리고 상대방의 성장, 발전을 위한 조언
이나 지도가 포함되어 있다(안순자, 1974)." 여기서 상대의 잘못된 행동을 빌
미로 야단치고 화풀이 하는 것이 꾸중이 아니라는 점을 명확하게 인식할 필
요가 있다.

　'꾸짖는 말'에 대해서도 분석해 보자. 정도의 차이는 있지만 사람이 상대
방을 꾸짖으려면 상대방의 잘못된 행동에 대해 모종의 감정이 일어야 한다.
상대의 잘못된 행동이 다른 사람에게 피해를 입히는 것이든 아니면 자기 성
장에 방해가 되는 것이든 그 잘못된 행동이 꾸짖는 이의 감정을 동요시키지
않으면 꾸중을 하지 않게 된다. 그러니까 꾸중은 꾸짖는 이의 감정이 동요할
때, 특히 화나고 분노하는 감정이 일어날 때 표현되는 말이다. 만일 꾸짖는
이의 화나는 감정이 섞이지 않은 채 상대의 잘못된 행동을 점잖게 지적한다
면 이는 꾸중이 아니라 타이름, 충고 또는 조언에 해당한다. 꾸중이기 위해서
는 꾸짖는 이의 감정이 그의 발언에 묻어나야 한다. 따라서 꾸중에는 '꾸짖
는 이'(for me)의 스트레스를 해소하는 기능도 담겨 있다. 즉, 꾸중하는 사람
은 꾸짖는 행위를 통해 상대의 잘못된 행동으로 인해서 쌓인 스트레스를 말

끔하게 털어낼 수 있어야 한다. 다만, 꾸중의 목적을 달성하면서 꾸중하는 사람이나 꾸중을 듣는 사람에게 감정적인 앙금이 남지 않게 제대로 꾸짖을 수 있어야 한다. 혹시 이 말을 오해해서 감정적으로 반응하는 행동이 무슨 올바른 꾸중이냐고 의문을 제기할 사람도 있을 것이다. 그러나 여기서 말하는 감정이 섞인 반응이란 '앞뒤 가리지 않고 상대에게 화풀이 하라' 는 의미는 아니다. 상대방의 성장을 진지하게 고려하되 상대방의 잘못된 행동에 대해 느끼는 감정을 숨기지 말고 솔직하게 표현하라는 말이다. 만일 이 감정을 꾹꾹 억누르고 메마른 꾸중을 하면 꾸중 자체가 어색해질 뿐 아니라 언젠가 억눌린 감정이 걷잡을 수없이 폭발함으로써 감당할 수 없는 상황이 펼쳐질 가능성이 높고, 만일 감정이 다 가라앉은 뒤 꾸중을 하면 이는 이미 타이름으로 형태가 바뀌기 때문에 꾸중이라고 말하기가 어렵게 되고 만다.

그렇다면 어떻게 화나는 감정을 꾸중에 담아서 표현할 수 있을까?

흔히 꾸중하기 위해 사람들이 많이 쓰는 언어양식에는 위협하는 말, 비아냥거리거나 조롱하는 말, 비교하는 말, 설교나 훈계하는 말, 심리 분석하는 말 등이 있다(김원중, 1999). "너희들 한 번만 더 떠들면 국물도 없어!" "야, 이걸 숙제라고 해왔냐?" "옆 반 애들은 조용한데 이 반은 왜 이리 난장판이냐?" "우리가 학교 다닐 때는 더 힘들었어. 그것도 못 참고 이 다음에 뭐가 되려는지…… 쯧쯧." "너는 왜 여자애들 앞에만 가면 그렇게 똥폼 잡냐?" 이 말들에는 어떤 형태로든 꾸중하는 사람의 분노 감정이 들어있다. 그러나 이런 표현법은 상대의 성장과 발전에 별 도움이 되지 않는다. 도움은커녕 관계를 냉각시키고 심하면 '돌이킬 수 없는 강' 을 넘어서게 만든다. 아무리 화가 나더라도 이런 언사는 사용하지 않아야 한다. 아동을 가르치는 교사라면 더욱 그렇다.

아동의 잘못된 행동으로 인해 화가 나면 화나는 심정을 솔직하게 있는 그대로 토로할 일이다. "성호야, 지금 네가 수업시간에 떠드니까 선생님이 짜증 나. 수업 좀 하게 조용히 해줄 수 없겠냐?" "은실아, 복도에서 떠들지 말라고 했는데 왜 이렇게 시끄럽냐? 선생님 기분이 나빠지려고 하네.” “선생님 지금 화가 머리끝까지 차 있는 상태구나. 너는 왜 툭하면 아이들을 때리는 거니? 주먹을 쓰지 않고 말로 하면 안 되니?” 이렇게 현재 자신의 감정 상태와 그런 감정이 생기게 된 원인을 드러내면 된다. 여기에다 앞으로 아이가 행동하기를 바라는 바람직한 행동 내용을 추가하면 아주 좋은 꾸중이 된다. 사실 아동의 잘못된 행동을 접하고 처음 떠오르는 생각과 느낌(일차적 생각과 느낌)은 아이가 잘못 행동했다는 인식과 그에 따른 약간의 감정적 동요다. 만일 우리가 처음 떠오르는 이 생각과 감정에 충실하게 자기를 표현한다면 크게 문제될 일이 별로 없다. 문제는 일차적 생각과 느낌에다 주관적 해석을 덧붙여(이차적 생각과 느낌) 사태를 복잡하게 만드는 데 있다. 수업시간에 떠드는 아동을 보면 대개 ‘저 녀석이 수업시간에 떠들어 수업진행에 방해가 되니 짜증이 난다. 좀 조용했으면 좋겠다.’는 생각과 느낌이 먼저 든다. 그런데 여기에서 한 걸음 더 나아가 ‘저 녀석은 내가 수업할 때 마다 꼭 저렇게 방해 행동을 한단 말이야. 날 무시하는 게 틀림없어. 이번 기회에 아주 버릇을 고쳐 놔야지.’ 하는 식의 주관적 해석을 덧붙이게 되면 아동에 대한 감정이 악화되는데 이렇게 악화된 감정을 바탕으로 꾸중을 하면 십중팔구 험악한 언사가 쏟아지기 마련이다. 그러니까 꾸중을 잘하려면 이차적 생각과 느낌으로 발전시키지 말고 일차적 생각과 느낌에서 멈출 줄 알아야 한다.

일차적 생각과 감정을 표현하라는 말을 아동의 잘못된 행동에 대해 부드럽게 대하라는 뜻으로 받아들일 필요는 없다. 일차적 감정 자체가 강렬하게 일어난다면 그에 부합하는 강렬한 감정 표현을 하면 된다. 분노하는 감정을 예로 들어보자. 같은 분노 감정도 미세한 것에서부터 강렬한 것까지 그 강도가 다양한데, 그 강도에 따라 표현 수준도 다음과 같이 조절이 가능하다. 물론 말하는 억양도 감정의 강도에 따라 달라질 것이다(김순희 역, 1980).

• 화가 난다.

- 화가 많이 난다.
- 너무 화가 나서 못 견디겠다.
- 화가 나서 미칠 것 같다.

꾸중의 사전적 정의에 담겨 있는 '잘못'과 '꾸짖는 말'을 분석해 보니 결국 꾸중은 꾸중하는 사람과 꾸중 듣는 사람 모두를 위해 존재한다는 사실을 알 수 있다. 꾸중의 궁극적 목적은 꾸중을 듣는 사람(아동)의 행동에 변화를 일으키고 바람직한 방향으로 성장시키는 데 있지만 이 과정에서 꾸중하는 사람(교사)의 스트레스를 해소하는 일 역시 그것 못지않게 중요하다. 그런 점에서 올바른 꾸중은 두 사람 모두에게 약이 되어야 한다.

꾸중은 인격이라는 주장이 있다(조성구 역, 2000). 꾸중이 단순히 사람을 변화시키려는 기술이 아니라 꾸중하는 사람의 인격, 즉 삶의 방식이라는 것이다. 따라서 꾸중이 다른 사람에게 미치는 영향력은 꾸중하는 사람의 삶의 방식과 인격의 힘에 달려 있다. 교사가 아동에게 효과적인 꾸중을 하려면 꾸중하는 기술뿐 아니라 자신의 인격 향상에도 관심을 가져야 할 이유가 여기에 있다.

꾸중의 방법

꾸중의 원리

꾸중은 날 선 칼과 같다. 잘 사용하면 아동의 성장을 지원하는 약이 될 수 있지만 잘못 사용하면 교사와 아동 사이의 관계에 돌이킬 수 없는 타격을 입힌다. 교사의 잘못된 꾸중 때문에 가슴앓이를 하고 학교생활에 재미를 잃어

버리는 아동들이 적지 않다는 사실을 교사는 명심해야 한다. 다카시마 유키히로(조성구 역, 2000)는 상대방으로부터 미움받는 질책의 방법을 제시한 바 있는데, 이 중 다음 열 가지는 눈여겨 볼 만하다. 첫째, 무조건 "안 돼!" 라고 몰아세운다. 둘째, 전후 사정도 듣지 않고 무조건 질책한다. 셋째, 질책하는 이유를 말하지 않는다. 넷째, 고장난 녹음기처럼 같은 말을 되풀이 한다. 다섯째, 아무것도 아닌 일을 침소봉대해서 질책한다. 여섯째, "알아듣겠나?" 식의 사족을 단다. 일곱째, 잘못을 질책하는 것이 아니라 인신공격을 한다. 여덟째, 권위를 내세워 질책한다. 아홉째, 보신을 위해서 질책한다. 열째, 부하직원을 화풀이 상대로 삼는다. 김병극(1996)은 참여관찰법을 사용하여 초등학교 학급을 관찰한 후 교사들이 입에 자주 올리는 질책 용어를 충고형, 주위환기형, 위협형, 체벌부과형, 촉구형, 비교형, 감정개입형 등 일곱 가지로 정리한 바 있다. 이들은 모두 좋지 않은 꾸중법에 속한다.

좋은 꾸중은 앞에 지적한 꾸중들과 달라야 할 것이다. 그러면 어떻게 해야 좋은 꾸중이 될 수 있는지 꾸중의 원리라는 이름으로 정리해 보자.

진정성의 원리

칭찬과 마찬가지로 꾸중하는 사람의 태도와 자세는 꾸중의 효과에 크게 영향을 준다. 따라서 교사는 아동의 성장을 돕기 위하여 진지하고 순수하며 진정어린 마음으로 꾸중해야 한다. 꾸중의 강도가 아무리 심해도 그것이 정말로 자신을 위해서 하는 말이라는 것을 알아차리면 꾸중에 대한 반발심은 별로 일어나지 않는다. 오히려 자신을 위하는 상대의 마음에 감동하여 빠른 속도로 변화한다. 박성희(2001)는 진정성이 온 정성을 쏟아 상대에게 관심을 기울이는 성실성, 상대방과 대화를 하며 느끼는 내면의 느낌과 외부 표현을 일치시키는 일치성, 상대방에 대해 상호 신뢰감을 갖는 신뢰성을 포함한다고 하였다. 꾸중을 할 때에도 교사가 이런 자세를 유지하면 그만큼 좋은 효과가 나타날 것이다.

꾸중하는 사람의 진정어린 자세가 중요하다는 사실은 여러 글에서 지적하고 있다. 상대방이 "이 분은 나의 성장에 진심으로 관심을 갖는구나.", "진지하고 공평하게 꾸중을 하는구나(조성구 역, 2000).", "나를 소중히 여기기 때문에 그런 소리를 하는 거야(최현숙 역, 2003)."라고 느낄 때 꾸중의 효과가 크다는 지적, "꾸짖을 때 중요한 점은 꾸짖는 사람 자신이 아니라 상대방이 향상되기를 바라는 진실한 마음이다(안소현 역, 2003).", "아이가 아무리 어리더라도 존중과 이해를 기본 전제로 해야 한다(이강이, 2004)."는 지적은 모두 꾸중하는 사람의 태도와 자세를 중시하는 말이다.

흔히 꾸중하는 사람들의 행동을 살펴보면 꾸중이 꾸중을 듣는 사람이 아니라 꾸중하는 사람을 위해 사용되고 있음을 알 수 있다. 꾸중을 하면서 감정이 올라가면 그야말로 상대방에 대한 배려는 눈꼽만큼도 하지 않고 오로지 자기 화풀이만 하는 상황이 된다. 진정성이 빠진 이런 꾸중은 엄격한 의미에서 꾸중이 아니라 모진 처벌이나 가학적 분풀이에 불과할 따름이다. 꾸중을 할 때 꾸중하는 사람의 감정이 섞이는 것은 어쩔 수 없지만 이 감정을 상대방의 성장을 위해 조절하여 표현할 수 있을 때 올바른 꾸중이 될 수 있다.

Good will hunting이라는 영화를 보면 상담자가 청담자를 꾸짖는 장면이 나온다. 여기에서 상담자의 감정은 매우 격하게 표현되는데 놀랍게도 이에 대한 청담자의 반응이 매우 긍정적이다. 상담자의 꾸중에 진정성이 담겨 있었기 때문이다. 이렇게 보면 상대에게 표출하는 감정의 강도보다 그 꾸중이 정말 상대를 위한 것인지 그리고 그 감정이 내면으로부터 우러나오는 순수한 관심에 기인한 것인지가 더 중요한 문제임을 알 수 있다.

인격 존중의 원리

상대방의 인격을 존중하는 일은 사람살이의 기본이다. 따라서 꾸중을 할 때도 상대의 인격은 존중되어야 한다. 인격을 무시하는 꾸중은 효과도 없을 뿐더러 인간관계에 돌이킬 수 없는 상처를 남기고 만다. 그렇다면 인격을 존중하는 꾸중은 어떤 것일까?

첫째, 인신공격을 하지 않는다. 꾸중의 대상은 아동의 인격이 아니라 행동이다. 꾸중은 원래 잘못된 행동을 교정하기 위한 의도에서 비롯되는 것이므로 잘못된 행동을 지적하고 이에 대한 개선을 요구하는 수준에서 그치면 된다. 그런데 여기에서 한 걸음 더 나아가 상대의 인격을 짓밟고 무시하는 데서 문제가 생긴다. 수업시간에 떠들어 수업을 방해한 아동에게 "야, 너는 잘 생기지도 못한 놈이 뭐가 잘났다고 수업시간에 떠드냐?"라고 꾸중하면 이는 인신공격에 해당한다. 심한 사람은 또 한 걸음 더 나아가 "너 도대체 가정교육을 어떻게 받았기에 행동하는 게 그 모양이냐?" 하며 아동의 부모까지 끌어들여 꾸중을 한다. 이런 식의 꾸중이 아동에게 먹혀들 리가 없다. 그런데 인신공격성 꾸중을 살펴보면 평가하는 언사가 들어가 있다. 앞의 예에서도 '못생긴' '가정교육을 잘 받지 못한'을 뜻하는 평가어가 들어 있다. 이렇게 아동 또는 아동의 인격을 평가하며 꾸짖는 것을 '평가적 꾸중'이라고 부른다. 인신공격을 피하려면 평가적 꾸중을 하지 말아야 한다.

평가적 꾸중에 대하여 아동의 잘못된 행동에 초점을 두고 이를 있는 그대로 기술하는 꾸중을 기술적/묘사적 꾸중이라고 한다. "어, 영희가 수업 시간에 떠들고 있네. 네 말 소리가 커서 수업을 하기가 어렵잖아." "철수야, 너 이번에는 성적이 10등이나 떨어졌구나. 선생님도 무척 실망이 크다." 이런 식으로 문제가 되는 아동의 행동을 짚어주는 꾸중이 기술적/묘사적 꾸중이다. 기술적/묘사적 꾸중은 상대의 인격을 존중하면서도 필요한 사항을 지적할 수 있다는 장점이 있다. 아동을 교육하는 교사의 입장에서는 가능하면 기술적/묘사적 꾸중을 사용하는 것이 바람직하다.

그 밖에 아이를 비아냥거리거나 조롱하는 말, 위협하는 말, 설교 및 훈계하는 말, 심리 분석하는 말 등을 사용하지 않도록 한다.

둘째, 다른 사람과 비교하며 꾸중하지 않는다. 남과 비교돼서 꾸중을 당하면 자존심에 커다란 상처를 입고 열등감을 느끼게 되며 잘하려는 의욕이 사라져 버린다(조성구 역, 2000). 아울러 비교의 대상이 된 사람에게 이유 없는 질투와 적개심을 느끼게 된다. 아이가 잘못된 행동을 했으면 그 잘못된 행동을 꾸짖는 것으로 충분하다. 괜히 주변 사람들을 끌어들여 '너 참 못났다.'고 증거를 대며 확인시키는 잔인한 짓은 하지 말아야 한다. 학교에서는 모범생, 가정에서는 형(언니)이나 동생과 비교하며 꾸중하는 말을 자주 사용하는데 이는 매우 좋지 않은 방법이다.

셋째, 개성을 꾸짖지 않는다. 성격, 외모, 버릇, 말투, 취미, 호기심 등등 아동의 고유한 특성은 꾸중할 대상도 아니고 꾸중한다고 해서 달라지지도 않는다. 아동의 어떤 특성이 마음에 들지 않으면 아동을 고치려고 하지 말고 이를 못마땅하게 생각하는 자신의 시각을 고쳐야 한다. "넌 말투가 왜 그러니? 좀 듣기 좋게 고치도록 해라."라고 꾸중하면 아동은 말투를 고치기는커녕 말하는 것에 대해 심적 부담을 느끼게 되고 심하면 교사 앞에서 아예 말을 하지 않을 수도 있다. 어떤 일에 호기심을 보이는 아동에게 "그런 일에 열중할 시간이 있으면 공부나 해라."라고 꾸짖으면 공부하고 싶은 마음은 오히려 멀리 달아나고 만다. 손가락 빨기, 느린 행동, 성기를 만지는 행동, 수집벽 등등 아동의 버릇은 야단을 치면 더 나빠진다(박혜정 역, 2002). 그러므로 개성으로 인정해야 할 행동이나 특성은 나무라지 말아야 한다.

넷째, 비밀스럽게 꾸중한다. 진정으로 꾸중이 상대의 성장을 위한 것이라면 개인적으로 만나 비밀스럽게 꾸중할 일이다. 여러 사람 앞에서 공개적으로 꾸중을 하면 아동은 돌이킬 수 없는 깊은 상처를 입게 되고 잘못된 행동을 고치기는커녕 교사에 대한 적개심을 쌓아 간다. 흔히 본보기로 한 아이를 세워 꾸중하는 일이 있는데 이는 한 아이의 인격을 짓밟아 버리는 참으로 잔인한 짓이다. 칭찬은 여러 사람 앞에 드러내 놓고 해주는 것이 좋지만 꾸중은 사적으로 만나서 비밀스럽게 해주는 것이 좋다.

전체 학급을 대상으로 하는 질책도 그다지 효과가 없다. 꾸중의 초점이 분산되므로 아동들은 꾸중에 대한 책임을 느끼지 않는다. 그리고 자기는 아무 잘못도 없는데 괜히 덩달아 야단맞는다고 억울해 할 수도 있다.

개별화의 원리

꾸중 역시 아동 개개인의 특성에 알맞게 제시되어야 한다. 꾸중하는 사람의 의도가 아무리 좋아도 꾸중을 듣는 아동의 특성이나 기분 상태에 맞지 않는 꾸중을 하면 바람직한 효과를 얻기가 어렵다.

다카시마 유키히로(조성구 역, 2000)는 사람의 성격을 반항형, 회피형, 위축형, 무감각형 등 네 가지 유형으로 나누고 이 유형을 참고하여 꾸중을 하라고 충고한 바 있다. 아울러 교류분석(TA)에서 설명하는 개인 자아상태의 중심 특성에 따라 사람을 여섯 가지 유형으로 분류하고, 각 유형에 알맞은 질책 방법을 제시하고 있는데 이를 간단히 살펴보자.

첫째, CP형(비판적 어버이형: 융통성이 없고 독선적이다)은 상대방의 자존심을 인정하면서 꾸중한다. "자네로서는 드문 일이군." "자네답지 않군." "어째서 자네 같은 사람이 그런 일을 한 거지?"와 같은 말을 던져놓고서 구체적으로 꾸중하도록 한다. 둘째, NP형(양육적 어버이형: 인정이 많고 타인에 대한 배려가 크다)은 왜 질책하는지를 확실히 알게 한다. 어째서 질책하는지 그 이유를 스스로가 생각해 볼 수 있도록 말해 주고 충분히 이해하도록 한다. 이후 상대방의 성장을 배려하여 진심을 담아서 확실히 질책한다. 셋째, A형(성인형: 논리적으로 사고하고 냉정하다)은 냉정하면서도 논리적으로 질책한다. 질책하는 이유를 분명히 명시하고 해결책을 제시한다. 절대 감정적으로 빠지지 않도록 한다. 넷째, FC형(창조적 어린이형: 명랑 쾌활하며 창조적이다)은 인내심을 갖고 질책한다. 우선은 상태를 칭찬하는 것에서 시작한다. 다음으로 질책해야 할 행위를 들어 어디가 어떻게 잘못된 것인가, 그 원인은 무엇인가를 구체적으로 전달한다. 이때는 주저 없이 강한 어조로 실행에 옮겨야 한다. 이들에게는 강하게 말하는 것이 좋다. 따라서 때로는 감정을 드러내 놓고 질책하는 것이 필요하다. 그리고 마지막으로 상대방에게 거는 앞으로의 기대감을 알게 하면서 마무리 지으면 된다. 이런 과정을 인내력을 가지고 몇 번 반복한다. 다섯째, AC형(순응적 어린이형: 자주성이 부족하고 의존적이다)은 스스로 깨닫도록 부드럽게 질책한다. 적극적으로 상대방의 입장이나 생각을 이해하려는 마음을 품고 임해야 한다. 그리고 상대의 상황을 살펴가면서 고압적, 위압적이 되지 않도록 자신의 감정을 통제하고 상대방이 궁지에 몰리지 않도록 하면서 주의를 일깨워 주듯 질책하면 된다. 여섯째, RC형(반항적 어린이형: 반항적이고 아웃사이더가 된다.)은 구체적인 행위를 칭찬한 후에 질책한다. 이런 사람은 질책 자체를 아주 싫어한다. 하지만 자신을 인정해 주는 사람, 자신이 존경하는 사람, 좋아하는 사람에게는 깍듯이 대해 주므로 여기에 호소할 필요가 있다. 따라서 진심으로 상대방을 칭찬하고 나서 질책하든가, 평상시부터 좋은 인간관계를 만들어 두는 게 좋다.

Sheldon(안순자, 1974: 32-33에서 재인용)은 어린이의 성격을 다섯 가지 유형으로 구분하고 각 성격 유형에 알맞은 벌을 짝지어 놓은 바 있다. 소화기형 어린이는 먹는 것 이외에 관심이 없는 유형으로서 한 끼쯤 굶기는 것이 큰 벌이 된다. 잘못을 뉘우쳤을 때는 먹을 것으로 보상한다. 호흡기형 어린이는 성질이 부드럽고 다른 사람과 다투기 싫어하는 유형으로 잘못을 용서해 주더라도 구체적으로 무엇이 나빴나를 기억하게 한다. 근육형 어린이는 지배욕이 강하고 힘겨루기나 스포츠를 좋아하는 유형으로 벌로서 마당을 몇 바퀴 돌게 한다. 신경형 어린이는 지적 탐구심이 강하고 캐묻기 좋아하고 신경질을 잘 내는 유형으로 조용히 앉게 하여 그림을 그리거나 먹글씨를 쓰게 하면 성격이 가라앉는다. 성기형 어린이는 질투심이 강하고 애정생활에 흥미를 느끼는 유형으로 육체노동, 즉 물을 긷거나 물건을 나르게 한다.

성과 연령에 따라 꾸중을 달리하라는 언급도 찾을 수 있다. 다카시마 유키히로는 여직원을 질책할 때는 깊이 파고들지 말아야 한다고 충고하고 있다. 전반적으로 여성들은 기분이나 감정을 배려하면서 질책하는 이유를 분명히 일러 가며 부드럽게 일깨워 주듯 꾸중하는 것이 좋으며 또 자책이 심하므로 너무 깊게 파고들지 않는 것이 좋다고 한다. 또 여러 사람 앞에서 질책하면 역효과가 생기므로 주의해야 한다고 하였다. 그는 또 나이가 어린 젊은 세대는 가르쳐서 이끌어 준다는 기분으로 질책하면 효과적이라는 지적도 하고 있다.

우수아에게는 칭찬보다 질책이, 열등아에게는 질책보다 칭찬이 효과적이며(유천근, 1969), 학업성적이 높은 집단일수록 질책의 효과가 좋다(정송현, 1975)는 연구는 학습능력 또는 학업성취 수준에 따라 꾸중의 효과가 달라질 수 있음을 보여 준다.

방금 서술한 내용이 얼마나 정확한지는 따져 봐야 하겠지만 꾸중할 때 아동의 개성과 심리 상태를 고려해야 한다는 주장의 타당성은 의심할 여지가 없다. 한 부모에게서 태어나 유사한 환경에서 자란 형제도 성격이 다르고 꾸중에 대한 반응이 다르다. 이 개성을 무시하고 똑같은 방식으로 꾸중한다면 좋은 효과를 얻기 어려울 것이다. 따라서 교사는 평소 관찰을 통해 자신이 꾸중하는 아동의 성격을 잘 파악하고 꾸중을 들을 때 아동의 기분이나 심리상태가 어떨지 잘 살펴 꾸중 방법을 조절할 필요가 있다.

적합성의 원리

꾸중은 꾸중할 행동에 정확하게 초점을 맞추어야 한다. 즉, 꾸중의 대상이 애매하지 않고 분명해야 한다. 아동이 잘못 행동한 것이 아닌데 꾸중을 받게 되면 반성은커녕 꾸중하는 교사에게 원망하는 마음만 품게 된다. 따라서 교사는 꾸중하기 이전에 사태에 대해 정확히 파악하고 아동의 이야기를 충분히 들을 필요가 있다. 이야기를 충분히 들으면 아동의 잘못된 행동이 나온 배경이 무엇인지, 아동이 교정해야 할 행동이 무엇인지에 대해 상세한 정보를 가질 수 있으므로 보다 정확한 꾸중을 할 수 있다. 우리는 주변에서 억울하게 꾸중당하는 사례를 흔하게 본다. 성미가 급한 부모나 교사는 사태가 터지면 자초지종을 알기도 전에 일단 아이들에게 화부터 내고 본다. 이런 식으로 꾸중한다면 아이의 잘못된 행동을 제재하는 일도, 아동을 바람직한 방향으로 성장시키는 일도 모두 허사가 되어 버린다. 꾸중을 들은 상당히 많은 아이들이 꾸중이 올바르지 않다고 느낀다는 사실(안순자, 1974)은 꾸중의 적합성에 문제가 있음을 보여 준다.

꾸중의 적합성을 확인하는 방법의 하나는 꾸중하는 이유를 대는 일이다. 말하지 않아도 아동이 꾸중 당하는 이유를 알 것이라고 가정하지 말고 왜, 무엇 때문에 꾸중을 하는지 아동에게 설명해 주는 방법이다. 이렇게 하면 아동은 자신이 왜 꾸중을 듣는지 명확히 이해할 수 있을 뿐만 아니라 만일 그 꾸중이 적합하지 않으면 교사에게 이의를 제기할 수 있다. 물론 꾸중하는 이유를 댈 때 교사는 아동의 대꾸를 들을 준비가 되어 있어야 한다. 그렇지 않다고 변명하는 아이를 옥박지르면 아동은 한층 더 부당하다는 느낌을 받은 채 굳게 입을 다물고 말 것이다.

교사의 꾸중이 잘못된 것으로 판명되면 지체 없이 아동에게 사과하는 것이 좋다. 교사가 솔직하게 자신의 잘못을 인정하고 아동에게 사과하면 교사를 대하는 아동의 마음은 상쾌해지고 교사를 새롭게 대할 가능성이 높다. 대부분의 성인에게는 아이에게 사과한다는 개념이 아예 없거나 이를 매우 어색해 한다. 그리하여 어른이 잘못한 일은 그냥 대충 넘어가고 아동이 잘못한 일은 꼬박꼬박 짚고 넘어간다. 이런 상황에서 교사가 자신의 꾸중이 잘못되었음을 받아들인다는 사실 자체가 아동들에게는 신선한 충격이다. 물론 교사는 사과를 너무 자주 하지 않도록 꾸중할 때 신중해야 한다.

타이밍의 원리

꾸중에도 타이밍이 있다. 일반적으로 꾸중할 일이 발생하면 시간을 연기하지 말고 즉석에서 바로 꾸중하는 것이 효과적이다. 시간을 뒤로 미루어 꾸중을 하면 그 사이에 여러 가지 사건이 일어날 수 있기 때문에 혼동이 생기거나 꾸중의 생생한 효과가 떨어질 가능성이 높다.

그러나 학급에서 수업을 진행하는 교사의 입장에서는 이런 주문을 실행하기가 쉽지 않은 경우가 많다. 수업 도중에 떠드는 아이를 꾸중하다 보면 다른 아이가 또 떠들고 그래서 그 아이를 꾸중하다 보면 또 다른 아이가 떠들고……. 이런 식으로 아동의 잘못된 행동을 즉석에서 꾸중하다 보면 수업은 아예 엄두도 내지 못하는 상황이 펼쳐진다. 이럴 경우에는 꾸중하는 시간을 다소 연기할 수 있다. 다만 쉬는 시간이나 일과가 끝난 직후처럼 가능한 한 빠른 시간 내에 꾸중을 하는 것이 좋다. 꾸중하는 시간을 따로 정해 놓는 것도 한 방법이다. 시간표의 일정 부분을 꾸중이나 잔소리하는 시간으로 정해 놓고 그날 잘못한 행동들을 이 시간에 집중적으로 다룬다. 이렇게 하면 아동들은 나머지 시간을 보다 편안하게 지낼 수 있게 된다. 하지만 큰 싸움, 불장난, 칼놀이 등 위험한 행동은 뒤로 미루지 말고 그 자리에서 꾸짖어야 한다.

아동의 잘못된 행동으로 인해 교사가 감정적으로 지나치게 흥분해 있을 때에도 꾸중하는 시간을 뒤로 미룰 수 있다. 이럴 때는 우선 시간을 들여 마음을 가라앉히는 것이 상책이다. 마음이 어느 정도 가라앉으면 아동의 어떤 행동이 문제가 되는지 또 그 문제 행동을 개선하기 위해 어떤 점을 지적해야 할지 곰곰이 생각해 본 후 꾸중한다.

꾸중할 내용에 대하여 지금-여기의 자세를 유지하는 것 역시 매우 중요하다. 아동을 꾸중하다 보면 현재 아동이 잘못한 행동에 머무르지 않고 과거, 즉 그 전에 잘못했던 일들을 들추어내고 한 걸음 더 나아가 미래, 즉 앞으로도 계속 잘못된 행동을 하다가 인생을 망칠 것이라는 저주로 끝을 내는 수가 많다. 이렇게 해서는 좋은 효과를 얻을 리 만무하다. 한 번 잘못된 행동은 한 번의 꾸중으로 끝내고 다음에 다시 잘못을 범했을 때는 앞의 잘못을 일체 꺼내지 않도록 한다. 아울러 현재의 잘못을 바탕으로 아동의 미래를 나쁜 쪽으로 예단하는 꾸중은 절대 삼간다. 꾸중의 내용은 철저하게 지금-여기에서의 잘못된 행동에 초점을 맞춘다.

아동의 잘못된 행동이 나타나기 시작하는 초기에 꾸중하는 것도 중요하다 (최대일, 1998). 이미 습관화된 행동은 쉽게 고쳐지지 않는다. 따라서 잘못된 행동이 습관화될 때까지 지켜보지 말고 처음부터 관리해 나가는 것이 좋다.

일관성의 원리

일관성의 원리는 동일한 행동에 동일한 꾸중을 하라는 것으로서 꾸중하는 내용의 일관성, 꾸중하는 강도의 일관성을 모두 포함한다. 만약 동일한 행동에 대해서 어떤 때는 꾸중을 하고 어떤 때는 무시하거나 또는 누구에게는 꾸중을 하고 누구에게는 그냥 넘어간다면 아동은 혼란을 느끼고 교사의 진심을 의심하게 된다. 아울러 동일한 행동에 대한 꾸중의 강도가 강해졌다 약해졌다 때마다 달라지면 이 역시 아동을 혼란시킬 수 있다.

꾸중할 수 있는 사람이 많은 가정에서 가족구성원들끼리 꾸중할 내용에 대해 통일된 기준을 갖는 일은 매우 중요하다(박혜정 역, 2002). 할아버지, 할머니, 아빠, 엄마가 각자 다른 기준을 가지고 아이를 꾸중하면 아이는 한편으로 혼란을 겪지만 다른 한편으로 교묘하게 이 상황을 이용할 수도 있다. 자녀 양육에 관한 일로 조부모 세대와 부모 세대 간에 갈등이 생기는 원인의 상당 부분이 자녀 꾸중에서 비롯될 수 있다는 점을 유의해야 한다. 따라서 가족구성원들의 합의를 통해 꾸중할 내용에 대해 통일된 기준을 정해 두고 이를 일관성 있게 적용하는 것이 바람직하다. 일반적으로 기준을 설정할 때는 가장 완화된 기준을 내세우는 사람의 의견에 따르는 편이 좋다.

학교에서도 아동이 꾸중들을 수 있는 행동에 대해 기준을 설정해 둘 필요가 있다. 교사들 간에 합의된 기준을 설정하고 이를 아동들에게 알림으로써 꾸중들을 행동에 대해 학교의 입장을 분명하게 해 두는 것이다. 이렇게 함으로써 아동들은 학교 또는 학급에서 용인되지 않는 행동이 무엇인지 알 수 있게 되어 행동에 신중을 기할 수 있다. 아울러 아동들이 여러 교사의 꾸중행동을 비교·평가하면서 수군대는 일이 줄어들 것이다.

간결성의 원리

꾸중은 일종의 벌이다. 따라서 꾸중하는 말이 길고 복잡해지면 짜증스러워진다. 아이들로부터 "아이고, 또 저 잔소리"라는 반응이 나오면 꾸중이 효과를 낼 수가 없다. 따라서 꾸중은 짧고 분명해야 한다. 특히 아동에게 하는 꾸중은 알아듣기 쉽고 명확하고 구체적이어야 한다(김원중, 1999). "너는 애가 왜 그러니? 말도 잘 안 듣고, 시키는 일도 안하고, 못된 짓만 골라서 하고, 도대체 뭐 하나 제대로 하는 게 없잖아." 이런 꾸중은 말만 길지 초점이 불분명하고 구체적이지도 않다. 아동의 입장에서는 도대체 무엇을 어떻게 고치라는 것인지 아리송하기만 하다. 반면에 "철수야 네가 맡은 거울 청소 아직도 하지 않았구나?"라는 꾸중은 짧고 분명하게 구체적으로 고쳐야 할 행동을 지적하고 있다. 짧고 분명하고 구체적인 꾸중을 하려면 꾸중의 초점이 분명해야 한다. 즉, 아동의 잘못된 행동이 무엇인지 정확하게 짚어야 한다. 이를 위해 교사는 아동의 잘못된 행동을 세밀하게 관찰해야 한다.

한 번에 한 가지만 꾸중하는 것도 중요하다. 한꺼번에 여러 가지를 꾸중하면 아동은 그중 어느 것에 초점을 맞추어야 할지 혼동하게 된다. 따라서 꾸중거리를 쌓아 두지 말고 그때그때 적절히 지적해 두는 것이 좋다. 흔히 사람들은 평소에 꾹 참고 있다가 어느 날 한꺼번에 몰아서 꾸중을 하곤 한다. 때로는 "너 그 따위로 놀다가는 한번 된통 혼날 줄 알아."라고 위협하며 꾸중을 뒤로 미루기도 한다. 이렇게 참다가 나오는 꾸중은 십중팔구 화풀이로 끝나기 마련이다. 너무 자주 꾸중을 하는 것도 좋지 않지만 몰아서 꾸중을 하는 것도 좋지 않다.

사소한 일을 침소봉대하여 장황하게 꾸중하는 것도 삼가야 한다. 친구와 다투다가 싸움을 하게 된 아이에게 "야 이 깡패 같은 놈아, 너 왜 친구를 때리고 그러냐? 아주 죽여버리지 그랬어! 부모님께 알려서 혼구멍을 내야 되겠구면." 이렇게 과장된 꾸중에 아동의 반응이 좋을 리 없다. "어, 이 녀석들 보게. 교실에서 신나게 싸우고 있잖아! 교실이 싸움판인 줄 아나 보지?" 정도의 꾸중이면 충분한 것을 지나치게 과장한 것이다.

감정 조절의 원리

꾸중에 관해 충고하는 글들을 거의 한결같이 감정에 사로잡히지 말고 냉정하게 꾸중하라고 주문한다. 감정을 실은 꾸중은 자칫 화풀이로 변질되기 쉽기 때문이다. 그러나 앞에서 지적한 것처럼 꾸중에 감정이 섞이지 않으면 이미 꾸중이라고 하기 어렵다. 따라서 중요한 것은 어떻게 감정을 떨쳐낼까가 아니라 어떻게 효과적으로 감정을 표현할까 하는 문제다. 꾸중의 최종 목적이 상대방의 성장을 촉진하는 일이라면 꾸중하는 사람의 감정 표현도 이 목적에 부합해야 한다.

꾸중을 하려고 할 때 일어나는 감정을 상대방을 위해서 쓰려고 하면 먼저 그 감정의 내용이 무엇인지 분명하게 알아차려야 한다. 아동의 잘못된 행동에 대하여 일어나는 감정이 짜증인지, 분노인지, 걱정인지, 안타까움인지, 슬픔인지 명확하게 인식하는 것이다. 아울러 알아차린 감정을 숨기지 말고 솔직하게 표현하되 아동이 감당할 수 있도록 수위를 조절한다. 지나치게 강렬한 감정 표현은 아동을 압도함으로써 공포심을 유발할 수 있기 때문이다.

이렇게 하려면 꾸중하는 사람은 어느 정도 자기감정을 조절하는 능력을 발달시켜야 한다. 예를 들어, 화가 치밀어 오를 때 이를 다스리기 위하여 어떤 절차와 기법을 사용할 것인지, 화의 강도에 맞추어 어떤 종류의 표현을 사용할 것인지에 대해 잘 알고 있어야 한다. 좌선, 명상, 요가, 자율감정훈련 등의 방법을 통하여 감정조절법을 몸에 익히면 많은 도움이 될 것이다.

감정이 지나치게 크게 일어나서 자기통제가 어려운 상황에 처하면 잠시 시간을 두고 마음을 안정시키는 편이 낫다. 이때 꾸중을 하면 어김없이 감정이 터져 나와서 꾸중을 안 한 것만 못하게 된다. 마음이 어느 정도 가라앉은 후에 꾸중을 해도 절대로 늦지 않다는 점을 명심한다.

대안 제시의 원리

앞으로 어떻게 행동하는 것이 좋은지 대안을 제시하지 않는 꾸중은 비생산적이다. 꾸중의 목적은 잘못된 행동을 고치고 대신 바람직한 행동을 하도록 이끄는 데 있다. 따라서 앞으로 꾸중을 듣지 않기 위해서 해야 할 바람직한 행동에 대한 안내가 꾸중에 담겨 있어야 한다. 물론 이 행동 안내는 명시적일 수도 있고 암시적일 수도 있다. 수업시간에 떠드는 행동으로 아동을 꾸중할 때 수업을 방해하지 말라고 야단치는 데서 그치는 것보다 수업을 할 때 어떻게 행동해야 하는지 이를테면 시선을 어디에 두어야 하는지, 주의를 어떻게 집중해야 하는지, 질문이나 하고 싶은 말이 있을 때 허락을 어떻게 받아야 하는지 등을 적극적으로 알려 주는 것이 좋다. 또는 "선생님이 좋아하는 어린이는 이런 경우에 어떻게 행동할까?"라고 물음으로써 아동 스스로 자기 행동을 반성하고 고칠 수 있는 기회를 줄 수도 있다. 꾸짖을 때는 진지하고 냉정하게 하되 격려와 기대의 말을 덧붙인다(박화 역, 2003)는 원리다.

대안의 제시는 '하지 마라'가 아니라 '이렇게 하라'는 식으로 표현하는 것이 좋다. 금지하는 말보다 바람직한 행동을 격려하는 말이 좋다는 뜻이다. "창밖을 보지 마라."보다 "주의 집중!"이라는 말이 낫고 "친구를 때리지 마라."는 말보다 "친구에게 네가 원하는 것을 말로 해 봐."라는 말이 나으며 "졸지 마라."라는 말보다 "나가서 세수하고 오너라."는 말이 낫다. 따라서 교사는 아동의 잘못된 행동을 대치할 수 있는 바람직한 행동이 무엇인지 찾아내어 이를 말로 표현하는 기술에 익숙할 필요가 있다.

아동이 교사가 제시한 대안에 따라 바람직한 행동을 하면 기회를 놓치지 말고 칭찬한다. 잘못에 대해 꾸중을 듣다가 조금 다르게 행동한 것에 대해 칭찬이 쏟아지면 아동의 행동은 빠른 속도로 변화한다. 따라서 교사는 아동을 계속 지켜보다가 종전의 잘못된 행동을 대치하는 바람직한 행동이 나타나면 지체하지 말고 칭찬해 주도록 한다. 다른 사람의 행동관리와 관련하여 사람들이 저지르는 잘못의 하나는 일상생활에서 일어나는 보통의 적응 행동에 대해서는 무관심하게 지내다가 문제 행동이 발생하면 큰 관심을 보인다는 사실이다. 이렇게 되면 정상적인 방법으로 사람들의 관심을 끄는 데 부족함을 느끼는 사람은 필요한 관심을 얻기 위하여 문제 행동을 할 확률이 높아진다. 교사는 이런 점을 염두에 두고 평소에 발견되는 아동의 적응적 행동에 관심을 보여 주도록 한다.

꾸중의 실제

꾸중하는 과정을 크게 네 단계로 나누어 설명해 보자. 관찰하기, 꾸중거리 확인하기, 꾸중하기, 꾸중에서 칭찬으로 등이 그것이다.

관찰하기

좋은 꾸중을 하려면 평소 아동의 행동을 예민하게 관찰해 두어야 한다. 아동의 성격과 행동 특성을 잘 알아야 잘못된 행동의 의미를 이해하고 그에 알맞은 꾸중을 할 수 있기 때문이다. 교사는 먼저 아동의 성격을 잘 파악하고 있어야 한다. 같은 꾸중이라도 외향적인 아이에게는 별 문제가 되지 않는 것이 내향적이고 소심한 아이에게는 큰 근심거리가 될 수 있으므로 아동의 성격에 맞춰 꾸중을 해야 한다. 관찰할 성격적 특성에는 아동의 일반적 활동 수준, 접근-철회성, 융통-경직성, 기분 기질, 주의집중성, 인내심, 외-내향성, 개방성, 공격성, 안정성 등이 포함될 수 있다. 아동의 잘못된 행동이 어떤 의미를 갖는지 이해하기 위하여 평상시 아이의 행동 유형을 읽어 두는 것도 중요하다. 아이의 잘못된 행동이 의도적인 것인지 아니면 우발적인 것인지, 습관화된 것인지 아니면 처음 등장한 것인지, 강요당한 것인지 아니면 자발적인 것인지에 따라 대응하는 방법을 바꿔야 하기 때문이다.

꾸중거리 확인하기

꾸중해야겠다는 마음이 들 때 먼저 해야 할 일은 첫째, 이것이 정말 꾸중할 일인지, 꾸중을 들을 만한 잘못을 저지른 아이가 누구인지, 그리고 어떤 맥락에서 꾸중할 사태가 발생했는지 따져 보아야 한다. 이를 위해 찬찬히 아동들의 말을 들어가면서 상황을 이해하는 작업을 한다. 때때로 전혀 꾸중할 일이 아닌데 꾸중하는 경우가 있다. 교사가 자기 소지품을 엉뚱한 곳에 놓고 아이들이 훔쳐 갔다고 야단치는 경우, 수업시간에 아이가 얼굴을 찡그리고 있다고 꾸중하는 경우, 집안일로 기분이 상한 교사가 교실에 들어서면서 왜 이리 시끄럽냐고 호통 치는 경우 등은 아동을 꾸중할 일이 아니라 교사 자신을 돌아 보아야 할 일이다. 자기 기분에 사로잡혀 애꿎은 아동을 꾸짖는 사례가 의외로 많다는 사실을 알아야 한다. 둘째, 꾸짖음의 대상이 되는 아동이 누구인지 초점을 정확하게 맞추어야 한다. 대부분의 상황에서 잘못된 행동을 한 아이가 누구인지 분명하게 드러나지만 이따금 누구를 꾸중해야 할지 상황이 애매할 때가 있다. 교사가 돌아서서 판서를 하는 동안 아이들끼리 종이를 던지며 킥킥대는 상황이 벌어졌다면 누구를 꾸중해야 할까? 뒷줄에 앉아 있는 덩치가 큰 남학생들이 포르노 잡지를 돌려 보다가 들켰다면 누구를 야단쳐야 할까? 이런 경우에 몰아서 집단으로 꾸중하는 방법은 그리 좋지 않다. 사춘기에 들어선 아이들이 집단에 동조하여 함께 행동하는 일은 크게 나무랄 일이 아니다. 다만 이런 행동을 주도한 아이를 찾아내어 따끔하게 혼을 내는 편이 바람직하다. 간혹 잘못된 행동의 주인공이 누구인지 찾아내기 어려운 상황이 있다. 이런 경우 어림짐작으로 한 아이를 지명해 꾸중하는 일은 없어야 한다. 꾸중할 대상이 누구인지 명확하지 않으면 차라리 꾸중하지 않는 것이 낫다. 셋째, 잘못된 행동이 일어나게 된 맥락을 잘 이해해야 한다. 아이들은 억울하게 야단맞았다는 말을 많이 한다. 자기 잘못이 아니거나 또는 사정을 알고 보면 전혀 꾸중들을 일이 아닌데 억울하게 꾸중을 들었다는 이야기다. 잘못된 행동을 보면 일단 화를 내는 성미 급한 교사들이 이런 실수를 잘 저지른다. 따라서 꾸중하기 전에 아이들의 말을 경청함으로써 잘못된 행동이 나오게 된 배경이나 그 이유의 합리성 등을 점검할 필요가 있다.

꾸중하기

이제 꾸중할 차례다. 꾸중에는 세 가지 요소가 포함되어야 한다. 감정을 표현하는 일, 잘못된 행동을 지적하는 일, 바람직한 대안적 행동을 제시하는 일이 그것이다. 하나씩 살펴보자.

첫째, 감정을 표현하는 일이다. 아동의 잘못된 행동을 보고 느낀 감정을 가능하면 숨김없이 솔직하게 표현하도록 한다. 감정표현을 할 때는 '나'를 주어로 하여 표현하도록 한다(I-message). "내가 짜증 난다." "나는 지금 화가 머리끝까지 나 있다." "선생님은 지금 실망이 크단다." "내 마음이 참으로 안타깝다." "참 슬프구나." "정말 원망스럽구나." "내 가슴이 왜 이렇게 답답한지 모르겠다." "너를 아주 크게 혼내고 싶은 기분이야." 등과 같은 표현처럼 나의 지금 심정을 말해 주는 것이다. 감정표현을 할 때 아동이 감당할 수 있을 정도로 표현의 수준을 조절할 필요가 있다. 아동이 감당할 수 없을 정도로 큰 감정을 쏟아내면 충격을 받을 수도 있으므로 이를 조절하라는 것이다. 하지만 감정을 억지로 억압할 필요는 없다. 교사의 꾸중이 진정 아동을 위한 것이라면 아동의 잘못된 행동에 대한 교사의 솔직한 느낌 표현은 아동에게 순수하게 받아들여진다. 오히려 아동은 꾸중이라는 수단을 통해서 선생님이 자기에게 보이는 관심에 고마움을 느낄 가능성이 높다.

둘째, 잘못된 행동을 지적하는 일이다. 이 지적은 대개 교사의 감정이 일어나게 만든 원인 행동에 초점을 맞추게 된다. '네가 수업시간에 그렇게 떠드니까' '청소 시간에 청소는 하지 않고 빈둥거리고 있으려니' '네가 친구를 때리는 것을 보니' '공부를 소홀히 해서 너의 성적이 많이 떨어진 결과에 대해' '선생님한테 꼬박꼬박 말대꾸하는 것을 듣고 있자니' '숙제를 건성건성 해 온 것을 보니' '네가 학교 물건을 함부로 다루는 것 같아서' '여자 아이들에게 함부로 욕하는 너의 행동 때문에' 등등 아동의 잘못된 행동을 지적하는 것이다. 대개 이 표현은 '너(you)'라는 주어와 '~하는' 행동 술어가 결합되어 있다(do language). 앞에서 말한 기술적/묘사적 표현이 바로 이것이다. 흔히 꾸중을 할 때 사람들은 '너' 라는 주어와 '~이다' 는 술어를 함께 쓴다(be language). "너는 참 못되어 먹었다." "너는 바보, 멍청이다." "너는 게으름뱅이다." "너는 욕심쟁이다." 라는 식의 평가적 표현이 바로 그것인데 이렇게 상대방의 성격이나 특성을 깎아내려 평하는 말은 좋은 효과를 가질 수 없다. 따라서 아동의 잘못된 행동을 지적할 때 be language가 아니라 do language, 평가적 꾸중이 아니라 기술적/묘사적 꾸중을 사용하도록 한다.

셋째, 바람직한 대안적 행동을 제시한다. 꾸중하는 말에는 잘못된 어떤 행동을 하지 말라는 뜻이 들어있지만 아울러 정상적인 행동, 적응적인 행동을 하라는 주문도 함께 포함되어 있다. "네가 수업시간에 그렇게 떠드니까 선생님이 화가 많이 나." 라는 표현은 앞으로 수업시간에 떠들지 말라는 말이기도 하고 다음부터 수업시간에 조용히 하라는 뜻이기도 하다. 따라서 꾸중 자체에 대안적 행동을 제시하는 내용이 들어 있다. 하지만 잘못된 행동을 지적하는 데서 그치지 않고 대안적 행동을 드러내어 분명히 말해 주면 아동은 자신이 해야 할 행동을 보다 선명하게 이해할 수 있다. "네가 수업시간에 그렇게 떠드니까 선생님이 화가 많이 나. 앞으로는 조용히 하고 수업에 집중하면 좋겠어."라는 말에는 교사가 바라는 행동이 명확하게 표현되어 있다. 간혹 잘못된 행동을 지적하는 말 속에 교사가 바라는 바람직한 행동이 뚜렷하게 반영되지 않을 경우에는 더더욱 꾸중에 이를 포함시키는 것이 좋다. "철수야, 여자 아이들을 쓸데없이 괴롭히는 너의 행동에 선생님은 무척 실망했다. 다음부터는 여자 아이들에게 친절하게 말을 건네도록 하렴." 이라는 주문에는 여자아이들에게 욕을 하지 않을 뿐더러 친절하게 대해 주기를 바라는 교사의 기대가 잘 담겨 있다.

이제 세 가지 요소를 모두 연결시켜 꾸중하는 연습을 해 보자.

- 복도에서 뛰어다니는 아동
  → "경희야, 네가 복도에서 뛰어다니며 소란을 피우니까 선생님이 정신이 하나도 없다. 운동장에 나가서 뛰어다니는 게 더 낫지 않겠니?"
- 교실에서 떠드는 아동들
  → "애들아, 너희들이 교실에서 떠드는 소리를 들으면 선생님은 신경이 곤두서서 미칠 것 같아. 제발 부탁인데 소리를 줄이고 노는 방법을 찾아볼 수 없겠니?"
- 친구 괴롭히는 아동
  → "재권아, 영식이가 힘이 없다고 네가 자꾸 괴롭히는 것을 보면 내 마음이 아프단다. 영식이와 사이좋게 지낼 방법을 찾아보면 좋겠는데……."
- 쓰레기 함부로 버리는 아동
  → "재식아, 네가 쓰레기를 아무 데나 버리는 걸 볼 때마다 너를 혼내 주

고 싶은 생각이 들어. 다음부터는 쓰레기를 꼭 쓰레기통에 버리도록
해라."

• 학교 시설물 훼손하는 아동

  → "영철아, 학급문고에 있는 책을 함부로 찢는 너의 행동을 볼 때마다
    선생님 가슴도 찢어지는 것 같아. 앞으로는 학급문고 책도 네 교과서
    처럼 깨끗하게 다루면 좋겠어."

• 금품 갈취하는 아동

  → "영선아 이 녀석아, 네가 친구들한테서 돈을 빼앗는다는 소리를 듣고
    선생님은 정말 하늘이 무너져 내리는 줄 알았어. 어쩜 이렇게 선생님
    을 실망시킬 수 있니? 너 그 힘을 좋은 데다 쓸 수는 없니?"

• 계단 난간 타는 아동

  → "아휴, 미진아, 선생님은 네가 난간에서 떨어져 크게 다치는 줄 알고
    정말 간이 콩알 만해지는 줄 알았어, 인마! 다음부터는 꼭 계단을 이
    용해서 사람 놀라게 하지 마라."

• 욕설하는 아동

  → "창수야, 네가 친구들에게 욕하는 소리를 들으면 선생님은 소름이 끼
    친다. 어쩜 그렇게 잔인하게 욕을 하니? 친구들에게 불만이 있더라도
    좀 듣기 좋게 말하도록 하렴?"

• 청소 안 하는 아동

  → "효리야, 다른 친구들은 열심히 맡은 구역 청소를 하는데 너만 빈둥
    거리고 돌아다니는 걸 보자니 참 얄밉다는 느낌이 드는구나. 무슨 불
    만이 있는 것 같은데 지금이라도 말해 보렴."

• 급식 질서 안 지키는 아동

  → "윤지야, 아까 점심시간에 다른 아이들이 줄지어 기다리는데 네가 중
    간에 툭 끼어드는 걸 보고 참 마음이 씁쓸했어. 급식 시간에는 자기
    순서를 기다려 배식을 받는 게 도리 아닐까?"

꾸중에서 칭찬으로

꾸중을 한 후에는 꾸중의 결과가 어떻게 나타나는지 조심스럽게 관찰하고 확인해야 한다. 꾸중을 들은 후에도 아동의 잘못된 행동이 고쳐지지 않으면 보다 강도 높은 훈육 방법이나 다른 방법을 찾아야 할 것이다. 하지만 아동의 행동이 적응적인 방향이나 바람직한 방향으로 변화하는 조짐이 보이면 지체 없이 칭찬과 격려를 해 준다. 예를 들어, 수업시간에 자주 떠들던 아이가 조용한 태도를 보이면 의미 있는 눈길을 보내거나 또는 공개적으로 칭찬함으로써 수업에 참여하는 아동의 적응 행동을 강화하라는 말이다. 꾸중에 이은 교사의 후속 조치가 아동의 행동 수정에 미치는 영향력은 대단히 크다. 교사의 꾸중을 듣고 행동을 바꿨는데도 교사로부터 아무런 되먹임(feedback)을 받지 못하면 아동은 실망해서 이전의 잘못된 행동으로 다시 돌아갈 가능성이 높다. 잘못된 행동은 교사의 관심과 주목을 받지만 잘한 행동은 아무런 관심을 받지 못한다는 사실을 학습하기 때문이다. 따라서 교사는 꾸중을 한 이후 계속 아동의 행동을 주목하고 바람직한 행동이 시작되면 기다렸다는 듯 칭찬을 해 주도록 한다. 잘못된 행동에 초점을 두던 교사의 관심이 점차 적응 행동으로 옮겨 감에 따라 아동들의 행동 양식도 자연스럽게 변화한다. 이렇게 되면 '꾸중은 적게, 칭찬은 많게' 하는 화목한 학급 분위기를 만들 수 있다.

제2장
칭찬

　　칭찬을 하면 귀신도 웃는다는 속담이 있을 정도로 사람들은 칭찬을 좋아한다. 칭찬을 받으면 마음이 밝아지고 즐거워지기 때문이다. 때로는 속이 빤히 들여다보이는 인사치레인 줄 알면서도 칭찬을 받고서 좋아한다. 사적인 이야기지만 지금까지 수없이 되풀이했음에도 불구하고 또 한 번의 '예쁘다'는 말에 어김없이 즐거워하는 아내를 보면서 나는 칭찬의 위력을 실감한다. 정말 칭찬은 고래도 춤추게 하는 힘을 가지고 있다(천제 역, 2003).

　　칭찬이 이런 효과를 갖는 것은 어떤 이유 때문일까? 존 듀이는 중요한 인물이 되고 싶다는 욕망은 인간의 가장 뿌리 깊은 욕구라고 말한 바 있고, 윌리엄 제임스는 인간성의 바탕에 상대방에게 인정받고 싶은 기대감이 있다고 언급한 바 있으며(이채윤 역, 2003), 매슬로우는 욕구위계설에서 애정·소속욕구와 자존욕구를 인간이 충족시켜야 할 기본 욕구에 포함시키고 있다(이성진, 1996). 심지어 메리케이 화장품의 창업자인 메리케이 애쉬는 "돈과 섹스

보다 사람들이 더 원하는 것이 두 가지 있다. 그것은 바로 공식적인 격려와 칭찬이다."라고 말하고 있다(정해균 역, 2004). 칭찬은 이렇게 다른 사람들로부터 인정받고 싶은 욕구, 존중받고 싶은 욕구, 사랑받고 싶은 욕구를 채워 주는 중요한 수단이다. 칭찬을 통해 다른 사람들로부터 얻는 긍정적 어루만짐은 삶에 의미를 부여하고 삶을 활기차게 만드는 원동력으로 작용하기 때문이다.

칭찬은 자아의식이 발달해 가는 아동에게 특별한 의미가 있다. 칭찬은 인정받고 싶은 기본 욕구를 충족시켜 기분을 좋게 만들고 긍정적인 자아개념을 형성하는 토대가 될 뿐 아니라 사회적으로 바람직한 언행이 어떤 것인지 판단하는 준거로 활용될 수 있다. 또한 아동의 가치관 형성 및 도덕 발달에 도움을 주기도 하고(추병완, 2000), 학업성적에도 영향을 미친다(정송현, 1975). 칭찬받는 일은 계속하려고 하고 칭찬받지 못하는 일은 이내 중지하거나 줄어드는 아동의 행동을 보면 아동의 행동을 관리하는 수단으로서도 칭찬이 매우 높은 가치를 가지고 있음을 알 수 있다. 따라서 아동들과 많은 시간을 함께 보내는 교사는 칭찬에 대해 상당한 지식을 갖출 필요가 있다. 아동들의 기본 욕구를 충족시키고 바람직한 방향으로 성장시키는 방법으로서 그리고 다인수 학급에서 아동의 행동을 관리하는 방법으로서 칭찬을 적절히 활용할 수 있다면 그만큼 교육적 효과는 커질 것이다.

칭찬의 의미

동아새국어사전(1990)에서는 칭찬을 '잘한다고 추어주거나 좋은 점을 들어 기림'이라고 정의하고 있다. 이 정의에서 세 가지 요소, 즉 '잘한다' '좋은 점' '추어주거나 기림'을 주목할 필요가 있다. '잘한다'는 말은 행동, 행위를 지칭한다. 그러니까 상대방이 '하는' 언행 중에서 잘된 점, 좋다고 할 수 있는 점에 초점을 두는 것이다. 발표를 잘한다거나 축구를 잘한다는 표현이 이에 속할 것이다. '좋은 점'은 상대방이 하나의 존재로서 가지고 있는 특성을 지칭한다. 상대방이 사람으로서 갖추고 있는 장점, 강점, 좋은 점에 초점을 두는 것이다. 외모가 잘생겼다, 착하다, 성격이 좋다는 표현이 이에 속할 것이다. '추어주거나 기림'은 상대방을 잘 관찰하여 잘한 행동, 좋은 특성을 찾아내고 이를 드러내어 높여 줌을 뜻한다. 그러니까 칭찬은 상대방이 갖추고 있는 존재로서의 특성과 행동으로서의 특성을 드러내어 높여 주는 말이라고 할 수 있다.

칭찬과 유사한 말에 칭송과 아첨이 있다. 칭송은 '공덕을 칭찬하여 기림 또는 그러한 말'로서 아랫사람이 윗사람에 대해서 사용하는 말이라는 점에서 칭찬과 다르다. 아첨은 '남에게 잘 보이려고 알랑거리며 비위를 맞춤, 또는 그렇게 하는 짓'(동아새국어사전, 1990)으로서 칭찬하는 행위에 진심이 빠져 있다는 점에서 칭찬과 다르다.

앞에서 칭찬은 잘한 행동과 좋은 특성을 추어주거나 기리는 것이라고 풀이하였다. 그런데 여기서 잘한 행동과 좋은 특성은 구체적으로 무엇을 지칭하는 것일까? 혹자는 누가 보아도 잘한 행동과 좋은 특성은 따로 있다고 말할지 모르겠다. 하지만 세상에 모든 사람에게 보편타당하다고 여겨지는 잘한 행동과 좋은 특성은 존재하지 않는다. 보는 사람에 따라서 또는 상황과 장면에 따라서 어떤 행동과 특성에 대한 평가는 달라질 수밖에 없다. 전교에서 1등이라는 성적이 모든 사람에게 잘한 행동으로 평가되지는 않는다. 학부모는 자녀의 이 성적이 좋은 것이라고 생각할지 몰라도 스트레스를 전공하는 상담자의 눈에는 걱정거리라고 여겨질 수 있고, 어떤 사람의 눈에는 잘생긴 외모가 다른 사람의 눈에는 느끼한 외모라고 평가될 수도 있다. 그렇다면 사람의 잘한 행동과 좋은 특성은 보는 사람 또는 칭찬하는 사람에게 달려 있는 셈이다. 다시 말하면 칭찬의 내용은 칭찬하는 사람에 의해 창조되는 것이다.

아동교육을 담당하는 교사들은 이 점을 분명하게 인식해야 한다. 아동에 대한 칭찬거리가 객관적으로 존재하는 것이 아니라 교사의 시각과 해석에 의해 창조되는 것이 분명하다면, 칭찬거리를 찾아내서 적절한 방법으로 표현할 수 있는 교사의 능력은 매우 중요해진다. "아무리 칭찬하려고 해도 칭찬할 거리가 없다."는 말은 교사가 할 말이 아니다. 도벽이 있는 아동에 대해서도 '다른 사람에게 들키지 않고 계획한 것을 신중하게 행동으로 옮길 수 있는 역량은 칭찬할 만한 장점'이라고 해석할 수 있는 사람이 바로 교사다.

칭찬의 내용이 교사에 의해 창조될 수 있는 것이라면 칭찬을 하는 교사의 목적 내지는 의도가 중요한 의미를 갖는다. 칭찬의 목적이 무엇이냐에 따라 칭찬할 내용이라든가 칭찬의 방법이 달라질 수 있기 때문이다. 칭찬의 목적은 기본적으로 아동의 성장에 필요한 긍정적 어루만짐을 제공하는 데에 있다. 칭찬을 받음으로써 아동은 자신이 상당히 괜찮은 사람이라는 인식을 갖게 되거나 자신의 행동이 권위 있는 선생님으로부터 인정받았다는 즐거움을 맛보게 된다. 교사의 칭찬은 이처럼 순수하게 아동에게 만족감을 주고 성장을 촉진하는 자극제가 되어야 한다. 만에 하나 교사의 개인적 목적을 충족시키기 위하여 칭찬을 이용하는 일은 없어야 한다.

교사의 칭찬이 아동에게 미치는 영향력과 초등학교 학급의 현실적 상황을 고려할 때, 교사가 활용할 수 있는 칭찬의 개념 또는 범위를 다소 확장하는 것이 바람직하다. 아동의 행동과 특성을 인정하고 격려하는 교사의 언행을 칭찬에 포함시키자는 견해다. 앞에 칭찬의 개념에서 '추어주거나 기리는' 행동은 칭찬거리를 콕 짚어 내어 드러낸다는 의미가 함축되어 있다. 하지만 칭찬거리를 정확하게 짚어 내지 않은 채 아동의 존재와 행동을 인정하고 승인하는 교사의 말과 태도, 또는 따스한 눈길, 고개 끄덕임, 작은 몸동작 등 교사가 은근하게 표현하는 인정·승인·격려 행동 역시 칭찬과 동일한 효과를 발휘한다. 수업시간에 차분히 앉아 교사에게 시선을 맞추고 있는 아이에게 가벼운 윙크를 해 준다든지, 게으름을 부리지 않고 청소에 열심인 아이에게 엄지손가락을 들어 보여 준다든지, 가정불화로 고통을 겪고 있는 아이에게 이따금 다가가 꼭 안아 준다든지, 학급 질서를 유지하는 아동을 대장이라고 불러 주는 교사의 행동은 아동에게 칭찬 못지않은 효과를 일으킨다. 특히 여러 가지 일이 동시에 일어나는 다인수 학급의 특성 때문에 칭찬을 제대로 챙기기 어려운 경우, 타이밍에 맞게 아동의 잘한 행동과 좋은 특성을 인정·격려하는 교사의 짧고 빠른 언행은 칭찬의 한 방법으로 활용될 필요가 있다. 칭찬의 개념이 이렇게 확대되면 학급에서 교사가 사용할 수 있는 칭찬의 종류와 방법 역시 대폭 확장될 수 있을 것이다.

칭찬의 방법

칭찬의 원리

칭찬이 좋다고 해서 모든 칭찬이 효과가 있는 것은 아니다. 무엇을 어떻게 칭찬하는가에 따라 칭찬의 효과는 달라진다. 따라서 칭찬하는 교사는 칭찬의 원리를 잘 이해하고 이에 충실할 필요가 있다.

지금까지 칭찬에 관한 국내 문헌을 보면 대체로 칭찬의 원리를 행동 강화의 원리와 부합하는 것으로 보는 듯하다. 유천근(1969)은 칭찬을 상의 한 방법으로 보았고, 박성수·이성진(1995)은 칭찬을 강화가 성립하도록 하기 위해 필요한 자극의 한 방법으로 보았으며, 김원중(1999)은 이성진(1995, 2001)이 제시한 강화의 원리를 그대로 칭찬의 원리로 바꿔 쓴 바 있다. 조선비(2002)를 비롯하여 칭찬에 대한 교육단상을 정리한 여러 개의 글들 역시 칭찬 원리의 내용으로서 강화의 원리를 언급하고 있다. 강화의 원리에는 대개 경험성의 원리, 즉각성의 원리, 적합성의 원리, 일관성의 원리, 충분성의 원리, 점진성의 원리 등이 포함된다.

원리라는 표현을 쓰고 있지 않지만 효과적 칭찬과 비효과적 칭찬을 대비시켜 놓은 자료들도 발견된다(김인식, 2000; 원창석, 2000; 윤태진, 2002; 이중석, 1992; 조선비, 2002; 추병완, 2000). 이 자료들에서 주장하는 바가 어느 정도 사실과 부합하는지 알 길은 없지만 저자들의 소중한 교육 경험이 담겨 있으므로 귀담아들을 필요가 있다. 참고 삼아 김인식의 글에 담겨 있는 효과적인 칭찬의 내용을 살펴보도록 하자. 비효과적인 칭찬은 대부분 효과적인 칭찬과 반대되는 칭찬을 말한다.

효과적인 칭찬(김인식, 2000)

- 바람직한 행동의 결과로 주어지는 칭찬
- 성취의 세세한 내용마다 각기 주어지는 칭찬
- 꾸밈없고, 다양하며, 신뢰의 표시를 보여 주는 칭찬
- 구체화된 성취행동준거에 도달했을 때 보상을 해 주는 칭찬
- 학생들의 능력이나 성취한 것의 가치에 관한 정보를 제공해 주는 칭찬
- 학생들의 과제 관련 행동과 문제해결에 관한 사고를 보다 잘 이해하게 해 주는 칭찬
- 현재 성취한 것을 설명하기 위해 과거에 성취한 것을 활용하는 칭찬
- 어려운 과제에서 주목할 만한 노력이나 성공을 인정해 주는 칭찬
- 성공의 원인을 노력과 능력의 탓으로 돌리고 앞으로도 성공이 기대될 수 있음을 내포하는 칭찬
- 내적 귀인(과제를 좋아하고, 과제 관련 기능을 발달시키고 싶어서 과제에 노력을 기울인다는 신념)을 촉진하는 칭찬
- 학생들 자신의 과제 관련 행동에 대한 이해 및 바람직한 귀인을 촉진시키는 칭찬

이 11개의 항목은 크게 칭찬의 내용과 칭찬하는 태도로 구분할 수 있다.

칭찬에 관해 국내에서 출판된 서적과 글을 읽으면서 칭찬의 원리를 다음

과 같이 7개로 요약할 수 있었다. 항목별로 간단하게 설명을 덧붙여 보겠다.

개별화의 원리

칭찬은 칭찬받는 아동에게 적절한 것이어야 한다. 따라서 아동의 특성이
나 발달 수준에 맞추어 칭찬의 내용과 방법이 조절되어야 한다. 후쿠다 다케
시(안소현 역, 2001)는 직장 상사에게 부하 직원의 성격에 따라 칭찬을 달리하
라고 주문하고 있다. 눈에 띄지 않는 사람, 생각이 다른 사람, 팀을 이끌어 가
는 사람은 각기 다른 욕구를 가지고 있기 때문에 이를 충족시키는 칭찬의 말
이 다르다고 한다. 스즈키 요사유키(최현숙 역, 2003)는 사람을 컨트롤형 인
간, 프로모트형 인간, 서포터형 인간, 애널라이저형 인간으로 나누고 각 유
형의 사람에게 잘 통하는 칭찬의 방법이 다르다는 주장을 펴고 있다. 성인이
그렇다면 아동 역시 마찬가지다. 공격적·반항적 아동, 위축·고립된 아동,
사회성이 뛰어난 아동은 성격이 다를 뿐 아니라 교사의 칭찬에 반응하는 양
식에도 차이가 있다. 따라서 교사는 아동의 성격 특성에 맞추어 칭찬하는 방
법을 바꾸어 주는 것이 좋다. Haim Ginott와 동료들은(신홍민 역, 2003) 학생
의 전반적 성격 특성을 칭찬하는 평가적 칭찬과 칭찬받을 만한 행동을 사실
적으로 기술하는 묘사적/해설적 칭찬으로 구분하고, 가능한 한 평가적 칭찬
을 하지 말고 묘사적/해설적 칭찬을 하라고 권고한다. 평가를 동반한 칭찬은
불안을 낳고, 의뢰심을 초래하고, 방어적이 되도록 만든다는 것이다. 예를
들어 "착하다." "예쁘다."라는 평가적 칭찬보다 "심부름을 했네." "숙제를
잘해 왔군."이라는 묘사적 칭찬을 하라는 주문이다. 그러나 필자는 생각이
조금 다르다. 일단 우리 사회는 칭찬에 인색한 편이다. 묘사적/해설적 칭찬
은 고사하고 평가적 칭찬조차 쉽게 들을 수 없는 게 우리의 현실이다. 더구나
30명이 넘는 학급에서 아동들의 행동을 일일이 기술하며 칭찬하기란 말처럼
쉽지 않다. 또한 긍정적 어루만짐이 부족한 위축·고립된 아동들에게는 그

들의 존재를 인정해 주는 평가적 칭찬이 많이 필요하다. 교사가 "예쁘다." "멋지다." "착하다." "네가 참 좋다."고 이들에게 해 주는 말은 그야말로 신선한 생명수로서 이들의 삶과 학교생활에 희망과 꿈을 불어넣어 준다. 지나친 평가적 칭찬이야 경계해야 되겠지만 아동의 성격 특성에 맞추어 때로는 평가적 칭찬을 활용할 수 있어야 한다.

아동의 성취수준 또는 능력에 따라 칭찬을 차별화할 수도 있다. 김도석(2000)은 성취수준이 우수한 어린이와 부진한 어린이의 칭찬이 달라야 한다고 주장한다. 우수아들은 칭찬을 받는 횟수가 매우 많으므로 자만에 빠지거나 칭찬을 해도 전혀 기뻐하지 않을 가능성이 있으므로 주의해야 하고, 성취 향상의 실마리가 되도록 칭찬의 기준과 수준을 높여야 한다. 부진아의 경우는 그 자리에서 칭찬하고, 아무리 사소한 것이라도 놓치지 말고 칭찬하며, 자신감과 의욕을 북돋워 주는 칭찬을 많이 하고, 감정을 많이 넣어 부드럽게 칭찬하며, 성취부진에 대한 열등감이나 좌절을 느끼지 않도록 세심하게 배려하고, 대화의 기회를 자주 마련하여 이해의 폭을 넓히고 거리감을 없애도록 하는 것이 좋다고 한다. 김현옥(2002)은 능력이 뛰어나고 목표 수준이 높은 어린이에게는 성급한 칭찬보다 옆에서 묵묵히 지켜보거나 적절한 지도 조언의 말이 효과적인 반면 능력이 부족하거나 목표 수준이 낮은 어린이에게는 조그만 성취결과에 대해서도 칭찬을 아끼지 말아야 한다고 지적하고 있다.

아동의 발달단계에 따라 칭찬이 개별화될 수도 있다. 김도석(2000)은 초등학교 아동들을 저학년, 중학년, 고학년 세 단계로 나누고 각 단계의 아동에게 적합한 칭찬 방법을 소개한 바 있다. 저학년에 속하는 1, 2학년 아동들에게는 쉬운 말로, 아주 사소한 일일지라도, 구체적인 행위를 들어 칭찬하고, 소수의 아동보다는 모든 아동을 골고루 칭찬하는 방법이 좋다. 중학년에 속하는 3, 4학년 아동들에게는 사실과 함께 이유를 들어 칭찬하며, 바람직한 행위의 종류와 칭찬받게 되는 경우를 설명해 주고, 모든 아동이 칭찬받을 수 있다는 것을 보이기 위해 의도적으로 많은 아동을 칭찬한다. 고학년에 속하는 5, 6학년 아동에게는 칭찬을 남발하지 않도록 하고, 감동을 주거나 장래와 관련된 말로 칭찬하며, 칭찬의 대상을 구체적인 사실에서 점차 태도로 바꾸어 가고, 개인차가 심하므로 아동의 심리상태를 잘 파악하여 칭찬하는 것이 좋다고 한다.

칭찬의 효과가 고학년보다 저학년에서 그리고 남학생보다 여학생에게서 높게 나타난다는 연구보고가 많다는 김인식(2000)의 지적, 외향적 아동보다 내향적 아동에게서 효과가 더 크다는 Thompson과 Hunnicutt의 지적(유천근, 1969: 23에서 재인용), 열등아에게는 질책보다 칭찬이 학습에 더 효과적이며 언어적 칭찬보다 작동적 칭찬(비언어적 칭찬)이 더 큰 효과가 있다는 유천근(1969)의 지적 등은 칭찬 개별화의 필요성을 지원하는 근거로 들 수 있다.

일관성의 원리

일관성의 원리는 동일한 행동에 동일한 칭찬을 하라는 것으로서 칭찬받는 내용의 일관성, 칭찬하는 강도의 일관성을 모두 포함한다. 만약 동일한 행동에 대하여 어떤 때는 칭찬을 하고 어떤 때는 벌을 주거나 또는 누구에게는 칭찬을 하고 누구에게는 벌을 준다면 아동은 혼란을 느끼게 된다. 아울러 동일한 행동에 대한 칭찬의 강도가 강해졌다 약해졌다 때마다 달라지면 이 역시 아동을 혼란시킬 수 있다.

일관성의 원리와 관련하여 한 가지 따져 볼 일이 있다. 소위 칭찬의 득실 현상이 그것이다. 실험을 통해 칭찬의 효과를 알아본 한 연구의 결과는 칭찬의 일관성에 대하여 여러 가지를 생각하게 한다(민영욱, 2003). 이 실험은 처음부터 끝까지 좋은 평을 들은 집단, 처음부터 끝까지 좋지 않은 평을 들은 집단, 처음에는 좋게 말하다가 나중에는 나쁘게 말하는 평을 들은 집단, 처음에는 나쁘게 말하다가 나중에 좋게 말하는 평을 들은 집단 등 네 개의 실험

집단으로 하여금 지금까지 자신을 평한 사람에 대한 선호도를 평가하도록 하고 그 결과를 비교분석하였다. 연구의 결과, 피험자들은 자신을 좋게 평한 사람을 좋아하고 나쁘게 평한 사람을 싫어하는 경향이 있었고, 계속해서 좋게 평가한 사람보다 처음에 비판하다가 나중에 칭찬하는 사람을 더 좋아하며 반대로 계속해서 나쁘게 평가하는 사람보다 칭찬하다가 나중에 가서 비판하는 사람을 더욱 싫어하는 경향을 보였다고 한다. 칭찬하는 사람에 대한 선호도가 비난하는 사람에 비해 좋다는 사실은 대인관계에서 칭찬 효과가 존재한다는 점을 밝혀 주는 것이지만, 지속적으로 칭찬하는 것보다 비난하다 칭찬하는 사람을 더 호의적으로 평가한다는 사실은 한번 곱씹어 볼 만하다. 아마도 자신에 대한 상대방의 태도가 긍정적인 방향으로 변화하는 폭이 클수록 선호도가 커지기 때문이라고 해석된다. 이렇게 보면 담임교사의 입장에서는 학년 초기에 다소 덤덤하다가 시간이 지나면서 칭찬의 양을 늘려 나가는 방안도 고려해 볼 만하다. 칭찬을 하다가 비난으로 돌아선 사람에 대한 선호도가 가장 나쁘다는 점도 무시할 수 없는 사실이다. 칭찬을 하다가 비난을 하면 아예 처음부터 칭찬하지 아니한 것보다 못하다는 것이다. 아동에 대한 교사의 태도가 최소한 일관성을 유지할 필요가 있음을 잘 보여 주는 대목이다. 물론 이 실험은 칭찬의 효과가 아니라 칭찬하는 사람에 대한 선호도를 알아본 것이기 때문에 초점이 다소 다르다는 점을 염두에 두어야 한다.

충분성의 원리

칭찬의 양은 필요한 만큼 충분하게 주도록 한다. 일단 칭찬하기로 마음먹었다면 상대가 만족스럽다고 느낄 만큼 아낌없이 충분하게 칭찬한다. 칭찬을 하기는 하는데 그 양에 있어서나 강도에 있어서 어딘가 부족하다는 느낌이 들면 칭찬의 효과는 떨어진다. Dale Carnegie(이채윤 역, 2003)는 진정한 인정과 아낌없는 칭찬을 받고 싶은 것은 인간의 공통적인 마음이라고 하면서

"상대방이 나에게 해 주기를 원하는 것처럼 나도 상대방에게 베풀라."는 조언을 하고 있다. 이를 뒷받침하는 사례로 그는 23명의 여자들의 마음과 저금통장을 차례로 손아귀에 넣은 한 유명한 사기범에 대해 언급하고 있는데 이 사기범이 사용한 수법은 상대방의 말을 열심히 들어 주고, 상대방에 관한 이야기만 줄곧 해대는 것이었다고 한다. 즉, 상대방이 하고 싶은 말을 열심히 들어 주고 듣고 싶어 하는 말(칭찬)을 아낌없이 제공함으로써 많은 여자들의 마음을 사로잡을 수 있었다는 이야기다. 칭찬을 하되 충분히 하는 것이 효과적이라는 말이다.

한 가지 주의할 점은 칭찬의 양을 충분히 하는 것과 칭찬을 남발하는 것은 다르다는 사실이다. 칭찬의 양을 충분히 한다는 것은 칭찬하려고 정한 특성이나 행동에 대해 아낌없이 칭찬한다는 말이고, 칭찬의 남발은 초점이 없이 아무 때나 칭찬을 한다는 뜻이다. 뚜렷한 초점이나 목표 없이 칭찬을 남발하게 되면 일종의 자극 포만이 생겨서 칭찬의 가치와 효과가 현격히 떨어진다. 따라서 교사는 무엇을 칭찬할 것인지 칭찬의 표적을 잘 찾아낸 후 칭찬을 할 때는 아낌없이 충분하게 칭찬을 하도록 한다.

타이밍의 원리

칭찬의 효과는 칭찬받는 내용과 칭찬 사이의 간격 또는 시간 지연에 따라 달라지기도 한다. 강화가 그러한 것처럼 일반적으로 칭찬은 칭찬할 내용이 발생한 시점 직후에 제공하는 것이 가장 효과가 크다. 따라서 칭찬의 효과를 극대화하려면 칭찬거리가 일어난 직후에 바로 제시하는 것이 좋다. 칭찬이 즉각 주어지지 않으면 그사이에 다른 행동과 반응들이 일어날 수 있는데 이렇게 되면 칭찬이 칭찬거리에 주어지는 것인지 아니면 다른 반응들에 주어지는 것인지 혼동되어 그 효과가 떨어진다. 예를 들어, 아침에 교실을 깨끗이 청소한 아동의 행동에 즉각 칭찬을 해 주면 아동의 이 행동은 강화를 받겠지만 저녁에 가서야 이 행동을 칭찬하면 그사이에 많은 행동들(예컨대 다시 교실을 어지럽힌 것과 같은 행동)이 발생한 까닭에 강화 효과가 약화되고 만다.

아동의 특성에 따라서 칭찬의 시기를 달리하는 것이 좋다는 의견도 있다. 김무천(1998)은 자신감이 부족하고 미성숙한 아이일수록 즉각 보상하는 것이 좋고 성숙한 아이일수록 보상을 늦게 주는 것이 바람직하다고 하였다.

칭찬의 타이밍을 학습과정과 연관지어 볼 수도 있다. Ruch(김병극, 1996: 12에서 재인용)는 학습과정 중에서 칭찬은 초기에, 질책은 학습의 뒷부분에 하는 것이 효과적이라고 하였고, Tolman(김병극, 1996: 12에서 재인용)은 산발적인 칭찬보다는 규칙적 칭찬이, 규칙적 칭찬보다는 일정 기간 멈추었다가 그 후에 계속해서 칭찬하는 것이 더 효과적이라고 주장하였다.

칭찬의 효과를 만남의 시점과 관련지을 수도 있다. 스즈키 요사유키(최현숙 역, 2003)는 사람의 마음을 장악하는 기술이 뛰어난 사람은 헤어질 때 건네는 한마디에 마음을 고스란히 담아 표현한다고 지적하였다. 헤어질 때 들은 칭찬은 헤어진 뒤에도 오랫동안 사람의 마음에 남아 영향을 미칠 수 있기 때문으로 풀이된다. 후쿠다 다케시(안소현 역, 2001) 역시 헤어질 때 고마움을 전하는 칭찬을 건네라고 충고하고 있다. 그동안 괴로웠던 일, 싫었던 일, 곤란했던 일 등 여러 가지 일을 겪었더라도 헤어질 때 '고맙다' 는 말을 듣는 순간 미안함을 느끼게 되는 것이 사람의 마음이라고 한다. 이 원리를 적용하여 교사는 아동과 헤어짐이 일어나는 시간, 짧게는 학교에서의 일과를 마치는 시간으로부터 길게는 학기나 학년을 마치는 시간에 고맙다는 말과 더불어 아동에게 도움이 되는 칭찬을 해 주면 좋을 것이다.

진정성의 원리

칭찬하는 사람의 태도와 자세가 칭찬의 효과에 크게 영향을 줄 것이라는 점은 의심할 바 없다. 따라서 아동의 만족과 성장을 돕기 위하여 진지하고 순수하며 진정 어린 마음으로 칭찬을 해야 한다. 앞에서 말한 것(박성희, 2001)처럼 진정성은 온 정성을 쏟아 상대에게 관심을 기울이는 성실성, 상대방과 대화를 하며 느끼는 내면의 느낌과 외부 표현을 일치시키는 일치성, 상대방에 대해 상호 신뢰감을 갖는 신뢰성을 포함한다고 하였는데 칭찬을 할 때 교사가 이런 자세를 유지하면 그만큼 좋은 효과가 나타날 것이다.

칭찬하는 사람의 진정 어린 자세가 중요함은 여러 글에서 지적하고 있다. "보답을 바라지 말고 한 번이라도 좋으니 진심을 담아 부하직원에게 인사하라." "영업을 잘하는 사람은 팔지 않는다. 고객은 합리적이면서도 사소한 점까지 세심하게 신경 쓰는 '자기 편'을 원한다. 대수롭지 않은 이야기 속에서 흘러나오는 무심한 말을 상대방이 진지하게 다뤄 주는 것에 많은 사람들이 감동한다." "사람을 움직이는 것은 상대가 자신을 소중한 사람으로 인식하고 있다는 느낌이다."(최현숙 역, 2003) "입에 발린 말이 아니라 진심으로 칭찬하고 상대의 시선이 머무는 곳, 상대의 마음이 향하는 곳, 상대가 진정 원하는 것 등 작은 일에 순수한 관심을 보여라."(이채윤 역, 2003) "진부하고 형식적인 기준으로 칭찬하는 일은 하지 말자."(박혜정 역, 2002) "칭찬이 효과가 있으려면 상대에게 '신뢰받는다'는 느낌을 줄 수 있어야 한다. 이를 위해서 상사는 잘못된 일에 대한 책임을 전적으로 자기 자신에게 돌릴 수도 있다."(조천제 역, 2003) "신뢰성이 없는 칭찬이나 벌은 내적인 진정한 변화를 가져오지 못하고 외적으로 변화한 것처럼 보이게 만드는 결과를 가져올 수 있다."(이천희, 2002) "진심으로 상대를 칭찬한다."(민영욱, 2003) 등은 모두 칭찬하는 사람의 진정성을 강조하고 있다.

구체성의 원리

앞에서 Haim Ginott가 칭찬을 평가적 칭찬과 묘사적/해설적 칭찬으로 나누고 묘사적/해설적 칭찬의 사용을 권장하였다는 말을 하였다. 여기서 묘사적/해설적 칭찬은 상대방의 행동을 자세히 기술하는 칭찬을 말한다. "넌 머리가 좋구나."라는 칭찬이 평가적 칭찬이라면 "성적을 올리기 위해 정말 애썼구나."라는 칭찬은 묘사적/해설적 칭찬이다. 그러니까 묘사적/해설적 칭찬은 상당히 구체적이고 자세하게 칭찬받을 만한 이유와 근거를 드러내는 칭찬법이다. 칭찬의 기술이라는 차원에서 보면 묘사적/해설적 칭찬은 평가적 칭찬보다 앞서 있다. 칭찬의 내용에 평가적인 요소가 덜 하므로 칭찬받는 데 대한 부담감을 줄일 수 있고 무엇 때문에 왜 칭찬받는지가 분명하므로 이후 행동의 방향을 뚜렷하게 설정할 수 있기 때문이다. 이런 점에서 칭찬의 내용을 구체화하는 일은 매우 바람직하다. 칭찬의 내용을 구체화하려면 칭찬받는 상대를 관찰하여 정확하게 읽어 내야 한다. 칭찬할 만한 가치가 있는 행동은 어떤 것인지, 드러낼 필요가 있는 좋은 특성은 어떤 것인지 항상 관심을 기울이고 관찰해야 한다. 세심한 관찰을 통해 칭찬거리가 명확해지면 구체화된 칭찬으로 이를 표현할 수 있다. 교사는 사실에 기초하지 않은 거짓 칭찬이나 과찬이 오히려 역효과를 낼 수 있다는 점을 생각하여, 관찰의 정확성을 높이고 그에 부합하는 구체화된 표현을 사용하는 연습을 해 두는 것이 좋다. 참고로 신휘영(2000)이 소개한 구체화된 칭찬 표현을 살펴보자. "그림을 잘 그리는구나."보다는 "구상을 잘했구나." "색칠을 잘했구나." "주인공이 살아나고 있어."라는 표현, "글씨를 잘 쓰는구나."보다는 "띄어쓰기가 잘되었구나." "글자 크기가 모두 비슷하여 보기 좋군." "글자가 참 예뻐 보이는구나."라는 표현, "참 부지런해."보다는 "학용품 정리를 잘했구나." "손발이 깨끗하군." "엄마가 집안일을 잘 도와 드린다고 하던데."라는 표현, "아이 착해."보다는 "길동이가 글짓기에서 장원을 해서 우리 학급을 빛내 주었어." "경상이의 그림 솜씨는 우리 친구들에게 도움이 되겠구나." "일보가 바닥을 잘 닦아서 선생님들로부터 칭찬을 많이 받았어."라는 표현이 훨씬 더 구체적이다.

묘사적/해설적 칭찬이 앞선 칭찬 기술이라고 해서 평가적 칭찬의 사용을 금지할 필요는 없다. 앞에서 말한 대로 칭찬에 인색한 우리 사회의 문화는 학교에도 똑같이 적용된다. 특히 바쁘게 돌아가는 학급에서 교사가 아동들을 칭찬하는 기회가 그리 많지 않은 것이 현실이다. 필자가 접한 교사들 중 상당수는 교실에서 아동들을 칭찬하는 일이 별로 많지 않다고 대답한다. 특별한 목적을 가지지 않은 경우에 자연스럽게 아동을 칭찬하는 일은 거의 없다고 한다. 긍정적 어루만짐이 워낙 부족한 이런 상황에서는 칭찬의 종류가 어떤 것이냐를 따질 겨를이 없다. 교사가 툭툭 던져 주는 평가적 칭찬에도 아동은 감격한다. "너는 사람이 됐어."라는 교사의 말에 감동하여 그 기대에 어긋나지 않으려고 열심히 살았노라고 고백하는 사람이 매우 많다. 따라서 교사는 비교적 쉽게 표현할 수 있는 평가적 칭찬에서 시작하여 점차 묘사적/해설적 칭찬으로 칭찬 기술을 다듬어 나가면 좋을 것이다. 이렇게 하다 보면 칭찬의 구체성이 증가하고 묘사적/기술적 칭찬을 자유롭게 활용할 수 있는 수준에 도달하게 될 것이다.

창의성의 원리

앞에서 칭찬거리는 객관적으로 거기 있는 것이 아니라 칭찬하는 사람이 찾아내는 것이라고 말한 적이 있다. 물론 어느 사회에서 대다수 사람들이 공유하는 좋은 특성, 잘한 행동이 있기는 하지만 그것이 우리가 칭찬해야 할 내용의 전부는 아니다. 칭찬거리는 칭찬하는 사람의 안목에 달려 있는데 여기에 요청되는 것이 창의성이다. 창의성이 뛰어난 사람은 상대방에게서 쉽게 드러나지 않는 숨어 있는 가능성을 찾아내어 상대방의 특성이나 행동을 전혀 다른 방향으로 새롭게 해석할 수 있는 틀을 제공한다. 칭찬에 이런 창의성이 적용되면 더할 나위 없이 좋은 칭찬을 할 수 있다. 그런데 이런 창의성은 훈련과 연습에 의해서 계발될 수 있다. 고정관념을 탈피하여 현상을 다르게 보려고 애를 쓰며, 사태를 긍정적으로 해석하려는 노력을 하다 보면 점차 사고에 유연성이 더해지고 창의적인 칭찬거리를 찾아내게 된다. 창의적으로 칭찬거리를 찾아내는 방법 중에서 야단거리를 칭찬거리로 바꾸는 연습을 몇 가지 해 보자. 앞에 야단거리 뒤에 이에 대한 창의적인 칭찬거리를 제시한다.

- 수업시간에 선생님 말씀을 듣지 않고 떠든다.
  → 권위에 쉽게 물러서지 않고 자기주장이 철저하다.
- 머리는 좋은 놈이 공부를 안 한다.
  → 공부를 안 하고도 성적을 그 정도 유지하니 대단하다.
- 청소시간에 빼질거리고 놀기만 한다.
  → 빼질거리는데도 친구들에게 따돌림당하지 않는 사회적 기술이 뛰어나다.
- 공격성이 높고 다른 아이들을 괴롭힌다.
  → 삶의 에너지가 넘쳐흐른다.
- 친구들을 무시하고 잘난 척한다.
  → 친구들에게 인정받고 싶은 마음이 간절하다.
- 준비물을 가지고 오지 않아 쩔쩔맨다.
  → 선생님의 눈 밖에 나지 않으려고 신경 쓸 줄 안다.
- 수업시간에 끄덕이며 존다.
  → 선생님을 의식해서 졸지 않으려고 애쓰는 모습이 가상하다.
- 수업시간에 다른 과목을 공부한다.
  → 시간을 아껴 하고 싶은 공부를 하려는 열의가 대단하다.
- 학교에 지각한다.
  → 여러 가지 사정이 있을 터인데 '학교에 꼭 나오려는' 책임감이 있다.
- 요리조리 핑계를 많이 댄다.
  → 머리를 써서 다양한 아이디어를 짜낼 줄 안다.

야단거리를 칭찬거리로 쉽게 바꿀 정도에 이르면 이미 대단히 창의적인 수준에 도달했다고 말할 수 있다. 교사는 남다르게 아동들의 교육적 가능성을 볼 줄 아는 안목을 가진 사람이다. 따라서 창의적으로 칭찬거리를 찾아내어 아동을 격려하고 변화시키는 일은 교사의 고유 업무에 속한다. 교사들이 특별히 관심을 가져야 할 사항이다.

칭찬의 과정

칭찬의 과정을 크게 네 가지로 나누어 설명해 보자. 칭찬에 대한 준비, 관찰하기, 칭찬거리 찾기, 칭찬하기 등이 그것이다.

칭찬에 대한 준비

모든 일이 그렇지만 칭찬 역시 사전 준비가 튼튼해야 다음 과정이 순조롭게 진행될 수 있다. 칭찬을 위한 사전 준비는 칭찬하는 사람(교사)이 칭찬받을 사람에 대해 갖는 마음가짐과 태도다. 앞의 진정성의 원리에서 언급한 것처럼 교사는 순수하게 아동의 만족과 성장을 위해 칭찬하려는 마음가짐을 가져야 한다. 아울러 아동의 심리상태를 잘 알아야 하고 경청하고 공감하는 능력을 키워야 하며 유머와 칭찬을 습관화해야 한다(김현옥, 2002).

관찰하기

이제 학생을 관찰할 차례다. 칭찬은 주의 깊고 사려 깊은 관찰에서 나온다(김상복, 2004). 관찰을 잘하려면 우선 아동들의 존재적 특성과 행동을 세심하게 살펴야 한다. 그리하여 아동들의 강점과 약점을 자세하게 파악할 필요가 있다. 아동의 존재적 특성은 크게 신체적, 행동적, 지적, 정서적, 성격적, 사회적 특성 등으로 나눌 수 있고 행동은 수업행동, 친교행동, 예절행동, 놀이행동, 협동행동 등으로 나눌 수 있다. 이 특성과 행동은 더 미세한 부분으로 나누어질 수 있다. 예를 들어 신체적 특성은 얼굴 생김새, 키, 몸무게, 신체비율 등으로, 수업행동은 학습준비물 챙기기, 수업참여도, 숙제해 오기, 과제해결력, 학습의욕과 학습태도 등으로 나누어진다. 이 단계까지 내려오면 관찰할 내용이 너무 많은 것 같지만 초등학교에서 아동과 함께 생활하다 보면 곧 익숙해질 수 있다.

아동이 진심으로 듣고 싶어 하는 말, 진정으로 원하는 것이 무엇인지 알아내는 것도 중요하다(최현숙 역, 2003; 이채윤 역, 2003). 바로 이 부분이 칭찬의 표적이 될 수 있기 때문이다. 이를 알아내려면 아동을 자주 바라보고 그가 날마다 어떤 생각을 하고 있는지 어떤 말을 듣고 싶어 하는지 깊이 생각해야 한다. 아울러 아동의 관심사를 화제로 삼아 대화하는 것도 좋은 방법이다. 이때 아동의 말을 주의 깊게 듣고 아동이 자신을 자랑하도록 유도할 수 있다. 필요하면 아동이 쉽게 답할 수 있는 질문을 할 수도 있다.

칭찬거리 찾기

앞의 두 단계를 거치면 대개 아동을 칭찬할 거리가 생기게 된다. 대부분의 아동은 한 가지 이상의 장점이나 강점을 갖고 있다. 따라서 교사는 일단 두드러지게 표현되는 아동의 좋은 특성이나 잘한 행동에 초점을 맞춰 칭찬거리를 만든다. 이 칭찬거리는 드러난 것을 인정하는 것이므로 찾아내기가 그리 어렵지 않다.

문제는 칭찬거리가 쉽게 발견되지 않을 때다. 이런 경우에는 세 가지 방법을 적용해 볼 수 있다. 첫째, 아동에 대해 잘못된 선입견을 가지고 있는지 자신의 내면을 살핀다. 교사의 개인적 문제나 한계로 인해 아동의 장점을 있는 그대로 보지 못할 수도 있다. 공연히 아이가 밉다거나 아이의 행동 하나하나가 마음에 들지 않는다면 우선 교사 자신의 마음 상태를 바꾸어야 한다. 둘째, 아동의 특성과 행동에 긍정적인 의미를 부여한다. 무심코 지나칠 수 있는 아동의 평범한 특성이나 행동에 의미를 부여하고 이를 추어준다. 아동이 지각 한 번 하지 않고 출석했다면 이를 당연하게 여기지 말고 "성현이는 지각 한 번 하지 않았네. 참 성실하구나."라고 칭찬하거나 얌전히 수업시간에 임하는 아동의 학습태도에 대해서도 "진지하게 수업에 참여하는 영실이의 태도가 참 좋아."라고 칭찬할 수 있다. 사람들은 흔히 정상적이고 '잘 적응하는' 행동에 대해서는 별 주의를 기울이지 않다가 문제가 발생하면 호들갑을 떨며 관심을 보이는 경향이 있다. 이렇게 되면 정상적 · 적응적 행동은 그에 합당한 강화를 받지 못하는 셈이 된다. 교사는 이러한 강화의 방향을 바꾸어야 한다. 아동들의 평범한 그러나 적응적인 행동에는 적극 관심을 기울여 칭찬을 해 주고(적극적 방법), 잘못된 행동에 대해서는 별 관심을 보이지(소극적 방법) 않는 것이 바람직하다. 아동의 평범한 특성이나 행동에서 칭찬거리를 찾겠다고 태도를 바꾸면 칭찬할 내용은 엄청나게 불어날 것이다. 셋째, 문제가 되는 아동의 특성이나 행동을 새롭게 해석하여 긍정적 의미를 부여하는 방법이다. 앞에서 예로 든 야단거리를 칭찬거리로 바꾸는 방법이 이에 속한다. 일종의 관점바꾸기 또는 틀바꾸기라고 불리는 이 방법에는 맥락을 바꾸는 방법과 의미를 바꾸는 두 가지 전략이 있다(박성희, 2001). '맥락바꾸기'는 한 장면에서 문제시되는 행동이 다른 장면에서는 바람직한 행동이 될 수 있음을 보여 주는 전략이고, '의미바꾸기'는 문제되는 행동의 의미를 좋은 뜻으로 바꾸어 보는 전략이다. 힘으로 친구들을 괴롭히는 아이의 공격행동이 학급에서는 문제행동이 되지만 학급 대항 전교 씨름 대회에서는 장려행동으로 탈바꿈할 수 있는데, 이를 적절히 지적한다면 '맥락바꾸기'에 해당하고 이 아이의 공격행동을 '높이 활성화된 삶의 활력'이라고 해석한다면 '의미바꾸기'에 해당한다. 아동의 특성과 행동에 긍정적 의미를 부여하는 이 세 번째 방법에는 교사의 창의성이 많이 요구된다.

칭찬하기

그러면 구체적으로 어떻게 칭찬할까? 칭찬을 표현하는 방법은 크게 언어적 칭찬, 비언어적 칭찬, 포상 칭찬으로 나눌 수 있다. 각각의 경우를 나누어 생각해 보자.

언어적 칭찬　　언어적 칭찬은 아동의 좋은 특성과 잘한 행동이 무엇인지 가능한 한 구체적으로 말과 글로 표현하되 짧고 간결하면서도 애정이 담겨 있어야 한다. 때로는 아동의 특성과 행동이 교사에게 미친 영향을 표현해 줄 수도 있다. 스즈키 요사유키(최현숙 역, 2003)는 명확하게 말로 인정해 주는 언어적 칭찬이 두 가지 입장에서 기술될 수 있다고 보았다. '나(I)'를 주어로 한 칭찬과 '너(you)'를 주어로 한 칭찬이다(최현숙 역, 2003). '너'를 주어로 기술하는 말은 상대의 존재나 행위를 직접 칭찬하는 것으로서 "이번 숙제를 아주 잘해 왔네." "마음씨가 참 곱군." "정말 친절하구나." 같은 표현이 이에 속하고, '나'를 주어로 기술하는 칭찬은 상대의 존재나 행위가 '나'에게 미치는 영향을 칭찬하는 것으로서 "너와 같이 있으면 선생님도 기분이 좋아." "네가 이번에 열심히 도와줘서 큰 도움이 되었어." 같은 표현이 이에 속한다.

칭찬의 말은 가능하면 짧고 간결하게 하는 게 좋다. 지나치게 칭찬의 말을 늘어뜨리면 자칫 쑥스러워지고 상황이 어색해질 수 있기 때문이다. 아동에게 해 줄 수 있는 짧은 칭찬의 말을 예로 들어 보자.

- 철수가 심부름을 해 주니까 참 좋구나.
- 영희는 참 따뜻한 마음을 가진 것 같아.
- 노래 솜씨가 끝내준다.
- 와! 청소를 얼마나 잘했는지 교실이 아니라 궁전에 들어온 것 같은데!
- 발표가 환상적이야!
- 너는 우리 반의 분위기 메이커야.

- 야! 성적이 6개월 전에 비해 많이 좋아졌네.
- 너 정말 키가 빨리 자라는구나!
- 부모님에게도 이 사실을 알려야겠다.
- 선생님도 미처 생각하지 못한 아주 좋은 방법으로 문제를 해결했구나!
- 네가 우리 학급에 있다는 게 참 자랑스러워!
- 네가 웃는 것을 보면 선생님도 너무 즐거워!

아울러 칭찬의 말에는 애정이 담겨 있어야 한다. 애정이 담긴 교사의 말은 비록 평범할지라도 아동을 격려하고 기분을 밝게 하는 효과가 있다. 아동의 이름을 부르며 "기분 좋아 보이는 걸." "잘하고 있지?" "기분이 어때?" "고마워." 처럼 아동에게 관심을 표현하는 교사의 짧은 인사도 아동의 마음을 사로잡는 훌륭한 칭찬의 말이 될 수 있다.

언어적 칭찬은 당사자만 알아들을 수 있는 비밀스러운 칭찬, 다른 아동들 앞에서 하는 칭찬, 공개된 자리에서 특별히 하는 칭찬으로 나눌 수 있는데, 다른 아동들 앞에서 또는 공개된 자리에서 칭찬하는 것이 효과가 크다(박병호, 1995; 윤태진, 2002). 하지만 교사와 아동 사이에 특별한 관계를 설정하고 둘만이 아는 비밀스러운 신호를 정해 칭찬을 주고받는 것도 아동에게는 남다른 의미가 있을 수 있다. 담임선생님이 자신에게 특별한 관심을 쏟는다는 생각만으로도 아동은 깊은 감동을 받을 수 있기 때문이다. 이 방법은 특히 학급에서 위축 · 고립된 아동들에게 효과가 클 것으로 예상된다.

다른 사람, 즉 제삼자에게 들은 칭찬을 전하는 것도 좋은 방법이다. "너 3학년 때 담임선생님을 만났더니 네 칭찬을 참 많이 하더라. 네가 그렇게 선생님 일을 잘 돕는다며?" 이런 식의 칭찬은 일종의 이중 칭찬(3학년 때 선생님의 칭찬과 이를 인용하는 지금 선생님의 칭찬)으로서 칭찬의 효과를 두 배로 키워 준다. 이 원리를 활용하여 아동이 없는 자리에서 칭찬을 하여 나중에 아동의 귀에 들어가도록 하는 방법도 생각해 봄 직하다. 친구를 통해 "어제 선생님이 네가 없는 자리에서 너 칭찬하셨어."라는 말을 들으면 아동의 마음은 아주 뿌듯해질 것이다.

간혹 칭찬을 하면서 꼬리말을 다는 경우가 있는데 이는 별로 좋은 방법이 아니다. "그래, 영호는 공부는 잘하는데 앞으로 운동도 공부만큼 잘했으면 좋겠어."라고 칭찬하면 영호는 이 말을 칭찬으로 받아들이지 않을 가능성이 있다. 칭찬은 칭찬으로 끝내는 것이 좋다. 칭찬의 말이 의도된 행동으로 이끌려는 강압의 수단으로 사용되면 그 효과는 반감되기 마련이다(원창석, 2000).

김병극(1996)은 참여관찰 방법을 사용하여 초등학교 수업 상황에서 교사가 사용하는 칭찬용어를 대표형, 비교형, 격려·인정형 등 세 가지로 유형화하였다. 대표형은 여러 아동 중 대표적으로 특정 개인이나 집단을 지적하여 칭찬함으로써 다른 아동들의 행동에 파급 효과를 기대하는 유형, 비교형은 학생들의 행동 변화를 위하여 다른 학생이나 집단과 비교하여 칭찬하는 유형, 격려·인정형은 후속행동의 좋은 결과를 기대하면서 아동에 대한 신뢰를 드러내어 표현하는 유형을 말한다. 이 세 가지 유형 중 어떤 유형의 칭찬이 아동의 학습을 촉진하는 효과가 우수한지에 대해서는 아직 밝혀진 바가 없다.

비언어적 칭찬　　"칭찬은 입으로만 하는 것이 아니다. '눈도 입과 같이 말을 한다.'는 말처럼 비록 입으로 칭찬을 안 하더라도 웃으면서 잘했다고 고개를 끄덕이면 말로 하는 것만큼 효과가 있다. 때로는 악수나 어깨를 두드리는 몸짓으로 칭찬하는 것이 좋다."(민영욱, 2003)는 말처럼 칭찬하는 말에는 신체적 접촉과 몸짓 같은 비언어적 표현이 따르거나 또는 비언어적 표현 자체가 칭찬이 될 수도 있다.

칭찬에 흔히 활용되는 비언어적 표현에는 머리 쓰다듬기, 어깨 두드리거나 살짝 잡아 주기, 등을 어루만지거나 두드려 주기, 악수를 하거나 손을 감싸 주기, 가볍게 안아 주기, 어깨동무하기, 양볼 감싸 주기, 볼에 뽀뽀해 주기, 엉덩이 토닥이기(저학년) 등과 같은 신체 접촉, 미소 지어 주기, 눈맞추기, 윙크하기, 엄지손가락을 치켜세워 최고라는 표시해 주기 등의 몸짓이 있다(김도석, 2000).

포상 칭찬　칭찬의 의미로 상을 주는 일은 상당히 보편화되어 있다. 온갖 대회에서 입상하면 으레 상을 주고 학교에서도 이런저런 이유로 학생들에게 상을 준다. 상을 받고 좋아하는 아동들을 보면 상이 칭찬의 또 다른 형태임을 확인할 수 있다. 이런 공식적인 상 이외에 담임선생님이 비공식적으로 주는 상에도 아동들은 열광한다. 초등학교 고학년 아동들도 담임선생님이 내주는 사탕 한 알을 얻기 위해 선생님의 지시에 어김없이 따르는 경우를 흔히 본다. 사탕 한 알보다 선생님으로부터 인정받는다는 사실이 그토록 중요하기 때문이다.

교사가 학급에서 아동에게 포상거리로 사용할 수 있는 대상에는 물질 이외에 명예로운 역할 부여, 선호하는 활동 허락하기 등이 포함될 수 있다. 김무천(1998)이 제시한 예를 들어 여기에 어떤 내용들이 포함될 수 있는지 살펴보자.

아동에게 명예가 되는 역할 부여
- 반장이나 각종 부서의 장을 시키는 것
- 시험지 채점을 시키는 일
- 숙제 검사를 하게 하는 일
- 여러 종류의 숙제를 주고 그중에서 선택하게 하는 일
- 교실의 질서를 바로잡는 일을 시키는 것
- 하급생의 지도위원을 시키는 것
- 교과별 자습문제를 준비해 오도록 하는 일
- 다른 반에 초청인사로 가서 이야기하게 하는 일

선호하는 활동 허락하기

- 머리를 푹 숙이고 쉬는 일
- 야외 학습 나가기
- 전등을 켰다 껐다 하는 일
- 장기, 바둑, 제기차기 등 전통 놀이를 비롯한 각종 놀이하기
- 밖으로 나가서 그림 그리기
- 눈싸움하기
- 즉석 경연대회, 노래자랑, 장기 자랑하기
- 팔씨름하기
- 책상을 한 군데 밀어 놓고 춤추기
- 각자 좋아하는 일하기
- 즉석 연극하기
- 각자 좋아하는 과목 공부하기

이금자(2000)는 학생에게 부여하는 특별한 역할을 점검부장과 역할부장으로 나누고 점검부장에는 과목부장(각 과목에 대한 과제물, 준비물, 학습지 점검), 지각부장, 점수부장(점수판에 모둠별 점수기록), 모둠장(모둠원의 개인 점수 기록) 등을, 역할부장에는 봉사부장, 칠판부장, 우유부장, 교실 앞 정리부장, 기계작동부장, 화초부장, 도서부장, 자료부장, 잔디밭부장, 과학부장 등을 두어 학급을 운영한 사례를 보고하고 있다.

이는 김무천과 이금자의 제안을 한 가지 예로 제시한 것이다. 교사는 자신이 근무하는 학교와 학급의 상황에 맞추어 아동들에게 알맞은 역할과 활동을 포상으로 활용해야 할 것이다.

칭찬과 교과 수업

교사는 수업과 생활지도를 하면서 아동을 칭찬하는 일을 일상적인 업무로 습관화해야 한다. 칭찬거리가 생기고 칭찬을 해 주어야겠다는 판단이 서면 언제든 아동을 칭찬할 수 있어야 한다. 좋은 특성, 잘한 행동을 칭찬하는 데 굳이 수업시간과 생활지도를 구분할 필요가 없다. 다만 수업을 할 때 교과의 특성에 따라 칭찬할 내용이 보다 특화될 수 있다. 해당 교과의 수행을 위해 요구되는 능력, 사고, 태도, 행동이 달라질 수 있기 때문이다.

손부일(1998)은 미술과 학습의 활성화를 위한 칭찬지도의 요령에 대해 기술한 적이 있다. 그에 따르면 "미술학습은 결과보다 그 과정을 매우 중요하게 생각한다. 따라서 끈기 있게 끝까지 작업하는 태도, 용구와 자료를 사용하고 깔끔하게 정리 정돈하는 태도, 재료의 가능성을 탐색하는 태도 등에 대해 칭찬한다." "미술과는 창의성과 깊이 관련되어 있는 교과다. 따라서 미술과 학습 중에는 창의성을 개발하는 칭찬을 많이 해야 한다. 평범하지 않은 질문을 중요하게 여겨 줄 것, 평범하지 않은 아이디어에 반응을 보여 줄 것, 어린이가 생각한 아이디어에 대해 그 가치를 인정할 것, 자발적 학습의 기회를 제공하여 그것을 인정할 것, 평가 없는 작업이나 학습의 시간을 주어야 함을 명심한다."(손부일, 1998). 요컨대 미술과 수업 고유의 특성과 관련한 칭찬거리가 따로 있다는 주장이다.

김도석(2000)은 수학교과 수업과 칭찬지도의 실제에 대해 기술한 바 있다. 그가 지적한 수학수업을 진행하면서 칭찬할 만한 내용은 다음과 같다. 그는 아동 개인에 맞는 주어진 목표를 달성하였을 때, 뚜렷하게 나타나는 장점이나 숨겨진 재능을 발견했을 때, 바람직한 문제 해결 방법을 찾아내거나 여러 가지 방법으로 탐색할 때, 학습준비물을 잘 갖추거나 용구와 재료의 활용법이 바람직할 때, 혼자서 해결하기에 어려웠던 문제를 스스로 해결했을 때, 바람직한 학습의욕이나 학습태도를 보일 때, 다른 친구를 도와주거나 집단 구성원과 함께 집단 활동에 열심히 참여할 때, 열심히 노력하여 새로운 문제에 대한 해결방법 또는 해결속도 면에서 현저한 발전을 보일 때 등이다. 수학 교과 수업에서 칭찬할 내용으로 그가 들고 있는 항목들은 상당히 일반적이라서 다른 교과 수업에도 공히 적용될 수 있다고 여겨지지만 교과 수업에 따라 칭찬의 종류가 다를 수 있다는 발상은 참고할 만하다. 이향숙(2002) 역시 자세한 칭찬 전략을 제시하고 있지는 않지만 말하기·듣기 수업지도의 수업 지도안에 칭찬을 활용하라는 조언을 하고 있다.

아동의 교과에 대한 성취수준을 높이기 위하여 교사가 교과의 고유 특성을 반영하는 칭찬을 한다면 보다 높은 학습효과를 얻을 수 있을 것이다. 이를 위하여 교사는 교과 지식의 구조와 계열에 대한 해박한 지식과 이를 감당해 낼 아동의 지적 수준과 발달 및 학습태도에 대해 상세한 지식을 갖추고 있어야 한다. 이 부분은 앞으로 계속 탐구해야 할 영역이다.

칭찬과 학급 운영

지금까지 주로 아동 개인에 대한 칭찬에 초점을 맞추어 논의를 이끌어 왔다. 그런데 아동 개인에 대한 칭찬이 학급에서 이루어질 때 그 내용이 다른 학급 구성원 모두에게 노출된다는 점을 생각할 필요가 있다. 따라서 교사는 항상 다른 아이들을 의식하면서 칭찬하는 습관을 들여야 한다. 아동들이 제일 싫어하는 것이 '편애'라는 점을 고려하여, 만에 하나 칭찬이 편애로 해석되지 않도록 노력하는 자세가 항상 필요하다. 학급에서 어떻게 칭찬하는 것이 좋은지 몇 가지 사항을 살펴보자.

첫째, 칭찬을 공평하게 한다. 칭찬이 부족할 것이라고 여겨서 뒤떨어진 학생에게 칭찬을 집중하거나 늘 칭찬을 받을 것이라고 여겨서 우수한 학생에게 칭찬을 생략하는 일이 없어야 한다. 교사는 아동들을 모두 공평하게 칭찬한다. 여기서 '공평하게'라는 말은 모든 아동을 '똑같게' 칭찬하라는 뜻이 아니다. 칭찬의 내용은 아동의 특성과 수준에 맞추어 조절되어야 한다. 다만 칭찬의 빈도나 강도는 가능하면 모든 아동들에게 비슷하게 제공하는 것이 좋다. 칭찬받을 거리가 별로 없어 보이는 아이가 있으면 교사는 일부러 칭찬거리를 만들어서 칭찬해 주도록 한다.

둘째, 상대적인 비교가 아니라 개별적인 특성과 능력에 대해 칭찬한다(이순연, 2004). 칭찬할 때 다른 아동과 비교하는 것은 금물이다. 칭찬은 아동의 좋은 특성이나 잘한 행동을 추어주는 것이다. 따라서 칭찬을 하기 위해 굳이 다른 아동을 거론할 필요가 없다. 비교를 당하는 다른 아이의 입장에서 보면 이는 부당하기 이를 데 없는 처사다. 비교하며 칭찬하는 행위는 아동들 사이에 질투심, 경쟁심, 복수심을 일으켜서 쓸데없이 학급 분위기를 험악하게 만든다.

셋째, 개인에 대한 칭찬과 집단에 대한 칭찬을 분명하게 구별한다. 집단이 공동으로 성취해서 얻은 결과가 있을 때 집단원 전체를 골고루 칭찬해 주도록 한다. 집단원 중에 어느 한 사람 또는 일부를 부각시켜 칭찬을 집중하면 나머지 집단원들에게 불만이 쌓인다. 비록 빼어난 역할을 수행하는 한두 사람이 있더라도 집단 전체를 골고루 칭찬함으로써 집단 내에 위화감이 생기지 않도록 주의한다.

넷째, 학급 분위기에 유의하며 칭찬한다. 요즘같이 경쟁과 질투가 심한 학교 분위기에서 자칫 잘못하면 칭찬받은 아이가 학급에서 따돌림이나 질시의 대상이 될 수도 있다. 따라서 교사는 학급 분위기를 주시하고 아동들의 마음을 자극할 만한 예민한 칭찬은 삼간다. 얼굴이 예쁘다고 따돌림당하는 아이에게 "너는 참 얼굴이 곱게 생겼구나."라고 눈치 없는 칭찬을 하면 다른 아동들의 따돌림 행동을 부추길 수 있다.

다섯째, 학급 친구끼리 서로 칭찬하는 문화를 만들어 간다. 친구의 좋은 점, 잘한 점 찾기를 장려하고 서로 칭찬하는 분위기를 확산시킨다. 칭찬을 받기만 하다가 칭찬을 해 보는 경험은 아동에게 색다른 느낌을 갖게 한다. 이렇게 하면 칭찬을 받아서 기분 좋고 칭찬을 나누어서 기분 좋은 즐거운 학급 생활이 이어질 수 있다. 가능하면 이따금 학생들로 하여금 교사를 칭찬하게 할 수도 있다. 이금자(2000)는 학급 운영에 나 칭찬하기, 친구 칭찬하기, 엄마 아빠 칭찬하기 방법을 적용하여 좋은 효과를 얻었다고 보고한 바 있다.

여섯째, 학급에 대한 자부심을 가지도록 학급 전체를 칭찬한다. 학급에 대한 소속감을 높이고 학급 동료들에 대한 애정을 높이는 방법으로 우리 학급이 얼마나 멋지고 훌륭한 학급인지 이따금 칭찬할 필요가 있다. 우리 반에는 미남미녀가 많다, 우리 반에 들어오면 왠지 마음이 따뜻해진다, 우리 반은 참 조용하다고 다른 반 선생님들이 칭찬하신다, 우리 반이 소란스럽기는 하지만 의리 하나는 끝내준다는 식의 표현은 아이들의 마음을 사로잡는 방법이다.

칭찬을 중심으로 학급과 학교를 운영하는 방안도 생각해 볼 수 있다. 이금자(2000)와 박병호(1995)는 칭찬을 중심으로 학급을 운영한 사례를 보고한 바 있고, 류주현(2000)은 칭찬교육을 통해 인성을 함양할 목적으로 운천초등학교 전체 아동을 상대로 칭찬교육실천 프로그램을 운영한 바 있다. 류주현이 운영한 칭찬교육실천 프로그램의 중심 내용에는 다음과 같은 사항들이 들어 있다.

- 칭찬으로 시작해서 칭찬으로 끝나는 학급 운영
- 칭찬 릴레이로 웃음꽃 피우기
- 칭찬 횟수만큼 커 가는 칭찬일람표
- 칭찬 어린이 추천서 용지 사용(언제, 누가, 어디서, 어떤 칭찬받을 일을 하였는가?)

- 착한 마음 칭찬하기
- 사랑의 대화시간 운영(방과 후 한 반에 한두 명씩을 담임교사가 상담하기)
- 애국조회 시 학교장의 훈화를 통해 칭찬하기
- 칭찬 시상제 운영: 칭찬받는 상과 칭찬하는 상
- 가정과 연계하는 칭찬교육
- 칭찬일기 쓰기(매주 토요일 전교생이 쓰기)
- 실천 위주의 주제 활동

칭찬을 주제로 학급과 학교를 운영하면 여러 가지 장점이 있을 것이다. 다만 칭찬이 지나치게 남발되어 아동을 식상하게 만들면 오히려 역효과가 날 수도 있다. 칭찬하는 분위기와 문화를 만들어 나가되 칭찬하는 일이 천박하고 형식적인 겉치레 행사로 떨어지지 않도록 세심하게 배려한다면 올바른 인성을 함양하는 데 도움이 될 수 있을 것이다.

제3장

학급집단의 이해와 관리

초등학교 담임교사는 학급집단에 속해 있는 아동을 교육한다. 다시 말하면 담임교사는 학급이라는 틀에 소속되어 있는 아동 집단을 상대로 교육한다. 담임교사는 아동과 개별적인 접촉을 갖기도 하지만 학급 생활의 상당 부분을 아동 집단을 상대하는 데 할애한다. 교사가 가장 많은 시간을 들이는 수업 진행을 예로 들어 살펴보자. 교사는 수업을 진행하기 위하여 아동 개개인의 선행학습 수준과 학습 역량을 고려하지만 실제 수업을 진행할 때에는 특정 아동이 아니라 아동 집단 전체에 초점을 맞춘다. 교사의 수업이 결과적으로 아동에게 미치는 효과는 아동 개개인에 따라 달라지지만 교사의 정상적인 수업 행위는 어느 한 아동이 아니라 아동 집단 전체를 대상으로 전개된다. 따라서 교사는 아동 집단에 대한 교육을 통해서 아동 개개인을 교육하는 역할을 수행한다(물론 교사가 특별한 시간을 따로 내어 특정 아동에게 별도의 수업을 제공하거나 수업 환경 자체가 철저하게 개별화되어 완전한 개별화 수업이 가능한 경우는 여기에 포함되지 않는다. 그런데 과연 그런 수업이 얼마나 될까?). 이러한 상황이기에 학급에서 담임교사가 펼치는 대부분의 활동은 아동 집단을 상대하는 일이라고 말해도 지나치지 않다.

그런가 하면 특정 아동 개인에 대한 교육을 통해서 아동 집단 전체를 교육하는 경우도 흔히 발생한다. 어떤 한 아동을 꾸중하는 교사의 행동이 그 아동뿐 아니라 학급의 모든 아동에게 영향을 주려는 의도에서 나온다면 바로 이런 경우에 포함된다. 따라서 교사는 자신이 아동 집단을 통해서 개인 아동을, 그리고 개인 아동을 통해서 아동 집단 전체를 교육하고 있다는 사실을 늘 염두에 두어야 한다. 교사의 교육 행위 속에 아동 개인에 대한 고려와 아동 집단 전체에 대한 고려가 늘 함께해야 하는 이유가 여기에 있다.

사정이 이러하다 보니 담임교사가 아동으로 구성된 학급집단에 대해 소상한 지식을 갖추는 일은 매우 중요하다. 학급집단의 특성과 역동을 잘 이해하고 필요할 때 적절히 개입하는 일은 초등학교 담임교사의 전문성이 발휘되는 주요 업무에 속한다. 그럼에도 불구하고 학급집단에 대해 체계적으로 정리해 놓은 지식을 찾기가 쉽지 않다는 점은 몹시 안타까운 일이다. 대부분의 교사들은 학급집단의 중요성을 초등학교 현장에서 담임을 맡고 난 이후에 비로소 알게 된다. 그리고 많은 시행착오를 거치면서 학급집단을 다루는 나름대로의 방법을 서서히 익혀 나간다. 현장 경험을 바탕으로 쌓아 가는 지식이 유용하다는 사실을 부인할 수는 없지만, 시행착오를 최소로 줄이고 객관성과 현실 타당성이 높은 지식을 생산하려면 이 분야에 대한 연구와 논의가 활성화되어야 한다. 그런 점에서 이 글은 학급집단에 대한 하나의 시작하는 글이 될 것이다. 시작하는 글이 모두 그렇듯 이 글에서 주장한 많은 내용들은 이후 경험 또는 실증 연구에 의해 뒷받침되어야 할 것이다.

학급집단의 특성과 역동

집단으로서의 학급

현재 우리나라의 초등학교 교실에는 평균 35명 정도의 아동이 배정되어 있다. 학급집단의 규모가 대략 35명 정도 되는 셈이다. 일반적으로 아동은 자신의 바람과 상관없이 일정한 연령이 되면 비자발적으로 학급집단에 소속된다. 그리고 일단 초등학교에 입학하면 아동들은 특별한 일이 없는 한 6년 동안 이 학급집단에 소속되어 생활한다. 그러니까 학급집단은 가정을 제외하고 아동들이 가장 많은 시간 동안 머물러 있는 삶의 공간이다. 이 집단 속에서 아동들은 나름대로 '사회'를 경험하며 성장과 발달을 이뤄 나간다.

Forsyth(2001)는 '집단'의 속성과 과정을 몇 가지 요소로 정리하고 있다. 첫째, 집단에는 상호작용이 있다. 상호작용의 내용이 과제든 대인관계든 아니면 사회정서적인 것이든 집단구성원들 간에 모종의 교류와 상호작용이 있어야 한다. 둘째, 집단에는 구조가 있다. 집단구성원들의 상호작용은 조직되어 있고 상호 연결되어 있으며 규칙성이 있다. 이러한 규칙성은 집단구조를 반영하는데 지위와 역할, 가치와 규범 등을 통해 표현된다. 셋째, 집단에는 응집력이 있다. 집단응집력은 집단의 통합성, 하나됨 또는 유대의 정도를 의미하는 것으로 집단구성원들을 서로에게 혹

어른들은 몰라요, 얼마나 재미있는지

은 집단 자체에 연결하는 관계의 강도로 표현된다. 넷째, 집단에는 사회정체성이 있다. 사회정체성은 자신들을 동일한 집단이나 사회범주의 구성원으로 보는 공유된 지각을 말한다. 집합적 자기 또는 집합적 자아개념이라는 말로 표현되기도 한다. 다섯째, 집단에는 목표와 역동성이 있다. 집단은 모종의 목표를 달성하기 위해 존재한다. 집단목표는 집단구성원들을 하나로 묶고 집단에 헌신하게 하는 힘을 가지고 있다. 아울러 집단은 정체되어 있지 않고 역동적인 관계 속에서 지속적으로 변화한다.

학급은 방금 언급한 '집단'으로서의 특성을 모두 갖고 있다. 학급에는 급우들 간에 다양하고 강렬한 상호작용이 상시 벌어지고, 정해진 규범과 역할에 따라서 행동할 것을 요구하는 안정된 구조가 있으며, 학급에 매력을 느끼고 급우들에 대해 심정적으로 친밀감을 느끼는 응집력이 있으며, '우리 반'이라는 강한 소속감이 작용한다. 아울러 교사의 목표와 아동들의 목표가 항상 일치하는 것은 아니지만 학급은 나름대로 장기적, 단기적 목표를 갖고 있고 쉼 없이 움직이고 변화하는 역동성을 갖추고 있다.

집단으로서의 학급이 가지고 있는 특징을 조금 더 자세히 살펴보자.

상호작용

집단 안에서 일어나는 집단구성원들 간의 다양한 상호작용은 이들의 태도와 행동에 영향을 미치는데 이 상호작용의 기초는 의사소통(communication)이다. 의사소통은 복잡한 사회적 과정으로서 집단구성원들 사이에 정보, 감정, 태도 및 다양한 메시지를 전달하고 전달받는 과정을 일컫는다. 의사소통은 크게 언어적인 것과 비언어적인 것으로 나눌 수 있다.

초등학교의 학급집단에서도 다양한 상호작용이 일어난다. 아동들은 말과 행동을 통해 상대방에게 자신의 의사를 전달하려고 한다. 이러한 의사소통의 과정이 활발하고 부드럽게 진행될 수도 있지만 때로는 거칠어져 소통 자체가 단절될 수도 있다.

학급집단의 의사소통의 특성을 몇 가지 측면에서 관찰할 수 있다. 첫째, 의사소통의 양이다. 학급 아동들끼리 주고받는 의사소통의 절대적 양을 따지는 것이다. 일반적으로 의사소통의 양이 많은 학급은 그렇지 못한 학급에 비해 상호작용이 활발하고 집단 분위기가 살아 있다. 둘째, 의사소통의 방향이다. 의사소통의 흐름이 일방향인지 양방향인지를 따지는 것이다. 의사소통이 양방향으로 이루어진다는 것은 집단구성원들이 서로 상대를 인정하며 자신의 의견을 표현한다는 뜻이다. 이에 대해 일방적 의사소통은 상대를 무시하고 자신의 주장만을 강하게 펼치는 소통 방식이다. 학급에 지배욕이 강한 아동들이 있거나 지나치게 많은 힘(권력)이 일부 아동들에게 편중될 때 일방적 소통 방식이 우세하게 나타난다. 일방적 의사소통보다 양방향 의사소통이 많을 때 학급구성원의 관계가 보다 평등하고 부드럽게 형성된다. 셋째, 의사소통의 질이다. 아동들이 의사소통할 때 어법과 예절에 어긋남이 없는지를 따지는 것이다. 정확한 어휘를 사용하며 말하고 듣기의 순서를 정상적으로 따를 경우 의사소통이 물 흐르듯 자연스럽지만, 애매모호한 용어를 사용한다든가 말하고 듣기의 순서를 어길 경우 의사소통이 상당히 어려워진다. 의사소통의 질이 낮으면 학급 분위기가 소란하고 어수선해지며 욕구불만에 찬 아동들이 많아진다. 넷째, 의사소통의 편파성 내지는 국지성이다. 아동들이 자신의 의사소통 대상을 일부 급우들로 제한하고 있는지, 또는 특수 용어나 자기들만이 아는 농담을 주로 사용하는지를 따지는 것이다. 학급에 하위집단이 많이 생기고 하위집단 사이에 두꺼운 벽이 생기면 의사소통의 범위가 상당히 줄어들게 되는데, 이렇게 되면 학급 전체를 아우르는 일이 어렵게 되고 아동들 사이에 적대감이 조성될 가능성이 높다. 다른 아동 또는 다른 하위집단에 속한 아동들에게 낙인을 찍고 조롱하며 놀리는 행동 역시 학급의 의사소통을 저해하는 요소 중 하나다. 다섯째, 의사소통의 형식이다. 아동들의 의사소통에서 비언어적 행동이 차지하는 비중을 따지는 것이다.

비언어적 의사소통은 언어적 의사소통을 보조, 대리, 심화시키는 역할을 담당하기도 한다. 하지만 아동들 사이에 몸싸움이나 부정적인 신체 접촉이 잦으면 의사소통 체계에 문제가 있음을 나타낸다.

지위와 역할

지위는 한 집단의 조직 내에서 집단구성원이 차지하는 위치를 말한다. 집단구성원들은 여러 기준에 따라 서로에 대해 등급을 매기고 자리를 정한다. 집단 내 개인의 지위를 결정하는 요소로는 호감, 집단에 제공할 수 있는 자원이나 능력, 집단구성원에게 행사하는 영향력 등이 있다. 역할은 일정한 지위를 차지하고 있는 사람에게 기대되는 일련의 행동을 말한다. 역할은 기대된 역할, 지각된 역할, 실행된 역할로 나눌 수 있는데 이 역할들 간에 차이가 크면 집단 갈등이 존재할 확률이 높아진다. 역할에는 제도화된 역할 이외에 사적으로 부여되는 역할(못난이, 얌전이, 깡패 등)도 있다.

초등학교 학급에도 다양한 지위와 역할이 있고 아동들은 이 지위와 역할에 어울리는 행동을 한다. 때로 주어진 지위와 역할에 어긋나는 행동을 할 때 아동들 사이에서 갈등이 생기기도 한다.

학급집단에서 아동들은 다양한 지위를 차지한다. 아동들의 학급 내 지위를 결정하는 요소에는 학업성적, 사교력, 외모, 학급담임과의 친밀도, 학급임원 역할 수행 등이 포함된다. 학업성적은 초등학교 아동들에게도 아주 중요한 가치를 지니고 있어서 공부를 잘하는 아이들은 학급에서 높은 지위를 차지하게 된다. 일반적으로 학급에서 1, 2등을 다투는 아이들의 발언권은 매우 높은 편이고 학급 내 의사결정을 할 때 이들의 의견은 매우 신중하게 다루어진다. 사교력 역시 무시할 수 없는 변인이다. 친구를 잘 사귀고 익살과 유머가 뛰어나 인기가 높은 아동들도 학급에서 중요한 위치를 차지한다. 학급을 즐거운 장소로 만들고 분위기를 부드럽게 유지하는 이들의 역할이 학급

응집력에 기여하는 바가 크기 때문이다. 외모는 초등학교 고학년에서 중요한 변수로 등장한다. 얼굴이 예쁘거나 잘생기고, 몸이 늘씬하고 키가 큰 아이들은 뭇 아동들의 선망의 대상이 되어 늘 주목을 받는다. 반면 얼굴이 못나고 몸이 뚱뚱한 아이들은 학급의 주변인으로 남는 경우가 흔하다. 담임선생님과 가깝게 지내는 아동들의 학급 내 지위도 비교적 높은 편이다. 담임선생님은 학급을 인도하는 막강한 실력을 가진 실제적인 지도자이기 때문에 담임과 가까이 지낸다는 사실 또는 담임이 각별한 애정을 베푼다는 사실 하나만으로도 아동들에게는 특별한 의미를 가진다. 다만 담임선생님의 그 애정이 편애가 아니라는 점을 아동들이 인지할 수 있어야 한다. 학급 임원들이 학급에서 중요한 지위를 차지하는 것도 자연스러운 일이다. 반장, 회장, 각종 부장, 모둠장들은 공식적인 역할을 부여받은 아동들로서 학급 분위기를 조성하고 학급에 부여된 과제를 수행하는 데에 중요한 몫을 차지한다. 따라서 학급 임원들의 성격, 학급 임원들이 일반 아동들을 상대하는 방식 등을 주의 깊게 살펴볼 필요가 있다.

학급 아동에게 기대하는 역할은 아동의 입장과 교사의 입장이 다를 수 있다. 일반적으로 담임교사는 아동들이 질서를 잘 지키고 학습에 열중할 것을 기대한다. 따라서 행동이 얌전하고 공부를 잘하는 아동들을 선호하는 경향이 있다. 그리고 담임교사들은 학급 임원들의 역할에 커다란 의미를 부여하고 이들의 역할 수행에 민감하게 반응한다. 학급 임원들의 역할이 학급 목표를 달성하는 데 중요한 몫을 담당하기 때문이다.

아동들은 대부분 개인적인 친밀도에 따라 동료의 역할을 평가한다. 따라서 동일한 아동에 대한 급우들의 평가가 다를 가능성이 매우 높다. 아동들이 동료의 역할을 평가할 때 주로 영향을 받는 요소에는 정서적인 친밀감, 학업 성적, 인간관계, 인기도 등이 포함된다. 학급에서는 제도화된 공식적 역할 이외에 아동들 사이에 은근슬쩍 통용되는 '사적 역할'이 발달하기도 한다. 급우들이 붙여 주는 별명은 이 사적 역할의 한 가지 예에 속한다. 담임교사는 별명을 통하여 아동 개인의 특성과 동료들에게 비친 그 아동의 모습을 간접적으로 이해할 수 있다. '공주님'이라는 별명이 붙은 아동이 있다면 교사는 이 별명을 통하여 그 아동의 성격, 그리고 다른 아이들에게 지각되는 이 아동의 모습을 어렴풋이나마 짐작할 수 있다.

규범과 가치

집단에는 집단구성원들이 따라 줄 것을 기대하는 규칙, 기준, 행동이 있다. 이 내용을 체계화한 것이 집단의 규범과 가치다. 규범과 가치는 집단이 무엇을 중요하게 생각하고, 무엇을 좋아하고, 무엇을 원하는가를 드러낸다. 따라서 집단생활에서 만족을 누리려면 집단의 규범과 가치에 충실해야 한다. 그러나 집단의 규범과 가치에 충실하려면 개인의 욕구와 개성을 희생시켜야 하는 상황이 발생하기도 한다.

학급집단에도 아동들이 지켜야 할 규범과 가치가 있다. 학급의 규범과 가치에는 명시적인 것과 묵시적인 것이 있다. 명시적인 규범과 가치는 공식화된 문서, 약속, 관행 등의 형태로 드러나 있어서 학급구성원 누구나 알 수 있다. 교실 정면 상단에 걸려 있는 급훈, 주훈을 비롯하여 선생님께 인사하기, 질서 지키기, 수업시간에 조용히 하기, 결석하지 않기, 친구들과 사이좋게 지내기, 폭력을 사용하지 않기, 남의 물건에 손대지 않기 등은 모두 명시화된 규범과 가치에 속한다. 또는 선생님과 행하기로 약속한 내용들도 모두 이에 속한다. 묵시적인 규범과 가치는 학급집단의 독특한 경험이 바탕이 되어 은연중에 집단구성원들에게 영향을 미치는 숨어 있는 규범과 가치를 말한다. 남자 아동끼리 손을 잡고 다니는 행동을 담임선생님이 좋지 않게 말하면 아동들은 은연중에 이 가치를 받아들여 서로 손을 잡거나 신체적으로 접촉하는 일을 꺼리게 된다. 묵시적인 규범과 가치를 형성하는 데에 담임교사의 언행은 상당히 중요한 역할을 한다. "얼굴이 예쁘니까 노는 것도 귀엽네."

"학생은 역시 공부를 잘하는 게 최고야." "사람이 되어야지 사람이, 공부만 잘한다고 다 되는 게 아니야." "남자가 말이 많으면 못써요." "여자는 다소곳해야지." 등 담임교사가 무심코 반복적으로 던지는 말들이 아동들의 행동과 사고에 영향을 줄 가능성이 매우 높다.

목 적

모든 집단은 목적을 갖고 있다. 집단은 어떤 목적을 추구하기 위하여 구성되므로 목적이 없는 집단은 있을 수 없다. 집단의 목적은 집단이 궁극적으로 지향하는 바를 뜻하는 것으로서 집단의 상호작용, 의사소통 양태, 활동 양상, 분위기, 평가 등등에 영향을 미치는 요소이므로 집단을 이해하고자 할 때 반드시 고려해야 한다. 이 목적을 성취하기 위한 구체적인 수단으로 여러 가지 목표들이 설정된다.

초등학교의 학급에도 목적이 있다. 크게는 국가 차원에서 시작해서 작게는 아동 개인에 이르기까지 학급을 통해 실현하려는 목적을 갖고 있다. 아동의 경우 학급집단에 비자발적으로 참여한다는 특수성이 있지만 학급에 참여하면서 나름대로 성취할 목적을 갖게 된다.

여기서는 초점을 좁혀 학급집단의 목적을 교사의 목적과 아동의 목적으로 나누어 살펴보도록 한다. 담임교사는 새로운 학급을 담당하면서 여러 가지 목적을 염두에 두게 되는데, 여기에는 공식적 목적과 개인적 목적이 모두 포함된다. 공식적 목적은 교육과정에 명시되어 있는 목적으로서 주로 아동의 학습지도 및 생활지도에 관한 내용으로 채워진다. 실제 학급에서 일어나는 교사의 활동은 대부분 이 공식적 목적을 달성하기 위한 내용들로 구성되어 있다. 단원별 수업목표, 시차별 수업목표 또는 아동과의 일상적인 만남을 통해 전달하려는 교사의 교육 목표들은 대부분 이 공식적 목적을 달성하기 위한 중간 과정에 속한다. 만일 교사가 이 공식적 목적을 성취하기 위한 활동을 게을리하면 학급 아동과 학부모들로부터 거센 항의와 비판을 받게 된다. 학급집단의 공식적 목적은 교사가 수행해야 할 핵심 역할과 같은 것이기 때문이다. 교사는 학급을 담당하면서 개인적 목적을 가질 수도 있다. 학급집단을 지도하면서 느끼는 충족감과 보람은 말할 나위 없이 여기에 속한다. 그 밖에 승진점수를 따기 위한 수단, 현장연구의 기회, 타학급과의 경쟁, 촌지받기 등등을 위해 학급집단을 활용하는 경우가 있다면 이는 모두 개인적 목적에 속한다. 공식적 목적과 개인적 목적은 상호 부합할 수도 있고 충돌할 수도 있다. 이 두 목적이 부합하면 가장 이상적이겠지만 현실에서는 이 둘이 서로 충돌하는 사태도 종종 발생한다.

학급집단의 구성원인 아동들도 학급에 참여하면서 나름대로 목적을 갖는다. 초등학교 아동들이 학급집단에 참여하는 목적에 대해 뚜렷한 의식을 가지고 있는 경우는 흔치 않지만 대부분 어렴풋하게나마 자기가 학급에서 해야 할 일 또는 학급에서 다루어야 할 내용에 대하여 인지하고 있는 것이 사실이다. 흔히 아동들은 학교에 와서 학급활동에 참여하는 중요한 목적으로 공부하는 일, 친구 사귀는 일, 훌륭하게 크는 일, 선생님 말씀 듣는 일 등을 주로 꼽는다. 하지만 아동들에게서 목적지향적인 학급생활을 기대하는 데에는 무리가 있다. 아동들이 입으로 말하는 목적과 실제 그들의 학급생활 사이에는 현격한 차이가 있기 때문이다. 오히려 아동들에게는 그날그날 학급에서 일어나는 소소한 작은 일들이 학급집단에 참여하는 중요한 목적이요, 목표가 된다.

정서적 유대

사람들은 집단 참여를 통해서 친애욕구, 친밀욕구, 소속욕구 등을 충족시킨다. 자신이 소속한 집단에 대해 남다른 애정과 소속감을 느끼고 집단구성원들과 각별한 정서적 유대감을 발전시키는 것이다. 집단의 상호작용이 진전되면서 집단구성원들 사이에는 정서적 상호의존도가 증가하고 '우리'라는 강한 연대의식이 생긴다. 물론 구성원들 사이에 호불호의 감정과 매력과 반감이라는 골이 생기기도 하지만 이들이 극복되면 강한 집단응집력이 발생한다.

초등학교의 학급에서 아동들 역시 다양한 욕구를 충족시킨다. 그중에 하나가 소속감이다. 비록 자신이 원해서 특정 학급에 배정되는 것은 아니지만 어떤 학급에 배정되면 아동들은 그 학급을 '우리 반'이라고 하면서 애정을 갖는다. 일단 '우리 반'이 되면 그 학급은 이제 특별한 의미를 지닌 학급이 된다. 그리하여 우리 반은 다른 반과 여러 가지 측면에서 다르게 여겨지고 우리 반에 소속되어 있는 학급 동료들과 담임선생님에게 애틋한 마음을 지니게 된다. '우리 반'은 내집단이 되어 자신이 편하게 머물러 있을 곳, 애정과 관심을 쏟아야 할 곳, 무엇인가를 함께해야 할 곳, 그리고 다른 학급보다 좋은 곳이라고 인식된다. 이러한 소속감을 통해 아동은 사회정체성을 발달시키기도 한다.

아동들은 학급에서 친한 친구를 사귐으로써 친애욕구, 친밀욕구를 만족시킨다. 같은 학급에 소속되어 일 년을 같이 생활하다 보면 자연스럽게 친한 친구가 생기게 된다. 물리적으로 가까이 있고 일 년 동안 유사한 생활 경험을 겪는다는 점에서 학급 친구들 사이에 상당히 두터운 우정이 형성된다. 아동들 사이에 우정이 깊어지면 학급집단의 정서적 유대도 더욱 다져진다.

학급 아동들 사이의 정서적인 유대는 여러 가지 경험을 통해서 강화될 수 있다. 자신이 학급집단의 일원으로 수용되는 경험을 할 때, 함께 어려운 일을 해냈을 때, 경쟁하는 상대가 나타났을 때, 자신들만이 비밀스러운 경험을 가졌을 때 구성원들은 '우리는 하나'라는 느낌을 더욱 강하게 느끼게 된다.

일반적으로 정서적 유대감이 강한 집단일수록 집단구성원들에게 미치는 영향이 크고 그 생명이 오래 지속된다. 따라서 교사의 입장에서는 학급집단의 정서적 유대감을 강하게 만들 수 있는 방안을 모색할 필요가 있다.

분위기

집단 분위기는 집단을 지배하고 있는 기분, 경향 또는 집단에 퍼져 있는 감정 내지는 사회적 풍토를 일컫는다. '따뜻하다', '호의적이다', '자유롭다', '부드럽다', '편안하다' 등의 표현이나 '적대적이다', '차갑다', '억압적이다', '딱딱하다', '거북하다' 등으로 표현될 수 있는 집단에 대한 느낌을 말한다. 일반적으로 집단 분위기가 좋으면 집단구성원들이 훨씬 더 자발적으로 집단활동에 참여한다.

초등학교의 학급에 들어가 보면 나름대로 독특한 학급 분위기가 있다. 항상 떠들썩한 학급이 있는가 하면 차분하고 조용한 학급이 있고, 따뜻한 온기가 느껴지는 학급이 있는가 하면 냉랭하고 썰렁한 학급이 있고, 발표를 잘하는 반이 있는가 하면 물어도 잘 대답을 않는 학급이 있고, 수업에 열기가 있는 학급이 있는가 하면 노는 것만 좋아하는 학급이 있고, 선생님을 잘 따르는 학급이 있는가 하면 자기들끼리만 어울리는 학급이 있다. 학급집단의 이 같은 분위기는 담임선생님과 학급구성원들이 상호작용한 결과 만들어지는 것이지만 여기에는 담임선생님의 역할이 매우 크다. 선생님이 어떤 태도와 철학을 가지고 아동들을 대하는가에 따라 학급 분위기의 기본 정조가 결정되기 때문이다.

거 잘 안 풀리는데……

일반적으로 학급 분위기는 조롱하는 분위기, 공포스러운 분위기, 의심하는 분위기, 경쟁하는 분위기보다 민주적인 분위기, 따뜻하고 친근한 분위기, 실수를 허용하는 관용적인 분위기가 좋다. 민주적인 분위기 속에서 아동들은 기본적인 질서를 지키며 다른 아동들의 다양한 의견을 존중하는 법을 배우고, 따뜻하고 친근한 분위기 속에서 다른 학급 동료들을 인격적으로 존중하고 관심과 애정을 베푸는 법을 배우며, 관용적인 분위기 속에서 실수를 두려워하지 않고 학습하며 도전하는 용기를 배울 수 있기 때문이다.

학급집단의 분위기에는 학급의 물리적 환경 역시 중요한 역할을 한다. 따라서 교실에 가구 배치하는 일, 게시물 부착하는 일, 장식물 다는 일, 좌석 배치하는 일, 화분 정리하는 일 등등 학급 인테리어에도 상당한 신경을 써야 한다.

응집력

집단응집력은 집단을 결속시키는 힘으로서 집단구성원에게 소속감 또는 우리 의식을 불어넣고 서로를 끌어당기는 힘으로 작용하는 일종의 팀워크를 말한다. 집단응집력이 강할수록 집단구성원들이 집단에 대해 갖는 애착과 매력이 증가하고 집단목표의 달성이 수월해진다. 집단응집력을 결정하는 요소에는 집단구성원들의 태도의 유사성, 집단의 성공 경험, 집단의 목표달성 방법에 대한 명확한 지각, 갈등관리 방식, 긍정적 강화의 빈도 등이 주로 거론된다.

초등학교 학급은 아동들과 담임교사로 구성된 일종의 팀이라고 말할 수 있다. 학급이라는 팀이 설정된 목표를 향해 원활하게 움직이려면 팀워크, 다시 말해 집단응집력이 상당히 높아야 한다. '우리 학급의 학업성취도를 높이자.'는 목표가 설정되었을 때 학급 아동들이 이에 동의하고 적극 참여하는 경우와 학급목표가 설정되었을 때나 그렇지 않을 때나 아동들의 행동에 별다른 변화가 없는 경우는 집단응집력에 상당한 차이가 있다. 물론 전자의 경우가 후자의 경우에 비해 학급목표를 성공적으로 달성할 확률이 높다. 따라서 담임교사는 학급의 집단응집력을 높이기 위하여 여러 가지 방안을 모색할 필요가 있다.

학급집단의 응집력은 개인적인 차원의 응집력과 집단수준의 응집력으로 나눌 수 있는데, 개인 차원의 응집력은 담임교사 또는 다른 아동에 대한 사적인 호감, 존경, 신뢰에서 나오고 집단수준의 응집력은 아동 개개인을 하나의 단위로 통합하는 '우리라는 느낌' 에서 나온다. 흔히 수학선생님이 좋아서 싫어하던 수학을 좋아하게 되었다는 말을 들을 때가 있는데 이런 경우 수학교사에 대한 개인적인 호감이 수학을 좋아하게 한 응집 요소로 작용한 셈이다. 만일 이 수학교사의 관심을 얻기 위해 한 학급의 학생들 전체가 수학 점수 향상에 합의하고 수학 공부에 열을 올린다면 집단수준의 응집력이 작용했다는 해석이 가능하다. 그러므로 아동들 상호 간에 그리고 교사와 아동들 간에 서로 좋아할 수 있는 계기를 만들어 나가는 한편 아동들이 자기 개인을 넘어서서 우리라는 전체 속에 통합되어 행동할 수 있는 다양한 경험과 기회를 제공할 필요가 있다.

참여유형

참여유형은 집단지도자의 역할을 담당한 사람과 일반 구성원들 사이의 대화 전개 방식을 말한다. 참여유형은 일방통행형, 쌍방통행형, 다방통행형으로 구분할 수 있는데 일방통행형은 지도자가 구성원에게 일방적으로 이야기하는 유형, 쌍방통행형은 지도자와 구성원 사이에 이야기나 반응이 오가는 유형, 다방통행형은 지도자와 구성원이 서로 대화를 하고 전체로서의 집단에 대해서도 반응을 보이는 유형을 말한다. 일반적으로 집단구성원들이 의사소통에 참여하는 폭이 넓으면 집단의 일에 관심을 갖고 적극성을 띠게 된다.

초등학교의 학급에서는 담임교사가 주로 집단지도자의 역할을 맡게 되고 여기에 학급 임원들이 가담하게 된다. 따라서 담임교사와 학급 임원들이 일반 아동들과 어떤 방식으로 대화를 전개하는지 살펴볼 필요가 있다.

학급집단에서 벌어지는 아동들 사이의 참여유형을 확인하려면 담임교사는 다음과 같은 질문을 던져 볼 수 있다. 학급에서 주로 발언하는 아동은 누구인가? 어떤 아동의 발언에 어떤 아동들이 동조하는가? 토론 또는 회의 시간에 발언권이 골고루 주어지는가? 참여유형이 학급 임원 중심으로 이루어지는가? 대화에 잘 참여하지 않는 아동도 회의와 토론 진행에 귀 기울이고 있는가? 아동들이 의견을 교환하고 결론을 얻어 가는 절차와 과정이 민주적인가? 학급 일에 불만을 가진 아동들은 이를 어떻게 표출하는가?

바람직한 학급이라면 집단구성원들이 다방통행식으로 자유롭게 자기 의사를 표현하고 민주적인 절차에 의해서 학급 의사를 결정해 나갈 것이다. 이렇게 되려면 담임교사는 물론이고 학급 임원의 역할을 수행하는 아동들이 지배적이고 억압적인 태도를 버려야 한다.

하위집단

집단에는 항상 하위집단이 생기기 마련이다. 특히 규모가 큰 집단일수록 더 그렇다. 하위집단은 유사성, 상보성, 공통관심 등에 따라 다양하게 형성되는데 어떤 집단구성원은 하위집단에 소속함으로써 전체 집단에 대한 애착이 깊어지기도 한다. 규모가 큰 집단에서는 하위집단이 집단응집력을 향상시키는 역할을 하는데 이는 전체 집단에서는 불가능한 욕구충족이 하위집단에서 가능하기 때문이다. 하위집단이 출현할 때는 항상 전체 집단과의 관계에 주목해야 한다. 하위집단이 전체 집단에 유리하게 작용하는지, 하위집단들 사이에 갈등은 없는지를 잘 살펴 두면 집단을 관리하는 데 도움이 된다.

비교적 큰 집단이라고 말할 수 있는 초등학교의 학급에서도 다양한 하위집단이 형성된다. 성, 학업성적, 감정적 친밀도, 물리적 근접성, 부모끼리의 관계, 취미, 기호, 소속된 모둠 등등 여러 가지 기준이 하위집단을 형성하는 데 작용한다. 초등학급에서의 하위집단도 그 규모가 작은 것에서부터 큰 것

단짝이 있어서 행복해요

까지 여러 종류가 있을 수 있다. 단짝 친구처럼 둘로 구성된 집단이 있는가 하면 5~6명으로 구성된 모둠집단도 있고 10명 이상으로 구성된 같은 학원에 다니는 아동집단도 있다.

학급 아동들끼리 어울리는 양상에 따라 하위집단의 속성을 분류해 볼 수도 있다. 이는 학급 내의 역동적 관계 유형 또는 힘(권력)의 분배에 관한 정보를 제공할 수도 있다.

첫째, 모래형이다. 이 유형은 특별히 애착을 갖는 친구 없이 학급구성원 각자가 따로따로 노는 형태를 말한다. 같은 반에 소속되어 있다는 것 말고 친구들 사이에 특별한 정서적 유대감이나 애착 관계가 없다. 하위집단이 없는 학급이라고 말할 수 있다.

둘째, 단짝형이다. 단짝형은 단짝 친구가 하나 있어서 주로 이 친구와 어울리며 노는 형태를 말한다. 학교에 올 때부터 학교를 떠날 때까지 같은 아동과 어울리고 학급활동에도 둘이 함께 참여하려고 한다. 한 학급에 단짝이 많으면 학급 전체를 아우르는 결속력이 부족할 수 있다.

셋째, 삼각관계형이다. 이 유형은 서너 명의 아동이 관련되는 형태를 말한다. 삼각관계형에는 상호 호감을 갖는 양방형과 호감의 방향이 한 방향으로 진행되는 연쇄형이 있다. 연쇄형은 아동 A, B, C가 있으면 아동A는 아동B

를 좋아하고 아동B는 아동C를 좋아하고 아동C는 아동A를 좋아하는 식이다. 연쇄형에 속하는 아동들은 평소에 잠잠하다가도 이따금 충돌하고 갈등 사태를 연출하여 학급을 시끄럽게 할 때가 있다.

넷째, 중간리더 중심형이다. 중간리더 중심형은 학급에 7~8명 정도로 구성된 하위집단과 그 집단을 지휘하는 중간리더가 서넛 있고 이 리더들을 중심으로 아동들이 어울리는 형태를 말한다. 학급에 여러 가지 장점을 가진 아동들이 많을 때 발생할 수 있는 유형이다. 하위집단들 사이에는 이따금 경쟁이나 세력 다툼이 일어나기도 한다. 하위집단들 사이에 갈등이 심하게 되면 학급활동 자체가 어려워지는 경우도 있다.

다섯째, 핵심리더 중심형이다. 이 유형은 강력한 리더십을 지닌 아동이 있어서 이 아동을 중심으로 아동들의 학급생활이 이루어지는 형태를 말한다. 『우리들의 일그러진 영웅』이라는 소설에 나오는 주인공처럼 모든 힘과 권한이 한 아동에게 집중되어 있어서 이 아동의 의견과 주장이 학급을 지배해 나간다. 아주 뛰어난 재능을 가진 아동이 있다든가 교사가 아동에게 중요한 권한을 위임하는 경우에 이런 유형이 발생할 수 있다. 이 역시 하위집단이 없는 학급이라고 말할 수 있다.

학급집단을 움직이는 힘의 원천

집단목적을 달성하려면 목적을 향해 움직일 수 있도록 집단을 자극하고 추동하는 힘이 필요하다. 학급집단도 마찬가지다. 공식적 목적이든 개인적 목적이든 일단 학급집단의 목적이 설정되어 있다면 이를 향해 집단구성원들을 행동케 하는 힘이 필요하다. 그렇다면 이 힘은 어디에서 나오는 것일까?

일반적으로 집단을 움직이는 중요한 힘의 하나로 권력을 드는데 이 권력은 몇 가지 기반으로부터 비롯된다. 권력의 기반으로 흔히 거론되는 것들에는 보상권력, 강제권력, 합법적 권력, 참조권력, 전문성 권력, 정보성 권력

등이 있다(서울대학교 사회심리연구실, 2001). 일반집단과 다소 차이는 있겠지만 학급도 집단의 하나이므로 집단구성원을 움직이는 권력의 기반은 일반집단과 대동소이하다고 여겨진다. 여기서는 학급집단과 권력기반을 관련지어 보도록 한다.

보상권력

보상권력은 집단구성원들에게 분배되는 보상을 통제하는 힘을 뜻한다. 집단구성원들이 선호하는 보상을 제공·철회할 수 있는 위치에 있는 사람이 그들에게 미치는 영향은 막강하다. 학급에서는 담임교사가 이 역할을 담당한다. 담임교사는 학급 아동들의 생활 전반을 관리하는 사람으로서 아동들이 좋아하는 보상의 내용과 종류를 잘 알 뿐 아니라 이를 계획에 따라 배분할 수 있는 위치에 있다. 학급에서 교사가 왕과 같은 대우를 받는 것은 이렇게 보상을 제공하는 권리를 거의 독점하고 있기 때문이다. 그렇다고 해서 교사가 자기 마음대로 보상을 관리해서는 곤란하다. 언제, 어떤 행동을, 어떻게 해야 보상을 받을 수 있는지 명시하고 그에 따라 일관성 있게 보상을 제시하는 것이 바람직하다. 아울러 보상체계를 수립할 때 어떤 방식으로든 학급구성원들의 의견을 수렴하면 참여도가 더욱 높아질 것이다.

이따금 담임교사가 보상권력을 일부 아동, 특히 학급 임원에게 위임하는 경우가 있다. 이런 경우 보상권력을 위임받은 아동이 이를 남용하지는 않는지, 아동들 사이에 불만이 쌓이지는 않는지 잘 살펴야 한다. 그리고 교사의 보상권 위임 행위가 특혜 내지는 편애로 여겨지지 않도록 조심해야 한다.

강제권력

강제권력은 정해진 규칙 또는 요구에 따르지 않는 사람을 위협하고 처벌할 수 있는 힘을 뜻한다. 학급은 집단생활을 하는 곳이므로 개인의 욕구를 회생해야 할 때가 많이 발생한다. 그럼에도 아동들은 자신의 욕구를 통제하지 못하고 집단생활을 방해할 때가 종종 있다. 이럴 때 강제권력이 발동된다. 아동을 강제하는 벌에는 말로 꾸중하는 형태와 신체적인 벌을 가하는 형태가 있다. 꾸중과 벌 역시 언제, 어떤 행동에 대해, 어떻게 주어지는지 명시하고 그에 따라 일관성 있게 시행하는 것이 바람직하다. 아울러 꾸중과 벌에 대한 규칙을 정할 때에 학급구성원들의 의견을 반영하는 것이 좋다.

교사는 학급 동료를 꾸중하고 처벌하는 강제권력을 절대로 학급 임원에게 위임하지 않아야 한다. 이따금 바쁘다는 이유로 교실을 통제하기 위한 강제권력을 학급 임원인 아동에게 위임하는 경우가 있는데 이는 매우 위험한 일이다. 학급 임원은 학급생활에 도움이 되도록 특별한 역할을 부여받은 아동일 따름이다. 이들이 다른 아동들을 꾸중하고 벌을 주게 되면 아동들 사이에 위화감과 불평등감이 조성되어 학급 분위기가 험악해진다. 만일 학급 임원에게 부여된 권위와 역할에 저항하는 아동이 있다면 그에 대한 처리를 학급 임원에게 맡기지 말고 교사가 직접 나서서 해결하는 편이 바람직하다.

합법적 권력

합법적 권력은 합법적인 권위를 가진 사람이 법에 따라 복종을 요구할 수 있는 힘을 말하는데, 여기서 법은 성문화된 내용뿐 아니라 관습, 규범, 규칙 등을 포함하는 것으로 해석된다. 초등학교에서는 학교 교칙, 학급에서 정한 규칙, 담임교사의 말, 담임교사와의 약속 등이 법과 같은 힘을 가질 수 있다. 학급에서 합법적 권력이 힘을 발휘하려면 이를 적용하는 과정에 상당한 일관성이 요구된다. 상황에 따라 또는 아동에 따라 법이 달리 적용되면 그만큼 효력이 떨어지기 때문이다. 아울러 이를 어기는 아동에게는 적절한 보상권력과 강제권력을 행사할 수 있어야 한다.

참조권력

참조권력은 집단구성원들이 깊은 매력을 느끼고 아낌없는 존경과 사랑을 보내는 사람에게서 나오는 영향력을 말한다. 이들은 집단에서 형성되는 대인관계의 중심에 자리하고 있고 집단구성원들에게 인기가 매우 높다. 흔히 카리스마가 있다고 여겨지는 사람들이 여기에 속한다.

학급에서 담임교사는 아동들로부터 인기가 높고 존경받는 사람이어야 한다. 담임교사의 말 한마디 행동 하나에 학급 아동들이 감동할 수 있어야 한다. 담임교사는 그야말로 아동들에게 매력덩어리로 여겨져야 한다. 이렇게 되면 아동들은 담임교사에게 인정받기 위하여 자발적으로 바람직한 행동을 할 뿐 아니라 학급활동에도 열심히 참여한다.

초등교육에서 모델링의 교육적 효과는 매우 크다. 하루에도 여러 시간을 장기간 함께 생활하는 학급에서 담임교사는 여러 가지 방면에서 아동에게 영향을 준다. 따라서 참조권력으로서 교사가 아동들의 마음에 자리 잡도록 하는 일을 결코 소홀히 해서는 안된다. 교사가 학급 아동들로부터 존경과 인기를 한 몸에 얻기 위하여 무엇을 어떻게 해야 하는지 고민해야 하는 이유가 바로 여기에 있다.

학급 임원으로 선출되거나 임명되는 아동들 역시 참조권력으로서 영향력이 있어야 한다. 다른 아동들로부터 사랑을 받고 인기가 있어야 제대로 리더십을 발휘할 수 있고 학급활동을 원활하게 지휘할 수 있다. 학급 임원을 임명할 때 담임교사는 이런 점을 염두에 두고 아울러 임명된 학급 임원들의 참조권력을 높여 주기 위한 방안에 대해서도 생각해 두는 것이 좋다.

전문성 권력

전문성 권력은 어느 분야에 탁월한 지식, 기술, 능력을 지녔다고 여기는 사람으로부터 나오는 영향력을 말한다. 전문적인 지식과 기술은 특히 어떤 문제 해결 상황에 부딪쳤을 때 진가를 발휘한다. 초등학교 교사는 아동교육에서 전문성을 가진다. 아동의 학업지도, 생활지도 그리고 아동의 적응적·부적응적 성장 및 발달과 관련하여 교사는 다른 사람들이 쉽게 넘볼 수 없는 전문적인 식견과 지도방법을 가지고 있다. 이 전문성은 학급에서 아동들을 지도할 때 유감없이 드러난다. 만일 수업을 가르치는 교사가 능숙하게 수업을 진행하지 못하면 아동들은 교사의 전문성을 의심하게 된다. 아동들 사이에 존재하는 다양한 갈등과 충돌에 적절하게 개입하지 못할 때에도 마찬가지다. 따라서 교사는 아동교육의 여러 측면에서 탁월한 전문성을 지니고 있어야 하고, 이를 통해 아동들로부터 존경받는 대상이 되어야 한다. 최근 성행하고 있는 학원 교육과의 차별성을 드러내기 위해서도 이 부분은 중요하게 다루어져야 한다.

초등교사의 전문성은 학부모에게도 인정되어야 한다. 학부모들의 학력이 아무리 높다고 해도 그들이 초등교육 전문가는 아니다. 더구나 초등학교 학급의 교실생활을 다루는 데에는 현장교사를 능가하는 전문가가 있을 수 없다. 따라서 교사들은 한편으로 초등교육의 전문성을 신장시키고 다른 한편으로 자부심을 가지고 이 전문성을 학부모들 앞에 드러내야 할 것이다.

정보성 권력

정보성 권력은 사실 자료, 합리적인 논리, 설득력 등 정보자원을 사용하는 능력에서 나오는 영향력을 말한다. 정보화 시대가 펼쳐짐에 따라 정보성 권력의 중요성은 더 커지게 되었다. 초등학교 교사는 아동들에게 필요한 지식과 정보를 가르칠 뿐 아니라 그런 지식과 정보에 접근하는 방식에 대해서도 가르쳐야 한다. 더구나 지식과 정보의 양이 엄청나게 많이 쏟아지는 정보화시대에 정말 필요한 내용이 어떤 것인지 가려내고 그에 접근할 수 있는 다양한 방법에 대해 가르치는 일의 중요성이 커지고 있다. 아울러 올바른 결론에 도달하기 위한 수단으로서 합리적인 논리를 전개하고 상대를 차분하게 설득하는 역량 역시 중요하다.

아동들 사이에서도 정보성 권력의 역할이 크다. 아동들은 자기가 관심과 흥미를 가지고 있는 내용에 대해 새로운 정보를 제공할 수 있는 아동을 부러워하고 따르게 된다. 특히 인터넷을 자유롭게 사용할 수 있고 또래들이 좋아하는 게임에 대해 풍부한 정보를 가지고 있는 아이들은 높은 인기를 누린다. 담임교사의 입장에서는 아동들 사이에 어떤 정보가 오가는지 주의 깊게 살펴볼 필요가 있다. 혹 음란성, 폭력성, 비방성이 가득한 정보가 아동들이 교환하는 주요 내용이 된다면 이를 제지할 방법을 찾아야 한다.

집단구성원에게 영향을 주기 위해 사용하는 전략

앞에서 언급한 여섯 가지 권력 기반 이외에 다른 사람들에게 영향을 끼치기 위해 사람들이 사용하는 전략 또는 책략들이 있다. 이 전략들은 집단구성원들이 자신의 영향력을 확장하기 위하여 어떤 방식에 의지하는지 그리고 집단 내의 상호작용이 주로 어떤 방식으로 일어나는지 분석하는 데 도움을 줄 수 있다.

초등학교의 학급을 지도하는 교사의 입장에서는 자신이 학급 아동들에게 영향을 주기 위하여 주로 어떤 전략에 의존하는지, 학급 아동들이 다른 아동들이나 교사에게 영향을 미치기 위해 어떤 전략을 사용하는지, 그리고 학급집단이 가장 많이 활용하는 전략은 어떤 것인지 살펴 두는 것이 좋다. 이 정보는 한편으로 아동들과 학급집단 교류방식을 이해하는 데, 다른 한편으로는 아동들로 하여금 그러한 방식을 사용하도록 이끌어 온 교사 자신의 교류 스타일을 이해하는 데 도움을 줄 것이다.

전략의 종류

상대에게 영향을 미치려는 전략의 종류와 그에 해당하는 행동 사례를 간단하게 살펴보자. 여기에 소개된 전략은 Forsyth(2001)에 실린 내용을 참고한 것이다.

- **공격**: 고함을 지른다. 해 놓은 일을 비난한다. 거칠게 다룬다.
- **격려**: 공정성에 호소한다. 힘내도록 부추긴다. 여러 장점들을 상기시킨다.
- **고집**: '아니요'를 대답으로 받아들이지 않는다. 자기주장을 반복한다. 상대방이 동의할 때까지 잔소리한다.
- **기정사실화**: 그냥 한다. 누구의 허락도 받지 않는다. 다른 사람을 통하지 않는다.
- **보상**: 보상을 준다. 선물을 준다. 상대를 위해 특별한 서비스를 한다.
- **불평**: 모든 일에 징징 우는 소리를 낸다. 해야 할 일에 대해 투덜거린다. 몸이 아프다고 불평한다.
- **비판**: 상대의 한계를 지적한다. 상대의 어떤 점을 좋아하지 않는지 말해 준다. 남이 해 놓은 일에서 결함을 찾아낸다.
- **설득**: 자기가 원하는 대로 하도록 상대를 꼬드긴다. 상대를 자기 편으로 만들어버린다. 모든 증거를 제시한다.
- **아부**: 아첨한다. 유혹적으로 보이려고 노력한다. 상대의 외모를 칭찬한다.
- **애원**: 간청한다. 운다. 허락해 주기를 겸손하게 애걸한다.
- **약속**: 다시는 그렇게 하지 않겠다고 약속한다. 보너스를 제공한다. 일을 도와주겠다고 자청한다.
- **요구**: 그만하라고 주장한다. 문제를 해결하라고 요구한다. 계속하라고 명령한다.
- **요청**: 원하는 것이 무엇인지 말한다. 어떻게 해 달라고 요청한다. 기대하는 바를 말한다.

- **위협**: 또 그러면 혼내겠다고 한다. 윗사람(선생님 또는 부모님)에게 고자질하겠다고 한다. 퇴학당할 수도 있다고 한다.
- **유머**: 되도록 농담을 하려고 한다. 웃기는 이야기를 한다. 상대를 놀린다.
- **전문성 주장**: 전문가임을 알게 한다. 기술적인 세부 사항에 몰두하게 만든다. 자신의 경험에 의지한다.
- **절교**: 그만 사귀자고 한다. 차갑게 대한다. 상대와 더 이상 말하지 않는다.
- **제압**: 모욕을 준다. 상대를 바보같이 보이게 만든다. 다른 사람들 앞에서 조롱한다.
- **조종**: 거짓말한다. 상대가 자기 탓을 하도록 한다. 중요한 세부 사항들을 상대가 처리하도록 남겨 놓는다.
- **지시**: 어떻게 하는지 가르쳐 준다. 쉬운 말로 설명한다. 예를 든다.
- **처벌**: 벌을 준다. 때린다. 놀잇감을 치워버린다.
- **토론**: 지지하는 이유를 댄다. 왜 그 계획을 좋아하는지 설명한다. 함께 이야기를 나눈다.
- **회피**: 상대를 멀리한다. 대두된 주제를 바꾼다. 모임을 빼먹는다.
- **흥정**: 서로 타협하자고 한다. 협상을 성사시킨다. 권모술수를 쓴다.
- **힘규합**: 윗사람을 자기 의견에 동의하게 만든다. 따돌린다. 다른 사람들이 내 편을 들도록 만든다.

　　다른 사람에게 영향력을 행사하려는 이상의 전략은 몇 가지 차원에서 다시 분류할 수 있다. 학급구성원들이 사용하는 전략들을 공통 속성으로 묶이는 몇 가지 차원으로 다시 분류해 보면 그 특성과 경향을 보다 뚜렷이 이해할 수 있는 이점이 있다. 이런 차원의 하나로 일부 학자들은(Falbo, 1977; Kipnis, 1984) 직접성, 합리성, 양방성을 제시하고 있다.

- **직접성**: 직접적인 전략은 노골적으로 공공연하게 영향력을 행사하는 방법이

다. 앞에 든 전략들 중에서 위협, 요구, 설득, 애원, 요구, 요청, 위협 및 기정 사실화하는 전략들은 모두 직접적인 방법에 속한다. 이에 반해 은밀히 상대를 조정하거나 간접적으로 영향력을 행사하는 방법들을 간접적인 전략이라고 할 수 있다. 조종, 아부, 회피, 절교 등이 이에 속한다. Kipnis(1984)는 '직접/간접'이라는 용어 대신 '강한/약한'이라는 용어를 사용하였다. 일반적으로 높은 지위를 차지하고 있거나 강한 영향력을 행사하려고 할 때 직접적인 전략을 많이 사용한다.

• 합리성: 영향력을 행사하는 방식의 합리성, 논리성을 따져 볼 수도 있다. 일반적으로 추론, 논리, 증거에 근거한 판단을 강조하는 방법을 합리적인 전략이라고 부른다. 앞에 든 전략들 중에서 흥정, 설득, 토론, 지시 등은 합리적인 전략이다. 이에 반해 잘못된 정보나 감정에 치우친 방법들은 비합리적 전략이라고 한다. 공격, 고집, 불평, 아부, 제압, 회피 등이 이에 속한다.

• 양방성: 양방성은 영향을 주는 사람과 영향을 받는 사람의 상호성을 따지는 것이다. 앞에 든 전략들 중에서 설득, 토론, 흥정, 약속 등은 상대방의 협조가 있어야 실행될 수 있는 양방적인 전략들이다. 반면 상대방의 협조가 필요 없는 일방적 전략에는 공격, 요구, 요청, 기정사실화, 회피, 절교 등 앞에 든 대부분의 전략이 포함된다.

학급에서 학급구성원들이 주로 사용하는 전략이 직접적·합리적·양방적이라면 학급 분위기가 밝고 구성원들 간에 건강한 관계가 유지될 가능성이 높다. 학급구성원들이 서로에게 영향을 끼치려는 방식이 상호 호혜적이면서 비교적 투명하게 드러나기 때문이다. 하지만 학급구성원들의 교류가 항상 이렇게 이루어지기는 어렵다. 따라서 교사의 입장에서는 상황에 따라서 앞의 세 가지 차원의 전략이 다양한 조합을 이룰 수 있다는 점을 염두에 두어야한다. 예를 들어, 담임교사에게는 간접적·합리적·양방적 전략을 사용하는 학급 임원이 동료들에게는 직접적 · 비합리적 · 일방적 전략을 사용할 가능성을 배제할 수 없다.

이런 식으로 이 세 가지 측면에서 학급구성원들 간의 교류 패턴을 분석할 수 있다면 담임교사가 보다 바람직한 방식으로 학급집단의 역동에 개입할 수 있는 여지가 커질 것이다.

학급집단의 측정 및 평가

학급에서 이루어지는 집단역동과 상호작용의 특성을 이해하려면 이를 객관적으로 측정하고 평가하는 과정이 필요하다. 학자들은 집단의 특성과 그 역동을 측정하는 방법을 발전시켜 왔는데 이 방법은 학급집단을 측정 · 평가하는 데에도 적용될 수 있다. 여기서는 몇 가지 주제 중심으로 학급집단의 특성과 역동을 측정하는 방법에 대해 비교적 상세히 알아본다. 이 방법을 적용할 때 교사는 학급 전체를 대상으로 할 수도 있고 학급 내에 형성된 하위집단을 대상으로 할 수도 있다.

의사소통 및 상호작용

학급내의 의사소통과 상호작용 양식을 점검하기 위하여 다음 방식들을 활용할 수 있을 것이다.

의미분석척도

원래 의미분석척도는 어떤 개념의 의미를 양극적인 뜻을 갖는 대비되는 형용사군에 의해 측정하고 그 결과를 방향, 거리, 질, 강도 등의 의미 공간에 나타내기 위해 활용하는 방법이다. 여기서는 의미분석척도를 집단 내에서 이루어지는 의사소통이나 상호작용의 성질을 측정하는 도구로 소개한다. 의미분석척도를 통해서 알아낼 수 있는 정보는 평가요인, 능력요인, 활동요인, 정서요인이다. 학급집단의 의사소통과 상호작용을 평가(가치 있는-가치 없는), 능력(큰-작은), 활동(빠른-느린), 정서(좋은-싫은) 등 네 가지 범주로 나누어 분석하고 평가하는 것이다. 이때 평가, 능력, 활동, 정서요인에 해당하는 형용사군의 쌍은 여러 개 있다.

예를 들어, 학급 내 철수 개인의 학급 상호작용에 대한 태도를 알고자 할 때 의미분석척도의 네 가지 요인 가운데 평가요인 반응만을 〈표 3-1〉에 제시하였다. 이러한 반응 분석법을 통해 학급 내 한 개인의 반응 분석 및 개인 아동들의 반응을 종합한 학급 전체 반응에 대한 분석이 가능하다. 반응의 평균을 구하는 것이 우선이다.

〈표 3-1〉 의미분석척도의 예: 철수 개인의 학급집단 상호작용에 대한 평가요인 반응

가치 있다	:	:	:	:	V	:	:	가치 없다
행복하다	:	:	:	:	:	V	:	불행하다
선하다	:	:	:	V	:	:	:	악하다
공정하다	:	:	:	:	:	:	V	불공정하다

철수가 평가요인에 대해 가치 있다(5점), 행복하다(6점), 선하다(4점), 공정하다(7점)고 반응했다면 철수의 학급에 대한 평가점수 평균은 (5+6+4+7)/4 = 5.5점이 된다. 이 점수는 중간점수인 4점보다 위에 위치하고 있으므로 학급에 대한 철수의 평가점수는 긍정적인 방향으로 형성되어 있음을 알 수 있다. 동일한 방식으로 얻은 철수의 활동점수가 3.0, 능력점수가 6.0, 정서점수가 2.0이라면 철수는 자기 학급의 상호작용에 대해 잠재적인 능력이 크고 바람

직한 방향의 가치를 지향하기는 하나 활동성이 떨어진다고 지각하고 있으며 정서적으로 별로 좋아하지 않는다는 해석이 가능하다. 학급집단 전체의 반응 역시 개인 학생별 반응을 분석하는 방법과 동일하며 해석 방법도 동일하다.

상호작용도식

집단구성원들의 의사소통 양과 상호작용 대상을 발견하는 데 효과적인 방법의 하나가 상호작용도식이다. 이 방법은 원, 화살표, 분할표시를 사용하여 의사소통의 양과 방향을 시각적으로 보여 준다. 단, 집단구성원의 숫자가 많으면 이 작업은 매우 번거롭다는 단점이 있지만 학급집단의 상호작용을 비디오로 촬영해 두고 시간을 들여 작업한다면 이런 단점을 극복할 수 있다. 학급구성원의 수가 많다면 일정한 기준에 따라 학급집단을 하위집단으로 나누고 하위집단별 상호작용도식을 살펴볼 수도 있다.

상호작용도식을 만들려면 우선 커다란 종이 위에 집단구성원의 수만큼 원을 그린다. 원의 크기는 이름을 써넣을 수 있을 정도면 된다. 집단구성원이 다른 구성원에게 말을 걸면 화살표로 표시한다. 상대방이 이 말을 받아 대꾸하면 화살표는 양방향으로 표시된다. 그러고 나서 연속되는 각각의 상호작용 횟수는 화살표를 가로지르는 작은 분할표시로 표시한다. 분할표시는 화살표 옆에 가까이 붙이도록 한다. 집단구성원의 반응이 특정한 구성원이 아니라 집단전체를 향한 것일 때에는 화살표를 종이 바깥쪽으로 향하게 그린다.

상호작용도식을 그릴 때에는 한 가지 특정 행동에 대해서 집중하는 방법, 일정 시간간격을 두고 관찰한 내용을 기록하는 방법(간격기록방법), 특정 시간을 설정하여 기록하는 방법(시간표집기록법) 등을 사용할 수 있다. [그림 3-1]은 상호작용도식을 그린 것이다.

이 도식을 보면 이 집단에서 가장 호소력이 있는 집단원은 B, 그다음이 A라는 것을 알 수 있다. B는 집단원 전체와 양방향 상호작용을 하고 있고 다른

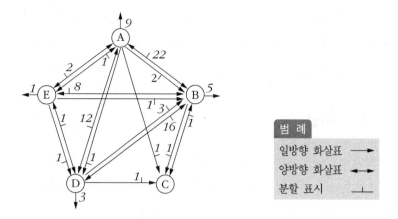

[그림 3-1] 상호작용도식의 예

범 례

일방향 화살표 ─────▶

양방향 화살표 ◀────▶

분할 표시 ────┴─

집단원들로부터 가장 많은 대화 상대가 되고 있을 뿐 아니라 자기가 받은 양의 대화만큼 상대에게 골고루 반응하고 있다. 이런 점으로 보아 B가 이 집단의 심정적 지도자일 가능성이 매우 높다. A는 B와 가장 많은 상호작용을 하고 있고 다른 집단원들과도 활발한 상호작용을 하지만 말을 듣기보다 하는 편이 많다. 그리고 집단 전체를 향하여 대화하는 빈도가 많은 것으로 보아 이 집단의 공식적 리더일 가능성도 있다. 전체적으로 보아 A, B, D가 매우 친한 사이로 여겨진다. C는 별로 말이 없다. 다른 사람에게 향한 반응이 꼭 한 번씩 있는데 이는 아마도 마지못해 하는 반응이라고 여겨진다. 이 집단의 외톨이라고 하면 C를 꼽을 수 있다. E 역시 그리 활발한 상호작용을 하지는 않지만 B와 상호적인 관심을 보이는 것으로 보아 C와는 다른 유형의 집단생활을 한다고 해석할 수 있다.

집단역동

집단역동은 집단구성원들 사이에서 벌어지는 복잡한 상호작용과 유인,

반발, 무관심 등의 감정적 반응으로 구성된다. 집단역동을 측정하는 방법에는 이미 언급한 사회성측정법, 의미분석법, 체계적인 중다수준 집단관찰(SYMLOG) 등이 있다. 여기서는 사회성측정법을 집중적으로 살펴본다.

사회성측정법

사회성측정법은 집단구성원 상호 간 반응을 이끌어 내어 집단의 특성, 구조, 역동성, 상호관계를 분석하는 방법이다. 여기서는 사회성측정법 가운데 모레노가 개발한 사회성측정검사를 살펴보도록 한다.

사회성측정검사 제작　　사회성측정은 집단구성원으로 하여금 어떤 기준에 따라 다른 구성원을 선택하게 하는 질문지 제작으로 시작된다. 여기서 선택(배척도 포함)이라는 말은 어떤 역할과 지위와 관련하여 누군가를 뽑아낸다는 뜻이다. 집단구성원을 선택하게 할 때 필요에 따라 선택 수에 제한을 둘 수도 있고 무제한 선택을 하게 할 수도 있다. 한 가지 주의할 점은 다른 아동들을 선택하게 할 때 가능하면 부정적 기준을 사용하지 않는 것이 좋다. "네가 가장 싫어하는 친구는 누구인가? 네가 같이 놀고 싶지 않은 친구 세 사람을 들어라."와 같은 질문은 선택되는 아동에 대한 부정적인 감정과 인식을 심어 주기 때문이다. 불가불 부정적인 역할을 하는 아동을 선택(배척)하게 하는 상황이 발생한다면 "가장 나중에 초대하고 싶은 친구는 누구인가?"처럼 우회적인 표현을 쓰는 것이 좋다.

몇 가지 질문 예를 들어 보자면 "오늘 우리가 반장 선거를 한다면 누구를 반장으로 뽑겠습니까? 이름을 적어 보세요." "같이 앉고 싶은 친구 다섯 명의 이름을 적어 보세요." "우리 반 학생 중에서 함께 놀고 싶은 친구 세 명의 이름을 순서대로 적어 보세요." 등이 있다.

사회성측정검사 결과 분석　　사회성측정검사에서 얻은 자료를 분석하는 방법은 행렬에 의한 분석, 소시오그램에 의한 분석, 사회성측정지수에 의한 분석 등 크게 세 가지로 나눌 수 있다. 각 방법의 용도가 다르므로 하나씩 살펴보자.

가. 행렬(行列)에 의한 분석 및 해석

앞에 예를 든 질문지를 통해 얻은 자료는 행과 열로 정리할 수 있다. 보통 행은 선택하는 쪽, 열은 선택받는 쪽으로 표시한다. 〈표 3-2〉를 중심으로 행렬에 의한 분석을 설명해 보자. 〈표 3-2〉는 5개 문항(4개는 선택, 1개는 배척 문항)으로 된 질문지를 10명의 집단에게 실시해서 얻은 결과를 행렬로 표시한 것이다. 각각의 세포 속에 들어 있는 숫자는 선택문항의 문항번호를, *표는 배척을 나타낸다(황정규, 1984).

행렬표에 정리된 내용은 다음과 같이 해석할 수 있다.

첫째, 열의 합계에 있는 피선택 수 및 피배척 수는 학급집단 내에서 그 학

〈표 3-2〉 **사회성측정 행렬의 예(6개 포함)**

		선택받는 자										계	
번호	번호	1	2	3	4	5	6	7	8	9	10	계	
	아동 이름	ㄱ	ㄴ	ㄷ	ㄹ	ㅁ	ㅂ	ㅅ	ㅇ	ㅈ	ㅊ	선택	배척
1	ㄱ		1		2		3,4		5	*		5	1
2	ㄴ				1,2		3,4	5		*		5	1
3	ㄷ	1	2			3		4	5		*	5	1
4	ㄹ	*	3	1			4	2			5	5	1
5	ㅁ		1,2				*	④	5	3		5	1
6	ㅂ		5	*	4	3		2		1		5	1
7	ㅅ	*		5,3		④			1		2	5	1
8	ㅇ		4	5	3	2	1				*	5	1
9	ㅈ	*	1	5			3	2,4				5	1
10	ㅊ	1	2,3			4	*	5				5	1
계	피선택 수	2	10	5	5	6	8	6	4	2	2		
	피배척 수	3	0	1	0	0	2	0	0	2	2		
	상호선택 수	0	0	0	0	1	0	1	0	0	0		

생의 사회적 지위(인기도) 또는 사회적 수용도를 나타낸다. 피선택 수가 많을 수록 인기도와 사회적 수용도가 높은 반면, 피배척 수가 많을수록 동료들에게 배척되고 거부당하는 정도가 크다. 〈표 3-2〉를 보면 2번 학생이 가장 인기가 높은 데 비해 1번 ㄱ학생은 인기도 별로 없고 동료들로부터 배척을 가장 많이 받고 있음을 알 수 있다.

둘째, 행의 합계는 집단구성원끼리 이끌리는 정도를 나타낸다. 〈표 3-2〉의 경우에는 선택 수를 여섯 개로 제한했기 때문에 이런 효과를 볼 수 없지만 무제한 선택을 허락할 경우 이 숫자는 집단구성원들의 상호매력도 또는 집단응집성을 나타내는 지수로 사용될 수 있다. 이 숫자가 크면 클수록 상호매력도나 집단응집성이 높다는 해석이 가능하다.

셋째, 대각선을 기점으로 대칭되는 위치에 있는 선택은 상호선택을 나타낸다. 상호선택은 두 사람이 서로를 지목하는 양방향 선택을 말한다. 〈표 3-2〉에서 동그라미 표시가 되어 있는 ㅁ과 ㅅ의 경우가 상호선택을 하고 있다. 상호선택은 집단 내에서도 특별히 가까이 지내거나 친밀감을 깊이 느끼는 구성원들 사이에서 발생한다.

나. 소시오그램

행렬분석은 분석과정이 표준화, 객관화되어 있어 다양한 분석을 해 볼 수 있다는 장점이 있다. 하지만 집단구성원들 간의 다양한 선택 유형 이를테면 연쇄형, 삼각관계형으로 이어지는 집단구성원의 관계를 추적하기가 그리 쉽지 않다. 소시오그램은 이 부분을 보충하는 훌륭한 자료가 될 수 있다.

소시오그램은 집단성원의 선택, 배척을 원과 화살표를 이용하여 나타내는 그림으로서 작성하는 사람에 따라서 얼마든지 새로운 모습이 나올 수 있다. 소시오그램을 그리는 몇 가지 대표적인 방법을 살펴보자.

첫째, 선택과 배척 관계를 원주 위에 표시하는 방법이다. 원주 위에 학급 아동들의 번호나 이름을 적어 놓고 화살표를 이용하여 아동들의 선택, 배척

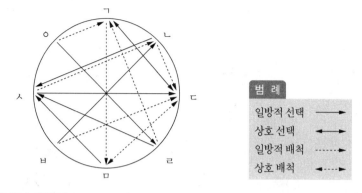

[그림 3-2] 하나의 원주 위에 선택, 배척을 함께 표시한 소시오그램

의 방향을 표시한다. 둘이 서로 선택하는 경우는 양방향 화살표를 사용한다. 아동들의 선택과 배척을 한 원주 위에 함께 표시할 수도 있고 분리된 원주 위에 표시할 수도 있다. 함께 표시하는 경우 선택문항과 배척문항을 구분하기 위하여 색깔이 다른 화살표를 사용한다.

둘째, 특별한 목적에 따라 개인 아동 또는 하위집단에 초점을 두고 소시오그램을 그리는 방법이다. 개인 아동이 학급에 미치는 영향을 알아본다거나 학급집단에서 펼쳐지는 다양한 교우관계 양상을 알아보고자 할 때 활용할 수 있다. 개인 아동을 초점으로 삼는 경우 이 아동을 중심에 두고 다른 아동들의 선택과 배척 반응을 화살표로 표시하면 된다. 하위집단을 따로 떼어 내어 보려면 이들 간의 상호선택 관계를 분리하여 표시한다. 개인 또는 하위집단을 중심으로 그린 소시오그램에는 다음과 같은 형태가 있을 수 있다.

- 인기형은 한 아동이 상당히 많은 학급 동료들로부터 선택을 받는 경우다. 아주 인기가 높은 아동으로서 학급에 여러 가지 영향력을 행사할 수 있는 아동이다.
- 배척형은 한 아동이 상당히 많은 학급 동료들로부터 배척을 받는 경우다. 집단따돌림을 당하는 아동이 이런 유형에 속한다.

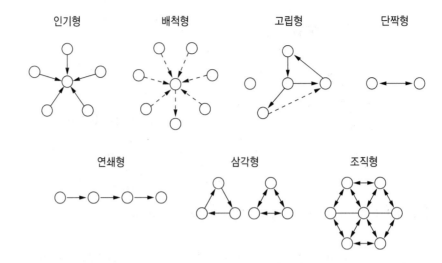

인기형   배척형   고립형   단짝형

연쇄형   삼각형   조직형

- 고립형은 자기도 다른 아동을 선택하지 않고 학급 동료들도 이 아동을 선택하지 않아 외롭게 고립된 외톨이 아동의 경우다. 이 아동은 아예 따돌림의 대상도 되지 못하고 소외되어 있는 상태다.

- 단짝형은 두 사람이 서로 상호선택을 하는 경우다. 학급에 단짝이 있다는 사실은 아동 개인의 정신 건강에 매우 좋다. 하지만 한 학급에 단짝들이 너무 많고 그 유형이 폐쇄적으로 발전하면 학급집단의 응집성이 떨어지는 단점이 있다.

- 연쇄형은 선택이 한쪽 방향으로 흐르는 일방 선택을 말한다. 그러니까 좋아하는 아이들이 모두 다른 경우다. 이런 형태의 선택이 많으면 학급의 응집력은 매우 낮아진다.

- 삼각형은 서너 사람의 선택이 연쇄적으로 이루어지거나 양방향으로 이루어지는 경우다. 일정한 수의 아동들끼리 강한 심리적 결합을 느끼는 관계로서 자칫 잘못하면 배타적인 패거리 집단이 될 가능성이 있다.

- 조직형은 한 아동을 강력한 중심으로 삼으면서 나머지 아이들끼리도 긴

밀히 연계되어 있는 경우다. 인기형에서는 아동들의 선택이 한 아동에 집중되는 데 비해 이 유형에서는 집중과 분산이 적절히 결합되어 있어서 조직적 색채가 강하다.

셋째, 선택을 여러 번 한 경우에 그것을 따로따로 그리지 않고 하나로 종합한 소시오그램으로 표시할 수도 있다. 이렇게 하면 집단의 역동적인 모습을 조금 더 생생하게 볼 수 있다. 이때 선택의 종류를 구분하기 위해 선택의 방향을 표시하는 화살표의 모양이나 색깔을 다르게 한다.

넷째, 선택된 횟수를 입체적으로 표시하기 위하여 표적 소시오그램으로 표시할 수도 있다(황정규, 1984: 595에서 재인용). 표적 소시오그램은 여러 개의 동심원을 이용하여 선택지위를 구분함으로써 집단 내에서의 사회적 관계를 분명하게 드러내는 방법이다. 표적 소시오그램을 작성하는 방법은 다음과 같다.

- 보통 원은 네 개로 한다(필요에 따라 늘리거나 줄일 수 있다).
- 제1선택, 제2선택, 제3선택…… 등 모든 선택에 대한 개인별 득점을 종

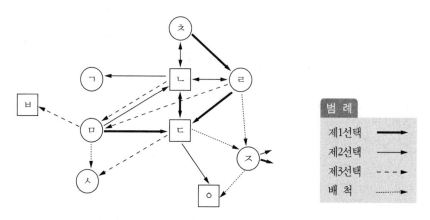

[그림 3-4] 여러 가지 선택을 종합한 소시오그램

합한다.

- 종합된 득점을 '최고점−최저점+1'의 공식에 따라 범위를 정하고 그것을 4등분한다.

- 4등분한 결과에 의해 점수가 가장 높은 1/4은 표적원의 한가운데 원에 두고, 그다음 1/4은 다음 원에 두는 방법으로 집단원들을 네 개의 원에 나누어 배치한다.

- 화살표의 방향은 제1선택에 따라 표시한다.

- 필요에 따라 영역 분할을 할 수 있다. 예컨대 왼쪽은 남자, 오른쪽은 여자, 위쪽은 학급 임원 아래쪽은 일반 학생을 배치할 수 있다.

[그림 3-5]는 표적 소시오그램과 평면 소시오그램의 차이를 잘 보여 준다. 평면 소시오그램에는 별로 눈에 띄지 않는 ⓑ가 표적 소시오그램에서는 가장 중심에 위치하고 있어서 ⓑ의 선택지위가 매우 높다는 점, ⓓ가 ⓔⓕⓖⓗ 와 같은 지위가 아니라 두 번째 원에 위치하고 있어서 선택지위가 훨씬 높다

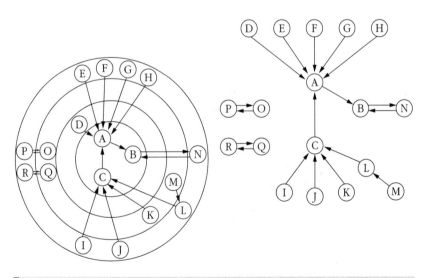

[그림 3-5] 표적 소시오그램과 평면 소시오그램

는 점을 확연하게 알 수 있다. 따라서 다소 번거롭더라도 표적 소시오그램을
활용하여 집단에서 벌어지는 상호관계를 보다 정밀하게 파악하는 것이 좋다.

다. 지수에 의한 분석

사회성측정검사를 통해 얻은 자료를 지수로 표시할 수도 있다. 지수로 표
시된 자료는 통계분석을 하기에 편리한 정보를 제공한다. 여기서는 집단 내
에서 개인의 특성에 관한 지수와 집단특성에 관한 지수를 살펴본다.

첫째, 개인특성에 관련된 지수다. 개인특성에 관한 지수는 집단 내에서의
선택지위, 배척지위를 알려 준다. Procter와 Loomis(황정규, 1984: 596에서 재
인용)는 선택횟수를 제한할 때와 제한하지 않을 때로 나누어 선택지위와 배
척지수를 산출하는 간단한 공식을 제안하였다.

- **선택횟수를 제한할 때**

  선택지위(CS) = $C/(N-1)$

  배척지위(RS) = $R/(N-1)$

  선택−배척지위(CRS) = $CS-RS$

  C: 개인 I을 선택한 사람 수

  R: 개인 I을 배척한 사람 수

  N: 집단 전체의 사례 수

- **선택횟수를 제한하지 않을 때**

  긍정적 확산성(PE) = $C_i/(N-1)$

  부정적 확산성(NE) = $R_i/(N-1)$

  C_i: 개인 I을 선택한 수

  R_i: 개인 I을 배척한 수

Makinney(황정규, 1984: 596-597에서 재인용)는 집단에서 차지하는 개인의

사회적 지위, 상호성, 사회성을 산출하는 공식을 제안하였다. 사회적 지위는 선택지위에서 배척지위를 뺀 수(위의 CRS), 상호성지수는 집단구성원들이 우호적으로 상호선택을 한 수, 사회성지수는 집단구성원들에게 받아들여지는 수용도를 말한다. 이 공식은 선택, 배척횟수를 제한하는 경우와 제한하지 않는 경우에 모두 사용할 수 있다.

사회적 지위(SS) = $\sum I/(N-1)$

상호성(C) = $M/(N-1)$

사회성(S) = Eg/N

I: 개인 I이 받은 선택의 수에서 배척의 수를 뺀 값

M: 개인 I을 포함하는 상호선택의 수

E_g : I이 받은 선택의 수

N: 집단 전체의 사례 수

둘째, 집단특성에 관한 지수다. 집단특성에 관한 지수에는 집단확산성지수와 집단응집성지수가 있다. 집단확산성은 집단구성원들이 서로 융합하고 선택하려는 정도를 나타내고 집단응집성은 집단의 매력, 집단구성원들이 엉켜 있는 정도, 집단에서 이탈하는 데 대한 저항의 정도를 나타낸다.

집단확산성(E) = C_t/N

집단응집성(CO) = $2M/N(N-1)$

Ct: 집단구성원이 선택한 총수

M: 상호선택의 총수

N: 집단의 전체 사례 수

학급집단 관리를 위한 교사의 역할

지금까지 학급집단의 특성과 이를 평가하는 방법에 대하여 다루었다. 이제는 담임교사가 집단으로서의 학급을 어떻게 관리하고 어떻게 개입하는 것이 바람직한지 살펴보도록 한다.

집단지도자로서의 교사

학급이라는 집단을 지도하는 교사는 집단지도자의 역할을 감당해야 한다. 따라서 다른 모든 집단의 지도자와 마찬가지로 교사 역시 탁월한 리더십을 가지고 학급을 이끌어 가야 한다. 훌륭한 지도자의 자질과 역할에 대해서는 이미 많은 연구가 축적되어 있으므로 여기서 상세히 논의할 필요는 없다. 다만 선행연구의 결과, 효과적인 지도자의 특성으로 밝혀진 내용을 몇 가지 추려서 교사의 역할을 논해 보자.

• 교사는 뚜렷한 목표의식을 갖고 아동들을 동기화시켜야 한다.

학급에는 수많은 목표가 있다. 교육과정을 일정에 맞춰 진행하는 일에서부터 체육시간에 턱걸이 5개를 해내는 일, 옆 반과의 축구 시합에 이기는 일에 이르기까지 여러 수준의 다양한 목표가 있다. 교사는 아동들이 성취해야 할 이 목표들에 대하여 분명하게 인식하고 있어야 한다. 아울러 정해진 목표를 향해 아동들이 열심히 달려가도록 자극할 수 있어야 한다. 학급에서 성취해야 할 목표와 과업에 대해 교사가 유능감을 보이면 아동들은 자발적으로 교사의 안내와 지시를 따르게 된다.

- 교사는 학급에서 일어나는 여러 가지 일들에 대해 상세한 정보를 가지고 있어야 한다.

학급에서는 그야말로 여러 가지 일이 일어난다. 35명의 아동들이 정해진 좌석에 얌전히 앉아서 교사가 가르치는 수업을 조용히 듣다가 시간이 되면 집으로 돌아간다고 생각하면 커다란 오산이다. 학급은 하나의 작은 사회다. 이곳에서 아동들은 다양한 교류를 펼치고 온갖 일을 경험한다. 학급에서 일어나는 이 모든 일을 교사가 다 알 수는 없지만 가능한 한 많이 알아 두려는 노력을 포기해서는 안 된다. 아동들에 대한 정보가 많을수록 보다 바람직한 방향으로 아동들을 지도할 가능성이 높기 때문이다. 따라서 교사는 각종 검사, 일기, 아동들의 보고, 행동관찰 등 다양한 정보원을 사용하여 학급 정보를 수시로 수집해야 한다. 처리할 일이 많다고 해서 자신의 업무를 수업과 잡무 처리로 끝낸다면 학급을 제대로 지도하는 일은 이미 포기한 셈이다.

- 교사는 의사소통 기술이 뛰어나야 한다.

학급의 지도자로서 교사는 학생들에게 많은 말을 한다. 이 많은 말이 효과가 있으려면 기술적으로 의사소통을 할 필요가 있다. 의사소통을 잘하려면 교사는 먼저 아동들의 말을 잘 경청하고 행동을 자세히 관찰하여 그들의 욕구를 정확하게 짚어 낼 수 있어야 한다. 아동들의 욕구를 정확하게 짚고 나서 이를 충족시킬 것인지, 만족을 지연시킬 것인지, 아니면 거부할 것인지를 잘 판단하고 그에 따라 적절한 반응을 해야 한다. 이때 대화기법에 관한 지식이 필요하다. 아울러 개별 아동의 특성을 고려할 수 있어야 한다. 아동의 특성에 따라 사용하는 낱말의 수준을 조절한다든가, 대화 환경을 변화시킨다든가, 신체적 접촉을 활용한다든가 하는 융통성을 발휘해야 한다. 또 아동 개인을 상대할 때와 집단을 상대할 때 다르게 반응할 수 있어야 한다. 아동의 고민을 들어 줄 때와 전체 아동을 상대로 훈시할 때 교사가 사용하는 어법에 차이가 있어야 한다. 한마디로 말해 교사는 상황에 따라 다양하게 반응할 수 있는 풍부한 의사소통 기술을 지녀야 한다.

• **교사는 학급집단을 조직하고 구조화해야 한다.**

교사는 학급권력의 정점에 위치하는 자로서 학급의 위계적 조직을 구축하고 아동들의 학급생활을 구조화할 책임을 가지고 있다. 학급은 담임교사와 아동들로 구성된 하나의 사회다. 따라서 학급을 통합하고 유지하려면 잘 정돈된 조직이 필요하다. 담임교사는 대개 학급 임원을 중심으로 학급 조직을 구성한다. 따라서 학급 임원 선출방식, 학급 임원에게 위임하는 권한의 내용, 학급 임원의 역할 등에 대하여 세심하게 신경을 써야 한다. 학급에서 발생하는 비공식적 조직에 대해서도 교사는 관심을 가져야 한다. 한 학급에서 지내다 보면 아동들 사이에 여러 가지 유형의 또래집단이 생기게 되는데 이들의 성격과 학급에 미치는 영향을 교사는 예의 주시하고 있어야 한다. 이 내용은 '조직관리자로서의 교사' 부분에서 보다 상세하게 다룰 것이다.

학급집단을 조직함과 아울러 교사는 아동들이 학급에서 지켜야 할 규칙과 규범을 분명하게 설정해야 한다. 교사의 일방적 지시에 의한 것이든 아니면 아동들과 합의를 거친 것이든 학급에서 허용되는 언행과 허용되지 않는 언행이 분명하게 규정되어야 한다. 상벌에 대한 규정도 미리 마련해 두는 것이 좋다.

• **교사는 민주적 리더십(지도유형)에 터를 두되 상황에 따라 유연성을 가져야 한다.**

흔히 지도유형을 민주적 지도유형, 전제적 지도유형, 자유방임형 지도유형으로 나누고 이 중에서 가장 좋은 지도유형으로 민주적 지도유형을 꼽는다. 민주적 지도유형은 집단구성원들의 의사를 존중하고 지도자와 집단구성원이 함께 토론하여 의사를 결정하는 열린 지도유형이다. 교사도 기본적으로는 민주적 지도유형을 채택하는 것이 좋다. 아동들이 스스럼없이 자신의 의사를 발표하고 자기주도적으로 학급 일을 결정하는 경험에 참여한다는 점에서 바람직한 측면이 많기 때문이다. 다만 한 사람의 성인과 다수의 아동들로 구성된 학급의 특수성을 고려하면 이따금 다른 형태의 지도유형이 필요할 때도 있다. 경험과 능력이 부족해서 아동들이 자율적으로 결정하기 어려울 때, 위급한 상황에서 신속하게 대응할 필요가 있을 때, 아동들이 싫어하는 과업을 완수해야 할 때 등의 경우에는 민주적 지도유형보다 전제적 지도유형이 나을 수도 있다. 이런 점에서 교사가 반드시 민주적 지도유형만 고집할 필요는 없다.

• 교사는 학급의 집단응집력을 향상시켜야 한다.

아동이 재미있는 학급생활을 하려면 학급에 매력을 느껴야 한다. 어떤 방식으로든 학급에 매력을 느끼면 아동들의 '우리 반' 의식은 단단히 다져지고 학급 활동에 열심히 참여하게 된다. 따라서 교사는 학급의 응집력을 높여 주는 다양한 방법을 찾아야 한다. 1학년을 제외하면 모든 초등학교 아동들은 이전에 다른 학급생활을 경험한 바 있다. 새 학급을 담임하는 교사는 이런 점을 염두에 두고 이전 학급과 구분되도록 하며 아동들이 애착을 가질 수 있는 학급 정체성을 심어 주어야 한다. 학급의 집단응집력을 향상시키는 방안에 대해서는 절을 달리하여 논하도록 한다.

• 교사는 학급의 갈등을 관리해야 한다.

학급에는 다양한 갈등이 있다. 학급구성원인 아동들 사이의 갈등, 아동과 교사 사이의 갈등, 이웃한 학급과의 갈등 등 여러 가지 형태의 갈등을 학급에서 발견할 수 있다. 원래 적당한 양의 갈등은 조직의 건강을 위하여 바람직하다. 갈등이 있어야 긴장을 하게 되고 긴장하여 무엇엔가 몰두해야 조직의 발전이 성취될 수 있기 때문이다. 문제는 갈등이 지나치게 커져서 집단 본래의 목적을 달성하는 데 방해가 되거나 집단구성원들을 심한 분쟁으로 몰아넣을 때 생긴다. 학급 내에서도 갈등이 심하면 여러 가지 문제가 발생한다. 그렇기 때문에 학급을 지도하는 교사는 갈등을 적절한 수준에서 관리할 수 있어야 한다. 학급에서 갈등을 관리하는 방법 역시 절을 달리해서 논의하도록 한다.

조직관리자로서의 교사

학급에는 담임교사를 정점으로 하여 반장, 부반장, 부장, 모둠장으로 이어지는 공식 조직이 있다. 학급이 잘 운영되려면 이 공식 조직이 잘 가동되어야 한다. 공식 조직 중에서도 중요한 것이 반장이다. 반장은 학생들을 대표할 뿐 아니라 교사의 업무를 보조하고 대리하는 역할을 수행하기 때문이다. 따라서 학급반장을 선출하거나 임명할 때부터 교사는 각별한 신경을 써야 한다. 학급 아동들이 직접선거로 반장을 선출하는 경우에는 대부분 반장으로서의 역량도 있고 인기가 많은 아동이 선출될 가능성이 높다. 때로 반장으로서 합당하지 못한 아동이 선출되기도 하지만 아동들이 스스로 선출하였다는 점에서 반장의 대표성을 쉽게 훼손하지 못한다. 교사가 반장을 임명하는 경우에는 보다 신중할 필요가 있다. 반장으로 임명되는 아동이 일반 아동들로부터 인기가 있는지, 충분한 리더십을 갖추고 있는지, 담임교사를 대리하고 보좌하는 데 부족함이 없는지 꼼꼼히 따져야 한다. 만일 교사가 임명한 반장이 아동들 사이에서 높은 인기를 누리는 실세 아동과 일치하지 않으면 여러 가지 부작용이 일어난다. 반장의 말이 아동들에게 잘 받아들여지지 않고 학급에서 추진하는 여러 가지 일이 제대로 돌아가지 않는다면 아동들에게 영향력을 행사하는 실세 아동들이 따로 있을 가능성을 뒤에서 살펴야 한다. 교사의 입장에서는 아동들 사이에서 실질적인 힘을 행사할 수 있는 아동을 반장으로 임명하는 편이 여러 가지로 편리하다. 불행하게도 교사가 임명한 반장이 실세 아동이 아니라면 실세 아동이 학급의 리더로 참여할 수 있는 별도의 길을 열어 두는 것이 좋다. 학급 이벤트나 특별 행사에 실세 아동을 리더로 세운다든가 틈이 있을 때마다 실세 아동의 영향력을 교사가 인지하고 있음을 분명하게 전달하여 아동의 마음을 얻는 것도 좋은 방법이다. 이따금 담임교사와 반장의 마음이 서로 맞지 않아 고생하는 경우도 있다. 신출내기 교사의 학급에서 더러 발견되는 현상으로 반장 아동이 교사를 무시하거나 교사에게 대드는 행동을 보이는 심각한 사례도 있다. 교사와 반장 아동의 관계가 이 정도로 악화되면 학급이 제대로 돌아갈 수 없다. 담임교사는 무슨 일이 있더라도 아동에게 휘둘리지 말아야 한다. 반장이 교사의 말을 듣지 않고 대드는 행동을 하면 교사는 이 문제부터 해결해야 한다. 교사가 가진 다양한 힘의 원천을 이용해서 반장의 마음을 얻고 언행을 통제해야 한다. 필요하다면 개인상담, 학부모상담도 마다하지 않을 각오를 해야 한다.

담임교사는 학급에서 형성되는 하위집단의 유형과 특성에도 관심을 기울이고 필요할 때 적절히 개입할 수 있어야 한다. 담임교사가 비교적 통솔하기 쉬운 학급은 핵심리더 중심형과 중간리더 중심형이다. 핵심리더 중심형은 강력한 리더십을 지닌 아동이 있어서 이 아동을 중심으로 아동들의 학급 생활이 이루어지는 형태를 말한다. 이 아동이 학급의 공식적 지도자인 반장이 되면 학급을 통솔하는 일은 매우 쉬워진다. 교사는 반장 한 아이를 상대함으로써 학급을 관리하고 통제할 수 있기 때문이다. 다만 한 아동에게 너무 많은 권한을 위임하는 일은 삼가야 하며 이따금 학급이 어떻게 돌아가는지 직접 살펴보아야 한다. 간혹 핵심리더가 지나친 권한을 행사하여 다른 아동들을 불편하게 할 수도 있다는 점을 유의해야 한다. 때로 핵심리더의 힘이 너무 강하다고 여겨지면 이를 약화시키는 방법에 대해서도 생각해 두는 것이 좋다.

중간리더 중심형 하위집단이 서너 개 있는 학급도 교사의 입장에서는 관리하기 쉬운 편이다. 중간리더들을 중심으로 학급을 운영해 나갈 수 있기 때문이다. 이따금 하위집단들 사이에 경쟁이나 세력 다툼이 있을 수 있지만 교사는 각 하위집단의 리더들을 화해시키고 통솔함으로써 학급 전체를 다스리는 일이 가능하다. 중간리더들이 있으면 교사 또는 반장의 일이 훨씬 더 쉬워진다는 이점도 있다. 아동 개개인에 대해 교사나 반장이 일일이 챙기기 어려운 일들을 이들이 대신할 수 있기 때문이다. 한 학급에 서너 개의 하위집단이 있으면 학급에 활기가 넘치고 집단응집력이 높아지는 경향도 있다. 따라서 자연 발생적으로 하위집단이 형성되지 않으면 교사가 의도적으로 중간리더들을 키울 수도 있다. 학급에 꼭 필요한 일을 몇몇 아동을 중심으로 위임하거나, 교사가 이들에게 특별한 관심을 보이거나, 모둠별로 앉게 하고 모둠장을 중심으로 경쟁을 시키거나, 방과 후 따로 모임을 갖는 등의 방법으로 일부 아동에게 힘을 부여함으로써 중간리더의 성장을 돕는 것이다.

모래형, 단짝형, 삼각관계형이 많은 학급은 집단응집력이 떨어진다. 특히 각자가 따로 노는 모래형의 경우 교사가 직접 나서지 않으면 아동들을 통솔하는 일이 그리 쉽지 않다. 따라서 위에서 언급한 중간리더들을 키울 필요가 있다. 다소 차이는 있지만 단짝형, 삼각관계형도 마찬가지다.

이상의 내용을 종합하면 이상적인 학급조직은 막강한 권한을 가진 담임교사를 중심으로 강력한 리더십이 있는 반장이 앞에서 이끌고 서너 명의 중간리더들이 이를 뒷받침하는 가운데 아동들끼리 서로 애착을 갖는 단짝형, 삼각관계형이 골고루 분포되어 있는 모습이라고 할 수 있다.

학급조직이 이따금 외부 조직에 의해 영향을 받을 때가 있다. 최근에 중·고등학생들 사이에 '일진회'라고 알려진 불량조직이 번지고 있는데 이들이 그 세력을 확대하여 초등학교 학생들까지 회원으로 가입시키는 경우가 있다. 일단 불량조직에 가입하게 되면 아동은 개인생활이나 학교생활에 여러 가지 영향을 받는다. 불량조직에 가입한 아동이 소속되어 있는 학급에도 다양한 문제가 발생할 수 있다. 학급 아동들을 폭력으로 위협하고 학급 임원들에게 노골적으로 대드는 이들의 행동은 학생 자신에게도 문제지만 학급 운영에 큰 장애가 된다. 이런 경우에 조직에 가입된 아동 개인을 다루는 것만으로 만족할 만한 효과를 보기 어렵다. 따라서 교사는 적극적으로 이 불량조직에 대한 대책을 세워야 한다. 충북 초등학교의 어느 교사는 이 문제를 해결하기 위하여 그 지역 불량조직의 중학교 회원들을 찾아가 담판을 벌인 적이 있다. 그리고 적어도 아동들이 초등학교를 졸업할 때까지 조직 가입을 종용하지 않는다는 약속을 받아 냈다. 물론 이런 효과를 얻기까지 그 교사는 엄청난 수고를 아끼지 않았다. 학교와 지역사회의 도움도 매우 컸다고 한다. 교사에 게는 이런 노력을 통해 학급조직이 외부 조직에 의해 영향받지 않도록 보호·관리하는 일에도 관심을 갖는 책임감이 필요하다.

집단응집력 강화자로서의 교사

학급집단을 이끌어 가는 지도자로서 담임교사는 학급구성원들을 강하게 결속시키고 학급목표를 달성하도록 독려하는 역할을 수행해야 한다. 이때 결정적으로 중요하게 작용하는 힘이 집단응집력이다. 학급구성원들이 학급 에 매력을 느끼고 학급의 목표와 과제에 열정을 갖게 하는 힘이 이 응집력에 서 나오기 때문이다. 따라서 교사는 학급 아동들의 집단응집력을 향상시키 는 다양한 전략을 가지고 있어야 한다.

집단응집력을 강화시키는 요인에 대한 연구들을 종합하면 대체로 다음과 같이 요약할 수 있다(최재율, 김희승, 1994). 각 요인별로 학급에서 교사가 할 수 있는 일에 대하여 간단한 설명을 덧붙여 보자.

첫째, 집단목표와 과제에 대한 공감과 합의가 있을 때다. 학급이 성취해야 할 다양한 일에 대하여 그리고 학급에서 발생하는 여러 가지 사건에 대하여 교사는 가능한 한 학생들에게 내놓고 더불어 의논하는 자세를 가져야 한다. 학급은 교사가 혼자 꾸려 나가는 곳이 아니라 학급 아동들이 스스로 참여하 여 운영해 가는 곳이라는 점을 아동들에게 각인시키는 것이다. 이를 위해 학 급회의를 활성화하고 함께 토론하는 분위기를 정착시켜야 한다. 아동들의 토론을 거쳐 합의된 결정 사항은 가능한 한 그대로 시행하도록 한다. 설사 학 생들의 결정이 미숙하고 결점이 있더라도 스스로 시행착오를 거치며 학습하 도록 쉽게 개입하지 않도록 한다.

둘째, 집단구성원이 매력적이고 우호적일 때다. 자신이 좋아하는 단짝이

나 친구들이 있으면 당연히 학급생활이 즐거워지고 학급을 좋아하게 된다. 따라서 아동들이 서로서로 이끌릴 수 있는 계기를 많이 만들어 주면 좋다. 자리 배치 방식을 바꾼다든가, 아동들이 함께 협동해야만 완수할 수 있는 과제나 활동을 부여하는 방법을 생각할 수 있다. 교사가 아동들의 장점을 드러내어 공개적으로 칭찬하는 것도 좋은 방법이다. 선생님이 칭찬한다는 사실, 그리고 평소 잘 몰랐던 친구의 좋은 점을 발견하게 되면 그만큼 가까워질 확률이 높아진다.

셋째, 집단구성원 간에 유사성이 있고 동류의식이 있을 때다. 학급 아동들이 자기들끼리 공유할 수 있는 독특한 경험이 있으면 '우리 반'이라는 의식이 다져질 수 있다. 따라서 우리 학급이기 때문에 경험할 수 있는 다양한 활동을 시도하는 것이 좋다. 학급 전체가 참여하는 캠핑을 간다든가, 자연학습을 한다든가, 집단상담을 한다든가, 집단 비밀을 갖는다든가, 다양한 특별행사를 벌일 수도 있다.

넷째, 지도자가 매력이 있고 리더십이 적절할 때다. 담임교사가 학급 아동들의 눈에 매력덩어리로 비춰지면 아동들이 학급을 좋아하지 않을 수가 없다. 따라서 담임교사는 아동들에게 매력덩어리로 비추어질 방안을 강구해야 한다. 외양을 깔끔하게 다듬는 데서 비롯하여 아동들의 학습과 생활을 지도하는 과정에서 아동들이 '우리 선생님 참 멋지다.'는 느낌이 들도록 전문성과 유능성을 발휘해야 한다. 아울러 다양한 방면에 교양을 갖추고 아동들의 신세대 문화에도 익숙해야 한다. 아동들에게 따뜻하게 열려 있으면서도 어느 한 곳 막힘없는 분이라고 지각되면 아동들의 마음을 사로잡는 데 부족함이 없을 것이다.

다섯째, 정서적 유대, 수용적 분위기가 있을 때다. 실수를 허용하고 따뜻하게 받아들여 주는 학급에 있을 때 아동들은 편안한 마음을 갖게 된다. 물론 편안하고 따뜻한 마음을 가질 수 있는 학급을 아동이 좋아하리라는 점은 두말할 필요도 없다. 이 따뜻함 속에서 아동은 창의적이고 자유로운 탐색을 하면서 성장한다. 따라서 교사는 아동들의 실수와 잘못을 지나치게 꾸중하지 않아야 한다. 칭찬과 꾸중의 비율을 약 8:2 정도로 하고 가급적이면 처벌이나 질책하는 빈도를 줄이도록 한다.

아동들이 훈훈하게 느낄 만한 행사를 기획하여 실시하는 것도 좋다. 이를테면 생일 축하, 선생님과의 데이트, 자장면 먹는 날, 서로의 마음을 표현하는 날(빼빼로데이, 밸런타인데이 등), 발 닦아 주기, 칭찬하기, 팔씨름 대회, 편지 쓰기 등등 아동들이 재미있게 어울리며 친근해질 수 있는 행사를 전개하도록 한다.

여섯째, 강한 소속감이 있을 때다. 아동들의 학급에 대한 소속감을 강화하려면 학급의 고유한 정체성을 발전시킬 필요가 있다. 이를 위하여 학급을 상징하는 독특한 이미지, 별명, 구호, 노래, 몸짓, 깃발 등을 개발하는 것도 한 방법이다. 그리고 행사가 있을 때마다 학급 아동 전원에게 역할을 주어 참여토록 하고 행사가 끝난 후 재미있는 뒤풀이를 함으로써 아동들의 결속력을 다져 두는 것도 좋다. 같은 행사를 하더라도 우리 학급은 다른 학급에 비해 무엇인가 다르다고 아동들이 느낄 수 있는 요소나 활동을 끼워 두는 것도 중요하다. 교사가 '우리 반'을 자주 언급하는 것도 소속감 강화에 도움을 준다.

일곱째, 집단규범을 지켜야 한다는 공감이 있을 때다. 학급의 규칙이나 규범은 아동들이 스스로 지키고 서로 경계할 때 효력을 발휘한다. 이렇게 만드는 가장 좋은 방법은 학급의 규칙이나 규범을 아동들 스스로 제정하게 하는 것이다. 학급회의나 토론 시간에 아동들 스스로 필요한 규칙을 만들면 이를 지키려는 의지도 강해지고 이를 어기는 아동에 대한 반감도 강해져서 학급 응집력 향상에 도움이 된다. 이때 아동들이 제정한 규칙과 규범에 대해서 담임교사 역시 존중하는 자세를 취해야 한다.

여덟째, 원활한 의사소통이 있을 때다. 담임교사는 아동들이 학급활동과 관련하여 하고 싶은 이야기를 막힘없이 할 수 있도록 학급에서 다방향 의사소통을 활성화시켜야 한다. 학급에서 말하는 사람이 주로 교사나 학급 임원에 한정되면 나머지 아동들은 학급 활동에 수동적으로 임할 수밖에 없고 결국 학급에 대한 애착도 떨어진다. 따라서 중요한 사항에 대하여 결정을 내리기 전에 학급구성원 누구나 자유롭게 의견을 말할 수 있는 풍토를 조성해야 한다. 필요하다면 아동들에게 대화기법을 교육하여 잘 듣고 잘 말하는 법을 익히게 할 수도 있다. 수업이나 학급회의 시간에 아동들의 발언을 관찰하고 발언 빈도가 일부 아동들에게 집중되어 있다면 이를 교정하려는 노력을 기울이도록 한다. 때로는 말을 잘 하지 않는 아동의 발언에 의도적으로 교사가 힘을 실어 주는 방법을 활용할 수도 있다.

아홉째, 외부에 공통의 경쟁자가 있을 때다. 경쟁은 사람의 동기를 자극하는 강력한 힘을 가지고 있다. 아동들도 예외는 아니다. 이웃 학급 또는 이웃 학교와 비교당하는 상황이 발생하면 아동들은 평소에 보이지 않던 관심과 열의를 가지고 경쟁에서 이기려고 최선을 다한다. 이 과정에서 '우리 반'에 대한 애정과 열정이 솟구치게 된다. 경쟁은 학급응집력을 강화할 수 있는 손쉬운 방법이다. 학교운동회 또는 이웃 학급과의 친선경기에서 보이는 아동들의 경쟁심리가 이를 잘 말해 준다. 그렇다고 해서 교사가 나서서 억지로 경쟁을 자극하는 행동은 바람직하지 않다. 다만 자연스럽게 경쟁하는 상황이 발생하거나 또는 경쟁하는 두 학급의 상호 발전에 경쟁이 도움이 된다고 판단되면 이를 활용할 수 있을 것이다.

열째, 집단구성원으로서 대외적으로 긍지를 느낄 때다. 학급 아동들이 3학년 5반 학생이라는 것을 자랑스러워한다면 그 학급의 집단응집력은 의심할 바 없이 강력할 것이다. 따라서 교사는 학생들이 '우리 반'을 자랑스러워 할 거리를 만들어 줄 필요가 있다. '우리 반'은 학업성취도가 우수하다든가, 선생님이 멋쟁이라든가, 운동을 잘한다든가, 미남미녀가 많이 모였다든가 하여튼 무엇 하나에 뛰어나서 남다른 긍지를 느끼게 해 주는 것이다. 때로는 우수한 아동이 우리 학급에 있다는 것이 자랑거리가 될 수도 있다. 전교 1등 하는 아이, 도내 영어 경시대회에서 입상한 아이, 전국 어린이 노래자랑에서 입상한 아이, 전국 씨름대회에서 우승한 아이, 연예인으로 활동하는 아역 탤런트 등 어느 분야에서 탁월한 능력을 뽐내는 아동과 한 반에 있다는 사실이 아동에게는 자랑거리가 될 수 있다. 이런 점에서 교사는 재능 있는 아동들을 독려하여 좋은 결과를 얻는 데 관심을 쏟을 수도 있다. 다만 이런 행동이 교사 자신을 위한 수단으로 전락되어서는 곤란하다. 아울러 좋은 결과를 얻기 위해 지나치게 아동을 압박하는 일도 삼가야 한다.

집단갈등 관리자로서의 교사

갈등이 없는 집단은 없다. 저마다 다른 욕구를 지닌 개인들이 모인 집단에서 갈등이 없을 수는 없다. 한 가족 사이에서도 갈등은 있기 마련이다. 개성이 다르고 자라 온 환경이 다른 아동들이 모여 있는 학급에도 항상 갈등이 있다.

갈등이 항상 나쁜 것은 아니다. 갈등은 집단에 대한 관심과 관여를 증가시키기도 하고, 서로에 대한 부정적 감정을 표출하여 해소하는 기능을 하기도 하며, 성공적으로 조정되면 오히려 집단응집력과 집단생산성을 향상시키고 구성원들끼리 진정한 관계를 맺을 기회를 증가시킨다. 이런 점에서 갈등은 해결해야 할 문제가 아니라 관리해야 할 에너지로 보는 것이 바람직하다. 이 글에서 갈등해결이라는 말보다 갈등관리라는 말을 쓰는 이유도 여기에 있다. 갈등의 원인과 초등학급에서 갈등을 관리하는 방법에 대해 알아보자.

집단구성원들 사이에 갈등을 일으키는 원인으로 흔히 반감과 불일치, 실제적 문제, 절차적 문제, 경쟁, 사회딜레마 등이 꼽힌다(Forsyth, 2001). 이 중에서 초등학교 학급에도 유사하게 적용되리라고 생각되는 부분에 대해 살펴보고 이에 대한 대처 방안을 논의하도록 한다.

반감과 불일치

반감과 불일치는 성격이 맞지 않는다거나, 좋지 않은 감정이 든다거나, 특별한 이유 없이 반발하게 되어 갈등을 느끼는 상태를 뜻한다. 같은 집단에 이런 반감을 느끼게 하는 사람이 속해 있으면 마음이 불편하고 사사건건 충돌하게 된다. 학급에서 서로 토닥거리고 잦은 싸움을 벌이는 아동들에게 왜 상대 아이가 싫은지 이유를 대 보라고 하면 "그냥 싫어요."라고 답할 때가 많다. 아마 상대 아동에 대해 느끼는 갈등을 이렇게 표현했을 가능성이 높다. 그런데 "그냥 싫어요."라는 말은 두 가지로 해석할 수 있다. 하나는 상대방을 싫어하는 이유에 대하여 뚜렷한 자각이 들지 않는다는 의미고 다른 하나는 상대방을 싫어하는 이유가 있기는 하지만 이를 굳이 말로 표현하지 않겠다는 의미다. 후자의 경우에는 아동의 마음을 돌리게 하면 그 이유를 쉽게 찾을 수 있고 따라서 그에 대한 대책을 찾는 일도 그리 어렵지 않다. 예를 들어, "저 애는 나를 부를 때 꼭 별명을 불러요. 내가 싫다고 말하는데도 자꾸 그래서 싫어요."라고 대답하였다면 이 아동이 상대 아동을 싫어하는 이유가 분명히 드러나므로 어떻게 대처해야 할지도 분명하다. 실제로 아동들 사이에는 이처럼 아주 사소한 일이 빌미가 되어 갈등을 겪는 사례가 많은데, 이런 경우는 대부분 담임교사가 조금만 관심을 기울여 아동의 이야기를 들어 주기만 해도 쉽사리 해결책을 찾을 수 있다. 전자의 경우는 문제가 약간 다르다. 상대방 아동이 싫기는 싫은데 왜 싫은지 아동 자신도 잘 모르고 있어서 이유를 밝히기가 쉽지 않다. 이런 상태라면 아동과 깊이 있는 상담을 전개할 필요가 있다. 상대 아동에 대해 느끼는 감정을 바탕으로 아동의 내면세계를 좀 더 깊이 파고 들어가 아동을 관찰하고 아동의 자기 이해를 도와주는 것이다. 경우에 따라서는 아동의 성장 배경과 과정, 그리고 학부모를 포함한 주변 사람들과의 관계에 대해서 탐색할 수도 있다.

사사로운 감정 때문에 자주 충돌하는 아동들을 함께 불러 상담을 하는 것도 한 방법이다. 흔히 아동들은 상대방의 말을 충분히 듣고 이해한 후 자기 의사를 상대방이 알아듣게 표현하는 기본적인 대화법이 미숙하여 충돌하는 경우가 많다. 사정이 이럴 때는 대화법을 가르쳐 주는 것이 문제를 해결하는 좋은 방법이 된다. 두 아동을 불러 놓고 담임교사가 시범을 보이며 대화법을 익히도록 하면 의외로 문제가 쉽게 해결될 수도 있다. 역할놀이를 통해 입장을 바꾸어 생각하도록 하는 것도 좋은 방법이다.

실제적 · 절차적 문제

실제적 · 절차적 문제는 집단활동과 관련하여 집단구성원들의 생각, 의견, 해석이 달라서 생기는 갈등을 말한다. 집단목표의 설정과정, 방법, 내용, 목표를 성취하기 위하여 채용해야 할 정책과 방법, 실행에 옮겨야 할 세부 절차와 전략 등 집단의 구체적인 활동과 관련하여 집단구성원들의 입장이 다르면 갈등이 생기게 되는데 이런 종류의 갈등은 적절히 관리하면 집단을 성장시키는 중요한 동력으로 작용한다.

초등학교의 학급에도 학급 운영과 관련하여 아동들 사이에 다양한 의견 차이와 입장 차이가 존재한다. 그리고 이런 차이 때문에 아동들 사이에 격한 논쟁이 벌어지기도 한다. 사실 이런 논쟁은 학급의 발전을 위해 매우 바람직하다. 서로 의견을 교환하는 가운데 보다 합리적인 대안을 찾게 되고 또 토론하는 법을 배울 수 있기 때문이다. 하지만 그 도가 지나쳐서 아동들끼리 의가 상하는 수준에 도달하게 해서는 곤란하다. 따라서 지나치게 열기가 높아지면 담임교사가 적절히 개입하는 것이 좋다. 학급을 위하여 다양한 의견을 펼치는 것은 좋지만 자기주장의 관철을 위해 상대방에게 인신공격을 하거나 거친 말투를 쓰는 일은 절대 허용되지 않음을 강조해야 한다. 그런데도 그런 일이 발생하면 사전에 아동들과 약속해 둔 규정에 따르도록 한다.

학급의 실제적 · 절차적 문제에 대한 혼선을 피하기 위하여 일단 학급 운영과 관련된 기본적인 사항과 큰 틀은 미리 정해 두도록 한다. 학기 초에 우리 학급의 목표, 의사 결정 방법, 토론 방식, 학급 운영 규칙, 상벌 규정 등을 미리 정하는 것이다. 이때에도 가급적이면 학급회의를 활용한다. 이렇게 하면 아동들 사이에서 실제적·절차적 갈등을 최소화할 수 있다. 학급 운영에 대한 큰 틀이 정해지고 아동들이 정해 놓은 규칙을 잘 따른다는 전제하에서 아동들 사이의 적당한 의견 차이와 충돌은 허용하는 것이 좋다. 이 의견 차이와 충돌은 아동들에게 긴장감을 높여 주고 학급 활동에 참여하려는 의지를 자극하여 오히려 집단응집력을 높여 주기 때문이다.

경 쟁

집단에서의 갈등은 집단구성원들이 공동의 목표를 달성하기 위하여 노력할 때보다 어떤 자원을 놓고 경쟁할 때 발생할 가능성이 더 높다. 한 사람의 성공이 다른 사람의 실패를 의미할 때 경쟁은 치열해지고 갈등은 피할 수 없게 된다.

학급에서도 아동 개인끼리 또는 하위집단끼리 경쟁하는 상황이 종종 발생한다. 누가 반에서 1등을 하느냐, 누가 선생님으로부터 더 많은 사랑을 받느냐, 누가 학급 대표로 글쓰기 대회에 나가느냐, 누가 달리기 대회에서 1등을 하느냐 등이 개인 아동들을 경쟁에 몰아넣는 상황이라면 어느 모둠이 토큰을 가장 많이 획득하느냐, 어느 부서가 청소를 가장 깨끗이 하느냐, 어느 캠핑집단이 가장 일찍 텐트를 치느냐 등은 학급의 하위집단을 경쟁에 몰아넣는 상황이다. 어쨌거나 경쟁하는 상황은 아동들의 행동을 자극하는 강력한 힘을 가지고 있다. 아동들은 경쟁 상황에서 자신이 하는 일에 더 많은 노력을 쏟아붓고, 더 많은 관심과 만족을 표명하며, 각자의 목표를 더 높게 설정한다. 하지만 경쟁은 집단의 이익이나 동료의 이익보다는 개인의 이익을 추구하게 하여 학급 동료들 사이에 충돌과 갈등을 불러일으키는 단점이 있다.

적당한 경쟁은 아동들의 학급생활에 활기를 불어넣는다는 점에서 반드시 나쁘게 볼 것만은 아니다. 또 학급생활에서 일정 수준의 경쟁은 피할 수 없는 것도 사실이다. 하지만 아동들의 학급생활이 경쟁으로 점철된다면 학급 분위기가 살벌해지고 아동들의 하루하루가 고달파진다. 따라서 담임교사는 경쟁하는 방식보다는 협동하는 방식으로 학급을 운영하는 편이 좋다. 협동이 경쟁보다 집단을 운영하는 효율적인 방법이라는 결과는 이미 여러 연구들이 밝힌 바 있다. 학생들의 학업성취와 심리적 적응에도 협동은 경쟁보다 우월한 효과를 나타낸다(Johnson & Johnson, 1989; Johnson, Maruyama, Johnson, Nelson, & Skon, 1981; Cotton & Cook, 1982). 따라서 교사는 수업을 할 때나 생활을 지도할 때 가능하면 아동들을 서로 협동하게 하는 전략을 많이 활용하는 것이 좋다. 협동학습, 집단작업, 조각맞추기 방법(jigsaw) 등은 모두 협동을 장려하기 위하여 고안된 지도방식이다.

경쟁을 자극하지 않으려면 아동들을 서로 비교하는 언사를 삼가야 한다. 흔히 교사들은 특별한 의도 없이 아동들을 비교하는 말을 한다. "너도 철수처럼 공부를 잘했으면 좋겠다." "이 모둠은 어째서 이리 시끄럽냐? 옆 모둠을 봐라. 얼마나 조용하고 차분한지." 이런 식으로 교사가 던진 말 한마디는 아동들의 마음에 질투와 경쟁심을 불러일으킨다. 아동들의 잔잔한 마음에 돌을 던지는 격이다. 그러므로 특별한 의도가 없다면 비교하는 말을 쓰지 않아야 한다. 칭찬은 칭찬에서 그치고 꾸중은 꾸중에서 그치는 것이 아동들 사이에 쓸데없는 갈등을 일으키지 않는 지름길임을 명심해야 한다.

학급문화 창조자로서의 교사

초등학교의 담임교사는 학급의 왕이라는 말은 결코 과장이 아니다. 앞에서도 살펴본 바 있지만 담임교사는 전제시대의 군주에 못지않은 권력과 권한을 학급에서 행사한다. 최근 교실 붕괴라는 말이 떠돌고 있지만 초등학교 학급에서 담임교사의 권위는 여전히 막강하다. 하루의 1/4 이상 시시콜콜 아동의 생활에 간섭할 수 있는 담임교사의 영향력이 쉽게 붕괴될 수는 없다.

담임교사의 권한이 막강한 만큼 담임교사의 책임 역시 막중하다. 아동에 대한 교사의 태도와 자세 그리고 교사의 지도방식은 아동의 학급생활에 지대한 영향을 미친다. 따라서 아동의 성장을 돕는 밝고 건강한 학급이 되느냐 아니면 그저 그런 학급이 되느냐 하는 데는 교사의 책임이 상당히 크다. 교사가 학급의 분위기, 학급의 문화를 창조하는 데 중심적인 역할을 담당한다는 사실을 부인할 사람은 아무도 없다.

교사는 매년 새로운 학급을 만날 때마다 학급에 대한 나름대로의 구상을 가져야 한다. 새 아동들을 만나기 전부터 어떤 학급을 만들어 나갈 것인지에 대한 청사진을 그리고 있어야 한다는 말이다. 일 년 동안 아동들에게 어떤 가치를 지향하게 할 것인지, 이런 가치를 실현하기 위하여 어떤 종류의 학급 활동에 초점을 맞출 것인지, 학급응집력을 높이기 위해 어떤 활동을 제공하고 학급집단에서 발생하는 갈등에 어떻게 대처할 것인지, 학기별 · 달별 · 주별로 어떤 학습 경험을 제공할 것인지에 대해 상당히 치밀한 준비가 있어야 한다. 교사가 이렇게 준비되어 있을 때 초등학교의 학급은 아동의 성장을 제대로 뒷받침할 수 있는 의미 있는 교육 공간이 될 수 있다. 예를 들어, 농어촌 초등학교에서 5, 6학년 담임을 맡기로 예정된 교사가 있다면 집단따돌림에 대해 미리 대비하고 있어야 한다. 지금까지 여러 가지 통계가 농어촌 초등학교 5, 6학년 여학생 집단에서 집단따돌림의 발생 확률이 높다고 보고하고 있다면 응당 이들을 담당할 교사는 이것의 발생을 예측하고 있어야 한다. 그리하여 집단따돌림이 발생하지 않도록 평소 아동들에게 어떤 가치를 심어 줄 것이며, 집단따돌림이 일어나지 않도록 예방 활동을 어떻게 전개할 것이며, 집단따돌림이 발생했을 때 어떻게 대처할 것인지에 대하여 미리 상세한 대책을 마련해 두어야 한다. 아무런 준비도 없다가 집단따돌림 사건이 터지고 나서야 뒤늦게 우왕좌왕한다면 초등교육전문가로서 교사의 위치가 훼손되고 만다. 학기 초에 새 아동들을 맞으면 교사는 가능한 한 빠른 시간 안에 아동 개인의 특성과 학급집단의 특성을 파악해야 한다. 이를 위하여 자기소개의 시간을 가질 수도 있고, 여러 가지 심리검사를 실시할 수도 있고, 다양한 관찰법을 활용할 수도 있고, 이전 담임선생님들로부터 정보를 얻을 수도 있다. 가능한 한 다양한 정보원을 활용하여 아동과 학급집단에 대한 특성을 파악한 후 이들을 지도할 방법을 찾아야 한다. 학급조직을 정비하고, 집단응집력을 키우며, 아동들 사이의 갈등을 조율하는 집단지도자로서의 면모는 이런 과정을 통해서 드러나게 된다.

준비된 선생님은 자신의 머릿속에서 이상적인 학급의 모습을 그릴 수 있을 뿐 아니라 이 모습을 아동들의 머릿속에도 분명하게 심어 주어야 한다. 이를 위하여 학기 초부터 적극적으로 담임교사가 원하는 바람직한 학급의 모습을 아동들에게 부각시킬 필요가 있다. '우리 반'이 지향하는 바람직한 관계(교사-학생의 관계, 학생-학생의 관계)에 대하여, 학생들의 역할에 대하여, 그리고 학급집단의 특성에 대하여 처음부터 적극적으로 선언하고 학생들의 동의를 구하는 것이다. 이런 식으로 아동들과 함께 학급을 신나고 즐거운 배움터로 가꾸어 나가야 한다. 학급문화를 창조하는 교사의 역할은 바로 여기에 달려 있다.

제 4 장
학업상담

초등학교에 다니는 아동들에게 제일 고민스러운 일 또는 가장 잘하고 싶은 일이 무엇이냐고 물어보면 '공부'라고 답하는 아동의 비율이 가장 높다. 그만큼 공부는 아동의 생활에 중요한 의미를 가진다. 그렇다면 교사는 아동들이 공부를 잘할 수 있도록 여러 가지 도움을 제공해야 한다. 수업시간에 아동이 이해하기 쉽게 교과의 내용을 지도해야 할 뿐 아니라 학습과 관련된 다양한 지원을 제공해야 한다.

공부에 대한 우리 사회의 관심은 더할 나위 없이 크다. 중·고등학생은 말할 것도 없고 대학 진학으로부터 멀리 떨어져 있는 초등학생조차도 공부에서 자유롭지 못할 정도로 우리 사회는 심각한 공부 신드롬에 걸려 있다. 그래서 그런지 공부에 대한 서적이 시중에 넘쳐 나고 베스트셀러 자리에 오른 공부 관련 서적들도 꽤나 많다. 그 서적들에 담긴 내용이 어떻든 간에 자녀의 성적을 올려 주고 공부를 잘할 수 있게 해 준다는 선전 문구는 부모들에게 그어떤 말보다도 달콤하게 들리기 때문일 것이다.

온 사회가 공부에 미쳐 있는데 공부를 가장 전문적으로 가르쳐야 할 학교에서 공부에 대해 먼 산 보듯 외면하고 있다면 이 또한 심각한 문제다. 최근 조기교육과 선행학습의 열풍이 불어 초등학교 학생들의 상당수가 사설 학원에 다니면서 학교에서 배울 교과 내용을 학습한다. 이러한 상황에서 학교는 친구를 사귀는 곳 또는 학부모들이 집을 비우는 동안 아동을 안전하게 맡겨 두는 곳이라는 인식이 확산되고 있다. 학원교육과 학교교육의 차이를 말하라고 할 때 "학원은 공부에 치중하고 학교는 인성교육에 치중한다."라고 지적하는 사람들이 생각보다 많다. 그리하여 아동의 학습력을 향상시키기 위해 학원선생이 자기 자녀에게 매를 드는 것은 고맙게 받아들이는 반면 담임선생이 매를 들었다고 하면 학교를 찾아와 문제를 일으키는 경우도 드물지 않다. 일반 학부모들의 이런 인식이 교사들에게 전염되는 현상도 발견된다. 초등학교에서는 인성교육이 가장 중요하며 공부를 잘하는 것보다 사람이 되도록 교육하는 것이 무엇보다 중요하다고 목청을 높이는 것이다. 물론 초등학교에서 인성교육은 비할 바 없이 높은 가치를 가진다. 그리고 우리나라 초등교육이 아동을 보호하고 돌보는 역할을 담당하며 이 역할이 나날이 증대되고 있다는 사실을 부인하기도 어렵다. 하지만 인성교육과 공부가 그렇게 뚜렷이 구별되는 별도의 영역인지 또는 초등학교에서 인성교육이 공부보다 우선하는지에 대해서는 쉽게 답하기 어렵다. 수십 년 전에 미국의 한 학자(Terman)는 머리 좋고 공부를 잘하는 영재아동과 수재아동들의 특성에 관해 탐구한 연구에서 머리 좋고 공부를 잘하는 아동들이 그렇지 못한 아동들에 비해 성격과 사회성이 좋을 뿐 아니라 신체조건까지 뛰어나다는 결과를 보고한 바 있다. 못생기거나 어딘가 결함이 있는 아동들이 이를 보상하기 위하여 공부를 더 잘한다는 속설(일종의 보상이론)이 사실이 아니라고 판명된 것은 이미 오래전의 일이다. 우리 주변에서도 인성 좋고 공부 잘하는 초등학생들을 쉽게 찾을 수 있다. 아동들의 인성과 공부 역량을 따로 떼어 놓으려는 발상이 그다지 현실에 부합하지 않는다는 점을 보여 주는 근거다.

학교는 공부하는 곳이다. 교과 지식에 대하여, 바람직한 사회생활에 대하여, 인간다운 성품에 대하여 가르치고 배우는 곳이 학교다. 그 한가운데에 교과 공부가 자리하고 있다. 그리고 이 교과 공부의 결과로 나타나는 학업성취도에 아동과 학부모는 거의 목숨을 내걸다시피 온갖 관심을 쏟고 있다. 공부는 아동의 생활 사건 가운데 가장 중요한 주제다. 공부 때문에 긴장하고 공부 때문에 삶의 만족을 누리고 공부 때문에 친구관계가 달라지고 공부 때문에 자살까지 마다하지 않는다. 아동의 삶에 이렇게 중요한 공부가 학교생활의 핵심에 들어오고, 교사 업무의 중심을 차지하고, 생활지도의 주 내용이 되는 것은 이상할 것이 없는 사실이다. 오히려 그렇지 못한 우리의 현실이 이상하게 여겨질 따름이다.

　담임교사는 공부전문가로서 그리고 학업상담자로서 아동들을 진단·평가하고 그들의 공부 역량을 향상시키는 다양한 조치를 취할 수 있어야 한다. 그리하여 아이들이 가진 최대의 역량을 발휘하여 최선의 효과를 얻을 수 있도록 도와주어야 한다. 인성교육을 핑계 대면서 아동의 공부 역량을 향상시키는 일에 소홀한 교사는 자신에게 부여된 역할이 무엇인지 잘 모르는 초보 교사에 불과하다. 담임교사는 아동들의 공부에 특별한 신경을 써야 한다. 인성교육은 이 과정에서 함께 이루어지는 것이 가장 바람직하다.

　다행스러운 일은 시중에 공부 관련 서적이 넘치도록 많다는 사실이다. 공부를 잘하는 데 도움이 될 만한 정보와 지식이 아주 다양하게 소개되어 있으므로 누구나 손쉽게 필요한 지식을 얻을 수 있다. 교사들 역시 이들 서적을 통해 공부에 관한 다양한 지식을 얻고 필요한 지식을 선택하여 활용할 수 있을 것이다.

　공부와 관련된 서적은 지나치다고 느낄 정도로 너무 많이 출판되었고 같은 내용이 반복되는 것들도 많아서 여기서 다시 한 번 되풀이할 필요는 없다. 그보다는 공부에 관해 기왕에 출판된 자료들의 내용을 메타적인 입장에서 전체적으로 정리하고 가능하면 학급 아동 전체를 상대로 담임교사가 활용할 수 있는 공부방법에 초점을 맞추어 논의를 전개하는 편이 나을 것이다. 아동의 공부 역량을 향상시키는 방법에 대한 전체적인 조감도를 그리는 데 필요한 지식, 개별 아동이 아니라 학급집단 전체를 이끌어 가는 데 필요한 지식이 교사들의 피부에 더 가깝게 느껴질 것이다.

학업(학습)을 돕기 위해 제안된 방법

공부 잘하기와 관련하여 시중에 출판된 서적들이 제안하고 있는 내용을 분석해 보면 크게 7가지 범주로 나눌 수 있다. 학습방법, 공부기술 또는 학습전략에 대한 내용, 학습동기 유발에 관한 내용, 기초학력 신장에 관한 내용, 학습불안 해소에 관한 내용, 학습환경에 관한 내용, 공부요령에 관한 내용, 학습보조수단에 관한 내용 등이 그것이다. 하나씩 간단하게 살펴보자.

〈표 4-1〉 학습방법의 기본 구조

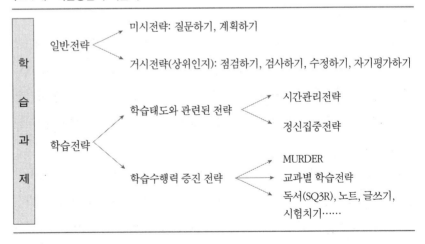

학습방법

학습방법은 공부기술, 학습전략 또는 학습방법에 대한 학습(이신동, 이경화 공역, 2001)이라고 불리기도 하는데 일반적으로 학업과제를 수행하는 데 동원되는 기술 정도로 이해하면 된다. 학습방법에 대한 다양한 주장들을 정리하면 〈표 4-2〉와 같다.

〈표 4-2〉 일반적인 전략의 종류

질문하기	가설 설정하기, 과제 목표 설정하기, 과제 수행방법 파악하기 현재의 과제를 이전 과제와 연결시키기
계획하기	시간표 작성하기, 과제를 요소로 나누기
점검하기	처음의 질문과 목적에 맞추려고 노력하기
검사하기	수행 결과에 대해 예비 평가하기
수정하기	가설 수정하기, 수행방법 변경하기, 목표 재설정하기
자기평가하기	과제 수행 결과에 대해 최종적으로 평가하기

학업과제를 능률적으로 수행하려면 모종의 전략이 필요한데 이 전략을 크게 일반전략과 학습전략으로 나눌 수 있다. 일반전략은 학업을 수행하는 과정 전체에 일관성 있게 적용되어야 할 전략으로서 계획하기, 질문하기, 점검하기, 검사하기, 수정하기, 자기평가하기 등으로 구성된다. 이 중 계획하기와 질문하기는 미시전략으로, 점검하기, 검사하기, 수정하기, 자기평가하기는 거시전략으로 세분되기도 한다. 미시전략이 과제 수행과 직접 관련된 요소를 다루는 전략이라면 거시전략은 과제를 대하는 태도와 동기를 다루는 전략이다. 거시전략은 상위인지라고 불리기도 한다.

일반전략이 과제를 수행하기 위해 필요한 폭넓은 사고활동을 뜻한다면 학습전략은 과제를 수행할 때 학습자가 사용하는 구체적인 전략이나 기술을 의미한다. 학습전략은 크게 학습태도에 관한 전략과 학습수행력 증진전략으로 구분할 수 있다. 학습태도에 관한 전략은 공부 시간을 관리하고 충분히 긴

학업(학습)을 돕기 위해 제안된 방법 **131**

시간 동안 정신을 집중하여 공부를 지속하는 데 도움이 되는 방법을, 학습수행력 증진전략은 공부할 내용을 효과적으로 더 잘 기억하고 이해하는 방법을 다룬다(김형태 외, 1996).

학습태도에 대한 전략은 시간관리전략과 정신집중전략으로 나눌 수 있다. 여기서 시간관리전략은 시간을 조직적으로 관리함으로써 계획된 방향으로, 그리고 정해 놓은 순서에 따라 공부를 실천해 가도록 돕는다. 학습과제에 적절한 시간 배정하기, 공부 시간 확보하기, 약속 시간 조절하기, 하루 중 최고의 능률을 올릴 수 있는 시간(prime time) 이용하기, 취침 시간 줄이기, 서두르지 않기(정인성, 최성희, 2002), 자신의 공부 스타일 확인하기, 현재 생활 진단하기, 일상 활동 계획표 작성하기 및 실천하기(김형태 외, 1996) 등이 그 예에 해당한다. 신붕섭(2004)은 효과적인 시간관리를 일곱 가지 원리로 나누었는데, 시간의 중요성을 철저하게 인식하기, 언제나 규칙적인 생활하기, 학습과제에 적합한 시간 활용방법 적용하기, 시간을 절약할 수 있는 자신만의 아이디어를 찾기, 자투리 시간을 잘 활용하기, 자신만의 최적의 능률 시간대를 찾아내어 활용하기, 텔레비전 시청·컴퓨터 활용·휴대전화 사용을 계획적으로 하기 등을 여기에 포함시켰다.

정신집중전략은 다른 데 신경을 빼앗기지 않고 공부에 생각과 노력을 모을 수 있도록 돕는 전략이다. 학습전략이라는 이름 아래 추천된 상당수 전략들이 사실은 이 정신집중전략에 속한다. Steiner(안미란 역, 2004)는 집중력을 높이는 다섯 가지 전략으로 집중할 시간 만들기, 방해요인 없애기, 마음 준비하기, 학습장소 바꾸기 등을 제시하였다. 아울러 수업시간에 집중하는 방법으로서 구경만 하겠다는 유혹을 물리치고, 머리를 써야 하는 과제를 찾으며, 선택적으로 집중해야 한다고 하였다. 김영진(2003)은 집중력 향상 방법으로 배우려는 열망, 흥미를 지니기, 수업내용 이해하기, 자신과 학급을 조직화하기, 질문하기, 실제적 학습하기 등을 제시하고 있다. 그는 또한 집중력 향상을 위한 구조화된 집단상담 프로그램을 개발하였는데 그 내용에는 집중력 방해요인 찾기, 집중력 향상요인 찾기, 집중력을 향상시키는 해결전략 찾아보기, 집중력 방해요인 분석, 집중력 이해하기 등이 포함되어 있다. 전명남(2004)은 주의집중을 위한 좋은 습관으로 공부하고자 하는 마음 갖기, 공부 자체에만 신경 모으기, 공부할 교과목에 관심을 갖기, 자신에 대해 알아 두기, 분명하고 실제적인 목표 세우기, 방해되는 요소 제거하기, 공부시간 제한하기, 공부하는 시간 동안 백일몽 제거하기, 공부하는 일정 안에서 다양한 접근 시도하기, 가끔씩 요약하기, 자신이 공부한 내용에 초점 맞추고 주의집중한 것에 대해 보상하기, 아침식사를 거르지 않고 균형 잡힌 식사를 통해 두뇌활동을 돕기, 수면 관리하기 등을 들고 있다. 김형태 외(1996)는 정신집중 전략을 집중을 위한 준비, 이완 전략, 초점적 주의집중의 세 가지 단계로 나누어 설명하고 있다. 집중을 위한 준비는 다른 것 때문에 방해를 받지 않고 공부에 집중하기 위하여 환경적, 개인적, 과제 관련적인 측면에서 계획을 세우는 단계를 말한다. 가능한 한 일정한 장소에서 공부에 적합한 분위기를 만들어 공부하도록 하고 필요한 학용품은 언제든지 필요에 따라 쓸 수 있도록 부족함 없이 준비해 두는 일은 환경적 측면의 준비고, 배고프거나 피로하지 않고 신체적 조건이 좋을 때 그리고 집중이 잘되는 시간을 찾아 공부하는 것은 개인적 측면의 준비며, 학습과제에 대한 전체적 조망을 갖는다든가 공부시간의 길이와 자료의 범위를 확인한다든가 과제에 적합한 학습방법이 어떤 것인지 확인하는 일은 과제 관련 측면의 준비에 속한다. 이완전략은 마음을 가라앉히고 공부에 전념하기 위한 심리 상태를 만드는 방법으로서 근육이완훈련이나 정서심상법을 활용할 수 있다. 초점적 주의집중은 다른 모든 잡념을 차단하고 공부하는 것에 정신적 에너지를 강력하게 몰두하는 방법으로서 속으로 긍정적인 자기 모습을 그리면서 적극적·긍정적인 자기대화를 전개하는 일, 공부할 때 공격적으로 질문을 던지고 답하는 과정을 활용하는 일, 학습목표를 구체적이고 관리 가능한 수준으로 나누는 일 등이 포함된다.

학업(학습)을 돕기 위해 제안된 방법

우리 모둠이 좋아요

 학습수행력 증진전략은 크게 교과별 학습전략, 학습과정에 대한 전략, 수행영역별 전략 등 세 가지로 나눌 수 있다. 이 중에서 교과별 학습전략은 각 교과교육에서 충분히 다루고 있으므로 여기서는 언급하지 않을 것이다.

 학습과정에 대한 전략은 학습정보를 처리하는 기술과 관련된 전략이다. 일찍이 Robinson(1946)은 SQ3R이라는 학습전략을 소개하였다. SQ3R은 공부를 할 때 훑어보기(survey), 질문하기(question), 읽기(read), 암송하기(recite), 복습하기(review) 등 다섯 단계를 거치라고 주문하고 있다. SQ4R, OK4R 등의 방법은 모두 SQ3R에서 유래한 학습전략이다. Dansereau(1978)가 제안한 MURDER 역시 유명한 학습전략이다. MURDER는 공부를 위한 마음가짐 가지기(mood), 이해하기(under-standing), 본문을 참조하지 않고 회상하기(recalling), 내용 요약하기(digesting), 자기질문을 통해 지식 확장하기(expanding), 실수를 재검토하기(reviewing) 등의 영문 알파벳 머리글자를 따온 학습전략이다. Steiner(안미란 역, 2004)는 학습과정에 집중하기, 관찰하기, 정교화하기, 줄이기, 체계화하기, 기억하기, 성찰하기, 통제하기 등을 포함시키고 있는데 이는 앞에 소개한 전략들에 비해 훨씬 더 상세한 편이다. 마인드맵은 자신이 학습할 또는 학습한 내용의 구조를 주제 중심으로 시각화하여 나타내는 방법이다. 정인성 · 최성희(2002)는 6단계로 구성된 마인드맵 작성법을 소개하고 있는데, 컬러 이미지로 중앙에서 시작하기, 주제와 함께 연상되는 소주제를 적어 넣기, 단어들을 선으로 연결하면서 적어 넣기, 상호 연결을 화살표로 나타내기, 마인드맵 전체에 색상을 사용하기, 하나의 마인드맵을 쉬지 않고 작성해 완성하기 등이 포함되어 있다.

수행영역별 전략은 학습이 수행되는 형태에 따라 달리 적용될 수 있는 전략으로서 읽기전략, 필기전략, 글쓰기전략, 수업 듣기, 밑줄 긋기, 발표하기, 시험 치르기 등을 일컫는다. 읽기전략에는 SQ3R을 비롯하여 책에 대한 정보 파악하기, 적극적으로 질문하며 읽기, 책 읽는 습관 들이기, 책 읽는 속도 증가시키기(전명남, 2004), 흥미 갖기, 사전을 충분히 활용하기, 어려운 개념이나 용어는 적어 가며 읽기, 서적의 문체에 익숙해지기, 교재의 성격과 목적에 따라 읽는 속도 조절하기, 적절한 시간 배분하기, 읽기 목표를 상세히 정하기, 읽는 도중 문제가 생길 때 보다 적극적으로 해결책 찾기(정인성, 최성희, 2002), 독서방법의 변화 필요성 깨닫기, 시각 전환하기, 개관하기, 질문하기, 읽기와 암송하기, 복습하기, 시험문제 출제하기(김영진, 2003) 등의 방법이 추천되고 있다. 필기전략에는 수업 전에 노트 필기를 위한 개요 작성, 핵심 요지나 세부 정보를 연결하여 필기, 자신만의 약어나 상징적인 기호 활용, 토론 내용이나 친구의 발언 필기, 노트에 회상란 만들기(신붕섭, 2004), 코넬식 노트 필기 시스템, 즉 수업내용을 경청하며 노트에 적기, 중요한 단서를 확인하고 요점을 파악하며 밑줄을 긋고 단서란에 질문 기록하기, 단서를 이용하여 요점 외워 두기, 필기한 내용 중에 잘못된 부분 고치기, 암송한 내용을 정리하여 노트의 각 면 아래 빈칸에 표시하거나 기록하기(전명남, 2004) 등의 방법이 추천되고 있다. 글쓰기에는 글의 제목을 정하기, 참고문헌이나 사례를 수집하기, 아이디어를 적어 보기, 관련된 아이디어를 조직하기, 초고 쓰기, 검토하기, 글 완성하기(정인성, 최성희, 2002), 글쓰기 시간계획, 주제 탐색, 주제 선정 및 탐구, 정보 조직, 글로 쓰기, 마인드맵 그리고 초고 작성하기, 수정하기, 완성·제출하기(전명남, 2004) 등이 전략으로 소개되고 있다. 수업 듣기에는 적극적인 청자가 되기, 배운 내용과 배울 내용을 잠시 살펴보고 수업에 임하기, 수업 중에 자신을 산만하게 만드는 요인 찾아내기, 선생님의 심리적 다이아몬드 안에 들어가기, 수업의 흐름과 신호어 파악하기, 선생님이 중요한 정보를 제시할 때 활용하는 방법 스케치하기, 중요한 내용을 노트에 필기하거나 책의 여백에 메모하기(신붕섭, 2004), 밑줄 긋기로는 읽고, 생각하고, 결정한 다음에 표시하기, 의미 있는 어절이나 구에 표시하기, 제목에도 표시하기, 주요 아이디어에 표시하기, 세부 정보에 표시하기, 접속사에 표시하기, 복습할 때나 시험 준비를 할 때 다시 한 번 표시하기, 표시한 내용을 노트 정리하기, 표시하기 자체를 평가하기(신붕섭, 2004), 핵심 낱말에 밑줄 긋기, 한 단락에 약 6~7개 밑줄 긋기, 연필이나 볼펜으로 가늘게 밑줄 긋기(김형태 외, 1996) 등이 소개되고 있다. 발표하기에는 사과나 변명으로 발표를 시작하지 말고, 제한 시간을 준수하며, 필요한 부분에 대해서만 발표하고, 발표할 때 받게 될 질문을 예측해 보고, 발표를 미리 준비하고, 핵심이 분명히 전달되도록 발표를 전개하라는 방법이 추천되고 있다(전명남, 2004). 시험 치르기에는 시험 전반에 대한 전략, 시험을 치르는 요령, 시험 문제 유형별 대처법들이 소개되고 있다. 시험에 관한 정보를 수집하고, 간격법을 적용하여 시간계획을 세우고, 교과서와 노트를 다시 읽으며 재표시하고, 단어카드를 만들어 공부하고, 학습장을 만들어 활용하고, 단어카드와 학습장에 기초하여 시험 문제를 만들어 보고, 스터디 그룹을 만들어 공부하고, 시험 범위를 초과학습하고, 시험결과를 분석하고, 시험 문제의 사고 수준을 분석하기(신붕섭, 2004), 시험 준비하기, 시험을 보는 방법, 시험 후의 분석과 대처(김영진, 2002) 등은 시험 전반에 대한 전략을, 시험에 임할 준비하기, 시험지를 받으면 먼저 문제 전체를 훑어보기, 시험 시간 배분하기, 쉬운 문제와 아는 문제부터 풀기, 시험출제자의 의도를 파악하기(전명남, 2004)는 시험을 치르는 요령을, 논문형 시험을 위한 방법, 객관식 시험을 위한 방법, 문제해결형 시험을 위한 방법(김형태 외, 1996), 선택형 시험, 논술형 시험

(전명남, 2004), 객관식 시험기술, 주관식 시험기술(신붕섭, 2004) 등은 시험 문제 유형별 대처 방식에 대해 소개하고 있다.

학습동기

공부를 열심히 잘하려면 무엇보다도 공부하려는 동기가 강하게 일어나야 한다. 스스로 공부에 대한 열정이 생기면 자기주도적인 학습은 저절로 일어난다. 공부를 잘하는 아동들은 어떤 이유에서든 공부에 대한 열정을 가지고 있다. 누가 공부를 하라고 강요하지 않아도 이들은 알아서 공부를 열심히 한다. 때로는 제발 공부 좀 그만하라고 말릴 정도로 공부에 열중한다. 문제는 공부하려는 동기가 전혀 없는 아동들이다. 교사나 학부모가 시키니까 마지못해 하기는 하는데 공부를 왜 해야 하는지 그 이유를 잘 알지 못한다. 이들에게는 공부를 하는 목적의식을 뚜렷하게 하고 학습동기를 불러일으키는 일이 공부를 하라고 독촉하는 일에 우선되어야 한다.

흔히 동기를 내발적 동기와 외발적 동기로 구분한다. 내발적 동기는 활동 자체에 대한 개인적 흥미, 호기심, 관심에서 유래하는 동기를 말한다. 내발적 동기가 일어나 어떤 활동을 하게 되면 그 활동 자체가 보상이 되므로 다른 유인책이나 보상을 굳이 끌어들이지 않아도 된다. 활동이나 과제 수행을 통해 얻게 되는 성취감과 만족감이 훌륭한 보상이 되기 때문이다. 반면 외발적 동기는 활동 그 자체에는 별 관심이 없고 그 활동이 끝나게 된 뒤 얻게 되는 결과에 관심을 둔다. 어떤 활동 뒤에 따르는 보상이나 처벌 회피가 활동 자체보다 더 큰 매력을 갖는다.

실제 사람들의 생활에서는 외발적 동기와 내발적 동기가 그 경계를 구분하기 어려울 정도로 복잡하게 얽혀 있다. '책을 읽다 보니 공부에 재미를 느끼게 되어서 열심히 공부를 했고 그랬더니 주변에서 칭찬을 해 주고 칭찬을 받으니 기분이 좋아서 더 열심히 공부에 열중하게 되었다.'는 식으로 외발적, 내발적 동기는 한데 어울러져서 작용한다. 다만 행동을 일으키는 보다 큰 비중이 어느 쪽에 있는가에 따라 내발적, 외발적 동기를 구분한다고 보면 좋을 것이다.

공부를 하는 동기도 내발적 동기와 외발적 동기로 구분할 수 있다. 공부하는 것 자체가 좋아서 공부에 몰두하는 아동들이 내발적 동기에 의해 움직인다면, 부모나 교사 때문에 또는 공부를 해서 얻게 되는 다른 결과 때문에 공부를 하는 아동들은 외발적 동기에 의해 움직인다고 말할 수 있다. 공부 자체가 목적이냐 아니면 다른 것을 얻기 위한 수단이냐에 따라 내발적·외발적 동기가 갈라지는 것이다. 아동이 내발적 동기로 인해 공부를 열심히 한다면 염려할 일이 없다. 앞에서도 말한 것처럼 문제는 공부에 관심이 없는 아이들이다. 공부에 대한 내발적 동기가 없는 이들에게 공부에 대한 관심을 일으키려면 외발적 동기를 자극하는 일이 필요하다. 그리하여 공부에 대한 태도가 외발적 동기에서 점차 내발적 동기로 바뀔 수 있도록 또는 내발적 동기와 외발적 동기가 결합할 수 있도록 도움을 주어야 한다.

정종진(1996)은 학습과 동기를 '학습자의 동기적 요인'과 '교실수업과 동기'로 나누어 살피고 있는데, 학습자의 동기적 요인에서는 동기의 본질과 의미를, 교실수업과 동기에서는 교실 사태에서 적용할 수 있는 다양한 동기유발 전략을 다루고 있다. 학습자의 동기적 요인 중에서 눈여겨볼 부분은 학습동기를 각성시키는 방법에 관한 내용이다. 첫 번째 방법은 학생의 흥미와 호기심을 자극하는 전략이다. 흥미와 호기심을 자극하려면 학생의 인지능력에 맞는 과제를 제시해야 하며 역할놀이, 시뮬레이션 게임 등 학습과제 수행에 대한 매력을 높이는 다양한 활동을 활용하는 것이 좋다. 두 번째 방법은 교사 자신을 하나의 자극체로 제시하는 전략이다. 교사가 학생들이 전혀 기대하지 않았던 수업활동을 한다든가, 음성의 강도·억양·고조 등을 변화시킨다든가, 혹은 학습내용을 학생들에게 전달할 때 사용하는 의사소통의 방법을 변화시킴으로써 각성과 주의 수준을 높이는 것이다. 수업에 대한 교사의 열정 자체가 학생들에게 학습동기를 불러일으키는 주요한 원인이 될 수 있다.

세 번째 방법은 모순·대비효과·부조화를 활용하는 전략이다. 학생들이 가지고 있는 기존 인지구조와 새로운 정보 간에 모순이 있거나 혹은 기존 인지구조에 비추어 새로운 정보를 예측할 수 없을 때 일반적으로 각성과 주의집중 수준이 높아진다. 따라서 학생들의 현재 인지구조에 혼란을 일으키거나 모순적일 수 있는 학습과제를 제시함으로써 호기심을 자극하고 학습동기를 일으키는 일이 충분히 가능하다. 네 번째 방법은 수업을 하면서 학생들에게 질문을 던지는 전략이다. 질문은 학생들의 주의를 환기시키고 각성 수준을 높이는 역할을 한다. 교사의 질문에 제대로 답변하지 못하면 친구들 앞에서 망신을 당한다고 느끼거나 또는 선생님에게 인정받지 못한다고 생각하기 때문에 학생들은 자연스럽게 교사의 수업에 정신을 집중하게 된다.

　교실수업 중에서 눈여겨볼 부분은 교실구조와 동기, 교사의 자기충족적 예언, 수업에서의 동기유발 전략이다. 교실구조와 동기에서는 학급의 평가 풍토와 협동 또는 경쟁을 강조하는 사회적 구조에 대하여 다루고 있다. 시험을 포함한 각종 평가방법은 학생들의 학습의욕에 커다란 영향을 줄 수 있다. 평가의 결과에 뒤따르는 보상이 클수록 더욱 그렇다. 교사는 아동들을 평가함에 있어 가능하면 객관적 정당성이 충분한 준거를 사용하도록 하고, 정답을 가려 성적을 내는 데서 그치지 말고 학생들에 대한 개인적 관심을 보여 줄 필요가 있다. 그리하여 평가가 점수 내기 위한 방편이 아니라 학습동기를 유발하는 유용한 수단으로 활용되는 것이 바람직하다. 흔히 교실에서 이루어지는 학습전략을 협동학습전략, 경쟁학습전략, 개별학습전략으로 나눈다. 협동학습전략은 공통의 목표를 향하여 학급 동료들이 상호 협력하는 형태의 학습전략을, 경쟁학습전략은 학급 동료들이 성취한 목표달성 수준 간에 상호 부적인 상관을 이루는 형태의 학습전략을, 개별학습전략은 동료들의 목표달성 수준과 아무런 상관을 맺지 않는 형태의 학습전략을 말한다. 여러 연구 결과에 의하면 과제가 복잡한 학습과 문제해결 능력이 요구될 때, 협동은 경쟁보다 유리한 학습전략이라고 한다. 아울러 협동학습은 제삼자의 관점에서 세계를 보는 능력을 증진시키며, 학교와 교실에서 서로 다른 인종 집단 간에 좋은 관계, 자기존중의 증대 및 장애 학생과 성적부진 학생들에 대한 보다 큰 수용이라는 결과를 가져다 주는 것으로 밝혀졌다.

교사의 자기충족적 예언, 즉 자성예언은 예언이 원인이 되어 실제로 그 예언이 일어나게 되는 것 혹은 기대가 현실로 실현되는 현상을 말한다. 자성예언에 대한 일련의 실험연구들은 학생의 성취에 대한 교사의 기대와 예언이 학생들의 자아개념, 성취동기, 포부수준 등에 상당한 영향을 끼치고 있음을 보고하고 있다. 학생의 성취에 대해 긍정적인 기대를 할 경우 실제 학생들의 성취도가 올라가는 반면 부정적인 기대를 할 때에는 성취도가 떨어진다는 것이다. 학생에 대한 기대가 교사의 태도와 행동에 영향을 주고 결국은 학생의 성취도에도 차이를 가져온다. 따라서 교사는 아동들의 학습동기와 관련하여 자신이 아동들에게 어떤 기대를 하고 어떤 행동을 하고 있는지 잘 살필 필요가 있다. 정종진은 교사의 부정적인 예언 효과로 기대유지효과가 있음을 지적하고 교사 기대의 부정적 영향을 피하기 위한 지도원리를 다음과 같이 제시하고 있다. 첫째, 검사, 누가기록물 등 매우 주의 깊은 동료 교사들로부터 정보를 최대한 활용하라. 둘째, 집단 편성을 할 때 융통성을 가져라. 셋째, 모든 학생들이 도전감을 갖도록 해 주어라. 넷째, 토론 수업을 전개하는 동안에 낮은 성취를 보이는 학생들에 대해 교사 자신이 어떤 반응방식을 사용하고 있는지 특히 유념하라. 다섯째, 학생들 배경에 맞는 자료를 사용하라. 여섯째, 평가와 훈육방법을 공정하게 하라. 일곱째, 모든 학생들에게 교사 자신이 '너는 학습할 수 있다.' 고 여기고 있음을 전달하라. 여덟째, 모든 학생들이 학급과제에 참여하고 동일한 특권을 갖도록 하라. 아홉째, 여러분의 비언어적 행동을 점검하라(정종진, 1996: 171-172).

수업에서의 동기유발을 위한 전략은 수업 전, 수업 중, 수업 후의 활동으로 나누어 볼 수 있다. 수업활동 전의 동기유발 방법으로는, 첫째 학습의 목표를 명확히 제시하고 목표를 분명히 이해하도록 돕는 일, 둘째 학습의 목표를 개인적 욕구와 결부시킴으로써 관심과 흥미를 갖게 하는 일, 셋째 교사가 학습에 대해 적정 수준의 기대감을 갖고 이를 학생들에게 전달하는 일, 넷째 교과목이나 학습과제에 긍정적인 태도를 가질 수 있도록 지도하는 일, 다섯째 학습하기에 적절한 환경을 만들어 주는 일 등이 포함된다. 수업활동 중의 동기유발 방법에는, 첫째 수업을 할 때 흥미로운 질문을 던져 호기심을 자극하는 한편 적절한 힌트를 주어 학생들 스스로 문제를 해결했다는 성취감을 자주 느끼게 해 주어 학생들의 직접적 참여를 유도하는 일, 둘째 학생들에게 성취의 기회를 자주 부여하고 바람직한 반응에는 즉시 강화를 해 주는 일, 셋째 학습 진전 정도를 수시로 알려 주는 일, 넷째 동료들 간에 협동적 분위기를 조성하는 일, 경우에 따라서 경쟁심을 유발하는 일, 다섯째 과제나 문제해결에 다양한 방법을 동원하고 이를 기억하도록 하기 위한 다양한 통로를 마련해 줌으로써 학습자가 감탄하며 흥미를 느끼도록 해 주는 일 등이 포함된다. 수업활동 후의 동기유발에는, 첫째 학습 결과에 대해 긍정적인 평가를 해 주고 미흡한 점에 대해 언급해 주는 일, 둘째 학습 결과에 대하여 반드시 그 정보를 알려 주는 일, 셋째 총평을 하는 경우 학생이 잘했다는 점을 밝혀 학생의 능력과 노력을 인정해 주는 일 등을 포함하고 있다.

학부모 또는 일반 대중들을 상대로 펴낸 공부 관련 서적에는 학습동기 유발에 관한 내용이 그다지 많이 언급되고 있지 않다. 앞으로 이 부분에 대한 연구와 관심이 더 필요하다고 여겨진다. Steiner(안미란 역, 2004)는 공부할 주제에 관심과 흥미를 불러일으키는 일이 매우 중요함을 지적하고 흥미를 불러일으키는 방법으로 일화, 이야기, 전기, 영화를 접해 보는 일, 흥미를 일으키는 현상을 연구해 보는 일, 통계와 수치로 표현해 보는 일, 정의와 공식으로 표현해 보는 일, 개관과 요약을 참고해 보는 일, 전문가와 대화하는 일 등을 추천하고 있다. 송숙희ㆍ김숙희(2003)는 초등학생의 학습동기를 유발하는 일곱 가지 방법을 제시하고 있다. 첫째, 좋아하는 과목과 잘하는 과목을 통해 먼저 성취감을 느끼게 해 준다. 둘째, 아이 수준에 맞는 문제를 풀게 한다. 셋째, 아이가 해낼 수 있는 현실적인 목표를 세운다. 넷째, 빈정대거나 비꼬지 않는다. 다섯째, 잘했을 때에는 칭찬과 함께 상을 준다. 여섯째, 학원이든 학습지든 아이 스스로 선택할 기회를 준다. 일곱째, 장래에 갖고 싶은 직업이 무엇인지, 그 직업을 갖기 위해서 무엇을 어떻게 해야 하는지 알아보게 하여 공부를 왜 해야 하는지 스스로 느끼게 만든다.

기초학력

초등학생들에게 기초학력을 다듬어 주는 일은 매우 중요하다. 소위 3R이라고 알려진 읽기, 쓰기, 셈하기는 다른 모든 학업의 기초가 될 뿐 아니라 사회생활의 밑바탕이 되는 지식이기 때문이다. 따라서 초등학교에서는 아동들의 기초학력을 튼튼하게 다지는 데 상당한 공력을 쏟아야 한다. 한글을 깨치고 기본 셈법을 익히는 것에서 시작하여 어휘력, 독해력, 계산력을 증진시키고 맞춤법과 문법에 맞는 글을 쓸 수 있도록 많은 시간과 노력을 투자해야 한다. 최근 초등학교에 입학하기 전부터 한글을 깨치고 기본 셈법을 잘하는 아동들이 늘고 있지만 모든 아동이 그렇지는 않다. 따라서 1학년을 담당하는 초등교사는 3R의 첫걸음을 익히는 단계부터 차분하게 교육과정을 시작해야 한다. 혹 정규 교육과정 시간의 가르침만으로 부족한 아동이 있으면 방과 후 수업이나 공부 친구를 붙이는 비상수단을 동원해서라도 기초학력을 바로잡아 주어야 한다. 초등학교 저학년 때 학습 결손이 일어나 기초학력이 떨어지면 나중에 복구하기가 여간 어렵지 않다. 사정이 이렇기 때문에 지능에 특별한 문제가 없는데 기초학력이 떨어지는 아동이 있으면 담임교사는 가능한 모든 방법을 동원하여 이들을 도와야 한다.

송숙희 · 김숙희(2003)는 초등학생이 자동화해야 할 기초적인 학습기능이 있다고 지적하고 있다. 세 손가락을 모아 올바르게 연필 잡기, 맞춤법과 띄어쓰기 정확하게 익히기, 수 개념 이해하기, 구구단 완벽하게 외우기, 독해력과 어휘력 기르기 등이 이 기초 학습기능에 속한다. 특별한 노력 없이도 이 기능들이 술술 흘러나와야 다음 단계의 학습을 수월하게 소화해 낼 수 있다고 한다. 성기선(2004)은 초등학생들의 기초 학습기능을 키워 주는 가게야마 히데오 교장의 교육방법을 소개하고 있다. 가게야마 히데오 교장이 근무하는 학교에서는 매 수업시간 전 15분 동안 학생들의 집중력을 높이기 위해 '100문제 계산법' '고전 낭독' '사전 찾기 게임' 과 같은 프로그램을 운영하고 있다. '100문제 계산법' 은 가로세로 10칸씩 숫자를 기입하여 덧셈, 뺄셈, 곱셈, 나눗셈을 하는 프로그램이다. 초시계로 선생님이 시간을 측정하면 학생들은 자기의 이름, 날짜와 소요시간을 적어 매일의 변화를 체크한다. 매일 수업 시작 전에 실시하는 이 프로그램은 숫자 계산을 빠르고 정확하게 해내도록 할 뿐 아니라 수업에 대한 집중력을 높여 준다. 이렇게 반복학습을 통해 공부 습관을 기름으로써 학습의 기초를 튼튼히 하고 공부에 대해 자신감을 갖게 한다. '고전 낭독' 프로그램에서는 아동들로 하여금 난해한 고전문장을 낭독하게 한다. 아침에 학생들은 자리에서 일어나 정해진 문장을 큰 목소리로 매우 빨리 읽는다. 이 방법은 글자에 대한 두려움을 없앨 뿐 아니라 발음을 정확하게 표현하는 훈련이 된다. '사전 찾기 게임' 은 사전을 빨리 찾아 읽는 게임이다. 교사가 주제어를 내주면 학생들은 재빨리 책상 위에 놓여 있는 사전을 뒤적여 단어의 의미를 찾아내고 자리에서 일어나 큰 소리로 읽는다. 교실은 순식간에 사전 읽는 소리로 소란해지는데 마지막 학생까지 일어나 읽고 나면 학생들은 자신이 읽은 곳에 책갈피를 끼우고 '사전 찾기 게임' 은 끝난다. 사전 찾기를 통해 얻어진 풍부한 어휘력은 독서능력 개발에 중요한 밑거름이 된다.

학습불안

학습불안이 아동들의 학업성취도에 상당한 영향을 미칠 수 있음에도 불구하고 이에 대한 관심은 미미한 편이다. 실제 대중들을 상대로 펴낸 공부 관련 서적들 중에서 학습불안을 다루고 있는 서적은 거의 없고 전문 서적의 경우 시험불안을 다루고 있는 것이 고작이다. 이 절에서는 시험불안과 학습불안을 유발하는 요인을 간단히 정리해 본다.

첫째, 학업에 대한 주변 사람들의 압력이 감당하기 어려울 정도로 클 때 학습불안이 발생할 수 있다. 자신은 최선을 다해 공부를 하지만 그 결과가 부모님이나 교사의 기대를 만족시키지 못할 때 아동은 좌절감과 더불어 학습불안을 느낄 수 있다. 자기가 아무리 열심히 공부를 해도 극복할 수 없는 한계가 있다는 사실에 부딪치는 데다 주변 사람들의 곱지 않은 시선이 더해져서 공부 자체를 싫어하게 되는 현상이다. 이런 현상은 일찍 재능을 꽃피우다가 일찍 지고 마는 소위 초발자(early bloomer)들에게서 흔히 나타난다. 교육에 열정적인 부모님을 만나 아주 어릴 때부터 공부를 시작하는 이들은 처음에는 신동 내지는 영재라는 소리를 들을 정도로 뛰어난 성취를 보인다. 그러다가 초등학교 고학년으로 올라가면서 서서히 성적이 떨어지기 시작한다. 남보다 빠른 선행학습을 하여 누리던 거품이 걷히면서 학업성적이 떨어지기 시작하는데 이런 결과를 부모들은 쉽게 받아들이려 하지 않는다. 오히려 어릴 때는 잘하더니 크면서 공부를 열심히 하지 않는다고 타박하고 야단을 치게 된다. 이렇게 되면 당사자인 아동은 걷잡을 수 없이 혼란스러워진다. 자신은 그 전보다 더 열심히 더 많은 시간을 들여 공부하는데 성적은 오히려 나쁘게 나오는 상황에서 아동은 혼란에 빠진다. 이 지경에 이르면 아동은 자아개념에 혼란이 올 만큼 갈팡질팡하게 되고 공부는커녕 사는 것 자체를 큰 짐으로 여기게 된다. 공부가 근심과 걱정 덩어리로 변한 것이다. 이따금 신문에 보도되는 성적 때문에 자살한 학생들은 이 부류에 속할 가능성이 매우 높다. 아동의 능력에 비해 지나치게 높은 성취 기대가 초래할 수 있는 비극적인 결과다. 이런 점에서 조기교육의 열풍도 새롭게 검토될 필요가 있다.

둘째, 비인간적인 학습환경과 경쟁 체제에서 오는 학습불안이다. 몇 년 전한 연구는 우리나라 고 3 학생들의 1/3 정도가 당장 치료를 받아야 할 정도로 불안과 우울증에 시달린다는 보고를 한 적이 있다. 아침부터 새벽까지 이어지는 공부, 장기간 펼쳐지는 친구들과의 성적 경쟁 등 비인간적인 학습환경이 학생들에게 심리적 압박과 부담감을 주어 불안과 우울증에 사로잡히게 한다. 공부와 휴식이 적절한 조화를 이루어야 심신이 안정을 찾을 수 있는데 오로지 공부에만 매달리다 보니 생활의 균형이 깨지고 어딘가로 도망가고 싶은 심정이 된다. 이따금 놀고 싶어도 공부에 열중할 다른 아이들 생각을 하니 불안해서 편히 놀지도 못하고, 떼를 쓰고 싶어도 모두가 그렇게 하고 있으니 말도 꺼내지 못하는 일종의 딜레마 상황인 것이다. 이 딜레마 상황은 비단 고등학생들에게만 한정되어 있지 않다. 교육전쟁에 내몰리고 있는 초등학생들도 비슷한 상황이다. 학교 공부가 끝나면 공부가 끝나는 게 아니라 방과 후 특기·적성 교육이나 학원에 가서 또 다른 교육을 받는다. 심한 경우는 학원을 다섯 개 이상 다니는 아동들도 있다. 물론 학원에서 공부만 하는 것은 아니지만 쉴 틈 없이 이것저것을 해야 하는 아동들에게서 생활의 여유를 찾기란 쉽지 않다. 조기교육이라는 그럴듯한 말로 포장된 이 비인간적인 학습환경은 오히려 아동들로 하여금 학습에서 멀어지게 하는 역기능을 일으킨다. 부모와 교사가 공부를 하라니까, 모든 아이들이 그렇게 공부를 하니까 무기력하게 따라서 공부를 하다가 대학생이 되고, 공부에 대한 압박이 없어지는 이날로부터 공부와 작별을 고하는 우리의 풍토가 이와 무관하지 않을 것이다.

셋째, 교사의 수업 방식에서 오는 불안이다. 수업을 할 때 어느 정도 긴장도를 유지하는 일은 수업 효과를 높이기 위해서 필요하다. 학생들이 긴장해서 주의를 집중해야 학습내용을 소화할 수 있기 때문이다. 그러나 이 긴장 수준이 너무 높으면 불안해서 공부에 집중하기가 어려워진다. 질문 중심 수업은 학생을 긴장시키는 수업 방식의 하나다. 수업을 전개하는 동안 필요한 부분에서 적절한 질문을 던지고 학생들의 주의를 환기시키는 방법은 수업에 대한 긴장도를 유지하는 데 효과가 있다. 하지만 수업 전체를 질문 중심으로 전개하면서 제대로 대답하지 못한 학생들을 벌하고 이 결과를 성적 평가에 반영하면 수업에 임하는 학생들의 불안 수준이 매우 높아져 오히려 역효과를 가져온다. 학습 과제의 완벽한 이해를 목표로 정해 놓고 학생들의 실수를 용납하지 않는 수업, 경쟁을 부추기며 그 결과에 집착하게 하는 수업 역시 아동들을 지나치게 긴장시킬 수 있다.

넷째, 시험불안이다. 평소 공부를 열심히 잘하고 연습 삼아 보는 시험에서는 성적이 잘 나오는데 막상 본시험을 잘 치르지 못해 고민하는 학생들도 많다. 이들 중 상당수가 시험불안으로 고통을 받는다. 시험 치르는 장면을 생각만 해도 불안하고 실제 시험을 치를 때에는 불안이 심해져서 공황반응까지 나타난다면 시험불안으로 진단할 수 있다. 시험불안에는 걱정으로 표현되는 인지요인과 생리적 반응으로 표현되는 정서요인이 포함된다. 걱정에는 성취에 대한 지나친 관심, 실패 가능성에 대한 집착, 부정적인 자기평가, 주변 사람들과의 관계에 대한 염려 등이 포함된다. 걱정 수준이 높은 학생은 자신의 유능감에 대해 확신하지 못하고, 다른 아이들과 상대적인 비교를 많이 하며, 자신이 실패한 결과에 대하여 예민하게 지각한다. 생리적 반응은 시험 상황과 관련하여 일어나는 자율신경계통의 반응을 말하는데, 너무 긴장하여 기억력이 감소하거나 심장 박동이 빨라지거나 소화 장애가 나타나거나 불안과 초조함이 느껴지거나 금방 죽을 것 같은 공황상태에 빠지는 등 신체적인 반응들이 포함된다.

시험불안을 감소시키기 위하여 여러 가지 전략이 개발되어 있다. 그중에서 Wolpe(1958)의 체계적 둔감법, Ellis(1962)의 합·정·행치료 그리고 Beck과 Emery(1985)의 인지행동치료가 많이 활용된다.

학습환경

'맹모삼천지교'가 말해 주듯 학습환경 역시 공부에 영향을 주는 중요한 요인이다. 학습환경이 열악한 상태에서도 공부를 잘하는 아이가 없는 것은 아니지만 학습환경이 좋다면 그만큼 더 좋은 결과를 얻을 수 있다. 학습환경은 물리적 환경, 심리적 환경, 사회문화적 환경 등으로 구분할 수 있다. 물리적 환경은 학습이 이루어지는 장소의 물리적 여건과 시간적 여건을 말한다. 공부에 집중할 수 있는 공부방이 있는지, 공부방의 규모가 충분히 큰지, 주변이 조용한지, 조명이 적합한지, 통풍이 잘되는지, 공부할 자료와 참고서가 충분한지, 공부할 시간이 충분히 확보되는지 등 공부를 할 수 있는 제반 환경 여건들이 이에 속한다.

심리적 환경은 공부하려는 마음이 들게 도와주는 주변의 심리적 지원 환경을 말한다. 이는 앞에서 언급한 학습동기를 일으키는 방법과 상당 부분 중복된다. 심리적 지원 환경의 하나로 특히 추천할 만한 방법은 부모 또는 교사가 솔선수범하여 모범을 보이는 일이다. 자녀들에게 공부하라는 말을 반복하기보다 부모가 직접 책을 읽고 공부하는 본을 보이면 가정에 공부하는 분위기가 자연스럽게 형성된다. 학교에서도 책을 많이 읽으라는 당부보다 짬짬이 시간을 내어 책을 읽는 교사의 모습이 아동들에게 보다 큰 영향을 미친다. 사실 아이들 입장에서 보면 자기들은 공부를 전혀 하지 않으면서 자녀들에게만 공부하라고 강요하는 부모의 모습이 잘 이해되지 않는다. 따라서 부모가 솔선해서 공부하고 노력하는 모습은 부모 자신의 성장을 위해서 그리고 자녀에게 바람직한 학습환경을 만들어 준다는 의미에서 매우 중요하다. 교사나 교수 자녀들 중에서 공부를 잘하는 학생들이 많다는 사실을 한 번 생각해 볼 일이다. 가정을 화목하게 유지하는 일 역시 아동들이 공부에 전념할 수 있는 심리적 환경을 만들어 주는 데 절대적이다. 부모의 이혼이나 잦은 부부 싸움은 아동들에게서 공부할 수 있는 마음의 여유를 빼앗아 버린다. 학습 결손이 심한 아동들의 상당수가 결손 가정 출신이라는 점은 주목할 일이다.

사회문화적 환경은 공부를 중시하는 사회적인 풍토와 여건을 말한다. 작게는 가정에서부터 크게는 국가에 이르기까지 공부에 대하여 가지는 태도와 가치가 학생들에게 커다란 영향을 미친다. 공부하는 행동을 바람직하게 평가하는 사회에서 학생들은 자연스럽게 공부에 열중할 수 있다. 우리 사회는 공부에 대하여 지나치게 높은 가치를 두고 있다. 세계에 널리 알려진 우리의 교육열이 이를 잘 말해 준다. 학창 시절의 공부가 인생의 진로와 삶의 질을 결정하는 마당에 공부를 소홀히 할 수는 없는 일이다. 그리하여 국가는 정책적으로 공부하는 일을 장려하고 학부모는 엄청난 사교육비를 들여 가며 아이들을 공부시킨다. 학생의 본분은 공부하는 일로 명확하게 규정되어 있고, 공부하는 행동은 모든 일로부터 학생을 자유롭게 할 만큼 특권을 인정받는다. 학생은 공부만 잘하면 그만이다. 그야말로 공부 왕국이다. 이와 같은 상황에서 문제는 공부를 잘하지 못할 때 발생한다. 워낙 공부를 못하거나 원하는 만큼 성적이 나오지 않을 때 학생들은 좌절하고 절망한다. 성적이 떨어진 것을 비관하여 자살하는 학생 숫자가 늘어나는 추세가 우리의 현실이다. 공부하는 행동을 바람직하게 여기되 공부가 모든 것이 아니라는 인식을 확산시키고, 공부 이외에 학생을 평가하는 다양한 잣대를 활용하는 풍토를 조성하며, 학창 시절의 공부를 인생의 성공과 실패로 동일시하는 사회 통념을 불식시키는 꾸준한 노력을 통해 공부에 대해 보다 유연하고 바람직한 사회문화적 환경을 만들 필요가 있다.

공부요령

공부요령은 넓게 보아 학습전략에 포함시킬 수 있다. 다만 학습전략이 비교적 체계화된 공부기술이라면 공부요령은 공부에 대한 짧은 통찰 내지는 충고라고 말할 수 있다. 공부요령은 대부분 공부를 해 본 사람(先學)이 자신의 경험으로 체득한 바를 짧게 압축해서 공부하는 사람(後學)에게 전해 주는 내용으로 구성된다. 따라서 이따금 서로 모순되거나 충돌하는 공부요령들도 있다. 여기서는 시중에 출판된 서적들에 언급되어 있는 공부요령에 대해 학습태도 및 습관과 구체적 공부기술로 나누어 싣도록 한다.

학습태도와 습관

- 시간을 잘 경영하라.
- 목표는 항상 높게 잡아라.
- 확실한 목표를 세우고 정복하라.
- 수학도 끈질기게 공부하여 공략하라.
- 생활 속에서 공부를 우선순위에 두어라.
- 일상적인 것에 반대하라.
- 여행을 하라.
- 남들이 다 하는 것을 따라하지 마라.
- 생각하는 습관을 키우라.
- 긍정적인 사고방식을 가져라.
- 할 수 있다는 자신감을 가져라.
- 공부의 즐거움에 빠져라.
- 선생님을 좋아하라.
- 운동을 하라.
- 놀 때 확실히 놀아라.
- 쉴 때 확실히 쉬어라.
- 수업시간에 집중하라.
- 취미 생활을 가져라.
- 결심한 것을 큰 소리로 알려라.
- 경쟁자를 파트너로 만들어라.

구체적인 공부기술

- 노트 정리를 잘하라.

- 복습은 가능한 한 빨리하라.

- 안되는 공부를 집중 공략하라.

- 외국어를 유창하게 하려면 결정적 시기에 배워라.

- 연관성 기억법을 사용하라.

- 숫자의 냄새를 맡아라.

- 잠자기 직전에 공부하라.

- 이해하며 암기하라.

- 텔레비전, 컴퓨터, 휴대전화를 켜지 마라.

- 오늘 공부를 절대로 미루지 마라.

- 요점을 정리하고 반복해서 공부하라.

- 삼위일체 학습법, 즉 눈으로 보고 입으로 읽고 귀로 들으며 공부하라.

- 집중력을 방해하는 요소들을 제거하라.

- 지식 일기를 쓰라.

- 자투리 시간을 잘 활용하라.

- 낱말 뜻을 분해해서 공부하라.

- 인터넷을 활용하라.

- 구체적인 질문을 통해 예습과 복습을 하라.

- 선행학습보다 심화학습이 더 중요하다.

- 학습지를 활용하라.

- 밥, 특히 아침밥을 거르지 말고 먹어라.

- 싫어하는 과목부터 공부하라.

- 시험에 틀린 문제를 완전 정복하라.

- 상상의 위력을 활용하라.

- 수학은 암기하고 역사는 이해하라.
- 자기암시를 이용하라.
- 공부를 게임처럼 하라.
- 공부를 잘되게 하는 음악을 들어라.
- 취약한 과목을 오래 붙들고 있지 마라.
- 여러 번 읽지 말고 한 번만 읽어라.
- 잠자는 시간을 늘려라.
- 공부할 내용을 줄여라.
- 자기만의 전략을 세워 공부하라.
- 잊어버릴 것은 과감하게 잊어버려라.

학습보조수단

학습을 하는 데 도움이 될 수 있다고 여겨지는 검증되지 않은 잡다한 방법들을 학습보조수단이라고 말할 수 있다. 흔히 언급되는 학습보조수단에 영양섭취와 학습기계가 있다. 학습에 도움이 되는 영양섭취에 관한 정보는 바람직한 식생활 습관과 식품군에 대한 부류로 나눌 수 있다. 배가 부르면 머리 회전도 느려지므로 조금 부족하게 먹는다, 오랫동안 씹어 먹으면 치아 활동이 뇌에 좋은 영향을 미쳐 지능이 좋아진다, 뇌가 제 기능을 발휘하기 위해서는 많은 영양이 필요하므로 아침 식사는 꼭 해야 한다, 칼로리는 높고 영양가는 낮은 인스턴트 음식은 피해야 한다, 육류보다는 생선을 많이 먹고 요리할 때 소금보다 식초를 많이 넣는다 등의 정보가 바람직한 식생활 습관에 관한 것이라면 기억력을 좋게 하는 식품(두부, 된장, 청국장, 호두, 잣), 뇌에 활력을 주는 지방 식품(깨, 정어리, 호두, 콩), 두뇌 회전을 빠르게 해 주는 단백질 식품(우유, 두유, 김, 다시마, 미역, 생선, 조개류), 뇌의 에너지원이 되는 당질 식품(쌀, 보리, 감자, 고구마, 메밀), 생각하는 힘을 키워 주는 비타민 B식품(효소,

소맥배아, 녹황색 채소, 뱀장어, 멸치, 정어리, 콩), 스트레스를 잘 받지 않게 해 주는 비타민 식품(토마토, 당근, 귤, 오렌지, 레몬, 녹황색 채소, 김, 고구마), 공부가 잘되게 해 주는 비타민 E 식품(현미, 깨, 녹황색 채소, 소맥배아) 등의 정보는 식품군에 대한 것이다(김동환, 2004). 때로는 마음을 가라앉히고 정신을 맑게 하는 총명탕이라는 한약이 추천되기도 한다. 그러나 식생활 습관과 추천되는 식품군이 공부를 하는 데 어떻게 얼마나 도움이 되는지 정확하게 설명한 자료는 찾기 힘들다.

뇌파를 활용하는 학습기계 역시 보조수단으로 활용된다. 뇌파는 사람의 뇌 속에 있는 신경세포가 활동을 할 때 보이는 정기적인 변화를 측정해서 기록해 놓은 것이다. 보통 뇌파는 0.5~30Hz의 주파수를 갖는데, 주파수의 높고 낮음에 따라 알파파(α), 베타파(β), 세타파(θ), 감마파(γ), 델타파(δ) 등으로 나누어진다. 뇌파 학습기는 뇌파 조절기를 이용하여 적당한 뇌파를 이끌어 주는 기계다. 뇌파 학습기는 깜빡거리는 빛과 소리를 이용해서 특정 뇌파를 이끌어 내는데 먼저 앞이 보이지 않는 안경으로 특정 주파수가 나오는 빛을 깜빡거려 줘서 눈을 자극하고, 헤드폰으로는 윙윙거리는 소리로 귀를 자극한다. 그리고 빛과 소리 자극의 강도에 따라 필요한 뇌파를 이끌어 낸다. 뇌파 학습기는 먼저 세타파를 이끌어 내어 몸과 마음의 안정을 찾아 준 다음, 집중력을 길러 주는 알파파를 이끌어 내서 공부가 잘되게 해 주는 프로그램으로 구성되어 있다. 잠을 잘 때는 알파파에서 세타파로 유도하는 프로그램을 사용하여 짧은 시간 동안 깊은 잠을 자게 유도한다. 하지만 아직까지 뇌파 학습기를 사용해서 학습효과가 높아졌다는 결과가 공식적으로 확인되지는 않고 있다. 현재로서는 뇌파 학습기가 집중력을 다소 높여 줌으로써 공부를 잘할 수 있는 환경을 제공한다고 보는 편이다(인터넷, http://www.nspider.co.kr/treasure/child-science11.html).

교사가 주도하는 학업상담

지금까지 학업 또는 학습을 돕기 위한 일반적인 방법들에 대하여 살펴보았다. 이제 초등학교 학급에서 교사가 시행할 수 있는 학업상담의 내용을 검토해 보자. 앞에서 말한 내용과 중복되는 부분이 많겠지만 교실 상황에 초점을 두고 진술한다는 점에서 나름대로 의미가 있다.

교사의 마음가짐

공부는 아동의 생활에 다른 무엇보다도 중요한 의미를 가진다고 앞에서 말한 바 있다. 그렇다면 교사는 아동들이 공부를 잘할 수 있도록 여러 가지 도움을 주어야 한다. 수업시간에 아동이 이해하기 쉽도록 교과의 내용을 지도해야 할 뿐 아니라 학습과 관련된 다양한 자원을 제공해야 한다.

흔히 학급에서 교사가 수행하는 역할을 교과지도와 생활지도로 나누고 수업과 생활지도를 분리시키려는 경향이 있는데 이는 분명히 잘못된 발상이다. 아동의 생활 중에서 가장 중요한 것이 학습이라면 아동이 공부를 잘할 수 있도록 돕는 일은 교사의 교과지도와 생활지도 양면에 걸쳐 모두 중요하다. 다시 말하면 교사의 수업지도와 생활지도는 분리된 것이 아니며 교사의 수업 활동에 생활지도의 원리가 스며들어야 한다. 학업상담은 바로 이 부분에 대한 지식을 제공한다. 우리는 주변에서 선생님이 좋아서 공부를 좋아하게 되었다거나, 가르치는 선생님이 싫으니까 그 과목도 싫어하게 되더라는 말을 자주 듣는다. 그러니까 수업의 효과는 그 수업에서 다루는 지식 내용의 기능적 전달에도 달려 있지만 수업을 담당하는 교사의 품성, 교사가 학생들을 대하는 태도와 자세, 교사가 만들어 가는 수업 분위기에도 달려 있다. 학업상담을 단순히 교과에서 다루는 지식 차원에 한정할 수 없는 이유가 여기에 있다. 따라서 교사는 의식적으로 수업지도와 생활지도를 아우르려는 노력을 게을리하지 말아야 한다.

교사는 초등학교 때 학습기반이 아동의 일생을 결정할 수 있다는 점을 염두에 두고 아동들 하나하나의 학습력 신장에 최선을 다해야 한다. 특히 학습결손이 심하여 수업을 제대로 따라가지 못하는 아동들에 대한 세심한 배려가 필요하다. 대학원에 다니는 초등학교 선생님들의 상담 사례를 슈퍼비전하다 보면 수년간 학습결손이 누적되어 온 아이들을 상담 사례로 정하는 경우가 많다. 이 아동들을 상담하면서 교사 스스로 부끄러워할 때가 많은데 그 이유는 상담 슈퍼비전을 받는 과제가 없었다면 상담 대상이 된 아동에게 특별한 관심을 보이지 않았을 것이며 아동의 학습결손을 그대로 방치했을 가능성이 크기 때문이었다. 이런 아동들이 고학년에서 발견되는 경우 사실상 이들은 초등학교에 입학하고 난 후 수년 동안 여러 교사의 관심 밖에서 방치되어 왔다고 해도 과언이 아니다. 물론 잡무가 많고 아동과 개별 상담할 시간이 부족한 우리네 학급 현실에 핑계거리는 수없이 많다. 그러나 학습능력이 충분한 아동이 교사의 주목을 받지 못하고 학교에서 학습결손을 쌓아 가고 있는 현실은 무언가 크게 잘못되었음이 분명하다. 그리고 그 잘못 가운데 교사가 가장 큰 변수 중 하나라는 점도 의심할 여지가 없다. 학력 중심 사회에서 아동의 학습기반을 다지고 학습력을 신장시키는 일은 교사가 소홀히 해서는 안 될 의무다. 따라서 교사는 아동들, 특히 학습결손이 심한 아동들을 진단하고 이들의 기초 학력을 키워 주기 위하여 남다른 노력을 해야 한다. 교사의 이런 노력은 아동 개인이 살아가는 삶에 변화를 주고 길게는 건강한 사회를 만드는 밑거름이 된다는 사실을 명심하도록 하자.

학습전략 가르치기

여러 가지 증거로 볼 때 지적인 능력도 상당하고 나름대로 공부를 열심히 하는데도 학업성취도가 떨어지고 학습에 부진을 보이는 아동들도 많다. 올바른 학습방법을 모르고 요령 있는 학습전략을 사용하지 않기 때문이다. 이들에게는 학업과제를 능률적으로 수행하는 데 도움이 되는 일반전략과 학습전략을 가르칠 필요가 있다. 앞에서 말한 사고 활동으로서 일반전략을 포함하여 수업 청취법, 노트 필기법, 요점 정리법, 독서법, 그래픽 자료 활용법, 사전과 참고서 활용법, 시험 치르는 법, 의견 발표법, 시간 관리법, 정신 집중법, 기억법, 시각적 심상법, 의역법, 질문 생성법, 추론법, 핵심 아이디어 발견법 등 다양한 학습전략을 직접 가르치는 것이다. 흔히 이런 학습방법은 자연히 습득된다고 생각하여 내버려 두는 경우가 많은데 의외로 많은 아동들이 이에 대해 잘 알지 못한다. 사실 방금 언급한 학습방법은 학습에 임하는 모든 아동들에게 필요한 지식이다. 학급에 있는 모든 아동이 효율적인 학습방법을 배워 학습효과를 증진시킬 수 있다면 이를 가르치지 않는 것이 오히려 이상하다. 따라서 담임교사는 보다 적극적인 자세로 학습방법, 학습전략을 아동들에게 가르쳐야 한다.

이미 국내에도 학습상담 또는 학업상담이라는 이름으로 학습방법과 학습전략을 다루는 책들이 소개되고 있다. 초등학교 상담에서는 앞으로 이 분야의 지식을 다듬어서 체계화된 지식으로 정리할 필요가 있다. 특히 초등학교 아동의 수준에 맞춘 학습방법을 개발·보급하여 아동들의 학업성취를 향상시키는 데 도움을 주어야 할 것이다.

학습방법, 학습전략은 학교의 특별 프로그램으로 운영할 수 있다. 학교에서 특별한 날을 정하여 모든 학생들이 참여할 수 있는 프로그램을 실행하는 것이다. 학교 재량시간이나 특별 활동 시간을 활용할 수도 있고 필요하다면 따로 날을 정할 수도 있다. 학교 단위의 프로그램 운영이 어렵다면 학급에서라도 교사가 자율적으로 이 전략들을 가르치는 것이 바람직하다.

학습동기 일으키기

교실에서 아동의 학습동기를 일으키는 방법에 대해서는 앞에서 비교적 상세하게 다루었다. 학급의 평가풍토와 학습전략, 교사의 자성예언, 학습동기를 유발하는 수업 방식 등이 그것이다. 여기에다 몇 가지를 덧붙여 학습동기를 일으키는 방법에 대해 생각해 보자.

첫째, 공부에 의욕이 없는 아동들이 모두 같은 아동은 아니다. 다시 말해 아동마다 공부에 의욕이 없는 이유가 다 다르다. 따라서 왜 공부에 의욕이 없는지, 왜 학습동기가 일어나지 않는지 아동 개개인의 차원에서 이해하는 작업이 필요하다. 이를 위해 개별 상담도 실시하고 필요한 몇 가지 검사를 활용할 수도 있다. 이런 과정을 거쳐 학습동기가 부족한 아동을 몇 가지 유형으로 나누고 유형별 접근 방식을 차별화해 두면 좋을 것이다. 예를 들어, 가정환경이 문제가 되는 아동군에는 가족상담을, 기초학력이 부족한 아동군에는 과외공부를, 공부의 가치와 의미를 모르는 아동군에는 진로상담을, 공부 자체에 의심과 반감을 가진 아동군에는 심리상담을, 자신감이 손상된 아동군에는 자아개념 향상 전략을, 공부를 해도 성적이 오르지 않아 실망하는 아동군에는 학습전략을, 공부에 대한 압박감과 불안수준이 높은 아동군에는 불안 감소 전략을, 공부하는 습관이 결여된 아동군에는 올바른 학습습관을, 공부에 대한 보상이 부족한 아동군에는 필요한 보상을 제공하는 식으로 접근 방식을 다양화한다.

둘째, 학습동기를 일으키는 데에 학급의 집단 역동을 활용한다. 학급에는 다양한 소집단이 있고 이들 사이에 복잡한 사회적 관계가 전개된다. 이 사회적 관계와 집단 역동을 잘 활용하여 아동들의 학습동기를 자극할 수도 있다. 예를 들어, 성적이 좋아지면 원하는 아이와 짝을 할 수 있다든지, 학급 임원

선발에 성적을 중요한 변수로 활용한다든지, 공부에 대한 열의를 평가하여 모둠장을 임명한다든지, 공부를 열심히 하는 아동에게 교사의 업무를 돕는 특별대우를 하는 방법 등을 생각할 수 있다.

셋째, 이따금 외부 집단과 경쟁하는 심리를 활용할 수도 있다. 가까이는 옆 반, 멀리는 외국의 초등학급에서 아동들이 공부하는 태도와 자세에 대한 정보를 제공하며 은근히 학습동기를 부추기는 것이다. 공부에 열중하는 옆 반, 이웃 학교의 학급, 다른 지역의 학급, 또는 세계 여러 곳 초등학생들의 공부 모습이 담긴 녹화자료를 설명과 곁들여 보여 주며 아동들의 학습 의욕을 북돋을 수 있다. 단, 경쟁심리를 활용할 때 상대 집단에 적개심을 불어넣지 않도록 조심해야 한다. 특히 경쟁 상대로 가까이 있는 반을 선택할 때는 이 점을 각별히 주의해야 한다.

학습 분위기 만들어 주기

학급의 학습 분위기는 아동들의 학습태도 및 학업성취와 밀접한 관련이 있다. 공부하는 분위기가 조성된 학급에서 아동들은 열심히 공부에 열중한다. 하지만 학급이 어수선하고 소란하면 공부할 마음이 잘 생기지 않을 뿐더러 공부를 하고 싶어도 쉽게 분위기에 휩쓸린다. 따라서 공부하는 학습 분위기를 만들어 주는 일에 교사가 적극 나서야 한다.

앞에서 교실에서 활용되는 학습전략에 협동학습전략, 경쟁학습전략, 개별학습전략이 있다고 하였다. 그리고 이 중에서 협동학습전략이 여러 가지 측면에서 유리한 점이 많다는 선행 연구들을 소개하였다. 따라서 학습과제를 제시할 때 아동들이 함께 협력해야 해결할 수 있는 협동학습전략을 가능하면 많이 활용하도록 한다. 여기에다 선의의 경쟁심을 유발하기 위하여 이따금 경쟁학습전략을 병행할 수 있다. 모둠별 또는 조별로 팀을 만들어 때로는 협동하게 하고 때로는 경쟁하게 하는 체제를 조화롭게 가동하면 학습 분위기가 살아날 것이다.

　학급 아동들의 성취 수준에 대한 교사의 자성예언 역시 학습 분위기에 중요한 영향을 미친다. 교사가 아동들의 성취에 긍정적인 기대를 하면 여러 경로를 통해 이 기대가 아동들에게 전달되어 결국 학습 분위기가 좋아질 것이다. 교사는 개별 아동에 대한 성취 기대뿐 아니라 학급 아동 전체에 대한 성취 기대를 긍정적으로 가지고 기회가 있을 때 이를 적극적으로 표현할 필요가 있다.

　수업시간에 적절한 수준의 긴장을 유지하는 것도 학습 분위기를 살리는 데 도움이 된다. 교사의 수업방식은 수업에 임하는 아동들의 긴장 수준을 조절하는 방법으로 활용될 수 있다. 대화하는 방식으로 수업을 이끌거나 수업 도중에 질문을 던져 아동들을 수업에 참여시키는 것이다. 다만 지나치게 질문을 많이 하거나 질문에 답하지 못한 학생들에 대한 처벌을 심하게 하면 오히려 아동들을 위축시키는 역효과를 가져올 수 있으므로 조심해야 한다.

　초등학교의 학급 분위기는 담임교사의 성품을 닮는다. 조용하고 차분한 담임교사의 반에 들어가면 아이들이 조용하고 차분하다는 느낌을 받는데 성품이 활달한 담임교사의 반에 들어가면 아이들이 활발하다는 느낌을 받는 경우가 많다. 그만큼 교사의 성품과 언행이 아동과 학급 분위기에 주는 영향력이 크다. 교사가 솔선수범해서 책을 읽고 연구하는 모습을 보여 주어야 할 이유가 여기에 있다. 교사가 시간을 아껴 진지하게 연구하는 모습을 보이고 학급에서 공부가 다른 무엇보다 우선하는 굉장히 소중한 활동이라는 점을 행동으로 직접 시범해 보이면 학습 분위기는 자연스럽게 갖추어진다. 다만 공부가 인생의 전부라는 식으로 매사에 공부를 앞세우는 일은 삼가는 것이 좋다.

　하루 일과를 시작하기 전 아침 시간에 짧은 명상 시간을 가질 수도 있다. 오늘 하루 학교생활을 어떻게 할지, 오늘 배울 학과목의 종류와 내용은 무엇인지, 수업시간에 어떻게 행동할지 등에 대해 차분하게 생각해 보는 시간을 가짐으로써 마음을 가라앉히고 그날의 수업을 차분하게 시작할 여유를 주는 방법이다.

학습습관 길들이기

아동들이 공부를 못하는 가장 큰 이유는 공부를 열심히 하지 않기 때문이다. 정상적인 지능을 가진 아동이 꾸준히 공부하는 습관을 들여 열심히 공부하면 성적이 나쁠 리가 없다. 문제는 꾸준히 공부하는 학습습관이 길러지지 않은 데에 있다. 공부가 재미있고 적성에 맞는다고 주장하는 아동은 아주 극소수에 불과하다. 공부를 잘하는 아동들의 상당수도 공부가 별로 재미없다고 반응한다. 따라서 공부를 잘하는 비결은 선천적으로 타고난 적성이나 취미에 있지 않다. 꾸준히 공부하는 올바른 학습습관, 이것이 바로 공부를 잘하는 유일한 비결이다. 꾸준하게 열심히 공부를 하는데도 성적이 올라가지 않는다고 호소하는 예외적인 경우도 있겠지만, 이런 경우에는 학습방법의 효율성에 문제가 있을 소지가 많다.

학급 아동들의 학습습관을 올바로 길들이기 위하여 학급에서 교사가 실행할 수 있는 방법을 몇 가지 생각해 보자. 첫째, 매일 아침에 등교하여 수업이 시작되기 전 일정한 시간을 정해 놓고 아동들이 자율학습이나 독서를 하도록 한다. 이때 교사는 다른 업무를 보지 말고 아동들의 자율학습을 돕거나 함께 독서를 한다. 둘째, 아동별로 학습과제표를 만들게 하고 과제표대로 학습을 수행하고 있는지 일주일 단위로 꾸준하게 점검한다. 학습과제표의 내용과 실행 방법을 정할 때 부모님을 참여시키면 더욱 효과가 높을 것이다. 셋째, 아동들 수준에 적합한 숙제를 내주고 내준 숙제에 대해서는 반드시 점검한다. 다소 시간이 들어도 아동 개개인의 능력에 맞는 숙제를 내주고 숙제는 반드시 자신이 해 오는 것이라는 인식이 자리 잡도록 사후 관리를 철저하게 한다. 알림장을 활용하여 숙제가 무엇인지 분명하게 기록하게 하고 학부모와 연락 체계를 갖추어서 그 이행 상태에 대한 정보를 주고받으면 더욱 좋다. 넷째, 사전을 항시 책상 옆에 두고 늘 찾아볼 수 있는 습관을 들이도록 한다. 수업시간에 모르는 단어가 나오면 반드시 사전을 찾도록 하여 사전 찾기를 몸에 익히도록 한다.

학습결손을 메우고 기초학력을 다듬어 주기

학습결손이 있는 아동들은 교실 수업을 따라가기가 매우 어렵다. 따라서 학습결손이 있는 아동들에 대해서는 정상적인 교육과정 이외에 특별한 조치를 취해야 한다. 첫째, 시간적 여유가 있으면 방과 후 교사가 직접 아동을 붙들고 가르치는 방법이 가장 좋다. 아동의 학습결손을 정확하게 진단해 내고 결손 부분을 체계적으로 보충해 주는 전문가로서 담임교사만한 사람이 없기 때문이다. 다만 학부모의 동의를 얻어 두고 다른 아동들이 편애라고 느끼지 않도록 미리 세심하게 배려하는 일이 선행되어야 한다. 둘째, 학습도우미를 붙이는 방법이다. 학급에서 남을 배려할 줄 알고 공부를 잘하는 아동을 선정하여 학습결손이 있는 아동과 짝을 지어 준다. 학습도우미가 된 친구는 학습결손 아동에게 평소 수업에 도움을 주거나 시간을 따로 내어 가르칠 수도 있다. 이 방법을 사용하는 경우 담임교사는 학습도우미 역할을 하는 아동에게 적절한 보상으로 지원할 필요가 있다. 셋째, 과외 공부를 안내해 주는 방법도 있다. 최근 대학가를 중심으로 무료 공부방을 운영하는 사례가 부쩍 늘고 있다. 한 대학의 학과에서는 전국적인 대학 네트워크를 구성하여 초·중·고등학생 무료 공부방을 운영하겠다는 구상을 하고 있다. 이들은 공부방을 개설하여 이곳에 오는 아동들을 무료로 가르치거나 아니면 대학생이 아동들 집을 직접 방문하여 무료 과외를 하는 형태의 과외공부를 구상하고 있다. 청주교육대학교에서도 대학생들이 자치조직을 구성하여 무료 과외방을 운영하고 있다. 담임교사는 이들과 연계하여 학습결손 아동에 대한 대책을 세울 수 있다.

읽기, 쓰기, 셈하기와 같은 기초학력을 탄탄히 하는 일은 모든 아동에게 중요하다. 특히 저학년에서 이 일은 매우 중요하다. 따라서 초등학교 저학년 담임교사는 아동의 기초학력을 길러 주기 위해 다양한 방법을 동원할 필요가 있다. 기초학력을 다듬는 방법 중에 앞에서 소개한 가게야마 히데오 교장의 아이디어가 돋보인다. '100문제 계산법' '고전 낭독' '사전 찾기 게임' 들은 분명 아동들의 기초학력을 단단히 하는 데 도움이 된다는 증거가 있다. 이와 똑같은 방법은 아니더라도 교사가 창의력을 발휘하여 아동들이 호기심과 열의를 가지고 참여할 수 있도록 기초학력 신장 프로그램을 개발하여 활용하는 것이 바람직하다.

자기만의 학습 스타일 찾게 하기

지금까지 상당히 일반적 수준에서의 학습에 대한 이야기를 했다. 학습에 관한 사실과 주장을 비교적 보편타당하다고 여겨지는 수준에서 진술한 것이다. 하지만 어느 한 개인에게 가장 바람직한 학습방법을 찾으라고 하면 쉽게 결론을 내리기 어려워진다. 사람들은 모두 개성이 있기 때문에 효과를 내는 학습방법에도 개인차가 있다고 여겨지기 때문이다.

사회적으로 성공한 유명인사들의 공부 방법(성기선, 2004)을 살펴보면 모든 사람이 지켜야 할 공부의 왕도가 따로 있다는 생각이 들지 않는다. 어떤 사람은 차분히 앉아서 공부하는 것이 좋다고 하는 반면 어떤 사람은 부지런히 걸으며 공부하는 것이 좋다고 하고, 어떤 사람은 반복해서 책을 읽으라고 하는데 어떤 사람은 책을 한 번만 읽으라고 하고, 어떤 사람은 음악을 들으면서 공부하라고 하는데 어떤 사람은 듣지 말라고 하고, 어떤 사람은 교과서 중심으로 공부하라고 하는데 어떤 사람은 교과서 밖에서 답을 찾으라 하고, 어떤 사람은 취약한 과목을 집중 공략하라고 하는데 어떤 사람은 취약한 과목을 오래 붙들고 있지 말라고 하는 식으로 서로 갈등하고 모순적인 처방들이 함께 소개되고 있다. 그러므로 가장 좋은 처방은 자기에게 맞는 자기만의 학습 스타일을 찾는 것이다. 결국 직접 공부를 하는 자신이 가장 효과가 좋다고 판단되는 방법이 가장 좋은 학습방법인 것이다.

교사의 역할 중 하나가 아동들이 자기 학습 스타일을 찾도록 도움을 주는 일이다. 학습내용을 직접 가르치는 것도 중요하지만 효과적인 학습방법을 찾도록 안내하는 일 역시 이 못지않게 중요하다. 아동의 학습 스타일을 찾는 방법의 하나로 학습전략검사를 실시해 볼 수 있다. 이 검사를 통해 아동의 학습전략에 어떤 특징과 문제가 있는지 진단할 수 있을 뿐 아니라 아동의 학습 스타일에 대한 정보를 얻을 수 있다. 둘째, 아동 스스로 자신의 학습습관을 반성해 보도록 이끌어 주는 것도 좋은 방법이다. 자신이 평소 공부하는 습관이 어떤지, 어떻게 공부할 때 학습 효율이 높은지 자신을 스스로 관찰하고 되돌아보게 함으로써 자기반성과 발견의 기회를 갖도록 안내하는 전략이다. 셋째, 공부에 관한 서적을 읽히는 방법이다. 사회적으로 성공한 사람들의 공부 이야기, 공부를 잘하는 사람들이 주는 충고, 효율적인 공부법 등 공부에 관한 서적을 읽고 토론하게 함으로써 공부에 대한 의식을 성장시키고 자기를 돌아보는 의미 있는 경험을 하도록 안내한다.

학습에 대한 압박감과 불안감 해소하기

공부가 즐겁지는 않아도 다가가기 겁나는 불안한 일이 되어서는 곤란하다. 공부에 대한 압박감과 스트레스가 심한 상태에서 공부 잘하기를 기대하기도 어렵다. 따라서 공부에 대한 아동들의 태도를 점검하고 심리적 압박감을 해소해 주는 일은 매우 중요하다.

먼저, 아동들의 학습능력을 점검할 필요가 있다. 아동의 학습능력이 학교 교육과정을 정상적으로 따라갈 수 있을지를 확인하는 것이다. 실제로 학습부진을 보이는 아동들의 상당수가 학습능력이 떨어진다. 타고난 학습능력이 부족해서 아무리 공부를 해도 다른 아이들을 따라가기가 버겁다. 이런 경우 공부를 하라고 억지로 다그치기보다는 아동이 좋아하는 다른 활동에 눈을 돌리는 편이 낫다. 공부를 잘할 수 없는 아동에게 공부를 강요하는 행위는 고문과 다를 바 없다. 아동의 학습능력을 파악하기 위하여 교사는 기초학습능력 진단검사, 개인용 지능검사 등을 활용할 수 있다.

학습능력은 갖추고 있는데 학습에 대한 주변 압력이 너무 강해서 심리적 압박감을 받는 경우도 많다. 흔히 교육열이 지나친 부모 밑에서 이런 아이들을 발견할 수 있다. 부모의 과도한 기대와 성취 압력이 아동에게 심리적 압박감을 불러일으키는 것이다. 이런 경우에는 부모상담이 필수적이다. 부모상담을 통해 아동이 겪고 있는 심리적 압박감을 이해시키고 학업성취에 대한 압력을 아동 성장을 위한 교육적 자원으로 활용할 수 있도록 이끌어 주어야 한다. 필요하다면 전문상담가에게 의뢰하여 학부모상담을 전개할 수도 있다.

둘째, 갑자기 성적이 떨어지거나 공부를 포기하는 듯한 행동을 하는 아동이 있으면 아동의 가정환경을 조심스럽게 탐색해 볼 필요가 있다. 심한 가정 불화 또는 부모의 이혼은 아동들에게 치명적인 영향을 주기 마련이다. 가정이 깨질지도 모른다는 불안한 마음이 아동을 공부로부터 멀어지게 한다. 때로는 가정을 어지럽히고 자신의 마음을 불안하게 하는 부모에게 보복하기 위하여 공부를 하지 않을 수도 있다. 부모의 갑작스러운 사망 또는 충격적인 경험이 아동을 공부로부터 떼어 놓을 수도 있다. 앞의 여러 가지 경우에 교사는 아동과 개별 상담을 할 필요가 있다. 이때 불안한 아동의 마음을 어루만져 주고 기다리는 자세로 아동을 대하는 태도가 매우 중요하다.

셋째, 이따금 비인간적인 학습환경과 경쟁 체제에서 오는 심리적 압박감을 해소할 수 있는 기회를 제공하는 것도 좋은 방법이다. 공부 때문에 받는 스트레스와 답답함을 마음껏 떠들며 털어 낼 수 있는 기회를 만들어 주는 것이다. 캠핑하기, 등산하기, 비명 지르기 등 억압받는 감정을 해소할 수 있는 다양한 활동을 구상해 볼 수 있다. 학급을 소그룹으로 나누어 집단상담을 실시할 수도 있다. 집단상담을 통해 공부에 대한 두려움, 불안, 답답함을 서로 나누며 위로하는 경험도 도움이 될 수 있다.

넷째, 공부에 대해 탄력성 있는 사고를 불어넣을 필요가 있다. 행복은 성적순이 아니라는 말이 있다. 실제로 초등학교에서의 성적이 사회에서의 성공을 가름하는 절대적인 기준도 아니며 개인의 행복을 결정하는 유일한 수단도 아니다. 사람의 성공과 행복은 아주 많은 변수에 달려 있다. 따라서 공부를 열심히 하는 일이 중요하기는 하지만 공부가 삶의 모든 것은 아니라는 점을 자주 이야기할 필요가 있다. 공부를 잘하는 것이 못하는 것보다 좋다. 하지만 반드시 공부를 잘해야 하는 것은 아니다. 공부를 잘하는 사람, 못하는 사람이 한데 어울려 사는 모습이 우리네 사람살이다. 교사가 이런 철학을 갖고 아동들을 대하면 공부에 대한 아동들의 사고가 점차 유연하고 탄력성 있게 변해 갈 수 있다.

다섯째, 시험불안이 심한 아동들에게는 이에 대처하는 전략을 직접 가르친다. 행동주의 심리학에서 제안한 체계적 둔감법, 인지행동치료에서 제안한 인지도식의 재구조화 등 상담전략을 활용하여 아동의 시험불안을 감소시키도록 한다.

제5장

공격·반항행동

최근 들어 아이들이 이전보다 더 난폭해지고 공격행동의 빈도가 잦아졌다는 교사들의 불평을 자주 듣는다. 자기들끼리 다투고 싸우는 빈도도 높아졌고 교사에 대한 태도 역시 많이 거칠어졌다고 한다. 담임교사에게 말대꾸하며 대들고 심지어 욕을 하는 아이들도 심심찮게 발견된다. 사회·문화·시대적인 변화가 학급에서 발생하는 아동들의 행동에 영향을 미친 탓이라고 여겨진다. 어쨌든 학급에 이런 아이가 서너 명만 있어도 교사는 학급을 관리하는 데 곤욕을 치르기 마련이다. 더구나 교사가 이들의 행동에 대처하는 법을 알지 못하면 사태는 걷잡을 수 없이 악화될 수도 있다.

이 절에서는 지나친 반항이나 공격행동을 자주 하여 학급 운영에 어려움을 겪게 만드는 아동들, 그리고 이들이 포함된 학급을 관리하는 방법에 대해 다룰 것이다. 이를 위하여 먼저 아동의 공격행동 및 반항행동에 대하여 선행연구들이 밝혀 놓은 사실을 정리해 보자.

아동의 공격·반항행동에 대해 밝혀진 사실들

공격행동은 다른 사람이나 동물에게 상처를 주거나 재산상의 손실이나 파괴를 가져오는 행동이다. 이 공격행동에는 우발적 공격행동, 도구적 공격행동, 적대적 공격행동이 포함된다(박성연, 이숙 편역, 1998). 우발적 공격행동은 의도가 개입되지 않은 채 우연히 일어난 공격행동을 말하고, 도구적 공격행동은 어떤 대상이나 지역 또는 특권을 얻거나 되찾으려는 목적을 달성하려는 공격행동을 의미하며, 적대적 공격행동은 어떤 방식으로든 자기에게 상처를 준 상대방에게 앙갚음하려는 공격행동이다. 아동의 공격행동 중에 학급에서 문제가 되는 것은 도구적 공격행동과 적대적 공격행동이다.

반항행동은 달리 말하면 비순응행동이라고 표현할 수 있다(안동현, 김세실 공역, 1997). 비순응행동은 지시한 내용을 적절한 시간 내에 착수하지 않는 행동, 지시 내용을 충실히 이행하지 않는 행동, 지시를 어기고 행동기준을 위반하는 행동을 포함한다. 그러니까 반항행동은 지시에 순종하지 않는 행동과 지시를 어기고 대드는 행동을 모두 포괄하는 행동이라고 할 수 있다. 아동의 이런 비순응행동은 공격행동과 마찬가지로 원활한 학급 운영에 커다란 방해가 된다.

학교는 지겨워!

여기서 우리가 다루는 공격행동과 반항행동의 개념을 조금 더 명료화할 필요가 있다. 아동이상심리학 교재를 펼쳐 보면 반항장애(oppositional defiant disorder)와 품행장애(conduct disorder)를 다루고 있다. 일반적으로 반항장애는 9세경에, 품행장애는 그보다 2~3년 후에 나타나며 18세가 넘으면 이들은 반사회적 성격장애(antisocial personality disorder)로 발전된다. 우리가 말하는 반항행동은 반항장애와 유사하고 공격행동은 품행장애와 유사하다. 하지만 몇 가지 다른 점이 있다. 첫째, 공격행동, 반항행동은 품행장애, 반항장애보다 훨씬 더 넓은 개념이다. 그러니까 반항행동은 반항장애를 포함하되 그 강도가 장애에 미치지 못하는 수준의 반항행동을 포괄한다. 다시 말하면 학급의 운영에 방해가 될 만한 반항행동 모두가 여기에 포함된다는 말이다. 이는 공격행동도 마찬가지다. 둘째, 품행장애에는 공격행동 이외에 사기, 절도와 같은 품행의 문제가 포함되는데 여기서 말하는 공격행동에는 이런 내용을 제외하였다. 실제 학급 현장에서 아동을 다룰 때 공격행동과 품행의 문제를 따로 구별해야 할 때가 많다. 예를 들어, 친구와 자주 싸우는 아이의 공격행동에 품행의 문제를 섞어 버리면 곤란한 상황이 발생할 수 있다. 따라서 이 둘을 구분하고 별도로 논의를 전개하는 편이 낫다고 판단된다. 물론 품행의 문제는 다른 절에서 다룰 것이다. 셋째, 여기서는 공격행동과 반항행동을 엄밀하게 구분하지 않을 것이다. 사실 이 두 행동은 경계가 모호할 정도로 상당히 중첩된다. 반항행동은 공격행동 중 특히 어른의 지시에 순종하지 않는 행동에 초점을 맞춘 것이기 때문이다. 학급에서 반항행동은 주로 담임교사와의 관계에서 발생하는데 이 역시 공격행동의 일부임은 더 말할 필요가 없다.

아동의 공격 · 반항행동의 특징

먼저, 미국정신의학회의 진단기준(DSM-IV, 1994)에 나타난 행동장애와 반항장애의 행동 특징을 살펴보자.

A. 적어도 6개월 동안 다음 항목 중 네 가지 이상의 거부적, 적대적, 반항적 행동 양식이 지속된다.

1. 종종 화를 터뜨린다.
2. 종종 분노 발작을 일으킨다.
3. 종종 어른들의 요구나 규칙에 따르기를 반항하거나 거부한다.
4. 종종 고의로 사람들을 괴롭힌다.
5. 종종 자신의 실수나 잘못을 다른 사람의 탓으로 돌린다.
6. 종종 신경질을 내거나 다른 사람들에 의해 쉽게 기분이 상한다.
7. 종종 화를 내고 원망한다.
8. 종종 원한이나 앙심을 품는다.

주의: 반항행동이 연령이나 발달 수준이 비슷한 사람들에게서 전형적으로 관찰되는 것보다 더욱 빈번하게 발생할 경우에만 진단기준에 맞다고 판단한다.

B. 행동장애가 사회적, 학업적, 직업적 기능에 임상적으로 심각한 손상을 초래한다.
C. 이 행동들이 정신병적 장애 혹은 기분장애의 경과 중에만 나타나는 것이 아니다.
D. 품행장애의 기준에 맞지 않아야 하고, 18세 이상일 경우 반사회적 성격장애의 진단기준에 맞지 않아야 한다.

(DSM-IV의 품행장애 진단기준 중에서 사람과 동물에 대한 공격성만 제시함)

A. 다른 사람들의 기본적인 권리를 침해하며 연령에 적합한 사회적 규범 및 규칙들을 위반하는 행동양상이 반복적이고 지속적으로 나타나며 다음 기준 중 세 가지 이상이 지난 12개월 동안 지속되었고, 적어도 한 가지는 지난 6개월 동안 지속되었다.

사람과 동물에 대한 공격성
1. 종종 다른 사람을 못살게 굴거나, 위협하거나, 협박한다.

2. 종종 신체적인 싸움을 일으킨다.

3. 다른 사람에게 심각한 신체적 손상을 일으킬 수 있는 무기를 사용한다(예: 곤봉, 벽돌, 깨진 병, 칼 또는 총).

4. 사람들에게 신체적으로 잔인하게 군다.

5. 동물들에게 신체적으로 잔인하게 군다.

6. 피해자와 대면한 상태에서 도둑질을 한다(예: 노상강도, 소매치기, 강탈, 무장강도).

7. 다른 사람에게 성적인 행위를 강요한다.

B. 행동장애가 사회적, 학업적, 직업적 기능에 임상적으로 중요한 손상을 초래한다.

C. 18세 이상이면, 반사회적 성격장애의 진단기준에 부합하지 않아야 한다.

발병연령에 근거한 유형

1. 아동기 발병 유형: 10세 이전에 적어도 한 가지 기준에 해당하는 품행장애 행동이 나타난 경우

2. 청소년기 발병 유형: 10세 이전에 품행장애가 나타나지 않은 경우

DSM-IV에 기술된 품행장애와 반항성장애의 행동기준은 이 장애에 속한 아동들의 공격성을 분명히 보여 준다. 학급에서 공격행동과 반항행동을 자주 일으키는 아동들 역시 정도의 차이는 있지만 기본적으로는 공격성을 과도하게 표출하는 아이들이다. 그러니까 아동의 공격성이 공격행동과 반항행동을 통해 외부로 표출되는 것이다. 공격성이 높은 아동들이 학급에서 흔히 보이는 공격적, 비순종적 행동을 열거하면 다음과 같다.

- 괴성 지르기
- 교사의 지시 무시하기
- 기물 파손하기
- 다른 사람의 일에 끼어들어 방해하기

- 놀리고 비웃고 조롱하기
- 떼쓰고 따지기
- 말대꾸하기
- 맡겨진 일 끝마치지 않기
- 물건 집어 던지기
- 반항하기
- 불평하기
- 소리 지르기
- 숙제 안 하기
- 욕하기
- 울기
- 지시를 어기고 대들기
- 징징거리기
- 짜증 내기
- 청소 안 하기
- 학급 동료와 싸우기
- 학급 동료를 모욕 주고 괴롭히기
- 학급 동료 때리기

아동의 공격행동, 반항행동이 담임교사로 하여금 정상적인 수업지도 및 생활지도를 하는 데 어려움을 겪을 정도로 심각하다면 구체적인 대책이 마련되어야 한다. 이를 위하여 교사는 아동 개인의 공격성을 다루는 법과 아동의 공격행동, 반항행동이 학급활동을 방해하지 않도록 관리하는 방법에 능숙해야 한다.

아동의 공격 · 반항행동의 원인

앞에서 공격행동, 반항행동의 주원인은 공격성에서 비롯된다고 말한 바 있다. 그러면 아동의 과격한 공격성은 어디에서 유래하는 것일까? 공격성의 원인은 몇 가지로 압축할 수 있다. 생물학적 요인, 가족요인, 사회-인지적 요인, 사회적 요인, 문화적 요인 등이 그것이다. 생물학적인 요인에는 유전, 기질적 요인, 신경생리적 요인 등이 포함되며, 가족요인에는 가족 구조, 가족 스트레스, 부모-자녀 간의 상호작용 양식(강압적 양육이라든가 애착관계 형성의 문제), 가정폭력, 비효과적인 훈육, 부모의 정신장애 등이, 사회-인지적 요인에는 인지결함, 인지왜곡 요인이, 사회적 요인에는 이웃, 지역사회, 또래 요인 등이, 문화적 요인에는 TV의 영향, 폭력에 대한 사회적 관용성 등이 포함된다.

이 원인들 중에서 교사는 특히 부모-자녀 간의 상호작용 양식, 사회-인지적 요인, 사회적 요인에 관심을 가질 필요가 있다. Patterson(1982)은 아동을 공격행동으로 이끄는 부모의 양육방식을 지적한 바 있는데 여기에는 규칙을 정하고 이를 실행하는 일, 아동의 행동을 감찰하는 일, 비공격적인 행동을 보상하고 공격적인 행동에 벌을 가하는 일, 적절한 타협점을 찾아내는 일, 위기에 대처하는 일 등에 대한 실패가 포함된다고 한다. 이런 부모들은 대부분 아동기에 자신의 부모로부터 공격행동을 통제하는 적절한 양육을 받지 못한 경우다.

사회-인지적 요인은 사회적인 상황에서 아동이 전개하는 사고의 과정에 문제의 원인이 있다고 보는 입장이다. 어떤 상황을 지각하고 부호화하고 해석하고 그에 대한 반응을 탐색한 후 반응을 결정하여 행동으로 옮기는 일련의 과정(Crick & Dodge, 1994)에 어떤 부분이 빠져 있거나(인지결함) 또는 어떤 부분이 왜곡됨으로써(인지왜곡) 공격성이 유발된다고 보는 것이다. Dodge와 그의 동료들(Dodge, 1991; Schwartz, Dodge, Coie, Hubbard,

Cillessen, Lemerise, & Bateman, 1998)은 공격성을 반응적 공격성과 활동적 공격성의 두 가지 형태로 구분한 바 있는데, 반응적 공격성은 사회적 단서를 덜 사용하고 적대적 의도를 타인에게 귀인하는 초기 단계에서의 사회-인지적 결함을 보이는 반면, 활동적 공격성은 공격적 해결책을 긍정적으로 평가하고 이것이 긍정적 결과를 이끌어 낼 것이라고 잘못 기대하는 후기 단계에서의 사회-인지적 결함을 보인다고 지적한 바 있다.

사회적 요인 중에 학급 운영과 관련하여 가장 중요한 요인은 또래관계다. 또래들은 여러 가지 방식으로 서로의 공격성에 영향을 미친다. 친구관계가 중요해지는 학령기에 또래들은 공격성의 모델이 되기도 하고, 상호 간에 공격성을 강화시키기도 하며, 다른 아이들에게 희생되지 않기 위해 어떻게 행동해야 하는지 가르치기도 하고, 나름대로 공격성 표현의 규준을 설정함으로써 공격성을 규제하기도 한다(박성연, 이숙 편역, 1998). 따라서 담임교사는 학급에서 형성되는 또래관계의 구조와 역동성이 아동의 공격성에 어떤 영향을 주는지 민감하게 파악하고 이에 적절하게 대처할 필요가 있다.

아동의 공격·반항행동의 평가와 진단

공격행동, 반항행동으로 인해 학급에 문제를 일으키는 아동을 찾아내는 방법은 아주 간단하다. 교사의 정상적인 학급활동에 방해가 되거나 학급 동료들을 괴롭힘으로써 불평과 불만의 대상이 되는 아동들이 바로 그들이다. 따라서 하루 종일 아동들과 함께 생활하는 초등교사는 보통의 관찰력만 갖추고 있어도 이들을 쉽게 찾아낼 수 있다. 학급의 골칫거리로 이미 낙인이 찍힌 아이는 더 말할 것도 없다. 때로는 집단따돌림처럼 교사의 눈을 속이며 아주 교묘하게 학급 동료를 괴롭히는 경우도 발생한다. 그러나 이 역시 교사가 관심을 갖고 조금 더 세심한 주의를 기울이면 찾아내기가 그리 어렵지 않다.

그렇다고 하더라도 교사의 주관적 관찰에 의한 판단은 잘못되거나 한편으로 치우칠 가능성이 있다. 따라서 보다 객관적인 자료 수집 방법을 추가하는 것도 도움이 될 수 있다.

아동면담

교사가 활용할 수 있는 가장 손쉬운 방법은 아동과 직접 면담을 해 보는 것이다. 학급에서 아동이 과격한 공격성을 표출하였다면 나중에라도 아동과 마주 앉아 개인상담을 하는 것이 좋다. 이때 공격행동과 관련된 아동의 생각과 느낌, 친구관계, 가족관계 및 가정에서의 적응, 학교생활 등에 대해 알아본다. 공격 성향이 높은 아동들은 교사의 이런 탐색에 대부분 대답을 회피하거나 거짓 반응할 가능성이 높다. 하지만 교사는 이런 질문들을 던지면서 아동이 보이는 언어적·비언어적 반응을 관찰하여 아동의 공격성 표출행동이 우발적인지 상습적인지 판단하도록 한다.

부모면담

부모면담 역시 아동의 공격성에 대한 자료를 수집하는 좋은 방법이다. 부모가 보고한 내용은 그 정확성을 떠나 아동의 문제에 관해 생태학적으로 가장 확실하고 중요한 정보를 제공한다. 부모면담의 신뢰성과 정확성은 면담이 수행되는 방식과 부모에게 물어보는 질문의 구체성에 달려 있다(안동현, 김세실 공역, 1997). 교사는 부모면담을 통해 아동 및 가족에 관한 일상적인 신상 정보, 운동기능, 언어, 지능, 사고력, 학업기능, 정서, 사회적 기능 등 주요 발달영역에 관한 정보, 부모가 자녀의 문제라고 여기는 행동의 구체적인 특성, 빈도, 시작 시점, 만성화 여부, 문제행동이 발생하는 상황, 문제행동에 대한 가족구성원의 반응, 가족사와 치료병력에 대한 정보 등을 얻도록 한다. 부모면담 시 ADHD를 논한 자리에서 소개한 Barkley(1981)의 부모면담 양식을 사용하면 도움이 될 것이다.

학급 동료면담 또는 또래관계척도

공격성이 높은 아동들은 대체로 학급 동료들과 사이가 좋지 않고 상호작용에도 어려움을 겪는다. 따라서 학급 동료들에게 직접 공격행동과 반항행동을 많이 하는 아이가 누구인지, 혹시 자신을 괴롭히는 아동이 있는지 면담을 통해 물어볼 수 있다. 학급 아동을 일일이 만나 면담하는 일이 어려우면 사회성 측정방법의 하나인 또래관계척도를 활용할 수 있다. 공격성이 가장 높은 아이 또는 친구들을 가장 많이 괴롭히는 아이 서너 명을 지명하게 함으로써 공격성이 높은 아이를 찾아내는 방법이다.

아동의 자기보고 질문지

아동이 자신의 행동을 스스로 평가하도록 자기보고 질문지를 활용할 수도 있다. 이 역시 반응의 정확성과 신뢰성에 다소 문제가 있을 수 있지만 아동의 행동을 판단할 수 있는 한 가지 자료로 사용할 수 있다. 이 질문지는 앞에서 소개한 DSM-IV의 반항성장애와 품행장애의 내용 항목들을 검사문항으로 바꾸면 된다.

동료교사면담

이전 학년에서 아동의 담임을 맡았거나 아동의 행동을 비교적 객관적으로 관찰할 수 있는 동학년 교사의 의견을 구할 수도 있다. 특히 이전 학년에서 담임을 했던 교사는 아동의 문제행동에 대한 상세한 정보를 제공할 수 있다. 사실 공격성이 높은 아동들은 이미 학교에 소문이 나 있고 학교 교사들에게 많이 노출되어 있다. 따라서 이 아동들에 대한 정보를 얻는 일은 그리 어렵지 않다. 다만 다른 교사들을 통해 얻은 정보를 100% 신뢰하지 말고 아동을 이해하기 위한 기초 자료의 하나로 여기는 것이 좋다.

행동평정척도

아동의 공격성을 측정하기 위하여 개발된 도구를 사용할 수 있다. Dodge (1980)는 아동의 공격성을 연구하기 위하여 다섯 문항으로 구성된 공격성 측정문항을 개발하였는데, 우리나라에서는 곽금주(1992)가 이를 번안하여 사용한 바 있다.

공격성 측정문항

(교사용, 5점 척도, 점수가 높을수록 공격성이 높은 것으로 해석한다.)
1. 얼마나 자주 친구들과의 싸움에 끼어드는 편입니까?
2. 얼마나 자주 먼저 싸움을 시작하거나 옆 사람에게 시비를 겁니까?
3. 다른 친구들을 밀치거나 떠밀기를 잘 합니까?
4. 욕이나 비어를 잘 쓰는 편입니까?
5. 얼마나 자주 고의적으로 물건을 부수거나 거칠게 다루어 지적을 받습니까?

공격성이 높은 아동의 치료 및 개입

아동의 공격성이 극단적으로 표출되는 반항장애와 품행장애를 치료하기 위하여 지금까지 여러 종류의 방법이 사용되었지만 아직 뚜렷한 치료효과를 보이는 방법은 발견되지 않았다(조현춘 외 공역, 2003; 정명숙 외 공역, 2000). 따라서 아동의 행동장애를 '치료'하는 일은 그리 간단치 않다는 점을 염두에 두어야 한다. 장애라는 진단명 자체가 쉽게 변화시킬 수 없는 행동을 뜻한다는 사실을 분명하게 인식할 필요가 있다. 하지만 장애 수준으로 극단화되지 않은 아동의 공격성을 조절하는 방법의 효과에 대해서는 이미 상당히 많은 연구들이 긍정적으로 평가하고 있다.

아동의 공격적 행동을 치료하기 위하여 사용된 전략에는 부모 훈련, 인지적 문제해결기술 훈련, 다중체계적 접근, 지역사회에 기초를 둔 프로그램, 약물 등이 있다. 이 중에서 지역사회에 기초를 둔 프로그램은 청소년 비행을 다루는 방법으로서 우리의 논의와 직접적 관련성이 떨어지고 약물은 행동장애를 치료하는 한정적 방법이라는 점을 고려하여 생략하기로 한다.

부모 훈련

부모 훈련 또는 부모관리 훈련은 부모에게 자녀의 행동관리법을 직접 가르치는 전략이다. 이 전략은 아동의 공격적 행동을 감소시키는 가장 효과적인 전략으로 알려져 있다(Brestan & Eyberg, 1998; Kazdin, 1997). Kazdin (1997)에 의하면 성공적인 부모훈련 프로그램에서는 다음과 같은 공통적 속성이 발견된다고 한다.

첫째, 부모와 함께 치료가 실시된다. 부모를 가르침으로써 가정에서 부모가 아동의 행동을 관리하도록 하거나 아니면 부모와 아동을 함께 프로그램에 참여시켜 행동관리법을 익히도록 한다. 어떤 경우든 아동의 문제행동에 부모가 직접 개입할 때 효과가 있다.

둘째, 부모에게 행동 문제를 확인하고 정의하고 관찰하는 새로운 방법을 가르친다.

셋째, 보상과 벌로 구성되는 행동관리기법을 부모에게 가르친다. 특히 사회적 강화, 강화의 철회, 권리 박탈 등과 같은 사회학습의 원리와 절차를 가르친다.

넷째, 부모에게 연습 기회를 부여하고 실제 가정에서 부모가 행하는 행동변화 프로그램을 점검하고 지도한다.

다섯째, 부모와 교사가 협조하여 학교에서의 행동과 가정에서의 행동을 통합 관리한다. 교사는 아동의 행동을 관찰 · 기록하여 부모에게 알리고, 부모는 가정에서 아동이 보이는 행동을 교사에게 알려 해결책을 찾는 아동 행동관리 협동체제를 구축한다.

인지적 문제해결기술 훈련

인지적 문제해결기술은 공격성이 높은 아동의 인지적 결함이나 왜곡에 초점을 둔다. 아동의 공격적 행동은 어떤 지각이나 사고과정을 경유해서 발생하는 것이므로 이 지각과정 또는 사고과정에 변화를 일으킴으로써 공격적 행동을 교정하려는 전략이다. 역시 Kazdin(1997)은 여러 가지 문제해결기술 훈련 프로그램에 공통으로 포함되는 속성을 다음과 같이 요약하고 있다.

첫째, 대인관계 상황과 관련하여 아동으로 하여금 사고하는 과정을 거치게 한다. 예를 들어, 아동으로 하여금 "이 상황에서 내가 무엇을 해야 할까?(문제를 확인하고 정의하는 단계)" "이 상황을 해결할 수 있는 가능한 방법에는 어떤 것들이 있을까?(대안적인 해결책을 찾는 단계)" "그 방법들 중에서 가장 좋은 해결책은 무엇일까?(대안 평가 단계)" "그래, 이 방법이 제일 좋은 것 같으니까 이렇게 해 보자.(대한 선택 및 실행 단계)" "결과적으로 그렇게 하기를 참 잘했어.(해결책 평가 단계)" 등의 사고과정을 거치는 훈련을 하게 한다. 아울러 문제의 특성에 주목하고 이를 효율적으로 해결해 가는 과정을 스스로 말로 표현해 보도록 한다.

둘째, 모델링이나 직접 강화 등을 통해서 선택한 결과를 행동으로 옮기는 데 도움을 준다.

셋째, 놀이, 활동, 이야기 등을 통하여 인지적 문제해결기술을 가르치되 구조화된 과제를 사용한다. 시간이 지나면 점차 실제 상황에 적용한다.

넷째, 상담자가 적극적 역할을 한다. 상담자가 인지과정을 말로 소리 내어 표현함으로써 인지과정의 모델을 보여 주고, 문제에 접근하는 진술문을 만들어 주며, 적합한 기술을 촉진하기 위한 단서를 제공하고, 정확한 기술을 칭찬하는 등 되먹임(feedback)을 한다.

다섯째, 모델링, 실습, 역할놀이, 결과 평가 등 여러 가지 다른 절차를 조합하여 훈련 내용을 구성한다.

다중체계적 치료

다중체계적 치료(Multisystemic therapy, MST)는 가족체계에 근거를 둔 접근으로서 아동을 둘러싸고 있는 사회적 생태 전체를 치료의 내용에 포함시키려는 전략이다. 원래 이 치료는 심각한 품행장애를 보이는 청소년을 치료하기 위하여 개발된 것으로서 가족체계치료와 행동치료에서 비롯되었다. 다중체계적 치료에서는 아동이 가족, 학교, 이웃, 법정, 소년원, 지역사회를 포함하는 수많은 사회적 생태 체계 안에 존재한다고 본다. 따라서 아동의 공격적 · 반사회적 행동은 이런 체계 안에서 또는 체계 간의 교류에서 시작되고 지속된다고 보았다. 그러므로 제대로 된 치료가 이루어지려면 아동의 사회생태적 체계 안에 포함되는 모든 주체들, 예컨대 가족, 이웃, 또래, 학교당국, 비행기관 등이 함께 참여해야 한다. Henggeler(1991)는 다중체계적 치료의 중재원리와 구체적인 치료전략을 소개하고 있는데, 여기서는 중재원리만 싣도록 한다. 보다 자세한 치료전략은 조현춘과 그의 동료들이 공역한 책(조현춘 외 공역, 2003)에 소개되어 있다(자신을 퇴학시키려고 한 교장선생님을 폭행하여 의뢰된 사례).

- 원리 1: 평가의 목적은 확인된 문제와 문제가 일어난 맥락 간의 적합성을 이해하는 데에 있다.
- 원리 2: 구체적으로 문제를 잘 파악해서 드러난 내용에 초점을 두고 중재의 행동 방향을 정해야 한다.
- 원리 3: 다중체계 간 또는 체계 안에서의 행동적인 교류에 중재의 중점을 두어야 한다.
- 원리 4: 중재는 아동의 발달 수준과 발달 요구에 적합해야 한다.

- 원리 5: 매일 그리고 매주 단위로 가족구성원의 노력을 중재한다.
- 원리 6: 여러 측면에서 꾸준하게 중재의 효과를 평가한다.
- 원리 7: 치료의 일반화를 증대시키고 치료효과가 장기간 지속될 수 있도록 중재 계획을 수립해야 한다.
- 원리 8: 아동의 긍정적인 측면을 강조하고 그의 장점을 지렛대 삼아 변화가 일어나도록 중재한다.
- 원리 9: 책임감 있는 행동을 촉진하고 무책임한 행동을 감소시킬 수 있도록 중재가 계획되어야 한다.

지금까지 언급한 치료전략 이외에도 아동의 공격행동을 통제하고 조절하기 위한 다양한 개입전략들이 등장하였다. 그중 하나가 분노에 대처하는 방법을 가르치는 것이다. 반항적, 공격적 문제행동을 보이는 상당수의 아동들이 좌절이나 분노 감정을 잘 조절하지 못한다. 이들은 화가 나면 이것저것 가리지 않고 발작하듯 행동으로 옮긴다. 분노 감정에서 적대행동으로 이어지는 중간에 걸러 주는 장치가 없기 때문이다. 따라서 분노하는 감정이 솟을 때 이 감정을 어떻게 처리할지 가르친다면 행동의 변화를 유도할 수 있을 것이다. Bloomquist(곽영숙 역, 2000)는 분노에 대처하는 방법을 몇 가지 단계로 나누어 소개하고 있는데 핵심 내용만 간추려 보자.

분노 감정 다스리기
- 1단계: 아동이 분노 대처법을 학습할 준비가 되어 있는지 평가한다.

  만약 아동이 너무 어리거나(8~10세) 방어적이면 분노 대처법에 대한 교육의 효과가 없을 수 있다. 분노를 다루는 데 문제가 있는 아동은 우선 감정을 이해하고 표현하는 것을 배우도록 하는 것이 좋다.

- 2단계: 분노를 정의한다.

  분노의 문제를 가진 아동 중 상당수가 실제로 분노가 무엇인지 잘 설명하지 못한다. 아동에게 분노가 무엇인지 물어본다. 그리고 아동에게 분노는 부정적인 감정으로서 자신이 원하는 대로 일어나지 않는 실제 또는 그렇게 느껴지는 상황 때문에 생기는 불쾌한 감정이라는 것을 이해시킨다.

- 3단계: 분노의 신호를 인식하도록 가르친다.

아동과 '신호'에 대해 이야기함으로써 감정이 고조되는 지표로 어떤 '신호'가 있다는 것을 알게 한다. 강렬한 감정은 '신체' '생각' '행동의' 세 부분으로 표현된다고 설명하고 아동과 더불어 '신체신호' '생각신호' '행동신호'에 무엇이 있는지 생각해 보고 목록을 만든다. 예를 들어, 호흡수의 증가는 신체신호, '때려 주고 싶다.'는 생각은 생각신호, '고함' 치는 행동은 행동신호라는 식이다. 목록 작성이 완료되면 이에 대해 이야기하고 역할연기를 해 본다. 이를 여러 차례 반복하여 분노와 신호를 익숙하게 구분하도록 돕는다.

- 4단계: 긴장을 풀도록 가르친다.

아동이 자신이 경험하는 분노를 구분할 줄 알게 되면 분노를 감소시키거나 이에 대처하는 기술을 가르친다. 첫 번째 단계는 이완을 통해 신체의 긴장을 감소시키는 것으로서 아동의 연령이나 지적 수준에 따라 다양한 방법을 사용할 수 있다. 흔히 사용되는 방법으로, 심호흡법, 편안한 장면 상상하기, 로봇/솜인형 기술, 체계적인 긴장 이완법 등이 있다. 이 중 로봇/솜인형 기술은 먼저 자신을 마치 로봇과 같다고 상상하며 몸의 모든 근육을 팽팽하게 유지한 상태를 약 15초간 유지하다가 상상의 내용을 바꾸어 마치 솜인형이 된 듯 몸의 모든 긴장을 푼 상태로 약 15초간 유지하는 방법을 말한다. 10세 이하의 아동에게는 이 방법이 효과가 있다.

- 5단계: 자기대화법을 가르친다.

이 단계는 도움이 되는 말을 스스로에게 하는 자기대화 대처법이다. 스스로에게 하는 말은 분노를 잘 다스릴 수 있게 해 준다고 설명한 후 다음과 같은 방식으로 스스로에게 말하는 법을 알려 준다.

- 편하게 생각하자.
- 침착해지자.
- 심호흡을 하자.
- 좋지 않아도 상관없어.
- 그 아이가 나와 놀지 않는다고 하니 기분 나쁘지만 다른 아이들은 나와 놀기를 좋아하잖아.
- 긴장되네. 여유를 갖자.
- 이 아이는 날 열받게 하지 못해.

아동이 스스로에게 말하는 이유를 이해한 것처럼 보이면 모델을 선보이고 역할 연기를 여러 차례 반복한다.

- **6단계: 효과적인 행동을 하도록 가르친다.**

  분노에 효과적으로 대응하는 마지막 단계는 바람직한 행동을 취하거나 화나게 만드는 문제를 해결하는 것이다. 여기서 행동을 취한다는 것은 감정을 표현하거나 포옹을 청하거나 걷거나 이완을 하거나 누군가에게 자기주장을 하는 것 등을 말한다.

- **7단계: 분노에 대처하는 시범을 보인다.**

  아동에게 직접 분노를 조절하는 기술에 대해 시범을 보인다. 실제 상황에서 분노 감정에 효과적으로 대처하는 모습을 아동에게 보여 준다.

- **8단계: 공식적인 분노 대처법을 적용시킨다.**

  공식적인 분노 대처법은 아동으로 하여금 준비된 분노 대처 작업표를 완성하도록 하는 것이다. 아동이 화가 날 때 이 작업표를 완성하도록 한다. 이 작업표는 아동이 단계적으로 분노에 적응하여 해결해 가도록 가르친다. 첫 번째 단계는 화나게 하는 사건이나 문제가 무엇인지 쓰게 하고 다음 단계는 자신이 경험한 신체신호, 생각신호, 행동신호를 적도록 한다. 다음 단계는 '스스로에게 말하기 행동을 취하기' 등과 같이 어떻게 분노에 대처할 것인지 기술하게 한다. 마지막으로 자신이 효과적으로 분노에 대처했는지에 대해 0~4점으로 점수를 매기게 한다. 아동이 스스로 하든 도움을 받든 작업표를 완성하는 일은 분노 대처 과정을 조직화한다는 점에서 중요한 의미가 있다.

• 9단계: 비공식적 분노 대처법의 적용

분노 대처법을 배우는 이유는 실제 상황에서 이 기술을 사용하도록 하기 위함이다. 아동이 화가 나거나 좌절하는 상황이 생기면 "지금이 분노 대처 기술을 연습하기 좋은 때 같구나."라는 식으로 주의를 환기시켜 분노 대처법을 활용하게 한다.

아동의 공격 · 반항행동을 관리하기 위한 교사의 역할

아동의 공격행동, 반항행동을 치료 · 개입하기 위해 활용된 전략들을 기법 차원에서 분석해 보면 대체로 행동수정기법과 인지기법에 크게 의존하고 있음을 알 수 있다. 예를 들어, 치료효과가 가장 크다고 알려진 부모 훈련도 찬찬히 뜯어보면 부모에게 행동수정하는 법을 가르치고 이의 실행을 돕는 내용으로 채워져 있다. 분노조절 훈련의 내용도 행동수정과 인지기법으로 구성되어 있다. 행동수정과 인기기법이 그만큼 아동의 행동변화에 미치는 영향력이 크거나 아니면 행동을 통제하고 관리하기 위한 특별한 다른 방법이 없기 때문에 이 기법들이 주로 활용되는 것으로 보인다. 그렇다면 학급에서 교사가 활용할 수 있는 행동관리전략 역시 이 두 가지 기법에 크게 의존할 수밖에 없다. 다만 학급이라는 특수한 생태적 환경을 고려하여 활용 가능한 여러 가지 전략을 구상해 볼 수 있을 것이다.

여기서는 교사의 역할을 크게 세 부분으로 나누어 논의할 것이다. 아동의 공격행동 및 반항행동을 바라보는 교사의 마음가짐, 개별상담전략, 학급 운영을 활용한 행동관리전략 등이 그것이다.

마음가짐

아동 교육에 임할 때 다른 무엇보다 중요한 것이 교사의 마음가짐이다. 교사가 아동 교육에 열정을 갖고 임할 때 어려운 문제도 의외로 쉽게 풀리는 경우가 허다하다. 공격행동, 반항행동을 하는 아동들의 행동이 교사에 의해 변화되는 사례가 적지 않다는 사실도 이를 뒷받침한다. 사실 아동의 문제행동이 교정되었을 때 그 효과가 사용된 기법 때문인지 아니면 교사의 마음가짐 때문인지 대답하기 어려울 때가 많다. 공격행동이나 반항행동은 교정이 쉽지 않고 따라서 엄청난 에너지와 시간이 필요하다는 점을 고려하면 교사의 마음가짐이 얼마나 중요한지 짐작할 수 있다.

학급에서 일어나는 아동의 공격행동, 반항행동은 교사를 성가시고 난처하게 만들 때가 많다. 바로 이때 교사가 아동에게 어떻게 반응하는가는 이후 교사와 아동의 관계에 영향을 미치고 장기적으로는 아동의 학급생활, 학교생활에 중요한 영향을 미친다. 물론 구체적인 상황에서 교사의 반응은 매우 다양하게 나타날 수 있다. 이 반응에 영향을 끼치는 것이 아동에 대한 교사의 마음가짐이다. 기본적으로 교사가 아동을 좋아하면 교사의 반응은 호의적으로 이루어지고 결국 아동에게 좋은 인상을 남기게 된다. 거꾸로 교사가 아동을 싫어하면 성가신 반응을 하게 되고 아동은 교사가 자기를 싫어한다는 사실을 민감하게 알아차린다. 아동의 공격행동을 감소시키고 수업행동을 개선하는 데 교사와 아동의 관계가 중요하다는 사실은 더 말할 필요가 없다. 잉거솔(김동성 역, 1992)은 과잉행동 장애 아동이 교사를 좋아하면 이들의 학급행동, 학업성적, 자존심이 현저하게 향상되는 반면, 아동이 교사를 싫어하면 학교에서의 행동장애가 급격히 악화된다고 보고한 바 있다. 이런 점을 고려하면 아동을 좋아하고 정성을 쏟는 교사의 마음가짐이 학급에서 아동의 문제행동을 개선시키는 가장 중요한 요소라는 사실을 다시 한 번 확인할 수 있다. 전귀남(2004)은 학급에서 과잉·공격행동을 하는 네 명의 아이들과 해결중심 단기상담을 실행한 바 있는데 네 아이 모두에게서 긍정적인 행동변화를 얻은 바 있다. 그런데 이 행동변화의 상당 부분이 상담교사가 아동들에게 쏟은 관심과 정성에 기인하는 것으로 해석된다. 물론 단기상담기법의 효과가 작용하였겠지만 아동들을 좋아하고 적극적으로 도움을 주려는 상담교사의 헌신이 없었다면 이들의 행동은 변화되지 않았을 것이다.

따라서 담임교사는 과잉행동, 반항행동을 하는 아이를 자신이 진정 좋아하는지 확인할 필요가 있다. 그리고 만일 자신이 아동을 좋아하지 않는다고 판단되면 그 원인을 찾아내어 대책을 세우는 것이 좋다. 전문 상담이나 직장 동료들과의 솔직한 대화가 도움이 될 수 있다. 어떤 교사는 학급에서 수업을 방해하는 공격행동을 하는 아동을 어떻게 좋아할 수 있느냐고 따질 수도 있다. 그러나 여기에서 말하는 아동에 대한 호불호의 감정은 아동의 공격행동 이전에 아동에게 향하는 무의식적·잠재의식적 태도를 말한다. 괜히 주는 것 없이 아동이 싫고 아동의 거친 행동에 강한 분노와 적개심이 치민다면 교사 자신이 스스로를 되돌아보는 일을 선행해야 한다. 아동에 대한 교육은 그 다음에 생각할 일이다.

담임교사가 유념해야 할 또 하나의 사항은 학급에서 공격행동이나 반항행동이 용납되지 않음을 분명하게 보여 주고 이에 대한 매우 단호한 태도를 취해야 한다는 점이다. 담임교사는 학년 초 아동들에게 학급에서 허용되는 행동과 허용되지 않는 행동을 알려 주고 허용되지 않는 행동을 하는 경우에 지불해야 할 대가를 명시해 놓는다. 그리고 일단 정해 놓은 원칙은 일관성 있게 지켜 나간다. 아동을 좋아하는 것과 아동의 잘못된 행동에 대해 단호한 태도를 취하는 것은 상호 모순되지 않는다. 원칙을 정해 놓고 그에 따라 아동의 행동에 일관성 있게 반응하는 교사의 단호한 태도는 오히려 아동의 인격을 존중하는 자세로 받아들여질 가능성이 높다. 다만 학급행동을 통제하는 원칙을 정할 때 아동들을 참여시킨다면 보다 바람직한 효과를 기대할 수 있을 것이다.

아울러 교사는 공격성을 지도할 때 아동의 발달단계를 적절하게 고려해야 한다. 같은 초등학교에 다녀도 초등학교 저학년과 고학년은 여러 가지 측면에서 차이가 있다. 이를테면 지적인 발달에서 저학년과 고학년은 현격한 차이를 보이는데 이런 차이가 고려되지 않으면 교사의 노력이 수포로 돌아갈 수도 있다. 따라서 행동수정의 원리에 입각하여 아동의 행동을 교정할 때에도 고학년과 저학년 아동에게 적용할 보상과 처벌의 내용은 달라야 한다. 이후에 논의하는 모든 내용에 대해서도 이 같은 원리가 작용된다.

개별상담전략

학급당 학생 수도 많고 처리할 잡무도 많은 우리나라의 초등학교 학급에서 담임교사가 별도로 시간을 내어 아동과 상담을 하기란 그리 쉽지 않다. 이러한 상황에서도 아동과 개별 상담을 할 수만 있다면 그 효과는 결코 작지 않을 것이다.

여기서는 교사가 아동의 공격행동 및 반항행동을 통제하고 관리하기 위하여 적용할 수 있는 상담기법에 대해 다룰 것이다. 이 상담기법은 아동과 별도의 만남을 통해서 적용할 수도 있고 교육활동 시간 중 해당 아동에 초점을 두어 선별적으로 적용할 수도 있다.

행동기법

비약물 방법 중 공격행동이나 반항행동을 다루는 가장 효과적인 전략은 행동기법이라고 알려져 있다(김동성 역, 1992). 그만큼 행동기법은 아동의 행동을 다루는 데 매우 중요한 수단이다. 따라서 담임교사들은 행동주의 심리학에서 밝혀 놓은 행동기법에 대하여 정교한 지식을 갖출 필요가 있다. 행동기법 중 특히 학급현장에서 많이 활용될 만한 전략들을 간략하게 살펴보자. 보다 상세한 정보는 행동수정과 관련된 다른 서적들을 참고하기 바란다.

강 화 강화는 특정 행동을 격려하고 그 발생 빈도를 증가시키기 위하여 활용된다. 아동의 행동을 강화하려면 그 행동의 발생 비율을 자극할 수 있는 다양한 종류의 강화자가 필요하다. 아울러 적절한 계획에 따라 보상을 주는 강화계획도 필요하다. 강화자로 흔히 사용되는 대상물에는 음식물(과자, 사탕, 과일, 음료수, 콜라, 피자, 햄버거, 도너츠, 아이스크림, 껌 등)과 소유물(풍선, 인형, 학용품, 옷, 장난감, 책, 퍼즐, 스포츠 용품, 그림 등), 토큰(교환가치가 있는 막대기, 쪽지, 카드, 동전, 표, 별표, 점수, 스티커 등), 사회적 강화(컴퓨터 게임, 친구와 놀기, 독서, 스포츠 등과 같은 활동, 칭찬, 인정, 관심 보이기, 신체 접촉, 얼굴 표정 등), 내면강화(긍정적인 혼잣말, 속으로 떠올리는 좋은 이미지, 바람직한 느낌 등) 등이 있다.

강화의 효과를 높이려면 강화를 아동 개인에 맞추어 철저히 개별화하고, 목표행동과 직결시켜야 하며, 목표행동이 발생한 즉시 제공하고, 일관성 있게 다루고, 목표행동에 변화가 일어날 정도로 충분히 주고, 일정한 계획에 따라 체계적으로 제공해야 한다.

벌 벌은 잘못된 행동에 제재를 가하고 그 발생 빈도와 비율을 줄이기 위해 사용된다. 벌은 혐오스러운 자극 제시, 긍정적으로 작용하던 자극 제거, 강제적인 교정행동 등 크게 세 가지 형태로 나눌 수 있다. 언어적 벌, 충격, 혐오적인 감각 자극물, 벌점카드, 부정적인 내면언어 등은 흔히 사용되는 혐오자극이다. 다음에 설명할 타임아웃, 반응대가는 긍정적인 자극을 없애는 방법에 속하고, 과잉교정과 역경기법은 강제 교정행동에 속한다.

벌의 효과를 높이는 방법은 벌을 아동 개인에 맞추어 철저히 개별화하고,

문제행동과 직결시켜야 하며, 문제행동이 발생한 즉시 제공하고, 일관성 있게 다루고, 일정한 계획에 따라 주는 것이다. 또한 벌을 줄 때는 문제행동을 강화하는 원천을 제거하며, 문제행동이 발생하는 초기에 개입하고, 여러 가지 종류의 벌을 사용하며, 벌을 주는 것과 동시에 바람직한 대안행동을 강화해야 한다.

바람직한 행동을 가르치는 방법

- 행동형성(shaping): 행동형성은 새로운 행동을 처음 가르칠 때 쓰는 방법으로, 반응의 질을 점차로 높여 가도록 학습시켜 가는 과정이다. 대개의 경우 처음에는 아주 간단한 반응에 보상을 주지만 점점 보상받을 행동 기준을 높임으로써 복잡하고 정교한 반응을 습득하도록 한다. 예를 들어, '엄마' 라는 발음을 가르칠 때, 처음에는 '어' 와 비슷하게 발음을 해도 보상을 주고, 그다음에는 '어~엄' 정도 발음해야 보상을 주고, 이런 식으로 마지막에는 '엄마' 를 정확히 발음해야 보상을 주는 것이다.

- 행동연쇄(chaining): 행동연쇄는 학습할 과제를 쉽게 만들어 주기 위해서 그 과제를 여러 단계와 요소로 나누어 한번에 한 단계씩 가르치는 방법이다. 아동이 '엄마' 라는 글을 배울 때 처음에는 ㄱ, ㄴ, ㄷ, ㄹ…… 등 자음을 배울 것이고, 그다음에는 모음 ㅏ, ㅑ, ㅓ, ㅕ…… 등 모음을 배울 것이다. 자음과 모음을 쓸 줄 알게 되면 이제 'ㅇ' 자는 다음에 나올 'ㅓ' 자의 단서가 되고 'ㅓ' 자는 다음에 나올 'ㅁ' 자의 단서가 된다는 것을 배운다. 이렇게 이어져 있는 행동의 각 동작을 순서대로 배워 나가는 방법을 행동연쇄법이라고 한다. 한 과제가 완성되지 않은 상태에서 보상을 준다는 면에서 행동연쇄는 행동형성과 비슷하지만, 일정한 단계를 정해 놓고 단계가 끝날 때마다 보상을 준다는 점에서 차이가 있다.

- 용암법(fading): 용암법은 어떤 행동을 통제하는 자극을 점점 약하게 하여 궁극적으로 새로운 자극에 대해 반응할 수 있도록 하는 절차다. 예를 들어, 아동

에게 오각형과 육각형을 구별할 수 있도록 가르치는 경우, 빨간색으로 그린 오각형과 노란색으로 그린 육각형을 아동에게 보여 주면서 오각형과 육각형을 구별하도록 훈련시킨다. 아동이 틀리지 않고 반응하면, 색깔 단서를 점점 사라지게 하여 같은 색으로 그려진 오각형과 육각형을 구별할 수 있도록 훈련시킨다.

- 계약법(contracting): 교사와 아동이 일종의 행동 계약을 맺는 방법이 계약법이다. 교사는 아동과 함께 아동이 새로 배우거나 정해야 할 행동, 이 약속을 지켰을 때와 어겼을 때 받을 보상과 벌을 정하고 이를 계약서로 작성해 놓는다. 계약법이 효과가 있으려면, 아동이 지켜야 할 약속 내용에 아동의 의견을 충분히 반영하고, 약속 내용이 잘 지켜지도록 여건을 조성해 주며, 보상이나 벌칙의 기준을 쉽고 분명하게 설정하고, 보상과 벌칙의 시행은 계약서에 적힌 그대로 실시하며, 계약이 시행되는 동안에는 계약서에 적힌 보상과 벌 이외에 다른 반응을 하지 않아야 한다. 특히 계약에 없는 잔소리를 하거나 야단을 치는 일이 없도록 한다.

- 자기조절법(self-control): 자기조절법은 사고력이 충분히 발달한 아동에게 적합한 방법으로서 아동 스스로 문제점을 파악하고 교정해 가도록 돕는 방법이다. 자기조절법에는 자기관찰법, 자기억제법, 독백훈련 등이 있다. 자기관찰법에서는 문제행동이 어느 상황에서 얼마나 자주 일어나는지, 또 그 행동으로 인해 오는 손해가 무엇인지를 기록하게 한다. 아동이 자신의 행동을 관찰하고 기록하는 과정에서 자신에 대한 새로운 모습을 발견하거나 또는 문제의 심각성을 깨달아 스스로 문제행동을 중단하도록 하는 것이다. 자기억제법은 특정 자극이나 상황에서 충동적인 욕구가 일어날 때 이를 대신할 수 있는 행동을 개발함으로써 충동적인 행동을 통제하는 방법이다. 수업시간에 떠들고 싶은 충동이 일어날 때마다 속으로 1~20까지 센다든지, 다른 아동들의 행동을 관찰하는 식으로 대치행동을 활용하는 것이다. 독백훈련은 아동으로 하여금 머리에 떠오르는 생각을 그대로 말로 표현하면서 행동하도록 훈련시키는 방법이다. 예를 들어, 퍼즐을 맞추면서 "어, 여기 머리 부분이 빠졌네. 이 부

분을 맞추어야 할텐데. 이게 맞을까? 어디 한번 대 보자. 에이 너무 크네. 그러면 좀 더 작은 것으로 해 보자."는 식으로 소리를 내어 중얼거리며 행동하도록 하는 것이다. 이 방법은 충동적으로 행동하거나 주의가 산만하여 한 자리에 오래 있지 못하고 부산하게 돌아다니는 아동들에게 효과가 좋다.

• 토큰경제법(token system): 토큰경제법은 교사들이 가장 많이 활용하는 행동통제법이다. 토큰경제법은 화폐 대신에 토큰을 사용하여 약속된 물건을 살 수 있도록 만든 제도다. 아동은 획득한 토큰을 사용하여 정해진 범위 내에서 다양한 상품과 서비스를 구매할 수 있다. 토큰경제를 시행할 때는 아동과 의논하여 토큰을 받을 수 있는 행동, 보너스를 받을 수 있는 행동, 벌칙으로 토큰을 빼앗길 수 있는 행동, 토큰으로 할 수 있는 일 등을 미리 정해 놓고 그에 따르도록 한다. 토큰경제를 사용할 때는 아동이 자신이 수행한 바람직한 행동이 토큰으로 보상받는 데 대해 거부감을 갖지 않는지, 부당하게 토큰을 취득하는 경우가 발생하지 않는지, 더 많은 토큰을 얻기 위하여 학급 아동들 사이에 쓸데없는 경쟁과 갈등이 유발되지 않는지 잘 살펴야 한다.

바람직하지 않은 행동을 교정하는 방법

• 타임아웃(time-out): 타임아웃은 벌의 한 형태로서 강화를 제공하는 사건이나 대상으로부터 일정 시간 아동을 떼어 놓음으로써 바람직하지 않은 행동을 하지 못하게 하는 행동수정의 한 방법이다. 타임아웃에는 두 가지 종류가 있다. 하나는 아동을 일정 시간 강화 자극이 있는 곳에서부터 강화 자극이 적거나 없는 곳으로 격리시켜 놓는 경우고, 다른 하나는 아동을 다른 곳으로 격리시키지 않고 아동이 있는 곳에서 강화를 약한 상태로 만드는 경우다.

• 과잉교정(overcorrection): 아동이 바람직하지 못한 행동을 했을 때 그 행동을 교정하는 다른 행동을 행하도록 하는 방법이 과잉교정이다. 과잉교정에는 두 가지 요소가 있다. 하나는 상환이라고 일컫는 것으로서 부적절한 행동이 가져온 환경적 효과를 원상 복귀시키는 것이다. 만일 어떤 아동이 식탁에서

음식물을 쏟았다면, 이 음식물을 깨끗하게 청소시키는 것이 상환이다. 또 하나의 요소는 적절한 행동을 반복해서 실행하도록 하는 긍정적 연습이다. 음식물을 쏟은 아이에게 여러 번 음식이 든 그릇을 다루는 법을 연습하게 하고, 또 다른 사람들에게 음식물을 날라 주는 일을 시키는 것이 긍정적 연습이다.

• 반응대가(response cost): 아동이 즐길 수 있는 권리를 미리 준 후 약속을 어기거나 벌받을 행동을 했을 때 그 권리를 빼앗는 것을 말한다. 다시 말하면 바람직하지 않은 행동을 했을 때 벌금을 거두거나 벌칙을 줌으로써 정적 강화를 빼앗는 것이다. 일주일치 용돈을 미리 주고 약속을 어길 때마다 용돈에서 일정 액수를 빼앗는다거나, 귀가시간을 9시로 정해 놓고 이를 어기면 외출을 금지시키는 예가 여기에 해당한다.

• 고통 주기(aversive stimulus): 가장 일반적인 벌로서, 고통스러운 벌을 피하기 위해 바람직하지 못한 행동을 멈추게 하는 방법이다. 아동의 잘못된 행동에 대해 종아리를 때린다거나, 운동장을 뛰게 한다거나, 냄새나는 화장실을 청소하게 하는 방법들이 여기에 속한다. 고통 주기는 아동의 행동을 통제하는 즉각적 효과가 있기 때문에 쉽게 사용되는 경향이 있지만 벌이 가져오는 여러 가지 부작용 때문에 별로 추천하고 싶지 않은 방법이다.

• 차등보상(differential reinforcement of other behavior): 고치려고 하는 특정 문제행동 이외의 다른 긍정적인 행동을 집중적으로 칭찬하거나 보상하는 방법이 차등보상이다. 예를 들어, 욕을 자주하는 아동이 있을 때 욕을 할 때는 못들은 척 넘어가다가 친구들과 사이좋게 지내는 행동을 할 때는 칭찬을 많이 한다거나, 수업시간에 떠드는 아동의 행동을 무시하다가 아동이 수업에 집중하거나 조용히 앉아 있으면 칭찬과 보상을 주는 방법들이 여기에 속한다.

• 소거 또는 무시(extinction): 아동이 문제행동을 할 때마다 보이던 관심을 더 이상 보이지 않음으로써 아동의 문제행동을 교정하려는 방법이다. 아동이 문제를 일으킬 때 야단을 치거나 벌을 주는 행동은 부정적이기는 하지만 아동에

게 관심을 보이는 행동이다. 따라서 정상적인 방법으로 관심을 얻기 어려운 아동은 문제행동을 자주 일으킴으로써 관심을 얻으려고 한다. 소거법은 이러한 악순환의 고리를 끊는 데 도움이 된다. 소거법을 사용하면 초기에 아동의 문제행동이 감소하다가 갑자기 그 빈도가 폭발적으로 늘어날 수 있다. 이는 일시적인 반동현상일 가능성이 높으므로 크게 걱정할 필요가 없다. 소거법은 차등보상법과 병행하여 사용하면 효과가 높다.

- 포만(satiation): 아무리 맛있는 음식도 많이 먹으면 질리는 것처럼 아동이 아무리 즐겨 하는 문제행동도 물리도록 실컷 하게 해 주면 곧 싫증을 내게 된다. 이 원리를 이용하여 문제행동을 교정하는 방법이 포만이다. 종이를 찢기 좋아하는 아동에게 신문지를 가득 가져다 주고 싫증이 날 때까지 찢게 한다거나, 물건을 모아두기 좋아하는 아동에게 방이 비좁을 정도로 많은 물건을 주어 질리게 하는 방법 등이 이에 속한다. 다만 아동 자신이나 주위 사람들을 위험하게 하거나 큰 불편을 주는 경우에는 포만법을 사용하지 않아야 한다.

- 상반행동강화(differential reinforcement of incompatible behavior): 문제행동과 동시에 일어날 수 없는 행동을 하게 함으로써 문제행동이 발생하지 못하도록 하는 방법이 상반행동강화법이다. 손을 자주 빠는 아이에게 손으로 무엇을 만들거나 물건 옮기는 행동을 하게 한다거나, 다른 아이들을 자주 때리고 못살게 구는 아동에게 학급 규율 부장을 맡겨서 학급에서 일어나는 폭력행동을 감시하게 한다거나, 쓰레기를 마구 버리는 아동에게 청소부장을 시키는 방법들이 여기에 속한다.

- 조건부 운동(contingent exercise): 문제행동이 일어날 때마다 문제행동과 비슷한 동작의 운동을 강제로 지칠 때까지 시키는 방법이다. 다리를 자주 떠는 아동에게 다리를 떨 때마다 무릎 굽혔다 펴기를 반복하게 한다거나, 수업시간에 이리저리 돌아다니는 아동에게 운동장을 뛰게 한다거나, 주먹으로 친구를 위협하는 아동에게 팔굽혀 펴기나 샌드백을 치게 하는 방법 등이 여기에 속한다.

• 역경기법(ordeal therapy): 역경기법은 문제행동을 하는 것보다 더 힘든 역경을 수행하게 함으로써 문제행동을 중지하도록 유도하는 방법이다. 벌이 되는 역경은 문제행동을 함으로 인해 일어나는 고통과 같거나 더 큰 고통을 주는 것이어야 한다. 역경으로 주어지는 행동 과제는 아동이 수행할 수 있는 것이어야 하며 또 아동이 동의하는 것이어야 한다. 또 주어지는 역경은 아동 자신과 주위 사람들에게 피해를 입히는 것이어서는 안된다. 그리고 일단 역경으로 주어질 행동이 정해지면 문제 행동이 사라질 때까지 꾸준하고 성실하게 실행하도록 해야 한다. 글씨를 잘 못쓰는 아동이 숙제를 해오지 않을 때, 방과 후 교실에 남아서 교과서 다섯 쪽을 공책에 옮겨 써야 집에 갈 수 있도록 한다면 역경기법을 사용하는 것이다.

인지기법

아동의 행동장애를 교정하는 전략으로서 인지기법은 생각보다 그리 효과가 높지 않은 것으로 밝혀지고 있다. 그러나 아동의 지적 발달이 정상적이고 아동과 함께할 시간이 비교적 넉넉하다면 인지기법을 적용하는 것도 한 방법이다. 아동에게 적용할 만한 인지기법은 다음과 같다.

4단계로 생각하기   공격성이 높은 아동들의 특징 중 하나는 차분하게 생각하지 못하고 충동적으로 행동하는 것이다. 이들이 좌충우돌하고 파괴적 행동을 서슴지 않는 데에는 생각보다 행동이 앞서는 것이 큰 원인이다. 따라서 차분히 생각하는 방법을 가르친다면 이들의 행동을 통제하는 데 도움이 될 것이다. 차분히 생각하는 방법의 하나로 '4단계로 생각하기'가 있다. 생각의 단계를 다음과 같이 네 단계로 나누어 놓은 것이다.

• 1단계: 문제가 뭐지?
• 2단계: 어떻게 할까? 계획을 세우자.

- 3단계: 계획대로 실천하자.
- 4단계: 계획대로 되었는지 확인하자.

교사는 먼저 4단계로 생각하기를 배우는 이유에 대해 아동에게 재미있게 설명해 준다. 그리고 크게 소리를 내어 4단계를 외우게 한다. 먼저 교사가 시범을 보이고 아동이 따라 하도록 하여 혼자서 4단계를 외울 수 있게 한다. 4단계로 생각하는 것이 익숙해지면 마음속으로 4단계를 반복하도록 한다. 4단계로 생각하기에 숙달되었다고 판단되면 실제 생활 사태에 이것을 적용하도록 한다. 예를 들어, 자기에게 욕을 하는 친구를 대할 때 이 네 가지 생각의 단계를 거치고 행동에 옮긴다. 4단계를 거쳐 생각한 후에 행동에 옮기려면 그 사이에 상당한 시간이 소요되는데 이렇게 시간을 들이는 행동 자체가 공격행동을 완화하도록 큰 도움을 준다. 그러니까 4단계로 생각하기는 시간적으로 뜸을 들인다는 점, 아동의 사고 기능을 활성화한다는 점에서 공격행동을 관리하는 훌륭한 방법이 될 수 있다.

멈추고 생각하기　　멈추고 생각하기는 행동을 하기 전에 일단 행동을 멈추고 생각을 불러들이는 방법이다. 수업 중에 수업을 방해하거나, 학교 기물을 파손하거나, 다른 아동에게 폭력을 행사하는 등 공격행동의 빈도를 줄이고자 할 때 유용하게 사용할 수 있는 방법이다.

- 먼저 공격행동을 하기 전에 '중지' 또는 '스톱'이라고 외친다. 처음에는 소리 내어 하다가 차츰 마음속으로 말한다.
- 지금 문제가 무엇인지 생각하여 문제 상황을 정의한다.
- 문제를 해결하기 위한 방법을 다양하게 생각한다.
- 각각의 해결방법에 대해 결과를 예상해 본다.
- 그중에 가장 결과가 좋을 것 같은 최선의 방법을 택해 행동으로 옮긴다.

이 방법을 사용하면 아동의 공격행동, 반항행동을 많이 예방할 수 있다. 하지만 화가 치민 상태에서 이렇게 체계적으로 생각하기는 쉽지 않으므로 상당히 많은 연습이 필요하다. 물론 교사는 아동이 노력하는 모습을 칭찬해 주고 격려를 아끼지 말아야 할 것이다.

사회적 기술

아동의 공격행동과 반항행동의 원인을 지적한 부분에서 이들의 행동이 인지결함, 인지왜곡에서 발생할 수 있다는 가능성을 언급한 바 있다. 특히 사회적인 맥락에서 다른 사람의 의도를 적대적인 것으로 잘못 지각하거나 다른 사람을 공격하는 자신의 반응을 긍정적으로 평가하는 경향이 문제가 된다고 지적하였다. 공격성이 높은 아동들이 다른 사람의 말을 귀담아듣지 않아 엉뚱한 말을 하거나 다른 사람의 의견을 존중하지 않고 자기주장만 하거나 다른 사람들이 이야기할 때 불쑥불쑥 끼어드는 현상은 이런 사실을 반영한다. 이런 아동들에게 필요한 것은 적절한 사회적 기술을 배우는 일이다. 사회적 기술은 대화 기술과 감정처리 기술로 나눌 수 있는데, 대화 기술에는 듣기 기술, 말하기 기술, 비언어적 태도가, 감정처리 기술에는 자신의 부정적인 감정처리하기와 다른 사람의 감정에 대응하기가 포함된다.

대화 기술　　대화 기술에서는 다음과 같은 듣기, 말하기, 비언어적 태도 등을 가르친다. 먼저 말로 설명하여 대화 기술이 왜 필요한지 이해시키고 교사가 직접 시범을 보인 후 역할놀이를 통해 익숙해질 때까지 연습을 한다. 이 기술은 아동 개인별로 실시해도 좋지만 학급 전체를 대상으로 교육하는 것도 좋은 방법이다.

- 듣기: 대화를 잘하려면 일단 상대방의 말을 잘 들어야 한다. 이를 위해서는 상대의 말에 주의를 기울이고 상대가 말하는 동안 고개를 끄덕이거나 "음, 음"

하는 소리를 내며 상대방의 말을 이해하고 있음을 알릴 필요가 있다. 또한 상대방의 말을 중간에 끊지 말고 말을 끝낼 때까지 차분하게 기다리며, 상대방의 말이 이해되지 않을 때는 부드럽게 질문하도록 한다.

- 말하기: 말을 할 때는 상대방이 알아듣기 쉽게 적당한 목소리로 천천히 명확하게 발음하도록 하며 입속으로 우물거리지 않도록 한다. 가능하면 명령하거나 강요하는 말은 하지 말고 "내 생각에는……." "내가 보기에는……." "내 느낌은……."으로 시작되는 자신의 의견이나 느낌을 표현하도록 한다. 설혹 상대방이 잘못했더라도 이를 놀리거나 비난하지 말고 말하기 전에 상대방의 기분을 먼저 헤아리도록 한다.

- 비언어적 태도: 비언어적 태도는 말을 주고받는 동안 상대방을 대하는 신체적인 태세를 말한다. 똑바른 자세로 앉아 미소 띤 표정으로 부드러운 시선을 상대에게 보낸다든가, 손을 적당한 위치에 놓는다든가, 손발을 떨지 않고 편안한 자세로 둔다든가, 가볍게 손동작을 하는 행동이 모두 이에 속한다.

감정처리 기술

- 분노 감정처리 기술: 공격성이 높은 아동들에게는 감정처리 기술 중 특별히 분노 감정에 대한 처리방법을 가르쳐야 한다. 화가 날 때 또는 다른 사람이 괴롭힐 때 대처하는 방법을 알면 그만큼 공격행동이 줄어들 가능성은 커진다. 분노 감정처리 기술은 앞에서 이미 언급한 바 있으므로 여기에서는 생략하도록 한다.

- 다른 사람의 감정에 대응하기: 공격성이 높은 아동들은 자신의 감정에 사로잡혀 다른 사람의 감정이 어떤지 헤아리는 능력이 부족하다. 따라서 이들에게 다른 아동의 감정은 어떨지, 또 다른 사람이 화를 낼 때 왜 화를 내는지 생각해 보도록 할 필요가 있다. 상대방의 얼굴 표정, 자세, 말, 행동에서 어떤 감정을 읽을 수 있는지 연습시키고 상대방이 화가 나 있다면 왜 화가 났는지 끝까지 이야기를 들어 보는 습관을 갖도록 한다. 아동 본인이 화를 낼 때 상대 아동은

어떻게 느낄지 감정이입하여 생각하도록 하는 것도 도움이 될 것이다.

순응행동 훈련

교사의 지시에 따르지 않거나 반항적으로 행동하는 아동에게 교사는 순응행동을 훈련시킬 수 있다. 순응행동 훈련도 몇 가지 단계로 나누어 실행할 수 있다(곽영숙 역, 2000).

1단계: 효과적인 지시를 한다.　　교사의 지시가 불분명하면 아동이 이에 따르기가 쉽지 않다. 따라서 교사는 자신이 분명한 지시를 내리고 있는지 확인해 볼 필요가 있다. 지시가 모호한지, 질문식으로 이루어지지는 않는지, 합리성을 결여하고 있는지, 한꺼번에 여러 지시가 복합되어 있는지, 너무 지시가 잦은지를 점검하고 가능한 한 이러한 지시를 피하도록 한다.

아동에게 지시를 할 때는 한 가지 내용을 지시하되 10단어 이하로 표현하는 것이 가장 효과적이다.

2단계: 효과적인 경고를 사용한다.　　아동이 지시에 순응하지 않을 경우 치러야 할 대가를 미리 경고한다. 경고는 "만약 ……하면, ……한다."는 형태로 표현하는데, 이 표현은 아동에게 만약에 교사의 지시를 따르지 않으면 어떤 일이 일어날지를 충분히 예측하게 한다. 경고의 횟수는 한 번으로 제한하도록 하고 만일 아동이 지시를 어기면 예외 없이 미리 경고한 대로 처벌한다. 교사가 이 자세를 일관성 있게 유지하면 아동은 한 번의 경고에도 교사의 말을 잘 따르게 된다.

3단계: 순응행동에는 강화를, 불응행동에는 벌을 준다.　　아동이 교사의 지시에 잘 따르면 적절한 강화를 주도록 한다. 칭찬, 특권, 강화물 등이 사용될 수 있다. 만약 아동이 교사의 지시에 따르지 않고 경고를 무시하는 행동을 하면 정해 놓은 벌을 주도록 한다. 가능하면 무거운 벌은 피하고 타임아웃,

특권상실, 반응대가 등을 활용한다. 이들에게는 벌로 운동을 시키는 것도 좋은 방법이다.

4단계: 차분하고 침착하게 아동지도에 임한다.　　아동을 순응시키는 과정에서 자칫 잘못하면 아동과 더불어 힘겨루기에 빠지게 될 가능성이 있으므로 차분하고 침착하게 자신을 가라앉힐 필요가 있다. 아동에게 순종을 요구할 때 단호하되 감정에 빠지지 않도록 주의해야 하며 화를 내거나 쉽게 좌절하는 행동은 금물이다. 아동이 지나치게 흥분하였다면 조용해질 때까지 기다렸다가 다시 지시를 내린다.

5단계: 인내심을 가지고 계속한다.　　교사가 일관성 있게 지속적으로 순응훈련을 시키면 상당한 효과를 얻을 수 있다. 다시 강조하지만 이 절차의 성공은 일관성과 꾸준함에 달려 있다. 이 절차를 사용할 때 잠시 동안 아동의 문제행동이 이전보다 더 나빠질 경우가 종종 있다. 그렇다고 해서 사기를 잃어서는 안 되며, 일관성 있게 이 절차를 적용하는 것이 중요하다. 인내심을 갖고 꾸준히 임하다 보면 아동의 순응행동은 점차 증가될 것이다.

학급 운영을 통한 아동의 공격행동 및 반항행동 관리 전략

개인상담 이외에 담임교사가 학급 운영의 과정 속에 아동의 공격성을 관리하는 방법을 적용할 수 있다면 학급의 교육활동은 훨씬 더 원활하게 진행될 것이다. 이 방법은 시간을 절약해 줄 뿐 아니라 학급의 역동성을 활용한다는 점, 정상 교육과정을 행동관리의 자원으로 삼는다는 점, 그리고 또래 아동들이 직접 행동관리에 참여한다는 점에서 교사들이 특별한 관심을 가질 만한 가치가 있다. 앞으로 초등학교 상담 또는 학급상담은 이 같은 내용을 중심으로 새롭게 다듬어져야 한다.

학급회의를 통한 공격행동, 반항행동 관리

보통 초등학교 학급은 담임교사 한 사람과 학생 35명으로 구성되어 있다. 따라서 학급의 분위기를 만들고 상호작용의 내용을 결정하는 데에는 교사와 아동 36명 전원이 참여한다. 그럼에도 교사의 교육적 역할이 지나치게 강조됨으로써 아동이 학급에 기여하는 역할은 현저하게 위축되어 있다. 그러나 아동을 단순한 피교육자가 아니라 교육에 참여하는 하나의 파트너로 인정하고 이들의 역량을 활용하겠다고 생각을 바꾸면 학급을 운영하는 다양한 방안들이 도출될 수 있다. 그중 하나가 학급회다. 일주일에 한 번씩 열리는 학급회의에 학급에서 일어나는 다양한 주제를 올려놓고 아동들의 자유로운 토론을 통해 바람직한 방안을 찾아 가는 방법이다. 이렇게 하여 결정된 사항은 아동들이 스스로 내린 결정이기 때문에 아동들에게 특별한 의미를 가질 뿐 아니라 강한 또래 압력으로 작용하여 그 실행도가 매우 높다. 아동의 공격행동과 반항행동 역시 학급회의의 주제로 올려놓고 아동들 스스로 해결책을 찾아 실행하도록 하면 학급 운영에 큰 도움이 될 것이다.

담임교사는 학년 초에 학급회의를 열어 원활한 학급 운영을 위하여 교사가 기대하는 행동을 설명하고 이를 학생들이 어길 때 어떻게 할 것인지 토론에 부친다. 교사는 여기에서 나온 결정을 존중하되 지나치게 무리한 내용은 수정하고 세부적인 보완이 필요한 내용은 다듬은 후 학생들의 동의를 얻어 학급 운영 규칙으로 확정한다. 일단 확정된 규칙은 일관성 있게 지켜 나가되, 이 규칙에 문제가 생기는 경우 다시 학급회의에 부쳐 새로운 결정을 내리도록 한다. 아동의 학급행동에 대해 강화와 벌을 주는 기준이 정해지면 교사는

좋은 의견 말해 봐요

물론 아동들도 모두 함께 그 기준에 따르도록 한다. 교사 개인의 일관성 있는 반응도 필요하지만 교사와 아동들 사이의 일관성 역시 매우 중요하다.

때로는 아동의 과격한 공격행동으로 인해 학기 도중에 이 문제가 학급회의에 오를 수 있다. 이때도 앞서 설명한 내용과 같은 방식으로 접근하되 공격행동을 가한 아동을 일방적으로 매도하는 회의가 되지 않도록 교사의 세심한 배려가 필요하다.

학급 자치조직 활용

담임교사는 학기 초에 학급 운영을 위하여 필요하다고 여겨지는 아동 자치조직을 구성할 수 있다. 이를테면 선행을 많이 하는 아동을 찾아내는 학급 암행어사, 교사의 잡무를 도와주는 담임도우미, 공부에 뒤처진 학우를 가르치는 학급과외교사, 응원을 주도하는 학급응원단, 상담 활동을 펼치는 또래상담자, 비상사태 발생 시 안전행동을 안내할 119 구조대, 학급을 폭력의 위기에서 구하는 학급수호대 등이 그것이다. 이 중 학급수호대는 학급에서 발생하는 각종 반항행동, 공격행동, 반사회적 행동을 예방하고 그런 행동이 발생하는 경우 신속하게 대응하는 역할을 한다. 교사는 학급수호대 대원들에게 공격행동 및 반항행동의 특징과 대처방법에 대해 설명하고 이들과 수시로 접촉하여 학급 상황을 점검한다. 때로는 상반행동 강화의 원리를 이용하여 공격성이 높은 아동을 학급수호대원 또는 학급수호대장으로 임명하여 학급 내에서 발생하는 공격행동을 관리하는 역할을 맡길 수도 있다.

소집단상담과 역할놀이

신학년 초 또는 학기 중의 수업시간 또는 여유 시간에 아동의 공격성을 다루기 위한 소집단상담을 실시하는 것도 한 방법이다. 또래의 영향력이 큰 시기에 소집단을 통해 또래 아동들과 더불어 공격성을 다루고 여러 가지 사회적 기술을 직접 체험하는 경험은 아동에게 아주 효과가 크다. 소집단은 대개 6~8명 정도로 구성하고 다양한 상황을 설정하여 역할연기를 하고 서로의 체험을 나누도록 한다. 소집단상담에서는 다음과 같은 주제들이 다루어진다(신현균, 김진숙, 2000).

- 교실에서의 사회적 기술: 선생님 말씀 귀담아듣기, 지시를 이해하고 따르기, 자신에게 할당된 일하기, 수업에 적극적으로 참여하기
- 친구관계 기술: 기본적인 대화방법 훈련, 대화 시작하기와 끝내기, 놀이의 규칙 따르기, 남에게 공손하게 부탁하기, 친구를 도와주기, 남을 칭찬하기, 칭찬을 받아들이기, 잘못했을 때 사과하기
- 감정처리 기술: 자기감정을 정확하게 알기, 자기감정을 효과적으로 표현하기, 다른 사람의 감정을 이해하기, 다른 사람을 배려하기, 분노를 적절히 처리하기, 다른 사람에게 관심과 애정을 표현하기
- 공격성처리 기술: 화날 때 참기, 남이 괴롭힐 때 반응하기, 싸우지 않고 문제 해결하기, 자기 잘못을 받아들이기, 야단맞을 때 대처하기, 협상하기
- 스트레스처리 기술: 지루함을 이겨 내기, 패배나 실패에 대처하기, 당황할 때 대처하기, 거절당할 때 받아들이기, 다른 사람의 부탁을 겸손하게 거절하기, 화날 때 긴장 풀기

공감반응 훈련

초등학교 아동들은 전반적으로 남의 말을 잘 듣지 않고 행동하는 경향이 있다. 공격성이 높은 아동들은 그 정도가 심할 따름이다. 따라서 학급 아동 전체를 대상으로 남의 말을 잘 듣도록 훈련할 필요가 있는데 공감반응 훈련은 그중 하나에 속한다. 앞서 언급한 소집단상담의 감정처리 기술에서 다른 사람의 감정을 이해하기는 공감반응 훈련과 유사하지만 공감반응의 중요성을 고려하여 별도 항목으로 다루도록 한다.

◈ 감정 용어 도표 ◈

공격적인	화난	교만한	수줍은	지루한	조심스러운
자신 있는	혼란스러운	호기심을 느끼는	실망한	못마땅한	믿지 않는
혐오하는	황홀한	격분한	시기하는	두려운	좌절한
몹시 슬퍼하는	죄책감을 느끼는	행복한	무서움에 질린	상처받은	질투하는
즐거운	외로운	비참한	부정적인	예민한	낙천적인
후회하는	슬픈	만족한	겁나는	충격받은	고집스러운
놀란	의심하는	동정심이 있는	진정 못하는	물러난	

공감반응은 크게 두 가지 부분으로 구성된다. 하나는 상대방의 감정을 짚어 주는 부분이고 다른 하나는 그런 감정이 발생하게 된 원인 또는 이유를 대는 부분이다. "내가 너한테 욕을 해서 화가 났다는 말이지?" 하는 식으로 "……하니(해서, 그래서 등), ……구나(말이지, 하군)."라는 어법에 맞추어 말하도록 한다. 이때 정확하게 상대방의 감정을 짚어 내는 일이 매우 중요하므로 감정을 지각하고 인지하는 훈련을 많이 해 두는 것이 좋다. 이 훈련 과정에서 다음 감정 용어와 얼굴 표정이 도움이 될 수 있을 것이다(곽영숙 역, 2000).

자리 깔아 주기

우리 속담에 하던 짓도 멍석 깔아 주면 그만둔다는 말이 있다. 이 원리를 아동들의 공격행동에 적용해 볼 수 있다. 흔히 싸우거나 다투는 아동들을 불러 이유를 물으면 자기는 잘못한 게 없는데 상대방이 잘못했다고 주장하면서 목청을 높인다. 이럴 때 대부분의 교사는 두 아동 모두에게 야단을 치고 상황을 종료하려 하지만 뜻대로 잘되지 않을 뿐더러 설사 상황이 종료되었다 하더라도 아동의 마음속에는 여전히 앙금이 남아 있기 마련이다. 이런 상황에서 교사가 학급 아동들이 다 보는 앞에서 "그래, 알았어. 너희 둘 다 싸울 만한 정당한 이유가 있다는 거네. 좋아, 그러면 이제부터 내 앞에서 싸우도록 해라. 누가 이기는지 내가 심판 봐 줄까? 자, 어서 싸워."라고 말하며 싸움을 재촉하면 아동들이 어리둥절하여 싸움을 멈추고 슬그머니 꽁무니를 빼는 경우가 많다. 아동의 공격행동을 적극 권장함으로써 오히려 그 행동을 줄여 나가는 역설적 처방 기법이다. 욕을 많이 하는 아동에게 이 기법을 사용하여 성공한 사례도 있다.

공격성을 해소하는 교육과정 운영

한창 자라나는 35명의 아동들이 좁은 공간에서 오글거리는 우리나라 초등학교 학급은 아동의 공격성을 조장하는 열악한 환경이다. 교사는 이곳에서 아동들이 4~6시간씩 갇혀 있다는 점을 생각해야 한다. 에너지가 넘치는 아동들이 이렇게 오랫동안 갇혀 있으면 공격성이 높아질 수밖에 없다. 따라서 교사는 수업운영이나 교육활동을 통해 아동의 공격성을 해소시키는 방안을 찾아야 한다. 특히 주지교과 시간에는 수업시간 중간중간 아동의 관심을 끄는 활동이나 율동하는 시간을 넣어 주는 것이 좋다. 그 밖에도 야외수업을 한다거나 실습, 관찰수업, 역할놀이, 게임, 운동 등 아동을 움직이게 하는 다양한 프로그램을 활용하는 것이 좋다. 가능한 한 쉬는 시간을 길게 주고 쉬는 시간에는 밖에 나가 뛰어놀게 하는 방법도 좋다.

명상하기

이른 아침 수업을 시작하기 전에 자세를 가다듬고 차분하게 명상하는 시간을 갖는 것도 학급 아동들의 공격성을 다스리는 한 가지 방법이 될 수 있다. 어제 오늘 사이에 있었던 일을 되돌아보게 한다든가, 조용히 자기 내면 속으로 침잠해 들어가 텅 빈 마음이 되도록 한다든가, 호흡에 정신을 집중하여 에너지의 흐름을 관찰하게 하는 방법들이 활용될 수 있다. 아동들이 명상을 하는 동안 교사는 조용한 음악을 틀어 주거나 그날의 명상거리를 부드러운 목소리로 읽어 줄 수도 있다.

학급에서 발생하는 싸움(폭력) 다루기

담임교사가 보는 앞에서 아동끼리 격렬한 싸움을 벌인다면 어떻게 대응해야 할까? 최근 아동들의 몸집이 커지면서 체구가 자그마한 신참 여성 담임교사가 보는 앞에서 싸움을 벌이고 폭력을 행사하는 일이 잦아지고 있다. 교사를 무시하는 풍토와 아동의 충동 통제력 결함이 결합되어 나타나는 새로운 교실 풍속도라고 하겠다. 교사에게는 일종의 위기 상황인 이러한 사태에 어떻게 대처하는 것이 바람직한지 생각해 보자.

먼저, 교사는 싸우는 아이들을 떼어 놓는다. 이때 교사의 힘이 부족하면 미리 조직해 놓은 학급수호대의 도움을 받는 것이 좋다. 가능하면 다른 교사들을 부르지 말고 자체적으로 해결한다.

둘째, 싸움을 한 아이들과 다른 학급 동료들을 격리시킨다. 먼저 학급반장이나 학급수호대장을 시켜 많이 얻어맞은 아이를 데리고 나가 씻기도록 한다. 교사는 나머지 아동을 학급 밖으로 데리고 나가거나 아니면 학급 아동들을 밖으로 내보낸다. 싸움으로 인해 흥분된 감정은 주변에 사람들이 있으면 쉽게 가라앉지 않는다. 따라서 구경꾼들과 떼어 놓는 것이 좋다.

셋째, 아동의 흥분이 가라앉을 때까지 교사는 차분하게 기다린다. 이때 교사의 몸을 낮추어 눈높이가 아동의 눈높이보다 낮은 위치에 오게 하고 손은 뒷짐을 지거나 주머니에 넣는다. 가능하면 아동의 눈을 정면으로 들여다보지 말고 이따금 곁눈으로 아동의 행동을 관찰한다. 이렇게 행동하는 이유는 교사에게 아동을 벌할 의사가 없음을 알려 줌으로써 아동의 흥분 상태를 빨리 진정시키기 위함이다.

넷째, 아동의 흥분이 충분히 가라앉았다고 생각되면 아동에게 말을 건넨다. 이때 "음…… 목에 상처가 났구나. 많이 아프지 않니?"라는 식으로 아동의 상태에 관심을 표명하고, "너희들이 격렬하게 싸우는 걸 보고 선생님은 엄청 놀랐어."라는 형태의 나−메시지(I-message)를 사용하여 대화를 이어 나간다. 이런 대화법 역시 교사가 아동을 공격할 의사가 전혀 없음을 알리기 위한 전략이다.

다섯째, 아동과 대화를 이어 가는 동안 공감적 반응을 활용한다. 충분한 대화가 이루어지고 아동의 마음이 평정을 되찾았다고 여겨지면 공격행동에 대해 사전에 정해 놓은 규칙을 상기시키고 그에 상응하는 대가를 치르도록 한다.

제 6 장
주의력 결핍 및 과잉행동 장애

주의력 결핍 및 과잉행동 장애(Attention Deficiency and Hyperactivity Disorder, 이하 ADHD라고 칭함) 아동이 있는 학급은 상당히 소란스럽다. 수업시간 도중 아동이 여기저기 돌아다니기도 하고, 옆에 있는 친구들을 괴롭히기도 하며, 부산스럽게 움직여서 주의를 흩뜨리기 일쑤다. 담임교사는 아동의 행동을 통제하고 관리하기 위하여 여러 가지 방법을 동원하는데, 결국은 성공하지 못하는 경우가 대부분이다. 결과적으로 교사는 무능감, 좌절감에 사로잡히게 되고 자신의 교육 역량에 회의를 느끼기도 한다. 게다가 최근에는 거의 모든 학급에서 ADHD 아동들이 발견될 정도로 그 수가 증가하는 추세여서 문제의 심각성이 커지고 있다.

하지만 담임교사들이 ADHD의 정체를 분명히 인식하고 ADHD 아동의 행동을 통제·관리하기 위한 전략과 기법을 상세히 알고 있다면 상황은 달라질 수 있다. 이 장은 ADHD에 대해 기존의 연구들이 밝혀 놓은 사실을 정리하고 이를 바탕으로 ADHD 아동을 교육하기 위하여 담임교사가 학급에서 활용할 수 있는 전략들을 탐색할 것이다.

ADHD 아동에 대해 밝혀진 사실들

ADHD는 아동에게 장기적으로 심각한 영향을 미치는 장애다. 미국의 경우 학령기 아동의 3~5%에 이르는 아동들이 ADHD를 겪는 것으로 보고되고 있다. ADHD 아동들은 주의 산만, 충동성, 과잉행동으로 대표되는 행동 문제를 경험한다. 이러한 행동 문제는 이들로 하여금 정서적 · 사회적 · 발달적 · 학업적 · 가정적 측면에서 정상적인 적응과 성장을 성취하는 데 어려움을 준다. ADHD 아동들이 학업을 중도에 포기하거나, 알코올 또는 약물 남용에 빠지거나, 청소년 비행에 가담하는 확률은 매우 높은 편이다. 하지만 적절한 개입과 치료를 통해 일상생활에 적응하도록 돕는 일이 전혀 불가능한 것은 아니다.

ADHD 아동의 특징

먼저 미국 정신의학회의 진단 기준(DSM-Ⅳ, 1994)에 나타난 ADHD 아동의 특징을 살펴보자.

DSM-Ⅳ의 진단기준에도 나타나듯이 ADHD의 특성은 부주의, 충동성, 과잉행동으로 대표된다고 할 수 있다. 그렇다면 이 세 가지 행동 특성과 관련하여 이들은 학급에서 어떤 행동을 보일까?

ADHD 증상은 아동에 따라 달리 나타나지만, 가장 공통적인 문제는 주의를 집중하는 일과 정상적인 활동 수준을 유지하는 일이다. 이 두 가지 행동이 어렵기 때문에 이들은 학업성취, 친구관계, 사회적인 관계에서 곤란을 보이

주의력 결핍 및 과잉행동 장애의 진단기준

A. 1 또는 2 중 한 가지에 해당되는 경우

1. 부주의에 관한 다음 증상 가운데 여섯 가지 이상의 증상이 최소 6개월 이상 부적응적이고 발달 수준에 맞지 않게 지속될 때

부주의

- 세부적인 것에 자세한 주의를 기울이지 못하거나 학업, 작업 또는 다른 활동에서 부주의한 실수를 저지른다.
- 일을 하거나 놀이를 할 때 지속적으로 주의를 집중할 수 없다.
- 다른 사람이 말을 할 때 경청하지 않는다.
- 지시를 완수하지 못하고 학업, 직업, 작업장에서의 임무를 끝내지 못한다(반항하거나 지시를 이해하지 못해서가 아님).
- 과업과 활동을 체계화하지 못한다.
- 지속적인 노력을 요구하는 과업(학업 또는 숙제)에 참여하기를 피하고 싫어하며 저항한다.
- 과제나 활동에 필요한 물건들(장난감, 학습과제, 연필, 책, 도구 등)을 잃어버린다.
- 외부의 자극에 의해 쉽게 산만해진다.
- 일상적인 활동을 잊어버린다.

2. 과잉행동과 충동성에 관한 다음 증상 가운데 여섯 가지 이상의 증상이 최소 6개월 이상 부적응적이고 발달 수준에 맞지 않게 지속될 때

과잉행동

- 손발을 가만두지 못하거나 의자에 앉아서도 몸을 움직인다.
- 앉아 있어야 하는 교실이나 다른 상황에서 자리를 벗어난다.
- 부적절한 상황에서 지나치게 뛰어다니거나 기어오른다(청소년 또는 성인의 경우에는 좌불안석하는 행동으로 나타날 수 있음).
- 조용히 여가 활동에 참여하거나 놀지 못한다.
- 끊임없이 활동하거나 마치 '저절로 움직이는 것처럼' 행동한다.

- 지나치게 말을 많이 한다.

충동성
- 질문이 끝나기도 전에 성급하게 대답한다.
- 차례를 기다리지 못한다.
- 다른 사람의 활동을 방해하고 간섭한다(예, 대화나 게임에 참견함).

B. 장애를 일으키는 과잉행동-충동 또는 부주의 증상이 7세 이전에 있었다.

C. 증상으로 인한 장애가 두 가지 이상의 장면에서 존재한다(예, 학교, 작업장, 가정).

D. 사회적 · 학업적 · 직업적 기능에 임상적으로 심각한 장애가 나타난다.

E. 증상이 광범위성 발달장애, 정신분열증 또는 기타 정신증적 장애의 경과 중에만 발생하지 않으며, 다른 정신장애(예, 기분장애, 불안장애, 해리성장애, 인격장애)에 의해 잘 설명되지 않는다.

유형에 기초한 진단명
- 주의력 결핍/과잉행동 장애, 복합형: 지난 6개월 동안 진단기준 A1과 A2를 모두 충족시킨다.
- 주의력 결핍/과잉행동 장애, 주의 결핍형: 지난 6개월 동안 진단기준 A1은 충족시키지만 A2는 충족시키지 않는다.
- 주의력 결핍/과잉행동 장애, 과잉행동형: 지난 6개월 동안 진단기준 A2는 충족시키지만 A1은 충족시키지 않는다.

고 결국 자존감도 낮아지게 된다. 흔히 부모 또는 담임교사와 사이가 좋지 않은 것도 이 때문이다(Schwiebert & Sealander, 1995).

부주의 행동은 선택적 주의, 주의 용량, 주의 지속 등 세 가지 유형에서의 결함으로 나눌 수 있다. 교실에서 발견되는 ADHD 아동의 부주의 행동을 보다 상세히 살펴보자[Zentall(1993)은 부주의(inattention)를 편향된 주의(biased attention)로 보아야 한다고 주장한다. 이는 부주의의 측면 중 선택적 주의를 강조하는 입장으로 보이는데, ADHD 아동의 학습과 관련하여 중요하게 검토해 볼 사항이라고 여겨진다].

- 학습할 내용에 주의를 기울이는 대신 창밖을 보거나, 연필을 가지고 장난을 하거나, 의자를 흔든다.
- 교사의 지시에 주의를 집중하지 못하고 집중을 하더라도 오래 지속되지 않는다.
- 질문이나 지시를 자주 반복해야 한다.
- 주어진 과제를 계속하지 못한다.
- 자기 소유의 물건을 정리 · 정돈하지 못한다.
- 숙제를 해 오지 않는다.
- 자기 물건을 잃어버리거나 기억해야 할 내용을 잘 잊어버린다.
- 글로 써 놓은 지시 사항을 읽지 않거나 읽더라도 따르지 않는다.
- 시작은 하지만 끝을 내지 못하는 과제가 많다.

충동성은 인지적 충동성과 행동적 충동성으로 나눌 수 있다. 교실에서 발견되는 충동성에는 다음과 같은 행동들이 있다.

- 교사가 시키는 일을 하지 않겠다고 하거나, 자기가 하고 있던 일을 고집을 부리며 계속하거나, 시킨 일과 반대되는 일을 한다.
- 교사가 질문을 끝내기도 전에 큰 소리고 답을 외친다.
- 여러 가지 활동에서 자기 차례가 돌아올 때까지 참고 기다리지 못한다.
- 학급 동료의 물건을 빼앗는다.
- 학급 동료들이 이야기하고 있는 도중에 끼어들어 방해한다.
- 한 과제를 끝마치기 전에 다른 과제에 덤벼든다.
- 쉽게 좌절한다.

- 학급 동료들을 붙잡고 밀고 당기고 때리는 행동을 한다.
- 쉽게 화를 내거나 흥분한다.
- 자신의 행동이 초래할 결과를 생각하지 않는다.
- 쓰기나 산수 문제를 푸는 데 실수가 많다.

교실에서 발견되는 과잉행동에는 다음의 행동들이 포함된다.

- 자리에 앉아 있는 동안 가만히 있지 못하고 몸을 비비 꼬는 등 불안정하게 움직인다.
- 앉아 있는 자세를 자주 바꾸거나 주위를 돌아다니는 등 안절부절못한다.
- 수업시간에 떠들썩하게 구는 등 상황에 알맞은 행동을 하지 못한다.
- 아무 데나 올라타고 뛰어넘고 기어오르려고 한다.
- 지나치게 소음을 많이 낸다.
- 몸을 이리저리 뒤척이고 고개를 흔드는 등 불필요한 움직임이 많다.
- 수업 도중에 여러 번 자리에서 일어나 화장실을 가기도 하고, 연필을 깎아도 되느냐고 교사에게 묻는다.
- 에너지 수준은 높으나 끝마무리하는 일이 거의 없다.

이상의 행동이 원인이 되어 대부분의 ADHD 아동들은 학업성취가 떨어지고 정서장애를 경험하기도 한다. 이들 중 성적이 낮아서 중도에 학업을 포기하거나, 분노, 공격성, 우울, 불안 증상을 가진 아동들이 많은 것도 이러한 이유 때문이다(McKinney, Montague, & Hocutt, 1993; Reeve, 1990).

ADHD의 원인

ADHD의 원인을 설명하기 위하여 몇 가지 요인들이 제시된 바 있다. 하지만 현재 대부분의 전문가들은 ADHD를 설명할 수 있는 단일한 요인이 있다는 데 동의하지 않는다. 아마도 여러 가지 요인들이 상호 결합하여 ADHD로 이끈다고 보는 편이 가장 타당할 것이다. 지금까지 ADHD를 야기한다고 거론되던 주요 요인들에는 유전적 요인, 신경생물학적 요인, 임신, 출산 및 초기발달 요인, 환경적 요인, 알레르기 및 식이습관 요인, 가족요인 등이 포함된다.

여기서는 ADHD의 원인에 대해서 상세한 설명을 하지 않을 것이다. 담임교사가 이에 대해 알고 있으면 ADHD를 이해하는 데 다소 도움이 되겠지만 이러한 지식이 ADHD 아동의 행동을 관리하고 통제하는 교사의 역할에 시사하는 바가 그리 크지 않다고 판단되기 때문이다.

ADHD 아동의 평가와 진단

어떤 아동이 ADHD에 속하는지 여부를 정확하게 판단하는 일은 해당 분야의 전문가에게 맡기는 것이 가장 좋다. 하지만 아동과 매일 부딪치며 생활하는 담임교사의 입장에서 직무의 필요에 따라 아동의 상태를 진단하는 일은 얼마든지 가능하다. 더구나 학부모가 자녀에게 무관심하거나 전문가를 찾지 않으려 할 때 담임교사가 나름대로 아동의 상태를 평가하고 진단하는 일은 교육적 조치를 위해서 꼭 필요하다.

하지만 교사의 진단이 전문가들의 그것처럼 엄격한 사정 과정을 거칠 수는 없다. ADHD 진단에 관해 해박한 지식을 가지고 있다면 다행이지만, 대부분의 교사는 그렇지 못하고 또 그럴 필요도 없다. 다만, 몇 가지 간단한 절차와 과정을 통해 아동의 행동 특성을 파악하고 그 내용이 ADHD와 유사한지를 가늠할 수 있다면 그것으로 족하다. 학교심리학자가 배치되어 있는 미국과 현격하게 상황이 다른 우리나라 학교들을 떠올려 볼 때 이것만으로도 충분하다고 여겨진다.

Moriss(1990a, 1990b)는 ADHD를 진단하기 위하여 학교심리학자가 활용할 수 있는 일곱 가지 도구들을 소개한 바 있다. 우리나라의 담임교사들이 미국의 학교심리학자와 똑같은 일을 할 수는 없지만 이 내용 중에 필요한 부분을 선택적으로 활용할 수는 있다. 여기서는 Moriss의 틀을 바탕으로 하되 여러 자료들을 추가하여 ADHD 진단방법을 소개한다.

건강사와 발달사

현재까지 연구된 바로 ADHD는 신체적 조건(예를 들어, 신경전달물질이 ADHD 증상을 완화시킨다는 사실은 어떤 방식으로든 ADHD가 신경-생리적인 측면과 연결되어 있다는 가정을 가능케 한다.)과 밀접한 연관이 있다. ADHD는 출생 직후 또는 생후 2년 이전부터 관찰이 가능한 증상을 보이기 시작한다. 따라서 부모를 통해서 아동의 건강과 발달 과정에 대한 상세한 정보를 얻을 필요가 있다. 운동활동, 충동성, 산만함 등 아동의 행동과 관련된 질문을 던짐으로써 아동이 어떻게 성장해 왔는지 정보를 얻는 것이다. 흔히 ADHD 아동의 부모들은 아이가 어릴 때부터 부산했다거나, 잠을 잘 못 잤다거나, 지시에 순종하지 않고 잘 따르지 않았다거나, 간단한 과제도 끝마무리를 못했다는 말을 한다. 어떤 경우는 아이가 듣지 못하는 것 같아서 청각장애를 의심하기도 한다. 아동이 학교에 갈 나이가 되면 안절부절못하는 과잉행동은 관찰되지 않을 수도 있지만 부주의와 충동성의 문제는 확연히 드러난다. 유아기 때부터 학령전기까지 ADHD 아동들은 흔히 짜증, 변덕스러운 수면 유형, 부주의, 일정을 지키지 못함, 과제 지속성 결핍, 낮은 좌절 수용도, 산만함, 지시 불이행, 무모한 행동, 과잉 운동활동 등 행동의 문제를 나타낸다.

학교 기록

학교에서 누가하여 축적해 온 학생에 대한 기록, 예를 들면 학생생활기록

부도 활용이 가능하다. 우리나라의 학생생활기록부에 실리는 내용은 그리 다양하고 상세하지 않다는 단점이 있다. 교사들의 솔직한 평가보다 학생을 격려하기 위한 긍정적 내용 위주로 기록된다는 점도 문제다. 하지만 ADHD 로 진단될 만한 아동이라면 교사들의 행동 평가에서 단서가 될 만한 정보를 얻을 수 있을 것이다. 학생생활기록부에 다음과 같은 진술문이 담겨 있다면 예의 주시해 볼 만하다.

- 미성숙함
- 과잉 행동적, 짜증이 잦음
- 좋지 않은 작업 습관
- 엉성한 사회적 행동
- 듣지 않으려고 함, 지시를 따르지 않음
- 학습에 문제가 있음
- 특별한 도움이 필요함
- 산만하고 부주의함
- 특수교육을 받을 필요가 있음
- 유치원 또는 1학년 때부터 보고되는 증상에 일관성이 있음

학급행동 관찰

학급에서 직접 아동을 관찰하면 아동이 교실에서 어떻게 행동하는지에 대하여 가치 있는 정보를 얻을 수 있다. 담임교사는 항상 학생들과 함께 생활하면서 그들을 관찰하므로 아동들의 학급행동에 대한 정보는 손쉽게 확보할 수 있다. 일련의 연구들에 의하면(Walker, 1970; Johnson & Bolstad, 1973; Jones, Reid, & patterson, 1975) 아동의 행동에 대한 교사의 관찰내용이 매우 정확하고 타당성이 높다고 한다. 따라서 앞서 제시한 평가 준거에 비추어 아동의 행동이 얼마나 ADHD에 가까운지 담임교사가 직접 평가한 내용은 매

우 중요하다.

학급에 비디오카메라를 설치하여 아동들의 행동을 녹화·관찰하는 방법도 있다. 이 방법은 반복적인 관찰이 가능하다는 점, 관찰자가 따로 필요 없다는 점, 자신의 자녀가 ADHD가 아니라고 강변하는 학부모를 설득시키는 자료로 사용할 수 있다는 장점이 있다. 하지만 담임교사가 직접 관찰하는 방법의 타당도가 높다는 점을 고려하면 굳이 사용하지 않아도 좋을 것이다.

심리측정검사 수행 시의 행동 관찰

심리측정검사(여기서는 WISC 지능검사를 중심으로 말하고 있음)에 임하는 아동의 행동을 직접 관찰하는 방법도 사용될 수 있다. 검사자와 일대일로 마주 보는 상태에서 검사를 실시하게 되면 아동은 다양한 행동 단서를 노출시키게 되는데, 교사는 바로 이러한 행동을 관찰한다. 검사를 받을 때 아동이 보이는 행동을 ADHD 하위 특성에 따라 분류해 보자.

부주의 행동

- 이웃 교실에서 나는 문소리, 벽에 붙은 포스터, 전화기의 깜빡이는 불빛 등 외부 자극에 주의를 흩트리는 행동을 한다.
- 질문을 반복하거나 풀어서 설명해 주지 않으면 이해하지 못하거나 엉뚱하게 대답하는 행동이 잦다.
- 화장실에 간다거나, 물을 마시러 간다거나, 점심을 먹으러 간다거나, 쉬어야 한다거나, 연필을 깎아야 한다는 등의 핑계를 대며 검사 장면을 떠나려고 시도한다. 대부분의 아동들은 개별적인 관심을 받으며 검사하는 시간을 즐기는 데 비하여 부주의하고 산만한 아동들은 주의를 기울여야 하는 이 장면을 싫어하고 도망치려 한다.
- 검사와 질문에 잘못 반응함으로써 부주의하게 행동한다. 어려운 문항에는 정확하게 반응할 수 있으면서도 쉬운 문항을 틀린다. 이들은 계속되

는 구어적 정보를 이해하는 능력이 매우 떨어진다. 대체로 듣기를 통해 이해하는 수준이 30% 미만이다.

- 기계적인 암기와 기계적인 수행과제를 매우 어려워한다. 이들은 특히 기계적인 단기기억 과제에 약한 모습을 보인다. 지능검사의 부호 쓰기 같은 과제를 잘하지 못한다.

충동적 행동

- 생각하기도 전에 말과 행동이 먼저 나온다. 다시 생각해 보라고 말하면 정답을 말할 수 있는 경우가 흔하다.
- 언어성 하위검사에서 이상한 대답을 한다.
- 수행을 요구하는 과제에서 기다리지 못하고 검사도구를 잡아채는 행동을 한다.
- 수행과제검사를 할 때 생각하지 않고 마구잡이로 일단 해 보는 식으로 임한다.
- 수학계산검사를 할 때 풀 수 있는 능력이 있으면서도 부호를 잘못 봐서 틀린다.
- 빨리하려고 서두르고 대충대충 하는 모습이 역력하다.

과잉행동

아동이 검사를 수행하면서 보이는 과잉행동은 다음과 같이 나타날 수 있다.

의자에서 몸부림치고 안절부절못한다, 자리에서 벗어난다, 검사하는 동안 서 있는다, 의자에서 미끄러진다, 의자에 무릎을 꿇는다, 의자에 기대어 발을 위로 쳐든다, 책상에 기어 올라간다, 책상에 눕는다, 발을 흔든다, 큰 소리로 떠든다, 쉬지 않고 말을 쏟아낸다, 책상을 팔로 쓸어낸다, 손, 팔, 발, 다리를 지나치게 움직인다, 손이나 발을 떤다, 콧노래를 하거나 노래를 부르며 소리를 낸다.

심리측정검사

심리측정검사를 통해서 아동의 행동 특성을 진단할 수 있다. 미국에서는 지속적 과제수행검사(The Continuous Performance Test), GFW 청각적·선택적 주의검사(GFW Auditory Selective Attention Test), 디트로이트 학습검사(The Detroit Tests of Learning Aptitude Primary), 고든 진단검사(The Gordon Diagnostic System) 등이 사용되고 있다. 지속적 과제수행검사는 컴퓨터 프로그램을 이용하여 아동의 주의력과 충동성을 측정하는 방법으로 특정한 낱말이 나타나면 키보드나 마우스를 누르게 하고 생략의 실수(omission errors)와 주문의 실수(commission errors)를 통해 부주의와 충동성을 측정하며, GFW 청각적·선택적 주의검사는 테이프 녹음기로 단어를 제시하고 아동으로 하여금 네 개의 자극 그림 중 하나를 선택하게 하는 방법을 사용하고, 디트로이트 학습검사는 3~9세 아동의 학습태도를 평가하는 도구로서 언어·인지·주의력·운동 능력을 측정하는 내용으로 구성되어 있으며, 고든 진단검사는 컴퓨터처럼 생긴 작은 기계에 게임과 유사한 두 개의 과제를 제시하는데, 하나는 지속적 수행 능력을, 다른 하나는 충동성을 측정한다. 여기서 충동성은 반응과 반응 사이에 참고 기다릴 수 있는 능력으로 정의된다.

우리나라에는 ADHD를 진단하기 위하여 개발된 심리측정검사가 많지 않다. 그리고 설혹 그러한 측정도구가 있다 하더라도 학급에서 교사가 손쉽게 활용하기가 쉽지 않을 것이다. 미국에서는 담임교사 이외에 학교심리학자들이 별도로 활동하고 있다는 사실을 상기할 필요가 있다.

행동평정척도

담임교사가 비교적 손쉽게 활용할 수 있는 도구가 행동평정척도다. 아동의 ADHD 행동을 평정하는 척도로 널리 알려진 도구로는 Conners의 교사 질문지와 부모 질문지가 있다. 우리나라에서는 고려원·오경자(1994)가 단축형 Conners 평가척도(Goyette, Conners, & Ulrich, 1978)를 변안하여 사용한 바 있다. 하지만 이 척도에 나타난 결과만을 가지고 ADHD를 판정하는 일은 대단히 위험하다. 행동평정척도의 결과는 여타 다른 출처에서 나온 정보들과 종합하여 해석되어야 한다는 점을 기억해야 한다.

고려원과 오경자가 사용한 단축형 Conners 평가척도는 총 10문항으로 0~3점까지 4점 척도로 구성되어 있으며, 각 문항에 대한 점수를 합산한 총 점수를 산출하게 되어 있다. 점수의 범위는 0~30점이고, 점수가 클수록 문제행동이 심각함을 나타낸다. ADHD 아동을 분류하는 기준치는 평균에 2 표준편차를 더하여 산출되었는데, 부모 평가치는 16점, 교사평가치는 17점이다(고려대학교부설 행동과학연구소, 2000). 이 문항을 제시하면 다음과 같다.

- 차분하지 못하고 너무 활동적이다.
- 쉽사리 흥분하고 방해가 된다.
- 다른 아이들에게 방해가 된다.
- 한 번 시작한 일을 끝내지 못한다(주의집중 시간이 짧다).
- 늘 안절부절못한다.
- 주의력이 없고 쉽게 주의가 분산된다.
- 요구하는 것이 있으면 금방 들어주어야 한다(쉽게 좌절한다).
- 자주, 또 쉽게 울어 버린다.
- 금방 기분이 확 변한다.
- 화를 터뜨리거나 감정이 격해지기 쉽고 행동을 예측하기가 어렵다.

양적인 자료나 규준을 제시하는 대신 ADHD 증상에 대한 질적 정보를 수집하는 데 도움이 되는 질문지도 있다. 몬터레이 질문지(Monterey Questionnire, Moriss, 1990b)도 그중 하나인데, 담임교사에게 도움이 될 것 같아 여기에 제시한다. 이 질문지는 총 16문항으로 구성되어 있고 1~10점까지 10단계로 반응하게 되어 있다.

- 안절부절못함/몸부림침
- 자리에서 벗어남
- 쉽게 산만해짐
- 차례 기다리기가 어려움
- 성급하게 대답함
- 지시에 따르기가 어려움
- 과제 수행하기가 어려움
- 일을 끝마치지 못함
- 조용히 놀지 못함
- 지나치게 말이 많음
- 끼어들고 간섭함
- 듣기에 어려움이 있음
- 물건을 잃어버림/조직화되어 있지 않음
- 충동적(위험한 일들을 함)
- 학교에서 작업 습관에 문제가 있음
- 학교에서 사회적 행동에 문제가 있음

부모면담

대부분 ADHD 사례에서 주된 정보 제공자는 부모다. 따라서 부모를 통해 아동에 대한 정보를 얻는 것이 중요하다. 특히 부모와 자녀 사이에서 일어나는 구체적인 상호작용을 평가하는 일은 ADHD 아동의 진단과 치료를 위해서도 꼭 필요한 일이다. Barkley(1981)는 부모-자녀의 상호작용을 살펴볼 수 있는 면접 양식을 제시하였는데, ADHD 아동의 행동을 이해하는 데 훌륭한 자료로 활용될 수 있을 것이다.

면담을 수행하는 교사는 다음에 제시된 각각의 상황에 대하여 9개의 질문을 하고 부모의 반응내용을 기록한다.

상황

전체적인 상호작용, 놀이만 하는 상황, 친구들과 놀이하는 상황, 식사시간, 아침에 옷 입기, 세수하고 목욕하기, 부모가 전화할 때, 텔레비전을 볼 때, 집에 손님이 왔을 때, 다른 사람의 집을 방문했을 때, 공공장소에서, 어머니가 다른 일을 하고 있을 때, 아버지가 집에 있을 때, 집안일을 하고 있을 때, 잠자리에 들어야 할 때, 기타 상황

질문

- 이 영역에 문제가 있습니까?
- 이 상황에서 아이가 무엇을 합니까?
- 당신의 반응은 무엇입니까?
- 그다음에는 아이가 어떻게 합니까?
- 문제가 계속되면 이다음에 어떻게 하겠습니까?
- 이렇게 상호작용하다가 결국은 어떻게 합니까?
- 이 상황에서 이러한 문제가 얼마나 자주 일어납니까?
- 이러한 문제에 대해 어떻게 느낍니까?
- 문제가 전혀 없으면 0점, 아주 심각하면 10점이라고 할 때, 이 문제는 어느 정도 심각합니까?

이상 일곱 가지 방법은 아동의 행동에 대한 정보를 얻고 아동이 ADHD에 해당하는지를 판단하는 주요한 수단이다. 교사는 이 방법들 중에서 현실적으로 사용 가능한 방법을 택하여 아동의 행동에 대한 자료를 수집·정리하여 종합적인 판단을 한다. 교사의 이 판단 자료는 아동을 ADHD 치료전문가

에게 의뢰할 때, 학부모와 교육상담을 전개할 때, 아동에 대한 교육정책적 결정을 내릴 때, 아동의 행동을 통제·관리하려고 할 때 중요한 기초 자료로 활용될 수 있다.

ADHD 아동의 치료 및 개입

지금까지 ADHD를 치료하는 결정적 방법은 발견되지 않았다. 약물치료가 ADHD 증상을 짧은 시간 동안 완화시키기는 하지만 근본적으로 이 증상을 없애지는 못한다. ADHD를 치료하기 위하여 흔히 활용되어 온 행동수정기법, 인지행동치료, 부모교육, 사회적 기술훈련, 상담, 교육적 중재 등도 뚜렷한 치료효과를 보이지 못하고 있다. ADHD를 치료하려면 앞의 모든 노력을 결합한 중다적 접근(multi-modal approach)을 사용해야 한다는 주장은 이러한 점에서 설득력을 갖는다. 이 절에서는 지금까지 연구자들이 시도해 온 몇 가지 치료전략과 그 효과를 간단히 살펴보도록 한다.

약물치료

ADHD 증상을 완화시키기 위하여 가장 빈번하게 사용되는 약물에는 중추신경자극제로서 리탈린(Ritalin), 덱스드린(Dexdrine)과 사일러트(Cylert) 등이 있다. 대개 리탈린과 덱스드린은 하루에 두 번 처방되는데, 약효는 주사 후 1~2시간이 지나 나타나서 4~5시간이 지나면 사라진다. 사일러트는 7~8시간 동안 지속적인 효과를 가져온다. 이 세 가지 약물 중에서 약 90% 이상의 아동들이 리탈린을 복용한다. 약물에 노출된 아동 중 약 70~80%는 긍정적 효과를 보이는 반면 20~30%는 아무런 반응을 보이지 않거나 ADHD 증상이 더 악화되기도 한다(Schwiebert & Sealander, 1995).

아동이 약물에 긍정적 반응을 보이는 경우, 과제에 대한 주의력이 연장되고 충동적 반응이 억제되며, 과제 수행 상황에서 과제 수행에 적절치 않은 반응과 비생산적인 움직임이 줄어드는 것으로 나타났다. 공격성, 교실 방해 행동, 권위에 대한 불순종 행동 역시 개선되는 것으로 보이며 부모, 교사, 동료들 사이의 상호작용의 질이 현격히 향상된다는 보고도 있다(DuPaul, Guevremont, & Barkley, 1992). 하지만 약물이 아동의 학업성취나 사회적 관계에 아무런 영향을 미치지 못한다는 상반된 연구 결과(Hardman, Drew, & Egan, 2002)도 있으므로 주의할 필요가 있다.

약물을 복용할 때 부작용이 발생할 수도 있다. 가장 흔한 부작용은 식욕 감퇴와 불면증이며 다소 완화된 형태의 부작용에는 과민해짐, 두통, 복통, 경련반응 등이 포함된다. 약을 복용한 학생의 약 1/3은 약효가 사라진 후 증상이 더 악화되기도 한다. 지금까지 발견된 장기적 부작용은 키가 크지 않고 몸무게가 늘어나는 현상인데, 약물 섭취를 중지하면 정상적인 성장이 이어진다고 한다(Barkley, 1998; Schwiebert & Sealander, 1995).

행동관리기법

ADHD 치료에 대한 연구물 중 비약물치료에 대한 연구를 개관한 한 논문은 비약물적인 개입방법이 그리 효과적이지 못함을 보고하고 있다(Flore, Becker, & Nero, 1993). 특히 ADHD 학생들의 교육을 위하여 사용된 여타 방법들의 효과에 대한 연구는 전반적으로 일관성이 부족하거나 뚜렷한 결론을 내리기가 어렵다.

약물치료를 제외하면 행동관리기법은 ADHD를 다루기 위해 활용되는 가장 보편적인 방법이다. 행동관리기법은 행동이 일어나기 전 선행사건에 개입하기와 행동의 결과에 개입하기로 나눌 수 있다. 학급환경과 학습과제를 아동의 상태에 알맞게 조직하고 구조화하는 일이 선행사건의 관리에 속한다면, 보상과 벌을 활용하여 수반조건을 관리하는 일은 행동의 결과를 관리하는 일에 속한다.

　학급환경의 구조 및 조직과 관련된 연구 결과를 보면 열 지어 앉는 좌석 배치는 생산성을 향상시키고 홀로 작업할 때 과제 이탈행동을 감소시키며, 모여 앉는 좌석 배치는 사회적 상호작용을 촉진하고, 둥글게 앉는 좌석 배치는 교사가 지도하는 수업이나 토론에 참여하는 행동을 촉진한다. ADHD 아동을 앞줄에 앉히거나 좌석을 다른 아동으로부터 조금 떨어지게 하고 교사에게 가까이 붙도록 하는 방법도 효과가 있다. 아울러 규모가 작은 학급, 학습자료가 풍부한 교실, 학급원 전체가 참여하는 활동이 ADHD 아동의 주의를 끄는 데 보다 효과적이다(Schwiebert & Sealander, 1995에서 재인용). 학습과제에 대한 연구 결과를 보면 새롭고, 쉽고, 반복적으로 수행할 수 있는 과제, 구조화가 높은 과제, 모양, 색깔, 질감 등을 더하여 자극 수준이 높은 과제들이 주의를 향상시키며, 간접적 지시보다 직접적 지시가 아동의 주의를 끄는 보다 강력한 힘을 가지고 있다(Zentall, 1993). 아동의 눈에 띄는 곳에 지시를 글로 써 두거나 분명하게 규칙을 제시하는 일, 과제의 지속 시간이 아동이 주의를 기울일 수 있는 시간보다 길어지지 않도록 배려하는 일, 아동의 수행이 적절한 속도를 유지할 수 있도록 타이머를 활용하는 일도 학습에 도움이 될 수 있다(정명숙 외 공역 2001). 수업 중에 놀이를 하거나, 시험 보는 방법을 가르치고, 작은 단위로 숙제를 나누어 제시하고, 과제 수행 상황을 자주 점검하고, 수업 친구를 만들어 주는 일 등도 흔히 추천되는 방법들이다.

　행동의 결과를 관리하는 방법은 크게 강화와 벌로 나눌 수 있는데, 강화는 다시 정적강화와 부적강화로 나눌 수 있다. 정적강화든 부적강화든 강화는 바람직한 행동을 증가시키는 전략인 반면, 벌은 바람직하지 못한 행동을 감소시키는 전략이다. 학급에서 자주 활용되는 강화기법에는 토큰경제, 교사의 조건적인 관심 보이기, 가정과 연관된 수반조건, 집단수반조건, 동료를 매개로 한 개입 등이 있다. 이 중에서 교사의 조건적인 관심 보이기는 학급을 관리하는 기법으로 가장 많이 사용되는 전략이다. 타임아웃, 반응대가, 과잉

제6장 주의력 결핍 및 과잉행동 장애

교정, 꾸지람 등은 모두 벌에 속하는 전략이다. 벌은 조용하고 단호하면서도 일관성 있게 그리고 즉각적으로 제시하는 것이 좋다. 특히 가까운 곳에서 시선을 접촉하며 아동의 어깨를 꼭 잡고 벌을 줄 때 더 큰 효과를 볼 수 있다.

인지행동치료

인지행동치료는 아동으로 하여금 인지적 전략을 활용하여 학업에 임하고 자기주도적으로 자신의 행동을 변화시키는 능력을 기르는 데 초점을 둔다. 인지행동치료는 세 가지 이점을 가지고 있다. 첫째, 주의력 결핍, 충동성, 지시와 규칙을 따르는 데 겪는 어려움, 과제 수행 시 낮은 조직화 수준, 열악한 사회적 관계 등을 교정하는 데 효과적일 것으로 보인다. 둘째, ADHD 아동이 자신의 행동을 자율 조정하는 법을 배우게 되면 교사를 포함한 외부 통제가 필요 없다. 셋째, 아동이 새로운 장면에서 만나게 되는 과제에 대해 기술을 적용할 수 있게 되므로 적절한 행동을 유지하고 이를 일반화하는 효과가 매우 클 것이다(Schwiebert & Sealander, 1995).

인지행동치료는 두 가지 전략으로 나뉠 수 있다. 하나는 자기감찰과 자기강화를 가르치는 전략이며, 다른 하나는 문제해결, 자기주도적 수업처럼 인지적 기술을 통합하도록 하는 전략이다. 자기감찰은 학생들 스스로 자신의 행동을 관찰하는 행동을, 자기강화는 자기감찰의 결과로 얻은 정보를 바탕으로 스스로 자신에게 보상을 주는 행동을 말한다. 문제해결전략은 모델링, 역할놀이, 인지적 연습 등을 통해 문제해결 과정에 익숙하게 하는 전략이며, 자기주도적 수업은 주어진 과제를 해결하기 위하여 밟아야 하는 일련의 절차를 가르치는 전략이다. 이는 지시를 반복하며, 과제가 무엇인지 기술하고, 과제를 풀이하는 동안 생각을 말로 표현하여 과제를 완성하도록 가르치는 방식이다. 이 밖에도 체계적이고 단계적으로 생각하기, 일단 멈추고 생각한 후 행동하기, 생활계획표와 일일계획표를 세우는 조직화 훈련 등이 사용되기도 한다(신현균, 김진숙, 2000).

하지만 인지행동치료는 시간과 에너지가 많이 소요될 뿐 아니라 그 효과도 분명하지 않다는 단점이 있다(Moriss, 1990a). 선행연구들 중에서 인지행동치료가 주의 유지, 충동 통제, 과활동성, 자아개념에 긍정적인 변화를 일으킨다고 보고한 연구들도 더러 있지만 이와 모순되는 연구 결과들도 많아서 인지행동치료가 ADHD 아동의 행동을 변화시키는 데 정말 효과가 있는지에 대해 아직 뚜렷한 결론을 내리기 어려운 형편이다. 더구나 일부 개관 연구(Abicoff, 1987, 1991; Hardman, Drew, & Egan, 2002)에서 나타난 실증적 증거를 따져 보면 인지행동치료의 효과는 미미한 수준이라는 주장이 더 옹호되고 있음을 부인할 수 없다.

사회적 기술 훈련

ADHD 아동들은 다른 사람의 말을 잘 들으려고 하지 않고 종종 적대적, 반항적이며 따지기를 좋아하고 성질이 급하며 행동을 예측하기 어렵다. 때로는 남을 괴롭히는 것을 즐긴다고 생각될 정도로 짓궂고 집요하다. 따라서 또래 아동들 또는 어른들과 자주 갈등을 겪는다(조현춘 외 공역, 2003). ADHD 아동의 이러한 행동은 학급 동료들에게도 고통을 주며 교사의 화를 북돋우기도 한다. 그 결과 이들이 학급에서 따돌림의 대상이 되는 사례도 쉽게 발견된다. 학급 전체를 질서 있게 운영해야 하는 교사의 입장에서 보면 ADHD 아동의 행동은 커다란 문제가 아닐 수 없다.

사회적 기술 훈련은 주로 기본적인 대화 기술과 부정적인 감정 처리하기에 집중된다. 기본적인 대화 기술에는 비언어적 기술, 듣기 기술, 말하기 기술이 있다. 비언어적 기술에는 얼굴 표정, 몸동작, 목소리, 제스처, 시선 접촉 등을 통해 상대에게 자신의 감정을 표현하는 방법이 포함되고, 듣기 기술에는 경청하기, 중간에 끼어들지 않기, 상대방의 입장에서 공감하기, 부드럽게 질문하기 등이 있으며, 말하기 기술에는 나–전달법, 정보 제공하기, 민주적인 갈등 해결법 등이 포함된다. 부정적인 감정 처리하기는 화날 때와 남이 괴롭힐 때 어떻게 대응해야 하는지 그리고 다른 사람의 감정을 배려하려면 어떻게 해야 하는지에 대해서 다룬다. 그 밖에 소집단을 활용하여 학급에서의 사회적 기술, 친구 사귀는 기술, 감정 처리 기술, 공격성 처리 기술, 스트레스를 다루는 기술 등을 가르칠 수 있다는 주장도 있다(신현균, 김진숙, 2000).

그러나 사회적 기술 훈련이 ADHD 아동의 행동을 얼마나 개선시키는지에 대하여 본격적인 탐구를 시도한 연구는 찾기 힘들다. 비약물적 치료방법을 다 동원하여도 약물치료가 갖는 효과를 능가하지 못한다는 점을 고려하면 사회적 기술 훈련 자체가 가져오는 행동변화 역시 그리 크지 않을 것이라 예측된다. 다만 ADHD 아동의 자기중심적인 대인관계 양식은 약물로 해결될 수 있는 것이 아니므로 사회적 기술에 대한 교육과 훈련에 의지할 수 있다는 점은 그나마 다행이다.

부모교육

ADHD 아동으로 인해 가장 큰 고통을 받는 사람은 아마도 부모일 것이다. 부모는 ADHD 자녀로 인해 죄책감과 혼란을 경험할 뿐 아니라 자녀의 행동에 대처하는 법을 알지 못해 사태를 악화시키기도 한다. 부모가 자녀에게 끼치는 영향력을 생각해 보면 ADHD 아동의 치료에 부모를 포함시키는 일은 당연하다. 지금까지 개발된 부모훈련 프로그램이나 지침서들은(박형배 역, 1996; 안동현, 김세실 공역, 1997; 신현균, 김진숙, 2000) 부모교육 및 부모훈련이 상당한 효과가 있다고 주장하고 있다. 하지만 엄격하게 말해서 이러한 프로그램들을 통해서 부모가 학습하는 내용은 ADHD 자녀의 치료에 대한 것이라기보다 이들의 행동에 대처하는 법이라고 보는 것이 정확하다(안동현, 김세실 공역, 1997).

　부모교육에 포함되는 내용들은 대부분 앞서 소개한 행동관리기법, 인지행
동치료, 사회적 기술 훈련을 담고 있다. Barkley(1981)는 ADHD 아동의 부
모훈련 프로그램에 다음의 10단계가 포함되어야 한다고 주장했다.

- 1단계: ADHD에 관한 정보를 부모에게 제공하기
- 2단계: 아동의 증상이 어떻게 시작되고 발달되며 유지되는지 그 과정과 개념
　　　을 부모에게 설명하기
- 3단계: ADHD 아동과 그들의 적절한 행동에 긍정적인 주의를 기울이는 법을
　　　훈련하기
- 4단계: 아동의 순응행동에 관심과 주의를 기울이기
- 5단계: 가정에서 토큰강화 체제를 활용하기
- 6단계: 훈육전략으로서 반응대가와 타임아웃을 활용하기
- 7단계: 여타 가정에서 발생하는 증상과 행동에 대해 타임아웃을 확대하기
- 8단계: 공공장소에서 아동의 증상과 행동을 관리하기
- 9단계: 앞으로 일어날 가능성이 있는 증상과 행동을 관리하기
- 10단계: 한 달 후에 격려 기간을 갖기

　학급에서 ADHD 아동의 행동을 관리하려는 교사의 노력은 부모의 협력과
지원을 받을 때 극대화될 수 있다. 따라서 교사와 학부모 간에 연대체제를 구
성하고 ADHD 아동의 증상과 행동을 다루는 적절한 방법을 부모와 공유하
는 일은 매우 중요하다. 예를 들어, 학교에서 내준 숙제가 가정에서 잘 관리
될 수 있다면 그만큼 아동의 행동을 적절하게 관리할 수 있는 확률은 높아질
것이다. 이처럼 학교에서 가정으로 이어지는 효율적인 의사소통 체제를 구
축하기 위해서도 부모교육은 꼭 필요하다고 여겨진다.

ADHD 아동의 행동관리를 위한 교사의 역할

이제 구체적으로 우리나라의 학급 담임교사가 ADHD 아동을 어떻게 다루어야 하는지에 대해 본격적으로 살펴보자. 이 논의는 앞서 밝혀진 사실을 기본으로 하되, 우리나라의 초등학교와 학급이 처해 있는 현실적 상황을 함께 고려하여 전개될 것이다. 앞에서 밝혀진 사실들은 대부분 미국의 학교에서 미국의 ADHD 아동들을 대상으로 연구한 결과들이다. 따라서 기본 문화에 차이가 있을 뿐 아니라, 학급당 학생 수와 교사의 역할에 차이가 있는 한국의 학교 · 학급에서 미국과 동일한 방식으로 이들을 다루는 것이 바람직하다고 볼 수만은 없다. 다인수 학급 그리고 학교심리학자 없이 전적으로 담임교사가 아동의 행동을 관리해야 하는 우리의 현실이 미국과 다르다는 점은 말할 필요도 없다. 따라서 어떠한 방식으로든 한국적 상황이 반영되어야 한다. 여기서 논의한 내용의 현실 적합성과 타당성은 이후 초등학교 현장에의 적용을 통해서 실제로 검증될 것이다.

학급에서 교사가 수행하는 역할은 크게 세 부분으로 나누어 논의할 것이다. ADHD 아동에 대한 교사의 태도, 학급에서의 행동관리, 수업전략 등이 그 내용이다.

ADHD 아동에 대한 교사의 태도

학급에서 ADHD 아동을 다룰 때 무엇보다도 중요한 요소가 교사의 태도다. 교사의 태도가 명확하지 않으면 아동을 다루는 데 문제가 발생할 뿐 아니라 교사 스스로 혼란스러운 상황에 빠지게 된다. ADHD 아동 하나를 제대로 다루지 못함으로 인해 좌절감과 당혹감을 느끼고 더 나아가 교사로서 자신의 역량을 의심하게 된다. 실제 담임교사로 일하는 초등교사 중 이러한 사람들이 의외로 많다. 상황이 이렇게 전개되면 그야말로 그 학년도에 아동 교육은 엉망이 되어 버리고 만다. 다행스러운 사실은 지금까지 ADHD에 대한 연구 결과가 ADHD 아동을 대하는 교사의 태도와 자세가 어떠해야 하는지 비교적 명확한 대답을 내놓고 있다는 점이다.

마음가짐

지금까지의 연구 결과를 종합하면 ADHD는 치료되는 증상이 아니라는 사실을 확인할 수 있다. 앞서 제시한 여러 가지 비약물적 처방은 아직 그 치료효과가 확실하게 입증되지 않았고, 약물치료 역시 근본적인 치료가 아니라 증상을 잠시 완화시키는 진정제 구실밖에 하지 못한다. 약물이 일정 시간 동안 증상을 억제하는 효과에서 그친다면 이를 치료라고 말하기 어렵다. ADHD의 치료에 대한 실정이 이러하니 ADHD에 대해 교사가 가져야 할 마음가짐은 분명하다. ADHD 아동을 치료하겠다는 생각을 버리는 것이다. 교사는 ADHD 아동의 행동을 치료하는 전문가도 아니고 치료를 할 수도 없다. 다만, 책임을 맡고 있는 학급관리를 위하여 ADHD 아동의 행동을 적절히 통제하고 이에 합리적으로 '대처' 할 따름이다. 다시 말하면, ADHD 아동과 관련하여 교사가 수행해야 할 역할은 '치료' 가 아니라 '대처' 요 '훈육' 이다.

ADHD는 일종의 신경생리학적이고 생물학적인 장애다. 따라서 교사 역시 이 증상을 하나의 장애로 자연스럽게 받아들여야 한다. 지체부자유가 쉽게 고쳐지지 않는 것처럼 ADHD도 쉽게 교정되지 않는다. 그러므로 ADHD를 있는 그대로 받아들이는 자세가 매우 중요하다. 물론 이 말은 ADHD 아동에 대한 관심과 애정을 포기하라는 것이 아니다. 그들에게 관심을 갖되 그 한계를 명확히 하자는 말이다. '치료' 라는 불가능한 목표를 향해 시간과 정력을 낭비하다가 자포자기 상태에 빠지는 대신 성취가 가능한 보다 현실적인 목표를 가지고 이들을 대하자는 뜻이다. 교사가 이러한 태도를 유지하게 되면 ADHD 아동과의 관계는 새로운 국면으로 발전할 수 있다. 종전에 교사는 자신의 노력에도 불구하고 변화하지 않는 아동을 보고 한편으로는 무능력감을, 다른 한편으로는 섭섭함을 금치 못했을 것이다. 더구나 아이가 선생인 자기를 골탕 먹이려고 '일부러' 저렇게 행동한다는 생각에 이르면 정말 아이가 밉고 원망스럽다. 이 상태가 심해지면 더 이상 참지 못하고 아이에게 욕을 퍼붓고 폭력을 행사하는 단계에 도달하게 되고, 결국 아동과의 우호적인 관계는 끝나 버린다. 방금 말한 악순환의 과정은 바로 ADHD 자녀를 둔 대부분의 부모가 겪는 과정이기도 하다. 이렇게 되는 근본 원인은 아주 간단하다. ADHD가 무엇인지 정체를 모른 채 낭만적인 생각을 가지고 덤벼들기 때문이다. ADHD가 무엇인지 알고, ADHD 증상을 보이는 아동의 행동이 그럴 수밖에 없는 자연스러운 행동이라는 점을 받아들이면 그에 대응하는 방식 역시 자연스럽게 달라진다. 교사가 ADHD를 하나의 장애로 받아들일 때 어떠한 변화가 일어날 수 있을지 생각해 보자. 첫째, 되지도 않는 일을 하라고 아동에게 억지를 부리지 않게 된다. 둘째, 아동이 교사인 자기를 괴롭히려고 고의로 그렇게 행동하는 것이 아니라는 점을 인정하여 마음이 편안해진다. 셋째, 교사로서 자신의 역량이 부족하기 때문에 아동의 행동이 교정되지 않는다는 자책에서 벗어날 수 있다. 넷째, 아동에 대한 요구 수준이 낮아짐에 따라 아동 역시 교사를 편하게 대함으로써 관계가 개선될 확률이 높아진다. 다섯째, 아동의 행동을 관리하기 위한 다른 자원에 눈길을 돌림으로써 생산적인 수단을 발견할 가능성이 오히려 커질 수 있다. 따라서 교사는 ADHD 아동을 치료하려는 생각을 버리고 학급 운영에 도움이 되도록 그들의 행동에 적절히 대처하겠다는 마음가짐을 다질 필요가 있다.

ADHD 아동의 행동에 대처하고 교육하는 일에 한계를 느낄 때 주저 없이 상담을 하거나 의뢰할 만한 자원 인사를 확보해 두는 것도 중요하다. 아동의 충동성이나 과잉행동의 도가 지나치면 부모와 상의하여 전문의에게 의뢰한다든가 여타 도움이 될 만한 사람들의 원조를 청할 필요가 있다. 때로는 학부모, 전문가 그리고 교육행정가와 상의하여 아동을 특수학급에 배치하는 방안도 대안이 될 수 있다. 이러한 경우 특수학급 교사와 긴밀한 연락 관계를 구축해 두는 것이 바람직하다. 교사는 항상 최선을 다하지만 모든 것을 떠맡는 사람이 아니라는 사실 그리고 교사가 책임을 지고 있는 아동들이 ADHD 아동뿐 아니라 학급원 전체라는 점을 잊지 말아야 한다.

부모에 대한 태도

ADHD 아동을 둔 부모들은 대부분 자녀 양육으로 인해 상당히 지쳐 있다. 자녀가 초등학생이라면 부모는 벌써 아이에 대한 정상적인 교육을 포기했을지도 모른다. 아이를 달래기도 하고 야단도 치고 때로는 혼을 내기도 하지만 아이의 문제는 해결될 기미가 보이지 않는다. 이러한 상황에서 부모는 무기력감이나 좌절감에 사로잡혀 있거나 스트레스가 심해져서 불안이나 우울 증세를 보일 수도 있다. 그리고 자기 자녀가 ADHD라는 사실에 대해 남모르는 죄의식에 시달리기도 하고 가정불화를 경험하기도 한다. 때로는 자녀가 ADHD가 아니라고 항변하는 부모도 있다. 이쯤 되면 부모와 아동의 상호 관계는 말할 수 없을 정도로 피폐해져 있을 가능성이 높다. 아동의 충동적·공격적 행동은 부모의 강압적인 반응으로 이어지고 이는 다시 아동의 공격성을 증가시키는 악순환으로 이어져 최악의 상태에 도달하는 것이다.

ADHD 아동에 대한 행동관리에 효과를 얻으려면 가능한 한 교사는 부모의 협력을 구하는 것이 좋다. 가정과 학교가 일관성을 유지하면서 짜임새 있게 대처할 때 아동에게 미치는 긍정적인 영향은 그만큼 커질 수 있기 때문이다. 특히 다음 장에서 다룰 행동관리에 대한 전략은 가정에서도 일관성 있게 적용될 필요가 있는데, 이를 위하여 부모교육을 충실히 해 두면 좋을 것이다.

교사가 부모를 만나면 무엇보다도 ADHD 자녀로 인해 겪는 부모의 괴로운 심정을 공감적으로 이해하는 것이 중요하다. 부모의 힘겨운 마음을 공감함으로써 한편으로는 부모의 마음을 위로하고 다른 한편으로는 공감대를 형성하여 이후 아동의 행동을 관리할 때 부모의 적극적인 협조를 얻도록 한다. 그리고 부모가 은연중에 죄의식을 가지고 있다면 이를 해소하도록 도움을 주어야 한다. 가장 좋은 방법은 부모에게 ADHD의 특성과 원인을 상세히 설명해 주는 것이다. ADHD는 하나의 장애로서 미워하거나 야단칠 문제가 아니라 고쳐 주어야 할 병이다. 따라서 이 문제가 자녀의 못된 성품이나 개인적인 문제가 아니라는 점 그리고 부모가 원하는 방향으로 상황이 개선되지 않더라도 자신을 나쁜 부모로 규정하지 말아야 한다는 점을 분명하게 인식시켜야 한다. 부모가 ADHD의 정체를 분명하게 인식하고 아동의 행동관리를 위해 협조할 준비가 되었다고 판단되면 학교에서 실행하게 될 방법을 상세히 설명해 주고 가정에서도 보조를 맞추어 줄 것을 요구할 수 있다. 예를 들어, 학교에서 긍정적 행동을 보상하는 수단으로 스티커를 사용한다면 가정에서도 같은 방법을 적용하도록 하는 식이다. 아동의 행동을 관리하는 기법에 대하여 기회가 닿으면 교사가 직접 부모교육을 할 수도 있고 아니면 전문가를 추천하여 교육을 받도록 할 수도 있다.

이따금 자신의 자녀가 ADHD가 아니라고 강변하는 부모가 있을 수 있다. 이럴 경우 억지로 부모를 설득시키려 하지 말고 현 시점에서 아동에게 도움이 될 만한 일들을 찾아보도록 한다. 아동의 문제행동에 대하여 부모가 어떻게 행동하는 것이 좋은지 함께 대안을 탐색하는 방향으로 면담을 이끄는 것이 바람직하다.

아동에 대한 태도

ADHD 아동에 대한 교사의 태도는 아동의 행동을 통제하기 위하여 교사가 적용하는 기법보다 훨씬 더 중요하다. ADHD 아동의 행동이 학급 분위기를 망치고 교사의 의도에 반하는 경우가 많기 때문에 많은 초등교사가 ADHD 아동을 별로 좋아하지 않는다. 학급을 통제하기 위하여 어쩔 수 없이 ADHD 아동에게 개입하지만 아동을 존중하는 마음이 바탕에 깔려 있지 않은 것이다. 바로 이 점이 교사들이 저지르는 가장 큰 실수다(박형배, 서완석 공역, 2000). 아동을 존중하지 않고 기계적으로 대하면 아동은 자신에 대한 존중감, 교사에 대한 존중감, 학교에 대한 존중감, 학습에 대한 존중감을 점차 잃게 될 것이다. 학급에서 ADHD 아동이 성가신 행동을 하는 것은 분명한 사실이고 이들의 공격적·충동적 행동은 반드시 통제되어야 한다. 그러나 그렇다고 해서 교사가 이들을 존중하지 않고 신경질적으로 반응한다면 교육은 실종되고 사태는 점점 더 악화될 것이다. 앞에서도 언급한 것처럼 교사는 ADHD를 하나의 장애로 자연스럽게 받아들이고 이 장애를 겪는 아동에게 남다른 관심과 애정을 가질 필요가 있다. 아동의 성가신 행동을 고의라고 해석하는 대신 으레 일어날 수 있는 일이지만 아동과 학급 전체를 위하여 관리되어야 할 대상으로 여겨야 한다. ADHD로 진단받은 바 있는 의사 Hallowell은 초등학교 1학년 때 스승을 되돌아보며 ADHD 아동에게 진정 필요한 것은 교사의 애정이라는 주장을 하였다. 참고 삼아 그의 고백을 발췌하여 제시한다.

"무엇보다도 선생님은 나를 좋아했습니다. 그녀는 내가 읽고 있는 동안 자신의 옆에 앉게 했습니다. 그리고 팔로 나를 감싸 주었습니다. 내가 노력할 때마다 큰 팔로 나의 어깨를 두드려 주면서 칭찬을 해 주었습니다. 다른 아이들은 선생님이 귀여워하는 나를 건드리지 못했습니다. 그분은 특수한 교육을 받지 않았지만 어린이들을 너무 좋아했고, 아이들에게 읽기를 가르치는 것을 좋아했습니다. 주의력 결핍이나 학습장애 아동에게는 마음에서 우러나오는 진심으로 대해 주는 것이 정말 필요하다고 느낍니다"(박형배, 서완석 공역, 2000, pp. 111-114).

문제는 ADHD 아동을 존중하고 좋아하고 싶은데, 그게 잘 안 될 때 발생한다. 돌아서면 이러지 말아야지 하면서도 아동을 보기만 하면 비웃거나 멸시하게 되고 적개심이 솟아오른다. 이럴 때는 어떻게 해야 할까? 먼저 아동에 대해 자신이 느끼는 진정한 감정이 무엇인지 진지하게 탐색할 필요가 있다. 감정은 묻는다고 없어지지 않는다. 무시하고 묻어 두려고 하면 오히려 예기치 못한 방식으로 불쾌하게 터져 나오는 에너지가 감정이다. 따라서 내부에 감정을 쌓아 두지 말고 이를 해소하려는 노력을 기울이는 편이 낫다. 감정 탐색과 감정 해소를 위하여 전문가, 윗사람 또는 주변의 교사들과 상담을 하는 것이 유용하다. 특히 주변의 동료 교사들에게 허물없이 자신의 속내를 털어놓으면 큰 도움을 받을 수 있다. 한 가지 주의할 사항은 아동에게 혐오감을 느낀다고 해서 아동 앞에서 이를 표현해서는 안 된다는 점이다. 아동이 부당하게 야단맞는다고 생각하면 교사와 아동의 관계는 돌이킬 수 없는 상태로 악화된다는 점을 명심해야 한다.

　아동의 증상에 대하여 교사는 아동에게 어떻게 설명해 주는 것이 좋을까? 학급에서 아동의 행동을 관리하려면 담임교사는 아동이 이해하든 못하든 그렇게 하는 이유에 대하여 아동에게 불가불 알리게 된다. 이 과정에서 ADHD가 무엇이고 이에 대해 어떻게 대처해야 하는지 자세히 설명함으로써 아동이 자신에 대해 이해할 수 있는 기회를 갖도록 하는 것은 매우 중요하다. Morris(1990)는 이를 탈신비화(demystification)라고 명명하고, ADHD 아동 상담에서 가장 중요한 부분으로 간주하고 있다. 탈신비화는 매우 많은 설명과 재확인을 포함한다. 예를 들어, 아동에게 ADHD를 설명할 때 ADHD의 특성과 원인, ADHD가 사회생활에 미치는 영향, 필요한 치료의 유형과 절차, 치료가 필요한 이유, 약을 복용해야 한다면 그렇게 해야 하는 이유를 말해 줄 필요가 있다. 아울러 학급에서 교사가 취하게 될 행동에 대해서도 미리 알려 주는 것이 좋다. 다만, 지루하지 않게 요점을 간략하게 설명하도록 하고, 낙관적이고 희망적인 말을 덧붙여 줌으로써 용기를 북돋워 주는 것이 좋다. 아동이 자신의 어려움을 긍정적인 단어를 사용하여 표현할 수 있도록 도와주는 것도 좋은 방법이다(예를 들어, 나는 기억력이 나쁘기 때문에 수학 문제를 풀 때 곱셈표를 사용하는 게 낫다, 박형배 역, 2001).

학급에서의 행동관리

일반적 행동관리기법

행동관리기법은 ADHD 아동뿐 아니라 학교에서 문제행동을 보이는 아동들을 다루기 위하여 흔히 활용되는 전략으로서 보상과 처벌을 통해 아동의 특정 행동을 관리하는 개별화된 프로그램을 말한다. 여기서 행동관리는 행동수정 또는 행동치료와 유사한 뜻이다. 학급에서 아동의 행동을 관리할 수 있는 가장 강력한 주체는 담임교사다. 따라서 담임교사는 학급에서 발생하는 아동의 행동을 체계적으로 관리하는 행동관리자의 역할을 수행해야 한다.

적절한 행동은 강화하고 부적절한 행동은 무시 또는 벌하는 기본적인 행동관리의 원리는 '보통' 아동들에게는 자연스럽게 적용된다. 그러나 ADHD 아동들은 보통 아동들과 다르다. 이들은 매우 통제하기 어려운 여러 가지 부적절한 행동을 나타낸다. 따라서 이들과 매일 생활하는 담임교사에게 이들은 성가신 존재가 아닐 수 없다. 많은 교사가 이들에게 부정적·비판적·강압적 태도를 갖는 것은 어쩌면 당연하다고 말할 수도 있다. 하지만 교사의 과도한 비난이나 꾸중은 이들에게 상처를 주고 자기존중감, 자기가치감을 상실케 하는 중요한 요소가 될 수 있다. 학급 운영을 위해 이들의 행동을 통제·관리하는 것은 교사의 책무에 해당하지만, 부당하게 이들을 억압하고 비난하는 일은 교사가 취할 태도가 아니다.

체계적인 보상과 처벌을 적용하는 행동관리기법 역시 ADHD 아동들에게는 잘 먹혀들지 않을 때가 많다. 이들이 갖는 주의력 결핍, 충동성, 과잉행동 등의 문제가 스스로 조절되지 않기 때문이다. 이러한 이유로 앞서 언급한 대로 ADHD로 판정되는 아동을 행동관리기법만 가지고 다루려고 하면 여러 가지 어려움이 따르고 큰 효과를 거두기도 어렵다. 따라서 행동관리기법과 약물치료를 병행할 것을 적극 추천한다. 이 두 가지 방법을 조합할 때 행동변화를 일으키는 효과가 가장 크다는 결과는 이미 선행 연구들이 밝히고 있다 (Gittleman, 1983; Pelham & Murphy, 1986). 그러므로 담임교사는 ADHD 아동이 약물을 복용하는지 확인해 두는 것이 좋다. 그리고 부모와 약물을 처방하는 의사와 사전 협의를 통해 행동관리기법의 적용을 위한 환경 조건을 마련할 필요가 있다.

이제부터는 미국의 Monterey 주에서 학교심리학자인 Moriss(1990b)가 실천한 바 있는 ADHD 아동의 행동관리 지침을 살펴보도록 한다. 대부분의 교사들은 행동수정이나 행동관리기법에 대한 기초 지식을 이미 획득하고 있다. 다만, 이 지식이 학급 장면에서 어떻게 적용될 수 있는지에 대한 실천 지식이 부족한 경향이 있다. 다음의 내용은 바로 이 부분에 도움이 될 것이다.

ADHD 아동의 행동관리의 원리

ADHD 아동의 행동관리의 주요 목표는 아동에게 어떻게 행동하는지 가르치고 규칙을 따르고 자기통제를 학습하게 하는 데 있다. 이를 위하여 다음과 같은 전략을 사용할 수 있다.

• 적절한 행동에 대하여 보상과 강화물을 준다.
  – 보상과 긍정적 강화물은 자주 주는 게 좋은데, 고학년 아동들은 최소 하루에 한 번, 저학년 아동들은 이보다 훨씬 더 자주 준다.
  – 성취한 결과뿐 아니라 성취를 위한 노력, 개선된 사항, 순응하는 행동에 대해서도 보상을 준다.

– 일정한 시간 동안 목표행동이 없었다는 점에 대해 보상하는 방법도 생각해 볼 수 있다. 예를 들어, 한 시간 동안 학급에 있는 다른 아동을 방해하는 행동이 없었다는 점을 보상할 수 있다.

– 보상과 강화물로 다음과 같은 것들을 활용할 수 있다.

* 사회적 지지(신체적 · 언어적 지지): ADHD 아동에게 사회적 강화물 자체는 그리 큰 효과가 없다. 따라서 다른 강화물과 더불어 제시하는 것이 좋다. ADHD 아동들은 규칙 따르기를 매우 어려워하므로 아동이 지시에 따르려고 하는 노력에 특별히 주의를 기울여 주는 것이 좋다. 아동이 지시에 따르려고 애쓸 때 그 곁을 떠나지 않도록 한다. 그리고 아동이 지시를 따르려고 애쓰는 행동을 교사가 지켜보았으며 아주 만족스럽게 생각한다는 점을 아동이 알게 한다. 예를 들어, "내가 하라고 시킨 일을 네가 해서 참 좋다."라고 말해 준다. 이때 교사의 칭찬은 다음의 예처럼 지칭하는 행동이 무엇인지 매우 구체적이어야 한다. "네가 자리에 앉아 있어서 정말 좋아." "오늘 수업시간에 떠들지 않고 주의 집중을 잘했어." 교사가 상기시켜 주지 않았는데도 아동이 어떤 과제를 마쳤거나 학급 규칙을 이행했다면 이때야말로 특별한 주의를 기울이고 넘치게 칭찬해 줄 때다. 이렇게 하면 아동은 규칙을 내면화하여 그것을 기억하고 따르려는 행동을 증가시키게 된다.

* 먹을 것(아주 어린 아동들)

* 활동(예, 자유시간, 컴퓨터게임, 게임, 운동, 장기자랑)

* 상징물(예, 토큰, 점수, 웃는 얼굴, 스티커, 카드, 체크 표시): 이것은 나중에 다른 특권 또는 보상물과 교환이 가능해야 한다.

– 교사가 제공하는 보상을 아동도 보상이라고 여기고 있는지 확인한다. ADHD 아동은 보통 아동들에 비해 더 강력하고 짜릿한 보상을

필요로 한다는 점을 기억하라.

- 아동으로 하여금 특정 행동을 했을 때만 보상이 주어진다는 사실을 분명히 하라.

- 보상을 자주 바꿈으로써 아동에게 매력도가 떨어지지 않도록 하라.

- 최소의 보상으로 최대의 효과를 얻도록 하라. 작은 보상으로도 충분하다면 굳이 큰 보상을 사용하지 않는 것이 좋다.

• 적절한 행동과 부적절한 행동이 일어날 때 부과할 결과를 사전에 정해 놓는다.

- 충동적으로 가혹하거나, 모호하거나, 쓸데없이 길거나, 실행 불가능한 결과를 부과하지 않도록 한다.

- 아동의 행동에 적절한 결과를 부과함으로써 아동으로 하여금 자신의 행동으로 인해 받게 되는 결과가 합리적이라는 생각이 들게 하라. 예를 들어, 휴식 시간 중 학급 동료를 때린 행동에 대하여 남은 휴식 시간을 박탈하는 방법은 합리적이라고 볼 수 있으나 벌로 숙제를 추가한다면 지나치다고 여기게 된다.

- 아동의 행동과 그에 수반될 결과를 명확하게 정의해 준다. "네가 오늘 잘하면 앞으로 자유활동 시간을 주지."와 같이 모호한 진술은 피한다. 그 대신 "네가 20분 동안 자리에서 벗어나지 않고 조용히 공부하면, 자유활동 시간으로 10분을 얻을 수 있어."라고 분명하게 말해 준다.

- 일관성을 지킨다. 때로는 확고한 자세를 취했다가 때로는 항복하는 자세를 취하는 식으로 오락가락하지 않는다. 아동이 허용 가능한 행동을 하면 일관성을 잃지 않고 보상을 주고 칭찬을 한다.

• 경고를 하거나 신호를 보내야 할 경우 한 번으로 제한한다. 그리고 나서 잘못된 행동이 다시 발생하면 약속된 결과를 부과한다.

• 부적인 결과를 부과하는 경우
  - 차분함을 유지한다. 아동에게 분노, 짜증, 거부하는 태도를 보이지 않는다. 아동의 잘못된 행동과 아동을 분리시켜 반응해야 한다.
  - 확고한 자세를 유지한다. 논쟁이나 다툼은 피한다. 사전에 합의를 통해 정해진 절차나 제한을 시행하는 데 주저함을 보이지 말고, 길게 설명한다거나, 토론 또는 변명을 피한다.
  - 아동이 원인-결과 관계에 대해 학습할 수 있도록 결과를 수반하는 이유를 간단하게 말해 준다. 예를 들어, "너 싸웠지? 그러니까 5분 동안 타임아웃 의자에 가서 앉아 있거라."라고 말한다.
  - 부적인 결과를 실행시킨 후에 아동이 보다 적절한 행동을 학습할 수 있게 돕기를 원하는 교사의 마음을 표현하면서 그 사건에 대해 언급한다.

• 부적행동이건 정적행동이건 발생한 즉시 부적 · 정적 결과를 수반한다(10초 이내). 결과 수반이 더딜수록 그 결과가 앞으로 아동의 행동에 미치는 영향력은 떨어진다.

• 잘못된 행동에 대해 수반되는 부적인 결과들은 다음과 같다.
  - 아동을 차분하게 말로 꾸짖는다. 이때 아동의 성격이 아니라 허용할 수 없는 행동에 초점을 맞춘다. 단, 언어적 꾸중만으로는 ADHD 아동에게 큰 효과를 줄 수 없다는 점을 명심한다. 언어적 꾸중은 다음에 제시되는 강력한 결과들과 결합될 필요가 있다.
  - 특권이나 아동이 좋아하는 활동의 상실
  - 반응대가로서 토큰이나 점수의 상실(이러한 행동관리기법을 사용하고 있을 경우)
  - 타임아웃
  - 잘못된 행동은 무시한다. 이 방법은 적절한 행동에 대한 강화와 함께

사용되어야 한다. 단, 전에 주목을 받던 잘못된 행동이 무시되면, 이 행동이 좋아지기 전에 더 악화될 수 있다는 점을 명심한다.

• 만일 아동이 심하게 거부하거나 부정적인 경우
  - 아동의 어깨에 손을 올려놓고 격려한다.
  - 힘이 되는 말을 해 주거나 돕겠다고 한다.
  - 아동의 주의를 둘러보고 좌절이 덜한 다른 주제나 상황에 관심을 쏟게 한다.
  - 휴식을 취하게 하거나 사전에 정해 놓은 타임아웃 장소에서 평정을 회복하도록 한다.
  - 유머를 사용한다.

• 보조적 도움을 활용하도록 한다.
  - 교사의 도움을 받아 아동이 과제를 수행하도록 하거나 부모 자원봉사자를 도우미로 활용한다.
  - 개인과외를 받도록 하거나 여름학교에 참여시킬 것을 부모에게 권한다.

• 부모와 긴밀한 협력관계를 구축한다.
  - 부정적인 결과뿐 아니라 긍정적인 결과 역시 부모에게 보고해 준다. 학교에서처럼 집에서도 아동의 바람직한 행동에 대해 강화해 주도록 부모를 격려한다. 여기에 매일 사용하는 보고카드가 도움이 될 수 있다. 아동의 특정한 행동에 대해 교사가 평정을 하면 가정에서 부모는 그에 대해 강화를 하는 방법이다.
  - 문제가 발생할 경우 가능한 한 빨리 부모에게 알린다.

학급에서의 행동관리기법

ADHD 아동의 공격성 및 충동성도 문제지만 주의력 결핍으로 인해 학급에 적응하지 못하는 것도 큰 문제다. 여기서는 학급 내에서 ADHD 아동을 다루기 위한 구체적인 전략을 소개하도록 한다.

주의력에 문제가 있는 아동들은 주의의 초점을 좁혀 나가는 데 가장 큰 어려움을 겪는다. 이들은 마치 넓게 열려 있는 카메라의 렌즈와 같다. 주변의 모든 자극이 동등하게 그리고 동시에 그의 인식 안으로 흘러든다. 그렇기 때문에 그를 둘러싸고 있는 거의 모든 환경 자극에 의해 희생된다. 따라서 이들에게는 새로운 경험 속에 담겨 있는 수많은 자극들에 적응할 부가적인 시간이 요구된다. 다음에 제시하는 내용들은 부주의하고 산만한 아동들을 돕기 위하여 학급에서 활용할 수 있는 일반적인 전략이다. 여기에 소개된 전략들은 Moriss(1990b)의 실천지침을 중심으로 삼고 여타 자료들(강위영, 송영혜 공역, 2002; 박형배, 서완석 공역, 2000; Thompson, Morgan, & Urquhart, 2003; Schwiebert & Sealander, 1995 등)을 추가하여 재구성되었다.

• 지시를 간략하게 하고 반복하라.

ADHD 아동들은 지시를 따르는 데 어려움을 겪는다. 따라서 한 번에 하나의 지시를 하도록 하라. 지시의 개수가 3개를 넘으면 이들은 기억하지 못한다. 지시를 말로 하고, 칠판에 써 주고, 그들이 직접 필기하도록 한다. 그리고 한 번 지시한 내용을 아동이 제대로 이행할 때까지 반복, 반복, 반복하라. 예를 들어, "수학책은 집어넣고 국어책과 종이를 꺼낼 시간이에요. 종이 오른쪽 위에 이름과 날짜를 쓰세요. 그다음 국어책 20쪽을 펴고 새로 나온 낱말 5개를 종이에 쓰세요."라고 지시하지 말고 "수학책을 덮으세요. (잠시 후) 좋아요, 수학책을 책상에 넣으세요. (잠깐 쉬고) 자, 이제 국어책을 꺼내세요. (다시 쉬고) 그리고 종이 한 장을 꺼내세요."라는 식으로 지시한다.

• **과제에 변화를 주어라.**

아동이 다룰 수 있는 분량만큼 과제를 줄이고 작게 나누어라. 학급원들에게 할당된 과제 중 반만 하게 한다든지, 짝수 번호만 풀게 한다든지, 멈추어야 할 곳에 선을 그어 주도록 한다. 주어진 과제를 끝마치면 되먹임을 해 주는데, 특히 긍정적 되먹임을 주도록 하라. 이 아동들은 전체 과제의 일부를 끝마칠 때마다 자주 되먹임할 필요가 있다는 사실 그리고 일부만 끝내 놓고도 되먹임해 달라고 조른다는 사실을 명심하라.

• **공간을 구조화하라.**

- 학급 내에 ADHD 아동을 위한 작업 공간 또는 개인 좌석을 만들어 준다. 이 공간은 타임아웃을 하기 위한 장소로 사용되어서는 안 된다. 이 공간을 ADHD 아동에게 하나의 특권으로 제시할 수도 있고 다른 아동들이 ADHD 아동이 집중하거나 공부하는 것을 도우려고 할 때 제공할 수도 있다. 이 공간은 절대 벌을 주는 장소로 사용되면 안 된다.

- 계속 자리에서 이탈하는 아동들을 위하여 특별한 공간적 경계를 설정한다. 과잉행동을 하는 아동의 이탈을 통제하기 위하여 아동의 책상 주변 바닥에 테이프를 붙여서 표시해 둔다. 그리고 다음과 같이 지시한다. "이 선 밖으로 넘어가면 안 돼. 그걸 어기면 너는 대가를 받게 될 거야(반응대가)."

- 아동을 교사의 책상 근처나 교사가 대부분의 시간을 보내는 곳에 앉히도록 하라. 시선이 자주 가는 맨 앞줄에 앉히는 것도 좋다. 아동을 가까운 곳에 두고 가능한 한 자주 이름을 부르거나 눈을 맞추고 관심을 표현하라.

- 아무것도 먹혀들어 가지 않으면 교사가 미리 정해 놓은 계획을 따르라.

아동이 유난히 산만하면, 다른 교실에 심부름을 보낸다든가, 운동장에서 뛰게 한다든가, 10분 동안 다른 일을 하도록 허락한다든가 등등 사전에 정해 놓은 대안활동을 활용한다. 이는 아동에게 잠시나마 휴식 또는 선택권을 주는 방법으로 대안활동이 끝나면 다시 어려운 과제로 돌아올 수 있도록 준비시키는 전략이다. 이때 교사는 "네가 다시 돌아오면, 과제를 두 배는 더 열심히 해야 돼."라고 말해 주는데, 절대 비꼬는 투로 말하지 않는다.

- 과제를 자주 바꿔라.

신체활동은 특히 차분한 지적 활동과 교대로 활용되어야 한다. ADHD 아동들은 안절부절못하고 충동 통제에 정말로 문제가 있는 아동들이다. 이들의 대근육 활동 또는 움직임을 향한 욕구를 억압해서는 안 되며 적절히 해소시켜 주어야 한다. 이렇게 하면 이들은 자신이 다른 아동들처럼 오래 앉아 있지 못하기 때문에 나쁘다거나 짜증 난다는 생각을 하지 않을 것이다. 더욱이 짜증 부리는 행동이 줄어들 수도 있다. 특수학급의 특수교사들은 이 전략을 사용하여 매 15분마다 과제를 바꾸는 전략을 활용하기도 한다.

- 부모와 긴밀한 연락체제를 유지하라.

부모와 자주 대화 시간을 갖게 하는 것도 필요하다. 가정과 학교가 긍정적인 접촉을 유지하는 한 가지 방법은 매일 또는 매주 학생의 행동에 대한 되먹임 보고를 활용하는 것이다. 학생의 행동에 대한 좋은 기록장은 강력한 강화자 역할을 한다. 모든 보고체제는 간단해야 하며 아동의 문제행동, 예를 들어 과제 수행행동, 과제 완성행동, 떠드는 행동, 자리 이탈행동 등에 정확하게 초점을 맞춘 것이어야 한다.

• 학급환경을 고도로 구조화하라.

ADHD 아동들은 일반 아동에 비해 더 많은 외부적 구조화를 필요로 한다. 다음과 같이 학급을 구성하는 것도 도움이 될 것이다.

- 해야 할 것과 하지 말아야 할 것에 대하여 분명한 규칙을 정한다.
- 규칙들을 벽에 붙여 놓는다.
- 규칙을 어길 때 받게 될 결과를 분명하게 밝혀 놓는다.
- 개인 또는 집단의 노력에 따라 긍정적인 결과로 보상한다.
- 계획한 대로 실행되도록 교사가 일관성을 유지한다.
- 수업시간에 학급은 상당히 조용해야 한다.

• 주의를 기울이지 않는 아동에게는 개별적인 목표를 세워라.

예를 들어, 과제 집중 시간을 늘리거나 과제 완성 시간을 단축시킨다는 목표는 주의력이 떨어지는 아동에게 바람직한 목표가 된다. 주의력 문제는 학급 적응에 커다란 방해가 된다. 교사는 아동에게 그 문제를 이해하고 있음을 알려 준다. 그리고 아동이 과제에 집중할 수 있는 평균 시간을 잰다. 이 정보를 아동에게 알리고 "이번 학기 말까지 과제 집중 시간을 두 배로 늘리지 않겠니?"라는 식으로 아동 스스로 목표를 설정하라고 요구한다. 설정된 목표를 기록해 놓는다. 그리고 실제 진전 상황을 알아보기 위하여 타이머를 사용한다.

• 비밀신호를 사용하라.

열중해야 할 과제로 돌아가도록 아동을 환기하거나 상기시키는 비밀신호를 정해 둔다. 아동이 과제에 집중하면 칭찬을 하거나 접촉을 해 줌으로써 반드시 관심을 보여 준다. 끄덕임, 시선 접촉, 가벼운 손동작, 교사와 아동 사이에 정해 놓은 비밀단어(예, '현짱'은 '현철아, 과제에 집중해!' 라는 뜻을 가진 둘만의 비밀단어로 사용함) 등이 적절한 신호로 사용될 수 있다.

• 과제를 조절하라.

아동이 어느 정도 수준까지는 해낼 수 있음에도 불구하고 혼자서 독립적으로 과제를 수행하지 못하는 경우도 있다. 이러한 경우는 혼자서도 과제를 해낼 수 있도록 과제를 좀 더 쉽게 할 필요가 있다. 이렇게 하면 독립적인 공부 습관을 만드는 데 도움이 된다.

• **주의가 산만한 아동들에게는 약간의 예행연습이 필요할 수도 있다.**

아동은 대개 자신의 한계를 잘 알고 그에 대단히 민감해서 새로운 상황에 처하면 쉽게 놀라고 당황한다. 따라서 사전에 약간의 예행연습을 해 두면 과제를 적절히 완성하는 데 도움이 될 수 있다. 수업이 시작되기 전에 미리 준비하도록 강조하는 것도 한 방법이다. 이러한 형태의 예행연습은 정당한 교육적 배려다.

• 학급 동료들을 활용하라.

ADHD 아동이 처한 상황을 학급 아동들에게 솔직하게 설명하여 이해를 구하고 그들의 도움을 청한다. 학급회의를 열어 학급 동료들 스스로 아동을 도울 방안을 찾게 할 수도 있고 담임교사가 실제적인 도움을 청할 수도 있다. 각 과목마다 수업 친구를 배정하여 돕게 한다든지 듣기 짝을 정해 교사의 지시가 분명히 전달되게 하는 방법을 사용할 수 있다.

• **주의집중, 학업성취, 사회성 기술을 발달시키기 위해 자기보고 체크리스트를 만들어 사용하도록 격려하라.**

공책에 항목별로 성취해야 할 목표를 기록하고 매일의 성취 정도를 아동 스스로 표시하게 한다. 아동이 이 작업을 잘하고 있는지 수시로 관심을 보이고 열심히 하는 자세를 보이면 칭찬이나 보상을 제공한다.

• 공격행동이나 충동적 행동을 하면 단호한 태도로 이러한 행동이 허용될 수 없음을 지적하고 제지하라.

학급에서 공격행동이나 충동적 행동이 발생하면 그 행동이 아동 자신 및 학급 동료들에게 가져오는 결과를 지적한다. 아동의 눈을 들여다보며 단호한 태도로 학급에서 그러한 행동이 허용되지 않음을 강조한다. 이를 위해 사전에 공격행동, 충동적 행동이 용납될 수 없음을 학급 전원에게 알리고 이를 어기는 사람에 대해 예외 없이 불이익을 준다.

• 수업시간에 놀이를 활용하라.

모든 아동이 그렇지만 ADHD 아동들은 특히 놀이에 열광적으로 반응한다. 이들은 모험을 사랑하고 지루함을 싫어한다. 따라서 수업 중간에 놀이를 자주 하고 이따금 아동들과 더불어 격의 없이 행동하는 것도 좋은 방법이다. 이 방법은 학급 분위기를 화기애애하게 만들 뿐 아니라 아동의 주의집중에도 효과가 있다.

수업 전략

Flore, Becker 및 Nero(1993)는 ADD(ADD는 ADHD의 하위유형으로서 주의력 결핍형을 지칭하지만 여기서는 ADHD로 보아도 무방함)의 비약물적 접근에 관한 137개의 연구를 개관하고 내린 결론에서 실제 학급 장면을 대상으로 한 연구는 극히 일부에 불과하고(21개) 특히 학교 수업 내지는 학습과 관련된 연구는 많지 않다고 보고하였다. 아울러 여러 연구에도 불구하고 교육적으로 중요하지만 아직 대답하기 어려운 질문들을 다음과 같이 요약하면서 ADD와 관련된 현재 연구 상황은 아직 처방 단계가 아니라 탐색 단계라고 진술한 바 있다.

- ADD 아동에게 어떠한 형태의 특별한 교육과정이나 수업자료를 사용해야 하는가?
- ADD 아동의 교육에서 컴퓨터나 여타 기계들의 역할은 어떠해야 하는가?
- 일반적인 교육이 실시되는 학급에서 교사들은 어떠한 개입방법을 적용해야 하는가?
- ADD 아동에게 사회적 기술을 가르치는 가장 효과적인 전략은 무엇인가?
- 학교에서 ADD 아동들의 필요를 충족시켜 줄 서비스에는 어떠한 것들이 있는가?
- 학교, 사회기관, 의료진들 사이에 함께 나누어야 할 책임은 어떠한 것인가?

이로부터 10여 년이 지났지만 아직도 ADHD 아동들에게 특효가 있는 수업방법이나 전략이 등장하였다는 소식은 들리지 않는다(Schwiebert & Sealander, 1995; Thompson, Morgan, & Urquhart, 2003). 우리나라에서도 최근 ADHD 아동을 지도하기 위한 자료들(채규만, 장은진, 김도연, 2003; 신현균, 김진숙, 2000)이 출판되고 있지만 여기서 제안된 방법들이 제대로 검증된 것인지에 대해서는 의문이다. 다만, Zentall(1993)의 연구는 ADHD 아동이 가진 주의력의 특성을 활용하여 수업을 이끌 수 있는 새로운 가능성을 보여 주었다는 점에서 일말의 기대감을 갖게 한다. 그의 연구를 간단히 살펴보고 그가 제안한 수업 전략을 검토해 보자. 이러한 방법이 정말 효과가 있는지 여부는 이를 수업에 활용하는 담임교사에게 달려 있다.

Zentall은 ADHD 아동을 기술하는 용어 중 주의결핍(attention deficiency)을 주의편향(attention bias)으로 바꿔야 한다고 주장하였다. ADHD 아동은 주의력이 모자라는 것이 아니라 선택적으로 여러 곳에 주의를 기울이는 데서 문제가 발생한다는 것이다. 이들은 색깔, 크기의 변화, 움직임 등 새롭고 신선한 자극에 선택적으로 주의를 기울인다. 따라서 주변의 자극이 새롭고 강렬하면 이들은 보통 아이들보다 그것에 더 빨리 반응한다. 바로 이러한 특성 때문에 이들은 중립적이고 애매하고 자극이 두드러지지 못한 과제에 초점을 맞추기가 어렵고 또 과제에 집중하다가도 새로운 자극이 나타나면 쉽사리 과제에서 이탈하는 특성을 갖고 있다. 그러므로 ADHD 아동의 주의를 모으고 이를 지속시키려면 과제가 갖는 자극의 신선도와 강도를 높일 필요가 있다. 다시 말하면, 수업시간에 제시되는 과제 자체가 강렬한 자극이 되는 것이거나 또는 과제가 제시되는 방식에 아동의 주의를 끌 만한 요소가 첨가될 때 주의집중행동과 과제참여행동 시간이 증가된다는 것이다. 이러한 주장은 과제를 제시할 때 색깔을 바꾼다든가, 영화, 게임, 놀이 등 새로운 장면을 활용한다든가, 과제에 음악적 요소를 첨가하였더니 아동의 실행력이 높아졌다는 연구 결과들에 의해 뒷받침되고 있다.

　Zentall의 주장이 사실이라면 수업을 지도하는 교사는 가능하면 과제의 자극력을 높일 필요가 있다. 수학시간에 리듬을 맞추는 음악을 동원한다든가, 낱말 배우기 시간에 색깔이 선명한 낱말카드를 사용한다든가, 과학시간에 다양한 참여활동(퍼포먼스)을 포함시킨다든가, 사회시간에 과장된 역할놀이를 수행케 하는 등 과제의 반응 요구를 최대화시키는 것이다. 요컨대, 수업을 지도하는 교사는 차분하고 조용한 전통적인 수업 형태를 벗어나 다소 요란하고 떠들썩한 수업을 전개할 필요가 있다. 물론 자극성이 풍부한 학습자료를 준비하려면 무엇보다도 교사의 독창성이 전제되어야 한다. 아울러 ADHD 아동을 위한 수업에 열정을 가지고 있어야 한다. 잡무가 폭주하고 다인수 학생들을 가르쳐야 하는 우리나라의 학교·학급 현실에서 꿈같은 이야기라는 생각이 들지만, ADHD 아동에게 도움이 되는 다른 길이 마땅치 않다는 점을 고려하여 최선을 다할 일이다.

위축 · 고립행동

초등학교 어느 학급에 들어가든 사회적으로 위축 · 고립된 아동을 발견할 수 있다. 자신감이 부족한 아동, 지나치게 수줍음을 많이 타고 부끄러워하는 아동, 또래 친구들과 잘 어울리지 못하는 아동, 의사 표현을 제대로 하지 못하여 자기 권리를 지키지 못하는 아동들이 바로 그들이다. 이들은 말썽을 일으키지 않고 교실 한쪽에서 있는 듯 없는 듯 조용하게 지내는데 때로는 보다 공격적인 아동들에게 놀림감이 되기도 한다.

초등학교 교사들, 특히 남성 교사들은 위축 · 고립된 아동들을 지도하는 데 큰 어려움을 겪는다. 초등학교 교사들이 지도하기에 가장 힘든 부적응 아동의 유형을 조사한 한 연구에 의하면(이강형, 2001) 공격적 행동 아동, 도벽 아동, 위축 · 고립된 아동의 순으로 지도하기 힘들다고 인식하고 있는데 특히 남성 교사는 위축 · 고립 아동을 가장 지도하기 힘들다고 꼽는다. 위축 · 고립 아동의 예민한 성격, 다가갈수록 움츠러들고 피하려는 특성, 한번 다문 입을 좀처럼 열지 않으려는 행동이 남성 교사들의 접근을 어렵게 만들기 때문이다. 이 밖에도 교직 경력이 적을수록, 그리고 저학년 담임교사보다 고학년 담임교사가 위축·고립 아동의 지도를 더 힘들어 한다.

　교사의 입장에서 말썽을 부리지 않고 얌전히 행동하는 아동은 특별히 신경을 쓰지 않아도 되니 다행이라고 생각할 수 있다. 에너지가 펄펄 넘치는 30여 명의 아동들이 날뛰는 교실에서 그나마 말썽 없이 조용히 앉아 있는 아이들이 있다는 사실은 오히려 담임교사에게 위안이 될 수도 있다. 하지만 눈에 띄지 않는다고 해서 이들을 방치한다면 올바른 교육자의 자세가 아니다. 위축·고립된 아동의 교육적 필요가 무엇인지 진단해 내고 이를 바탕으로 이들의 성장과 발달을 지원하는 일은 교사의 본령에 해당한다. 어린 나이에 습득된 개인의 사회성은 평생을 간다. 따라서 비교적 가소성이 높은 초등학교 시절에 적절한 사회성을 키우고 정상적인 사회생활에 필요한 사회적 기술을 익히는 일은 더할 나위 없이 중요하다. 이런 측면에서 교사는 위축·고립된 아동의 행동을 주의 깊게 살피고 적절한 교육적 조치를 취하는 일에 관심을 가져야 한다.

위축·고립 아동에 대해 밝혀진 사실들

　위축·고립이라는 용어는 위축과 고립을 하나로 결합한 것이다. 사전(동아출판사, 1994)에서는 위축을 '(어떤 힘에 눌려) 졸아들어서 퍼지지 못하거나 자라지 못함'으로, 고립을 '남과 어울리지 못하고 외톨이가 됨'으로 풀이하고 있다. 위축이 사회적인 상황에서 수줍어함, 부끄러워함, 나서기를 꺼림, 말 없음(과묵함), 자신감 부족, 열등감 등을 뜻한다면 고립은 친구가 없음, 따돌림당함 등을 뜻한다고 보는 것이다.

　위축과 고립의 관계를 원인과 결과라는 차원으로 묶어 볼 수 있다. 고립 아동은 공격적 성향을 지닌 고립아와 복종적 또는 위축적 성향의 고립아로 나눌 수 있는데 공격적 혹은 위축적 양상을 보이는 아동들은 점차 또래집단으로부터 고립된다는 주장(김성애, 1989; 황청자, 1991; 양광식, 1999)은 위축행동이 고립의 한 원인임을 지적하고 있다. 하지만 위축된 사회적 행동이 원인이 되어 사회적 고립이라는 결과를 가져올 수도 있고, 사회적으로 고립된 결과, 위축행동이 촉발될 수도 있다. 따라서 이 둘은 어느 것이 어느 것의 원인이 된다고 지적하기 어려울 정도로 밀접하게 연관되어 있다. 부끄러워서 친구에게 말을 건네지 못할 수도 있고 친구가 없기 때문에 말 건네는 행동을 부끄러워할 수도 있다. 이렇게 보면 위축 · 고립행동은 줄어들고, 펴지지 못하고, 자라지 못하고, 남과 어울리지 못하고, 외톨이가 되는 모든 행동을 포괄하는 용어로 사용해도 무방하다고 여겨진다.

국내외의 연구물들을 살펴보면 대체로 사회적 위축과 고립을 같은 의미로 사용한 듯하다. 고립 아동을 '한 집단 내에서 자기도 선택이나 배척을 하지 않을 뿐 아니라 다른 구성원의 선택이나 배척도 받지 않는 형'이라고 최초로 정의한 Moreno(1934) 이후 서구의 많은 연구자들은 사회적으로 고립된 아동을 기술하기 위하여 '인기 없는' '거부된' '무시된' '고립된' '위축된' '충동적인' '공격적인' 등의 표현을 사용하고 있는데(Hymel & Rubin, 1985). 여기서 '충동적인'과 '공격적인'을 제외하면 대체로 위축과 고립을 같은 의미로 취급하고 있다. 고립 아동의 특성을 '심리적 기제로서 공상, 수줍음과 위축성, 열등감을 사용하여 이것이 아동의 성격으로 고정되면 대인관계를 맺기가 어렵게 되고, 사회생활을 제대로 할 수 없어서 심한 경우에는 정신적 장애로 발전할 수 있다.'고 한 김미숙(1982),

난 언제나 혼자야

'다른 아동과 잘 어울리지 않으며 자신의 의사표현을 잘하지 못할 뿐만 아니라 자신의 권리를 제대로 지키지 못하는 아동'이라고 한 이윤옥(1984), '공격적인 행동, 무관심, 게으름, 거부적인 행동, 혼자서 노는 행동, 미소와 웃음이 없음, 과제 참여에의 소극성, 아동 상호 간 대화 결여, 성취와 친애의 부족, 소극적 불안, 자신감의 결여'라고 한 정갑순(1980)과 신형근(1987), '외로움의 정서에 의해 현실적으로 나타난 현재의 행동 상태로 학급 내 동료들에게 긍정적인 지지를 거의 받지 못하는 아동'이라고 한 허승희(1993), '사회적 철회'라고 한 천회영(1997), '학급집단에서 급우들과의 관계가 원만하지 못하고 부적응행동으로 인하여 급우들이 싫어해 따돌림을 받는 학생'이라고 한 김수미(1997), '일반적으로 사회적 기술이 부족하거나 사회적 행동 때문에 친구와 어울리지 못하고, 또래로부터 거부되거나 무시되어 다른 유아와 상호작용 없이 혼자 노는 유아'라고 한 황영미(2000), '사회측정검사에서 또래수용도 점수가 가장 낮고 또한 또래들과의 상호작용 행동의 빈도가 가장 낮은 것으로 평가된 유아'라고 한 김미영(2000), '또래와의 상호작용 빈도가 낮거나 또래수용도가 낮은 아동'이라고 한 유원수(2001), '심리적, 사회적 요인으로 인하여 사회기술이 부족하며 그 결과 또래 아동과 어울리지 못하고 홀로 활동하는 아동'이라고 한 이종락(2002), '다른 아동과 어울리지 못하고 혼자 있으며 자기 의사를 표현하지 못하여 자기의 권리를 지키지 못하는 행동'이라고 한 최영하(2002), 위축 아동을 '여러 가지 개인의 내적·외적 요인으로 인하여 친구들과의 상호작용 빈도가 낮거나 친구수용도가 낮은 아동'이라고 한 한영주(2002), '한 학급에서 친구와의 낮은 사회적 상호작용 빈도와 원만한 대인관계를 맺지 못하는 아동'이라고 한 류혜자(2003), '따돌림 피해로 인하여 또래집단과 정상적인 상호작용을 하지 못하며, 학교생활에서의 회피, 낮은 사회적 존중감, 낮은 사회적 기술을 가지고 있어 또래들로부터 소외당하거나 외톨이가 되어 있는 상태'라고 말한 오순화(2003) 등은 모두 아동의 사회적 고립과 위축을 특별히 구분하지 않고 있다.

위축·고립된 아동은 학교에서 여러 가지 부적응 행동을 나타낸다. 이런 부적응 행동은 사회적 행동 문제, 정서와 성격 문제, 학업과 관련된 문제 등 세 가지 형태로 구분할 수 있다(천희영, 1997). 사회적 행동 문제에는 친구들과 어울리지 못하거나 어울리는 기회를 회피함으로써 자연스럽게 발달시켜야 할 사회적 기술의 습득에 실패하는 일, 대인관계 기피(오순화, 2003), 학교와 학급이라는 상황에 대한 불안과 두려움으로 인해 등교를 거부하는 일이 포함될 수 있다. 정서 및 성격과 관련된 행동 문제에는 작은 일에도 걱정을 많이 하는 소심함, 친구들과 비교하여 자신을 탓하는 열등감과 자기비하감, 정서적 긴장으로 인한 언어장애, 자기정체감 혼미, 낮은 자아존중감(송인섭, 1989), 무기력과 무능력감(조용남, 2002) 등이, 학업과 관련된 행동 문제에는 주의 산만, 무계획적인 학습방법, 학습동기의 결여, 과도한 수행불안, 부정적 자아개념 등이 포함된다. 위축·고립행동과 학업성취도의 관련성을 탐구한 일련의 연구들은 실제로 이들의 학업성취도가 다른 아이들에 비해 현격히 떨어지는 경향이 있고 특히 언어영역에서 낮은 점수를 얻는다고 보고하고 있다(Landon & Sommers, 1979; Evans, 1993). 교사들이 말수가 적은 이들의 학업성취를 낮게 평정한다는 연구 결과(MvCroskey & Daly, 1976)에 대해서도 주의를 기울일 필요가 있다. 위축·고립된 아동들은 말을 적게 하는데 이러한 특성이 교사에 의해 덜 유능한 것으로 평가되어 결과적으로 이들의 학업성취도가 낮아질 위험이 있다는 지적이다.

박경숙(2001)은 급우들과의 인간관계에서 고립되는 아동들의 학교생활의 특성을 수업시간과 수업 외의 시간으로 나누어 관찰·기술하고 있다. 첫째, 수업시간의 생활 특성이다. 이들은 수업시간에 가만히 앉아 있고, 다른 생각을 많이 하며 혼자 행동을 한다. 장난을 치려고 시도하지만 급우들로부터 아무런 반응을 얻지 못하고 아무 말도 하지 않은 채 수업시간을 보낸다. 모둠별 소집단 학습이 이루어질 때도 가만히 있기만 할 뿐 전혀 학습에 함께 참여하지 않는다. 그래서 같은 집단의 급우들에게 더 많은 책임이 돌아가게 되므로 급우들로부터 같은 집단이 되는 것을 꺼려 하게 만든다. 어떤 고립아는 수업시간에 다른 아동들과 달리 가만히 앉아 있지 못하고 교사의 시선을 피해 엎드려 있거나 산만한 태도를 나타낸다. 이와 같은 행동은 과제의 불이행과 관련되어 담임으로부터 꾸중을 자주 듣게 된다. 혼나는 모습을 급우들에게 자주 보여 주게 됨으로써 놀림을 받기도 한다. 또 짝에게 장난을 걸기도 하지만 짝은 무시해 버리고 반응을 보이지 않는다. 수업에 흥미를 느끼지 못하고 공부시간을 지겹게 생각한다. 둘째, 수업시간 외의 생활 특성이다. 이들은 학교생활에서 공통적으로 급우들과 어울리지 못한다. 혼자 밖으로 나가서 돌아다니거나 교실에 있으면서 다른 아이들의 활동을 구경하기만 한다. 또 급우에 대한 무관심으로 만화를 그리고 있거나 낙서를 하는 혼자만의 활동을 한다. 또한 본인의 의지와 상관없이 급우가 시키는 대로 행동을 하며 청소시간에는 다른 아동 못지않게 성실히 한다.

방금 지적한 대로 위축·고립 아동이 학급에서 보일 수 있는 여러 가지 부적응 행동을 교정하려면 담임교사의 적극적 개입이 필요하다. 이를 위해 위축·고립 아동에 대하여 정확한 정보를 확보하고 이들을 적절히 교육할 수 있는 역량을 키워야 할 것이다.

위축·고립 아동의 행동 유형

양광식(1999)은 아동들의 사회성을 두 가지 유형, 즉 공격적 고립아와 복종적 또는 위축적 고립아로 나눌 수 있다고 주장하였는데 우리가 여기서 문제 삼는 내용은 복종적 또는 위축적 고립아의 행동이다. 이종락(2002)은 고립아를 동료들로부터 부정적으로 지명되는 적극적 고립아와 동료들로부터 무시되어 지명이 적게 되는 소극적 고립아로 나누고 있는데, 마찬가지로 여기서 우리가 관심을 갖는 아동은 소극적 고립아다. 공격적 고립아와 적극적 고립아로 분류되는 아동들은 대부분 공격적 성향이 강한 아동들로서 이미 다른 절에서 논의한 바 있다.

박성수·오성심(1972)은 학급에서 문제가 되는 아동의 위축·고립행동을 세 가지 기준에 따라 분류하고 있다. 다른 아동들과 어울리지 않는 행동, 자기 의사를 잘 표현하지 못하는 행동, 자기 권리를 지키지 못하는 행동 등이 그것이다. 각 유형에 해당하는 고립아의 행동을 보다 상세히 살펴보자.

다른 아동들과 어울리지 않는 행동

- 쉬는 시간에 혼자 하는 일 없이 앉아 있는 것
- 쉬는 시간에 혼자 엎드려 있는 것
- 아이들이 노는 데에 참여하지 않고 멍하게 구경만 하는 것
- 협동작업을 요하는 시간에 가만히 있는 것
- 수업준비물(예, 책, 크레파스)이 없어도 같이 쓰자는 말을 못하는 것
- 자유수업 시간에 혼자 멍하니 있는 것
- 운동장이나 길에서 혼자만 다니는 것
- 동무(형제)들과 말하지 않고 지내는 것
- 집에서 동네 아이들과 어울리지 않는 것
- 집에서 자기 방에만 있는 것

자기 의사를 잘 표현하지 못하는 행동

- 다른 사람과 말할 때 마주 보지 못하는 것
- 다른 사람과 이야기할 때 '예, 아니요'로만 응답하는 것
- 다른 사람이 말을 걸 때 우물거리는 것
- 동무들에게 자기감정이나 의사를 나타내지 못하는 것
- 낯선 사람 앞에서는 말을 잘 못하는 것
- 공연히 얼굴을 붉히거나 유난히 수줍음을 타는 것

- 다른 사람이 조금만 뭐라고 해도 당황하거나 쩔쩔매는 것
- 어른이 조금이라도 꾸중을 하면 울기부터 하는 것
- 지명을 받았을 때 재촉받고서야 마지못해 일어나는 것
- 선생님의 질문에 알면서도 더듬거리는 것
- 여러 사람 앞에서 아는 것이라도 발표하기를 꺼리는 것
- 조그만 일에도 혼날까 봐 겁부터 먹는 것

자기 권리를 지키지 못하는 행동

- 다른 사람의 지시에 싫어도 말 못하고 따르는 것
- 학급 자치활동에 수동적으로 따라 하는 것
- 자기보다 약한 아이에게도 대항하지 못하는 것
- 부당하게 매를 맞고도 가만히 있는 것
- 속임을 당한 줄 알고도 말을 못하는 것
- 놀이나 겨루기를 피하는 것
- 동무들을 피해 다니는 것
- 물건을 빼앗기고도 말을 못하는 것

이종락(2002)은 1년이 넘는 기간 동안 관찰과 면담을 사용하여 아동들의 학급생활을 해부한 후 고립아의 유형을 나누고 그 원인을 분석하였다. 그에 의하면 아동의 고립유형은 다섯 가지로 나뉜다. 상호 무관심형, 놀이기능 미숙형, 보살핌형, 괴롭힘형, 의사표현 부적절형이 그것이다. 상호 무관심형은 스스로 고립을 선택하는 아동으로서 혼자놀이를 선호하고 친구들과 놀이를 하는 것보다 책을 보는 것이 더 유익하다고 생각하며 상대방의 말과 놀이에 무관심하다. 놀이기능 미숙형은 놀이의 수준이 너무 낮아 다른 아동들과의 놀이에 잘 참여하지 못하는 아동들로서 생각하고 말하는 수준이 낮고 놀이

에 흥미를 갖지 못하며 또래 놀이에 참여하지 못한다. 보살핌형은 일반 아동들의 보살핌을 받는 아동으로서 주로 다른 아동들로부터 보살핌을 받기만 하고 보살펴 주는 아동에게 아무런 보답을 하지 못하고 오히려 피해를 주기도 한다. 그 결과 일정한 시간이 지나면 상대 아동이 떠나감으로써 고립된다. 괴롭힘형은 상대를 괴롭히는 경향이 있는 아동으로서 싸움을 잘 걸고 욕설을 잘 하며 평소에 무질서한 행동을 하여 상대 아동에게 피해를 준다. 이로 인해 상대가 싫어하고 떠나게 된다. 의사표현 부적절형은 상황에 맞지 않는 언행을 하고 자기 생각대로 행동하는 아동으로서 몸에서 이상한 냄새가 나거나 같이 노는 친구들을 답답하게 만든다.

이종락의 연구는 고립 아동으로 지명된 20명의 행동을 분석한 것으로서 한국의 초등학교 학급에 어떤 종류의 고립 아동이 있으며, 이들의 행동 특성이 어떠한지에 대해 사실적인 정보를 제공하고 있다.

위축 · 고립행동의 발생 원인

위축 · 고립행동을 발생시키는 원인은 크게 생물학적 요인, 환경적 요인, 심리적 요인으로 나눌 수 있다. 생물학적 요인에는 유전, 기질, 신체 · 생리학적 특성, 질병이나 신체적 외상 등이, 환경적 요인에는 부모의 자녀 양육 태도, 애착관계 형성, 가족관계 등이, 심리적 요인에는 자의식의 발달, 불쾌한 정서적 경험 등이 거론된다(Crozier & Alden, 2001).

우리는 여기서 위축 · 고립행동이 발생하게 되는 근본 원인을 정밀하게 따져 들어가지 않을 것이다. 그보다는 초등학교 또는 초등학급이라는 맥락에서 아동이 위축 · 고립되는 원인과 과정을 찾아내어 이를 교정하는 방안에 관심이 있다. 이런 점에서 이종락의 연구는 중요한 가치가 있다.

이종락(2002)은 초등학교 학급에서 고립되는 아동을 몇 가지 유형으로 나누고 고립 유형별로 그 원인과 고립의 과정을 기술하고 있다. 초등학교 학급에서 발생하는 고립 아동의 유형에 따라 적절하게 대처할 수 있는 정보를 제공한다는 점에서 그가 제시한 고립 유형별 원인과 고립 과정을 살펴보면 도움이 될 것이다.

먼저 이종락(2002: 67-68)은 초등학교 학생들에게 있어서 인간관계를 형성하는 요인을 분석하여 이를 여섯 가지로 정리하고 있다. 체격과 체력, 인상, 옷차림, 정리정돈 상태를 가늠하는 외모, 협동심, 정의감, 신뢰성, 봉사정신, 준법성, 지도성 등의 정도를 나타내는 인성, 같은 학원을 다니는지의 여부, 교실에서의 좌석 배치가 멀고 가까운지의 여부, 그리고 통학구역과 관련한 지리적 여건, 국어·수학·사회·자연 등의 도구 교과에 대한 학업성적, 운동능력, 발표력, 주의집중, 과제해결 등과 관련한 학습태도 및 학업 수준, 컴퓨터게임, 축구경기, 잡기놀이, 공기놀이, 말타기 등과 같은 집단게임 등의 놀이 그리고 언어, 태도, 관심, 압력이 작용하는 의사소통 요인 등이 그것이다. 이 여섯 가지 요인들은 아동의 인간관계 형성을 활성화하는 요인으로 작용하기도 하고 고립 요인으로 작용하기도 한다는 것이다. 그런데 고립 아동의 유형에 따라 이 여섯 가지 요인의 결합 양상에 다소 차이가 난다.

첫째, 상호 무관심형이다. 이 유형으로 분류되는 아동의 고립 요인은 인성, 놀이, 의사소통, 지리적 여건 등이다. 상호 무관심형 고립아는 상대방의 놀이에 관심을 보이지 않고 자기의 세계에서만 생활한다. 이들은 주로 늦게 등교하고 일찍 귀가하는 아동으로 통학구역이 다른 아동, 정신적으로 독립적인 생활을 하는 아동이다. 혼자서 책을 보거나 장난감을 가지고 노는 경향이 있으며, 교실에서도 공부를 하거나 아무 놀이도 하지 않으면서 가만히 앉아 있다. 이들이 고립되는 과정을 보면 일반 아동이 고립아에게 접촉을 시도하는 제1단계, 일반 아동의 접촉 시도가 실패하는 제2단계, 서로 무관심해지는 제3단계, 스스로 고립을 선택하는 제4단계로 구분할 수 있다(이종락, 2002: 85-92).

둘째, 놀이기능 미숙형이다. 이 유형으로 분류되는 아동의 고립 요인은 인성, 학업, 놀이, 의사소통 등이다. 이들은 처음에는 일반 아동과의 관계를 유지하나 놀이의 방법을 모르고 기능이 미숙한 관계로 점차 함께 어울리지 못하고 뒤로 밀려난다. 같이 참여하고 싶은 마음은 있으나 다른 아동들이 재미없어 한다는 이유로 함께 참여하는 것을 좋아하지 않고 핀잔을 주기도 하고 참여하지 말라는 압력을 가한다. 그 결과 그 아동은 다른 아동들의 놀이를 구경하면서 즐거움을 표현하는 과정을 얼마간 갖는다. 그러나 점차 주변을 맴도는 과정, 즉 놀이를 구경하는 기간을 거치다가 자기만의 생활을 하게 된다. 책을 보고 지내는 경우, 장난감을 가지고 노는 경우도 있고, 주위를 배회하는 행동 경향을 보인다. 이들이 고립되는 과정을 보면 상호놀이 활동을 하는 제1단계, 일반 아동이 이들을 멀리하고 이들은 소극적으로 참여하는 제2단계, 놀이 활동에 간접적으로 참여하는 제3단계, 혼자놀이 활동을 하는 제4단계로 구분할 수 있다(이종락, 2002: 97-106).

셋째, 보살핌형이다. 이 유형으로 분류되는 아동의 고립 요인은 외모, 인성, 학업, 놀이, 의사소통 등이다. 학습부진아, 약간의 신체적·정신적 장애를 가진 아동, 정신연령 수준이 낮은 아동이 대부분 이 유형에 속한다. 처음에 이들은 다른 아이들의 보살핌을 많이 받으며 생활한다(0~4주간). 그러나 상대 아동들은 보살핌 또는 돌봄의 생활을 하다가 상대로부터 아무 보상을 받지 못한다는 것을 느낀다. 보상을 얻지 못할 뿐 아니라 자신의 생활에 대한 피해의식까지 갖게 된다. 학기 초부터 약 5주 정도의 기간 동안 보살핌은 이루어지지만 점차 보살핌의 정도가 약해지고 결국 일반 아동이 떠나간다. 그러므로 점차 그 아동과 멀어지게 되고 고립아는 혼자 놀이를 하게 된다. 이들의 고립과정을 보면 일반 아동의 보살핌을 받는 제1단계, 일반 아동에게 제공되는 보상이 없는 제2단계, 일반 아동이 떠나가는 제3단계, 점차 홀로 학교생활을 하는 제4단계, 점차 고립되는 제5단계로 구분할 수 있다(이종락, 2002: 108-115).

넷째, 괴롭힘형이다. 이 유형으로 분류되는 아동의 고립 요인은 인성, 의사소통, 놀이 등이다. 수업 활동에서 많이 떠드는 아동, 지나치게 돌아다니면서 상대를 괴롭히는 아동, 친구들을 때리는 아동, 고자질을 하는 아동, 다툼이 많은 아동, 말이 너무 많아 상대를 성가시게 하는 아동, 상대에게 핀잔을 심하게 주는 아동, 남의 탓을 많이 하는 아동, 싸움을 많이 하는 아동 등이 이 유형에 속한다. 이들은 처음에는 친구들과의 놀이 활동에 참여하는 듯하나 점차 친구들이 피해 버림으로써 점차 고립되는 아동들이다. 이들은 남의 잘못을 크게 과장하려 하고 자기주장을 굽히지 않는 특성이 있다. 이들의 고립 과정을 보면 적극적으로 일반 아동과 관계를 갖는 제1단계, 일반 아동을 괴롭히며 놀이활동에 끼어드는 제2단계, 일반 아동들이 이들을 멀리하는 제3단계, 점차 고립되는 제4단계 등으로 구분할 수 있다.

다섯째, 의사표현 부적절형이다. 이 유형으로 분류되는 아동의 고립 요인은 의사소통, 용모, 놀이, 인성 등이다. 너무 말이 많거나, 잘난 척하거나, 공주병 기질이 있거나, 옷차림이 지저분하고 변태적 행동을 하거나, 성적인 행위를 고집함으로써 일반 아동에게 혐오스러운 동작을 하거나, 자신만의 생각을 가지고 고집스럽게 이야기하거나, 혼자만의 세계에 사는 듯 행동을 하는 아동들이 이 유형에 속한다. 이들은 조그만 육체적·정신적 충격에도 잘 울거나 대화의 수준이 너무 낮으며 자기 행동의 잘못된 점을 제대로 알지 못한다. 이들이 고립되는 과정을 보면 아동 상호 간의 관계가 형성되는 제1단계, 일반 아동들이 부적절한 의사표현을 싫어하는 제2단계, 일반 아동이 떠나가는 제3단계, 부적절한 의사표현으로 고립되는 제4단계로 구분할 수 있다(이종락, 2002: 127-135).

고립유형별로 두드러진 고립 요인을 꼽아 보면 상호 무관심형은 인성, 놀이기능 미숙형은 학업성적과 놀이, 보살핌형은 용모와 의사소통, 괴롭힘형은 인성, 의사표현 부적절형은 의사소통이다.

위축 · 고립 아동의 평가와 진단

학급에서 위축 · 고립 아동을 발견하는 일은 그리 어렵지 않다. 담임교사가 조금만 관심을 가지고 아동들의 행동을 관찰하면 쉽게 위축 · 고립된 아동을 찾아낼 수 있다. 평소 말없이 조용하게 지내고 친구들과 어울리는 일이 별로 없이 혼자 떨어져 놀며 학급활동에 참여하지 않는 아동이라면 사회적인 관계를 회피하거나 그 관계로부터 소외되어 있을 가능성이 아주 높다. 여기에다 급우들이 무시하는 태도와 행동을 종종 보이면 십중팔구 그 아동은 위축 · 고립되어 있을 것이다. 위축 · 고립 아동을 찾아내는 몇 가지 방법을 살펴보자.

행동 관찰

앞서 언급한 대로 위축 · 고립된 아동의 행동은 쉽게 눈에 들어온다. 앞에서 소개한 바 있는 박성수 · 오성심(1972)은 학급에서 문제가 되는 아동의 위축 · 고립행동을 세 가지 기준에 따라 분류하고 있다. 다른 아동들과 어울리지 않는 행동, 자기 의사를 잘 표현하지 못하는 행동, 자기 권리를 지키지 못하는 행동 등이 그것이다. 이 세 가지 기준에는 보다 자세한 행동 항목들이 포함되어 있는데 이 세부 행동들이 교사가 관찰할 내용이다. 아동에게서 이 세부 항목에 속하는 행동이 많이 발견될수록 아동이 위축 · 고립되어 있을 가능성이 높다.

또래지명법

또래지명법은 학급 아동들 사이에서 형성되는 사회적 관계를 파악하는 좋은 방법이다. Moreno(1934)가 창안한 이 방법은 위축 · 고립된 아동을 찾아내는 데에도 유용하다. 교사는 학급 아동들로 하여금 일정한 기준에 따라 급우들을 선택, 지명하게 한다. 생일날 초대하고 싶은 친구, 같이 앉고 싶은 친구, 가장 친한 친구 등 기준을 주고 급우들 중에서 3명, 5명, 7명 하는 식으로 지명하게 하는 것이다. 친구 지명 기준은 긍정적인 내용이 좋으며 가능한 한 부정적인 기준은 사용하지 않도록 한다. 친구들로부터 지명받은 횟수가 전혀 없거나 극히 적은 아동은 위축·고립된 아동으로 평가할 수 있다.

아동용 자기보고 질문지

질문지를 실시하여 아동의 위축·고립 여부를 평가할 수도 있다.

허승희(1993)는 초등학교 아동들에게 사용할 목적으로 정서적 고립감, 사회적 고립감, 정서적 고립, 사회적 고립 등 4개의 하위척도로 구성된 검사를 개발하였다. 이 검사는 1~5점에 반응하는 Likert 척도로서 점수가 클수록 동료관계에서 고립되는 정도가 크다고 해석된다. 몇 가지 예시 문항을 살펴보면 다음과 같다.

사회·정서적 그림검사

- 나는 내 친구들에게 내 기분을 솔직하게 이야기하지 않는 편이다.
- 먹을 것이 있을 때 같이 먹자고 나를 부르는 친구들이 많다.
- 나에게는 내 마음을 잘 알고 이해해 주는 친구가 별로 없다.
- 친구들은 항상 나를 따돌리고 차별한다.
- 나는 나를 오해하는 친구가 있으면 자주 찾아가서 오해를 풀려고 애쓴다.

부모면담

위축·고립이 의심되는 아동의 부모와 면담을 하는 것도 좋은 방법이다. 아동의 위축·고립 행동이 오랫동안 지속되어 온 것인지 아니면 상황과 장면에 따라 달라지는 상황 특수적인 것인지 확인할 필요가 있기 때문이다. 가정에서는 멀쩡한데 학교에 오면 입을 닫고 대인관계를 기피하는 아동들도 종종 발견된다. 최근 학교에서는 흔히 선택적 함묵증이라고 불리는 아동들이 늘어나고 있다. 이들은 가정에서는 별다른 문제가 없는데, 유독 학교에 오면 아무런 말을 하지 않는다. 학교생활과 관련된 무엇인가가 아동의 자기표현과 대인관계에 어려움을 주는 것이다. 교사는 학부모와의 면담을 통하여 아동의 성장과정에 대한 정보를 얻음으로써 위축·고립의 원인과 과정을 이해할 필요가 있다. 아울러 가정에 특별한 문제가 없다고 판단되면 아동의 학교생활, 학급생활을 보다 심층적으로 파고드는 것이 바람직하다.

위축·고립 아동에 대한 개입 전략

위축·고립된 아동에게 개입하기 위한 전략은 대부분 인지행동치료와 사회기술 훈련에 집중되어 있다. 아동의 위축·고립행동이 자신감 부족과 사회불안 내지는 사회공포에 기인한다고 생각하는 사람들은 아동의 생각과 행동을 바꾸기 위한 인지행동치료 전략을 주로 활용하는 반면, 아동의 위축·고립행동이 대인관계를 시작하고 유지하는 사회 기술의 경험과 연습 부족에 있다고 판단하는 사람들은 사회기술 훈련에 큰 관심을 두었다. 여기서는 사회기술 훈련, 사회불안 해소, 자신감 증진 등 세 부분으로 나누어 개입 전략을 살펴보도록 한다.

사회기술 훈련

사회기술 훈련을 강조하는 연구들은 대부분 친구와의 의사소통 기술을 향상시키는 데 초점을 맞추었다. 유연수(2001)는 사회기술 훈련의 내용에 대한 외국의 선행 연구를 잘 정리한 바 있는데 여기에 싣도록 한다.

"사회기술 훈련의 주된 내용은 초기에는 긍정적인 대인행동을 주고받기, 친구 만드는 방법, 듣는 사람의 입장 되기 등에 초점이 맞춰졌으나, 이후 Ladd(1988)에 의해 제의하기, 질문하기, 도와주기 등의 행동목록이 제시되었고, Michelson(1983)은 요청하기, 불만을 표현하기, 거절하기, 이유 묻기, 권리를 주장하기, 공감 표현하기 등 다양한 프로그램으로 내용을 구성하였다. 또한 Hymel(1977)은 의사소통하기, 참여하기, 협력하기, 긍정적으로 지원하기 기술 등을 사회성 훈련을 통해 가르쳤다(강희선, 1998에서 재인용). Oden과 Asher(1977), Gottman(1975)은 또래집단에서 긍정적인 또래관계 형성에 필요한 기술에 참여하기, 협동, 의사소통, 지지하기, 인사하기 등이라고 하였다. Goldstein(1988)은 교실 생존 기술, 친구 사귀기, 스트레스 대처, 공감하기 등이 사회기술 훈련 프로그램의 내용이 된다고 하였다. La Greca와 Santogrossi(1980)는 미소 짓기, 인사하기, 함께하기, 초대하기, 대화하기, 공유하기, 협동하기, 칭찬하기, 치장하기를 다루었고, Bierman과 Furman(1984)은 자기표현하기, 질문하기, 지도하기 등의 기술을 사회기술 훈련에 포함시켜 지도하였다."

요컨대 사회기술 훈련은 또래와 상호작용을 시작하는 기술, 또래와의 상호작용을 유지하는 관계 지속 기술, 또래관계에서 발생할 수 있는 문제 갈등 조절 기술을 포함한다고 요약할 수 있다. 국내에서도 고립 아동(이윤옥, 1983; 박남주, 1991; 김경옥, 1993; 김태국, 1995; 김동운, 1998; 유재환, 2000; 류혜자, 2003)과 수줍음이 많은 아동(강희선, 1998)에게 사회기술 훈련을 적용한 연구들이 있는데 여기서 사용된 사회기술 훈련의 내용은 앞에 언급한 외국의 경우와 유사하다. 사회 기술을 훈련하는 기법으로는 강의, 토의, 모델링, 역할극, 코칭, 피드백, 사회적 강화와 과제, 역할극, 게임, 비디오, 피드백, 광범위한 모델링 시범 등이 주로 사용되고 있다(유연수, 2001; 류혜자, 2003).

아동의 사회 기술을 향상시키기 위한 전략과 프로그램은 이미 많이 개발되어 있다. 여기에서는 국내에 번역되어 있는 『불안하고 걱정 많은 아이 어떻게 도와줄까?: 아동기 불안의 인지행동치료 지침서』에 나와 있는 몇 가지 기술을 발췌·보완하여 소개하도록 한다. 이 밖에 응용발달심리센터(2002)에서 번역한 『바로 사용할 수 있는 사회적 기술 향상 프로그램』은 유아부터 초·중·고등학생에게 적용할 수 있는 다양한 사회기술 훈련 프로그램을 담고 있으므로 참고할 만하다.

신체언어　　대화를 하는 동안 신체언어는 대단히 중요한 역할을 한다. 특히 눈맞춤, 자세, 얼굴 표정은 상대에 대한 관심과 태도를 드러내는 주요 수단이 되므로 적절하게 활용할 필요가 있다. 아동의 신체언어에 문제가 있다면 이를 교정해 주는 것이 바람직하다.

눈맞춤
- **문제행동**: 불안하거나 위축된 아이들은 눈맞춤을 피하며 다른 사람과 이야기할 때 아래쪽이나 먼 곳을 쳐다본다. 이것은 다른 사람들에게 무관심하거나 비우호적인 태도로 보일 수 있다. 또한 아이가 대화하면서 너무 자주 눈치를 살피거나 뚫어지게 상대를 쳐다본다면 남들을 불편하게 만들기 때문에 문제가 될 수 있다.
- **훈련내용**: 대화하는 동안에 상대의 말을 잘 듣고 있고, 주의를 기울이고 있다는 것을 나타내기 위해서 상대의 눈을 보지만 그렇다고 너무 뚫어지게 쳐다보지는 않도록 가르친다.

자 세
- **문제행동**: 구부정한 자세, 등을 구부린 자세, 상대를 외면하는 자세, 지나치게 굳은 자세는 다른 사람들한테 좋지 못한 인상을 줄 수 있다.
- **훈련내용**: 아이가 상황에 알맞은 자세로 서 있거나 앉아 있도록 가르친다.

얼굴 표정
- **문제행동**: 얼굴 표정은 우리의 감정을 나타낸다. 지루하거나, 화나거나, 겁먹거

나 미소가 없는 표정은 다른 아이들에게 친하지 않다는 표시로 보일 수 있다.

• **훈련내용**: 아이의 표정을 상황에 어울리게 바꾸도록 한다. 다른 사람과 이야기할 때 보통 미소를 띠거나 부드러운 표정을 하고 상황에 알맞게 슬프거나 화난 표정을 하도록 가르친다.

대화 기술　　대화 기술은 말을 붙이는 기술, 대화를 지속적으로 이어 가는 기술, 적절한 주제를 선택하는 기술 등을 포함한다.

대화 시작하기
• **문제행동**: 불안하고 위축된 아이들은 다른 사람들과 대화하는 것을 피한다. 이들은 거의 항상 침묵을 지키는 경향이 있으며, 특히 잘 모르는 사람들과 있을 때 그렇다. 이 때문에 다른 아이들과 친해지는 데 어려움을 겪는다.
• **훈련내용**: 아이가 간단한 질문이나 짧은 말로 대화를 시작할 수 있도록 가르친다. "너 점심 먹었니?" "야, 너 정말 멋있는 옷을 입었구나." "오늘 숙제가 무엇인지 말해 줄 수 있겠니?"라는 식의 짧은 말로 친구에게 말을 붙이는 훈련을 시킨다.

대화 계속하기: 질문에 답하기
• **문제행동**: 불안하고 위축된 아이들은 질문을 받으면 매우 짧게 대답하는 경향이 있다. 이들이 주는 정보는 아주 적고, 대화를 계속하고 싶다는 의도를 전달하지 못한다.
• **훈련내용**: 아이가 상대방이 말한 것을 듣고 너무 짧지 않으면서 적당히 자세하게 대답하도록 훈련한다. "너 오늘 점심 먹었니?"라고 묻는 친구에게 "응"으로 끝내지 않고 "응, 근데 별로 맛이 없더라."라는 식으로 대화를 이어 가는 기술을 가르친다.

대화 계속하기: 질문하기
• **문제행동**: 대화를 지속하려면 이따금 질문을 할 수 있어야 하는데, 적당한 시

점에서 질문을 하지 않음으로써 대화가 끊긴다.

• **훈련내용**: 대화를 계속할 수 있게 적절한 질문을 하도록 훈련한다. 이때 질문은 상대방이 관심을 가질 만한 것이어야 한다. "너 점심 먹었니?"라고 묻는 친구에게 "응, 근데 별로 맛이 없더라."라고 한 다음에 "너는 어땠는데?" 하고 되묻는다면 점심 식사에 대한 대화가 더 길게 이어질 것이다.

대화 계속하기: 순서 돌아가기

• **문제행동**: 아이들이 친구를 사귀기 위해서는 양방향 대화 기술이 중요하다. 불안하고 위축된 아이들은 대화를 잘 유지하지 못한다. 질문에 대한 대답은 아주 짧고, 질문을 하거나 다른 사람에게 자발적으로 반응을 해 주는 경우가 드물다. 이것은 아이가 무관심하거나 친해지고 싶은 마음이 없다는 표시로 잘못 해석될 수도 있고, 상대방으로 하여금 나의 마음을 이해하기 어렵게 만든다.

• **훈련내용**: 아이가 다른 사람의 말을 듣고 적절한 말이나 질문을 함으로써 대화를 주고받도록 훈련시킨다. 상대방의 말이 끝나는 시점이 어딘지, 자기가 이야기할 차례가 어딘지를 잘 찾도록 하고 자기 차례가 되면 상대의 말을 받아 이어 나가는 양방향 대화 기술을 훈련한다.

대화 주제 선택하기

• **문제행동**: 불안하고 위축된 아이들은 종종 무엇에 대하여 이야기해야 할지 생각하는 데 어려움을 겪는다. 친구를 사귀고 싶다면 다른 아이들이 관심을 갖고 있는 것이 무엇인지에 대해 알 필요가 있다.

• **훈련내용**: 상황에 맞고 상대방이 관심을 가질 만한 주제를 선택하여 말하는 기술을 훈련한다. 이를 위해서는 공감하는 능력, 공감한 내용을 말로 표현하는 기술을 가르칠 필요가 있다.

친구 사귀기   친구를 잘 사귀려면 사귀고 싶은 아이에게 적극적으로 다가갈 필요가 있다. 도움 제공하기, 초대하기, 함께하자고 요청하기, 호감 표현하기, 칭찬하기, 힘들 때 배려하고 돌봐 주기 등은 친구를 사귀는 데 중요하게 기능하는 요소들이다.

도움 제공하기

- **문제행동**: 우정은 여러 종류의 도움을 서로 주고받는 상호관계를 포함한다. 불안하고 위축된 아이들은 친구를 도와주고 싶으면서도 그저 멍하니 서서 아무것도 하지 못하는 경향이 있다. 이런 행동은 불친절함과 무관심으로 잘못 오해될 수도 있다.
- **훈련내용**: 사귀고 싶은 아이에게 도움을 제공하거나 적당한 때에 물건을 빌려 오고 빌려 줄 수 있도록 훈련한다. 상대의 반응에 너무 민감하게 반응하지 말고 도움을 제공하는 행동 자체에 의미를 두도록 한다.

초대하기

- **문제행동**: 우정에는 함께 시간을 보내는 것과 사귀고 싶다는 뜻을 보여 주는 노력이 필요한데 위축·고립된 아동들은 이런 노력을 아예 포기하고 산다.
- **훈련내용**: 다른 아이에게 함께 놀자고 하거나 집에 오라고 초대하도록 한다. 생일이나 특별한 기념일을 활용하여 친구들을 초대하면 좋을 것이다. 혹 친구들이 아무도 응하지 않을 경우에 대비하여 담임교사는 몇몇 아이들과 사전에 약속을 해 두는 편이 안전하다.

함께하자고 요청하기

- **문제행동**: 불안하고 위축된 아이들은 친구들에게 함께 놀자고 이야기 꺼내기를 힘들어 한다. 함께 놀고 싶은 마음은 간절하지만 그저 바라만 보고 있다. 무슨 말을 해야 할지 모를 수도 있고, 바보같이 보일까 봐 두려워서 다가가지 못하는 것일 수도 있다.
- **훈련내용**: 아이들에게 다가가서 놀이를 함께하자고 제안하는 훈련을 한다. 처음에는 가상적인 상황에서 연습을 하고 점차 실제 생활 속에서 친구들에게 다가가 놀이에 끼워 달라는 요청을 하도록 가르친다.

호감 표현하기

- **문제행동**: 다른 사람의 호감을 얻기 위한 제일 좋은 방법은 먼저 호감을 표시하는 것인데 불안하고 위축된 아이들은 이를 정말 어려워한다. 호감을 표시하는 방법도 모르고 말로 표현할 줄도 모른다.
- **훈련내용**: 상대 아이에게 향하는 자기의 마음을 솔직하게 표현하도록 가르친다. 이때 손잡기, 껴안기, 부드럽게 어루만지기, 살짝 등을 두드리기같이 적절한 동작이 곁들어지면 더욱 좋다. 하지만 이 기술은 손쉽게 숙달될 수 있는 것이 아니므로 친구에게 호감을 표현하기 전까지 반복된 예행연습이 필요하다.

칭찬하기

- **문제행동**: 사람들에게 긍정적인 반응을 해 줄 수 있는 능력은 친구를 사귀는 데에 있어서 중요한 부분이며 상대방에게 관심이 있고 또 상대의 기분을 좋게 해 주고 싶다는 마음을 나타내는데, 불안하고 위축된 아동들은 칭찬하기를 꺼리거나 칭찬할 줄 모른다.
- **훈련내용**: 아이들의 장점 찾기, 장점 칭찬하기, 칭찬하는 타이밍 등을 가르친다. 상대 아이가 듣고 싶어 하는 말이 무엇인지 곰곰이 따지게 하고 이를 적절한 말로 표현해 주는 방법을 훈련한다.

힘들어 할 때 배려하고 돌봐 주기

- **문제행동**: 다른 사람들이 힘들어 할 때 배려하는 마음을 보여 주고 따뜻하게 대해 주면 쉽게 친해질 수 있는데 불안하고 위축된 아동들은 자기의 문제에 사로잡혀 이렇게 하지 못한다.
- **훈련내용**: 다른 아이가 고통받거나 기분이 나쁠 때 그들을 도와주고 돌봐 주려고 노력하게 한다. 짧지만 진실한 말로 친구의 아픔을 위로하거나, 가벼운 신체적 접촉을 통해 관심을 보여 주거나, 필요하면 다른 사람에게 도움을 청하는 훈련을 한다.

자기주장하기　　위축·고립된 아동의 특징 중 하나로 자신의 권리를 당당히 주장하지 못하고 또래들의 압력에 쉽게 굴복하는 행동이 포함된다. 이들은 자신의 권리를 지키고, 자신의 욕구를 표현하고, 불합리한 요청을 거절하고, 괴롭힘과 따돌림에 대처하는 법을 배울 필요가 있다.

자신의 권리 지키기

- **문제행동**: 다른 아이들이 자신을 이용하려고 할 때, 자신의 요구에 귀 기울이지 않을 때, 하고 싶지 않은 일을 시키려고 할 때 분명하게 자신의 의도를 전달하지 못한다.
- **훈련내용**: 다른 아이에게 피해를 끼치지 않으면서 자신의 권리를 지키는 법을 가르친다. 친구들의 부당한 요구에 뚜렷하고 단호한 목소리로 분명하게 자신의 의사를 전달하도록 한다. 이렇게 하기 위하여 자신이 원하는 것이 진정 무엇인지, 자신의 느낌이 어떤지에 대해 정확하게 알아야 한다. 자기주장을 할 때 다른 아이에게 피해를 줄 정도로 지나치게 적극적, 공격적이 되지 않도록 주의시킨다.

도움, 정보를 요청하거나 자신의 욕구 표현하기

- **문제행동**: 급우들이나 선생님에게 필요한 정보, 도움, 설명을 요청해야 할 때에도 가만히 있어서 불이익을 당한다.
- **훈련내용**: 필요한 도움, 정보, 설명을 요청하고 자신이 바라는 것이 무엇인지 상대방에게 알리는 방법을 훈련한다. 예를 들어, 숙제가 무엇인지 잘 알아듣지 못했으면 선생님께 다시 묻거나 옆 친구에게 확인하는 행동을 하도록 한다.

거절하기

- **문제행동**: 아이들로부터 불합리한 요구를 받았을 때 자신의 느낌을 분명하게 말하지 못하고 '싫어'라는 대답을 명확하게 전달하지 못하기 때문에 원치 않는 일을 하게 되거나 이용당하기도 한다.
- **훈련내용**: 불합리한 요구를 거절하고, 자신이 원치 않을 때는 '싫다'고 말하

는 법을 훈련한다. 불안하고 위축된 아동들은 특히 거절을 잘 하지 못한다. 따라서 아주 얼토당토않은 요구에서 시작하여 서서히 현실적인 문제로 접근해 들어가는 것이 좋다.

괴롭힘에 대처하기

• **문제행동**: 아이들이 신체적, 정신적으로 괴롭힐 때 아무런 대책 없이 괴롭힘을 당한다.

• **훈련내용**: 아이들이 괴롭힐 때 가만히 당하고 있지만 말고 이에 대항하는 연습을 한다. 말로 대응하거나, 소리를 지르거나, 어떤 식으로든 괴롭히는 행동을 참지 않겠다는 반응을 분명하게 보이도록 한다. 괴롭힘이 매우 심한 경우는 담임교사나 학부모에게 알리도록 하여 개입한다.

사회불안해소 기술

사회불안을 해소하는 기술은 주로 인지행동치료에서 많이 개발되었다. 인지행동치료는 사고, 신념, 해석의 비합리성, 비논리성을 해부하고 이를 합리적이고 현실적인 내용으로 바꾸는 데 초점을 둔다. 사회불안을 과도하게 느끼는 사람의 경우 대부분 사회적인 장면과 상황에 대하여 왜곡된 신념과 사고를 가지고 있으므로 이를 대치하기 위한 전략들이 활용된다. 인지행동치료 전략에 대해서는 이미 국내의 여러 서적들에 소개되어 있다.

위축·고립된 아동들에게 주로 활용할 수 있는 사회불안해소 기술로 여기서는 Antony와 Swinson(2000)이 제안한 왜곡된 사고와 신념 바꾸기, 노출을 통한 행동 실험에 대해서 살펴보도록 한다.

사고와 신념 바꾸기　일반적으로 부정적 감정은 부정적 해석과 신념에 의해 야기된다. 불안이나 두려움은 상황을 위협적이거나 위험한 것으로 해석할 때 발생하므로 보다 현실적으로 판단할 수 있는 능력을 배양할 필요가 있다. 상대적으로 사고의 유연성과 가소성이 뛰어난 아동들은 사고와 신념을 대치하려는 교사의 접근에 긍정적으로 반응할 확률이 높다.

먼저, 불안과 위축을 유도하는 사고의 유형을 몇 가지 예를 들어 살펴보자.

- 과대추정: "오늘 내 발표는 엉망이 될 거야." "다시는 다른 아이와 친해지지 못할 거야."
- 마음 읽기: "내가 겁내고 있다는 것을 다른 애들이 알아챌 거야." "나를 쳐다 보는 눈빛을 보니 선생님이 나를 싫어하는 게 틀림없어."
- 과도한 자기 탓: "우리 모둠이 망친 것은 모두 나 때문이야." "내 발표가 엉망 이어서 선생님이 화가 나신 거야."
- 당위적 진술: "다른 애들에게 불편을 주거나 피해를 끼치면 안 돼." "단 하나 의 실수 없이 완벽하게 해야 해."
- 파국적 사고: "발표하다가 내용을 잊어버리면 정말 큰일이야." "선생님께 질 문하다가 얼굴이 빨개지면 끝장인데."
- 전부 아니면 전무: "한 아이라도 내가 불안하다고 생각하면 안 돼." "시험에서 90점을 맞지 못하는 과목이 있으면 선생님은 나를 바보라고 생각하실 거야."
- 선택적 주의 또는 기억: "다른 과목은 다 90점이 넘지만 수학에서 85점을 받 았으니 시험을 망쳤어." "지금은 사이좋은 척해도 3학년 때 저 애는 나를 무 지 괴롭히던 애야. 용서할 수 없어."
- 부정적인 핵심 신념: "다른 아이들은 믿을 수가 없어." "선생님은 모두 무서 운 사람들이야."

그러면 이 같은 왜곡된 신념, 사고, 해석에 대응하는 인지전략을 살펴보자.

- 증거 찾기: 증거 찾기는 자신을 불안하고 두렵게 만드는 사고나 신념의 현실 성, 객관성을 뒷받침하는 증거를 찾아보는 활동이다. "나의 예측대로 될 것이 라는 사실을 어떻게 알지?" "나의 과거 경험에 비추어 보면 내 생각대로 될 확률이 얼마나 되나?" "이 상황을 다르게 해석할 가능성은 없는가?" "다른 사

람이라면 이런 상황을 어떻게 생각할까?" 등의 질문을 던지며 걱정스러운 상황에 대한 자신의 사고와 신념의 타당성을 물어 가는 방법이다.

증거를 조사하는 과정은 흔히 네 단계로 나뉜다. 첫째, 불안한 사고 또는 신념을 찾는 단계, 둘째 그 대안이 되는 사고나 신념을 찾는 단계, 셋째 전자와 후자의 신념을 지지하는 증거들을 찾는 단계, 넷째 보다 현실적인 신념을 선택하는 단계 등이 그것이다. 예를 들어, 얼굴이 빨개지는 것을 두려워하여 발표를 하지 못하는 여학생이 있다고 하자. 이 경우 증거를 조사하는 첫 단계에서 "발표할 때 얼굴이 빨개지면 아이들이 나를 못났다고 생각할 것이다." 라는 사고를 찾아내고, 둘째 단계에서 "아무도 내가 얼굴이 빨개진 것을 알아차리지 못할 것이다." "내 얼굴이 빨개졌다는 것을 알아챈 친구들은 내가 감기에 걸렸다고 생각할 거야."라는 대안적 사고를 찾아내고, 셋째 단계에서 "나는 심하게 얼굴이 빨개져." "다른 아이들의 얼굴이 빨개지면 나도 알아차리잖아."라는 부정적 사고를 지지하는 증거와 "얼굴이 쉽게 빨개지는 아이들이 많지만 그렇다고 해서 다른 아이들이 이상하다고 여기지는 않잖아?" "다른 아이의 얼굴이 빨개졌다고 해서 내가 그 아이를 이상하다고 여기지도 않고."라는 대안적 사고를 지지하는 증거를 찾아내고, 넷째 단계에서 "그래, 어떤 아이들은 내 얼굴이 빨개지는 것을 알아차릴 거야. 하지만 그 애들이 나를 이상하다고 생각할 가능성은 크지 않지."라는 보다 현실적인 사고를 선택하도록 돕는다.

• 파국적 사고에 도전하기: 파국적 사고는 잘못된 결과를 지나치게 과장하는 잘못이다. 이에 대항하는 한 방법은 사고의 초점을 결과의 심각성에 두지 말고 그런 결과가 발생했을 때 어떻게 대처할 것인가에 두는 것이다. "그랬기로서니 뭐 어때?" "내가 두려워하는 일이 실제로 발생했을 때 뭐가 문제지?" "그 결과에 대하여 어떻게 대처하면 좋을까?" "결과가 내가 생각하는 것처럼 정말 무서울까?" "지금부터 한 달 또는 일 년 후에도 이게 문제가 될까?"라는 식으로 사고하게 하는 것이다. 발표할 때 실수할까 봐 두려워하는 어린이에

게 "그래, 발표하다가 실수를 하는 게 뭐 그리 대순가? 실수하면 무엇이 문제가 되지? 내가 실수했다고 애들이 비웃으면 애들을 어떻게 대하는 것이 좋을까? 그런데 발표를 하다가 실수를 하면 얼마나 창피할까? 그리고 이번에 내가 실수한다고 해서 한 달 또는 일 년 후에도 애들이 이것을 기억하고 나를 놀릴까?"라고 생각하는 훈련을 하게 한다.

걱정하던 일이 실제로 일어나도 세상이 끝날 정도로 엄청난 결과를 가져오지 않는다는 사실 경험에 주목하는 것 역시 파국적으로 사고하는 습관을 교정하는 데 도움이 될 수 있다.

• 자신의 장점과 긍정적 속성을 기억하기: 작은 실수와 사소한 결점에 집착하면 계속해서 그것을 걱정하고 불안하게 된다. 그러나 사람들은 생각보다 다른 사람이 가진 작은 실수와 결점에 별로 신경 쓰지 않는다. 사람들은 여러 가지 기준을 가지고 다른 사람을 판단한다. 외모(키, 몸무게, 머리 색깔과 스타일, 얼굴 특징, 옷차림 등), 지능(언어적 능력, 문제해결 기술, 세세한 사실을 기억하는 능력 등), 직업태도(시간 엄수, 근면, 성실성 등의 작업태도, 축구, 달리기, 힘쓰기 등), 예술적 역량(노래하기, 악기 다루기, 그림 그리기 등), 기분 상태(슬픈, 재미있는, 화난, 겁내는, 행복한 등), 성격(관대한, 공감적인, 믿을 만한, 예절 바른 등으로 표현되는) 등 다양한 기준이 사람을 판단하는 기준이 된다. 따라서 사람은 누구나 어떤 점에서 실수와 결함이 있더라도 다른 점에서는 우수하고 뛰어난 부분이 있기 마련이다. 그러므로 실수와 결함에 초점을 맞추지 말고 자신이 소지한 장점, 긍정적 속성에 초점을 맞추는 습관을 키우도록 한다. 발표를 두려워하는 아동이 있다면 "왜 나는 아이들 앞에서 발표도 못하고 이렇게 바보 같을까?"라고 생각하는 대신에 "나는 발표는 못하지만 다른 아이들을 보살피고 위해 줄 줄 아는 따뜻한 마음을 가지고 있어."라는 생각에 초점을 맞추도록 한다. 이를 위하여 아동에게 자신의 장점을 찾아 열거하고 확인하는 훈련을 시킬 필요가 있다.

• 다른 사람의 입장에서 살펴보기: 다른 사람의 입장에서 살펴보면 자신의 생

각이나 신념이 우스꽝스럽다는 점을 의외로 쉽게 발견할 수 있다. 만일 친구가 다가와서 "나는 발표를 완전히 망쳐 버렸어. 목소리가 너무 떨렸고 여기저기 엉뚱한 소리를 많이 했어. 나는 정말 바보인가 봐."라고 말하면 대개는 "어, 너 발표 그런대로 괜찮았는데. 약간 불안해 보이기는 했지만 뭐 다 그런 거 아니니?"라거나 "나도 발표할 때는 되게 떨려. 그때는 참 불안했는데 조금 지나니까 괜찮아지더라구."라고 답할 것이다. 자신의 입장에서 보면 굉장히 심각한 것이 다른 사람의 입장에서 보면 그리 대단치 않은 사건으로 뒤바뀌는 것이다. 이 점을 이용하여 불안한 생각이 엄습할 때 잠시 정신적으로 자신이 다른 사람이라고 가정하고 그가 자신에게 무엇이라고 말해 줄지 상상하는 방법을 쓸 수 있다. 또는 자신이 염려하는 바와 똑같은 실수를 저지른 다른 사람에게 자신이 무어라고 말해 줄지 상상하는 방법을 쓰는 것이다. 발표할 때 얼굴이 빨개지는 것을 걱정하는 아이에게 "잠시 동안 네가 선영이가 되었다고 생각하고 너의 그 생각에 대하여 선영이가 무어라고 말해 줄지 한번 생각해 봐." 또는 "친구 선영이가 발표할 때 자기 얼굴이 빨개진다고 걱정하네. 너는 선영이에게 무슨 말을 해 주고 싶니?"라고 입장을 바꿔서 살펴보게 하는 방법을 사용하도록 한다.

• 손익계산: 불안을 이끄는 사고가 가져오는 득과 실을 곰곰이 따지며 그 유용성을 평가하는 것도 도움이 된다. 불안을 이끄는 사고가 가져오는 효과가 무엇인지, 그 사고의 장점과 단점은 무엇인지, 그 사고를 지닐 때 어떤 이득과 손실이 오는지를 구체적으로 따지는 것이다. 가능하다면 이득이 되는 점과 손실이 되는 점 또는 장점과 단점을 대조표로 작성하는 것도 좋은 방법이다. 이득과 손실이 두루 나열된 표를 보면서 불안과 위축으로 이끄는 사고의 유용성을 객관적으로 평가하는 기회를 갖도록 한다. '얼굴이 빨개져서 발표를 힘들어 하는 아이'에게 '얼굴이 빨개지는 것을 두려워하는 마음'이 가져오는 득과 실을 일일이 적도록 하여 그 결과를 스스로 비교·평가하도록 하는 전략이다.

• 합리적 대응 진술로 바꾸기: 불안 수준이 높을 때는 앞에서 말한 여러 가지

전략들이 쉽게 먹혀들지 않을 수 있다. 걱정하는 상황에 주의가 너무 깊게 빨려 들어가 합리적으로 생각할 엄두를 내지 못하는 것이다. 이럴 때 비교적 쉽게 적용할 수 있는 전략이 합리적 대응 진술로 바꾸는 것이다. 여기서 합리적 대응 진술은 불안으로 이끄는 사고에 대항하는 것을 돕는 짧은 문장들을 뜻한다. 얼굴이 빨개지는 것 때문에 발표를 기피하는 아동은 "아이들 앞에서 얼굴이 빨개져도 괜찮아." "발표할 때는 누구나 다 불안하게 보이는 거야." "애들은 내 손이 떨린다는 걸 알아채지 못할 거야." "얼굴이 빨개진다고 말을 못하는 건 아니잖아."라는 합리적 진술이 불안을 줄이는 효과를 가져올 것이다. 합리적 대응 진술이 적힌 카드를 가지고 다니다가 필요할 때 꺼내 읽는 것도 도움이 된다.

- **행동실험**: 행동실험은 자신의 사고 또는 신념의 타당성을 검증하는 가장 효과적인 전략이다. 정말 자신이 걱정한 대로 실제 결과가 나타나는지 직접 행동을 하고 그 효과를 평가하는 전략이다. "발표할 때 내 얼굴이 빨개지는 것을 보고 아이들이 속으로 비웃을 거야."라는 생각이 정말 맞는지 실제 발표를 하고 정말 아이들이 자기를 비웃었는지 확인해 본다든가, "내가 말을 걸면 저 애는 대꾸도 않을 거야."라고 생각하는 아동에게 직접 상대에게 말을 걸어 보는 행동을 취하게 하고 그 결과를 스스로 평가하도록 한다든가, 다른 사람의 시선을 부담스러워 하는 아동에게 주의를 끄는 행동, 예컨대 지각을 한다든가, 일부러 열쇠를 떨어뜨려 소리를 낸다든가, 셔츠를 뒤집어 입는다든가, 슈퍼마켓에서 깨지지 않는 물건을 넘어뜨리는 행동을 하고 정말 자기가 걱정하는 만큼 다른 사람들이 관심을 갖고 쳐다보는지 그 결과를 살피도록 하는 방법이다. 행동실험을 할 때에는 상담자가 이를 미리 준비하고 계획할 필요가 있다. 언제, 어디서, 어떻게 행동을 실험할 것인지 사전에 미리 결정하고 가능하면 성공 가능성이 높은 실험을 선택하는 것이 좋다.

- **사고 기록이나 사고 일기를 활용하기**: 불안한 사고에 도전하는 과정과 결과를 기록하는 것도 좋은 방법이다. 다음과 같은 기록 형식이 도움이 될 수 있다.

제7장 위축·고립행동

1행: 시간과 날짜 기록

상황과 두려움을 일으키게 된 단서를 기술한다.

2행: 처음 두려움

1-100점 척도를 사용하여 당신이 처음에 느끼는 두려움의 정도를 평정한다.

3행: 불안한 사고의 내용

1행에 적혀 있는 상황과 단서들에 반응하여 일어나는 불안한 사고를 기록한다. 이 사고들은 대부분 자동적이거나 무의식적이다. 이들을 찾아내기 위해서는 연습이 필요하다. 가능하면 "애들이 내가 불안하다는 걸 알아차릴 거야." "나를 못났다고 생각할 거야." "나는 정말 바보야." 등과 같이 아주 구체적인 사고를 끌어올리도록 한다.

4행: 합리적으로 대응하기

불안한 사고에 도전하는 대응 전략을 기록한다. 얼굴이 빨개져서 다른 아이들이 비웃을 거라고 여겨지면 증거를 검토하고 다른 가능한 해석을 찾아본다. "다른 아이들도 발표할 때 얼굴이 빨개지는 경우가 있지 않나?" "애들이 알아채지 못할 가능성이 있지 않을까?" "다른 아이의 얼굴이 빨개지는 것을 볼 때 나는 어떻게 생각할까?" "한 걸음 더 나아가 일어날 수 있는 최악의 사태는?" "내 예측이 정확하다고 해서 무엇이 문제가 되나?" "내 예측이 정확할 때 나는 어떻게 대응할 수 있을까?" 등과 같이 이어지는 합리적 질문들도 기록한다.

사고 기록지

상 황	처음 두려움 (0-100)	두려운 사고와 예측	합리적 대응	결 말

5행: 결말

　　불안한 사고에 도전하여 얻은 결말을 기록한다.

• 비디오를 통한 되먹임(feedback): 비디오를 통해서 자신의 행동을 관찰하게 하는 전략도 도움이 될 수 있다. 이 방법은 자신이 어떻게 행동하는지 직접 자신의 모습을 보면서 확인할 수 있기 때문에 보다 현실적인 정보를 제공한다. 비디오 되먹임의 효과를 높이기 위해 먼저, 아동에게 비디오를 보기 전에 자신의 행동이 어떨 것이라고 생각하는지 상상하도록 하고, 걱정되는 행동을 어느 정도 심하게 할 것인지 자세하게 평가하도록 하며(예, "얼굴이 빨개진다는 것은 어느 정도 빨간 것을 말하는 거지? 색깔판에서 해당하는 색깔을 골라 봐."), 마치 낯선 사람을 바라보듯 객관적인 입장에서 자신을 바라보라고 주문하는 것이 좋다. 이렇게 함으로써 실제 자신의 행동과 머릿속에서 걱정하는 자신의 행동 사이에 상당한 괴리가 있음을 발견하게 되는데 대부분 생각보다 자신의 행동이 이상하지 않으며, 지금까지 자신이 갖고 있던 자아상이 그릇되었다는 결론에 도달한다.

사회적 상황에 노출시키기

　　걱정되는 사회적 상황에서 회피행동으로 일관하는 대신 일부러 자신을 적극 노출시키고 그 결과에 부딪치도록 함으로써 부정적인 사고를 극복하게 하는 방법이다. 앞의 행동실험을 확대한 전략이라고 할 수 있다.

　여러 아이들 앞에서의 연습
　• 학급회의에서 말하기
　• 발표를 자청하기
　• 수업시간에 질문하기
　• 쉬는 시간에 선생님께 모르는 내용 물어보기
　• 심부름 자청하기

제7장 위축·고립행동

- 학급 임원 선거에 출마하기

잡담, 일상적 대화, 사적인 모임을 위한 연습

- 친구들을 함께 모아 대화하기
- 공공장소에서 낯선 사람에게 말 걸기
- 방향이나 시간을 묻기
- 방과 후 모임, 급우의 생일 파티 등에 참가하기
- 학급 친구에게 말 걸기
- 이웃에게 말 걸기
- 상점에서 직원에게 말 걸기
- 찬사를 보내고 받기
- 반대되는 의견 말하기
- 진행 중인 대화에 끼어들기
- 서클이나 단체에 가입하기

갈등 상황을 포함하는 장면에서의 연습

- 다른 아이에게 행동을 바꾸라고 요청하기
- 무엇인가를 하고 싶지 않을 때 '아니요' 라고 말하기
- 상점에서 산 물건 물리기
- 사람들이 뒤에서 기다리는데 공중전화를 오래 붙들고 있기
- 상점에서 물건 값을 지불해야 할 때 돈을 잃어버린 척하기
- 수업시간에 떠드는 아이에게 조용해 달라고 부탁하기

시선을 집중시키는 연습

- 일부러 무엇인가를 부정확하게 말하기
- 크게 말하기
- 공공장소에서 휴대전화를 걸거나 받기

- 무엇인가를 떨어뜨리기
- 셔츠나 옷을 뒤집어 입거나 돌려 입기
- 상점의 물건 진열대 위에 넘어지기
- 친구에게 시비 걸기

다른 사람과 함께 먹거나 마시는 연습

- 교실에서 과자 먹기
- 음료수로 건배하기
- 친구들과 함께 점심 먹기
- 저녁을 먹기 위해 친구와 식당에서 만나기
- 급우들을 생일 식사에 초대하기
- 급우의 집에서 식사하기
- 식당, 또는 공공장소에서 혼자 식사하기

자신감 심어 주기

수줍음을 많이 타고 위축된 아동들의 중요한 특징 중 하나는 자신감이 결여되어 있다는 점이다. 자신이 할 수 있는 일인데도 자신 없어 하고 객관적으로 문제가 없는데도 다른 아이들과 비교하며 열등감을 느낀다. 살아오면서 긍정적 쓰다듬기를 많이 받지 못한 데에 주요 원인이 있다고 생각된다. 아동의 자신감을 북돋기 위해 활용할 수 있는 전략을 살펴보자. 다음 전략들은 신현균 · 김진숙(2002), 김기정 외(역, 2000), 강승규(역, 1994) 등의 저서에 담긴 내용을 참고하여 필자가 재구성한 것이다.

부드러운 분위기　　　일단 이들에게는 부드러운 분위기를 만들어 주는 것이 중요하다. 선생님은 부드러운 분, 우리 학급은 따뜻한 곳이라는 인상이 심어지도록 한다. 이를 위해 아동과 좋은 관계를 맺는 데 공을 들인다. 가능하면 밝은 표정으로 아이들을 대하고 함께하는 활동을 늘리도록 한다. 거친 말, 모욕적인 언사, 폭력 사용은 절대 금물이다.

적극적인 애정 표현　　기회가 있을 때마다 적극적으로 아동에게 애정을 표현한다. 선생님이 자기를 좋아한다는 느낌이 들도록 말과 행동으로 애정을 표현한다. 즐거운 아침 인사, 사랑스러운 눈맞춤, 가벼운 신체 접촉, 장단을 맞추어 주는 말, 칭찬 등을 아끼지 않고 제공한다.

과제에 대한 완벽주의 포기　　아동을 결점이 없는 완벽한 아이로 만들려는 생각을 버리도록 한다. 변화하려는 아동의 노력을 있는 그대로 인정하고 선생님이 원하는 모습을 아이에게 강요하지 않는다. 공부를 못한다고 야단치지 말고 나아지려는 아이의 노력을 존중하고 인정해 준다. 공부가 인생의 모든 것이 아니라는 점을 여러 가지 방법을 통해 알려 준다. 교사의 이런 태도는 아이에게 모델링이 될 것이다.

장점 추어주기　　아이의 장점을 찾아내어 이를 적극 추어준다. 수줍은 아이에게도 드러내 추어줄 만한 장점이 있기 마련이다. 교사는 이를 적극 발굴하여 때로는 개인적으로 때로는 동료들 앞에서 이를 칭찬해 준다.

칭찬과 처벌의 균형 맞추기　　한 번 야단치기 전에 여러 번 칭찬하는 것이 좋다. 야단을 계속 받게 되면 아이는 위축되고 야단치는 교사에 대한 적개심을 쌓게 된다. 야단을 치지 않는 것이 가장 좋은 방법이지만 굳이 야단을 쳐야 한다면 잘못된 행동에 정확하게 초점을 맞추고 최대한 부드럽게 야단을 친다. 못하는 행동을 야단치는 것보다 잘하는 행동을 많이 칭찬해 주는 것이 아동의 마음에 여유를 줄 수 있다는 점을 고려하여 야단과 칭찬의 비율을 적절히 조절한다.

아동의 결정 존중하기　　학급에서 일어나는 여러 가지 일에 아동의 결정을 존중해 준다. 교사의 눈에 어설프고 잘 안될 것 같은 일이라도 아동 스스로 결정하고 해 보겠다고 나서면 기회를 주고 지켜보도록 한다. 시행착오가 있을 수 있지만 아이 스스로 해 보는 경험을 제공함으로써 자기주도적인 책임감, 유능감을 키워 가도록 한다.

개성을 존중하고 비교하지 않기　　아동에게 자신감을 심어 주는 데 가장 큰 방해 요인의 하나가 다른 아이들과 비교하는 것이다. 이렇게 하면 비교당하는 아이의 마음속에 깊은 열등감이 쌓이게 된다. 학급에서 절대로 아이들을 비교하는 발언을 하지 말고 각자의 개성을 존중해 주도록 한다. 공부를 잘하는 아이, 말을 잘하는 아이, 남을 잘 웃기는 아이, 힘이 센 아이, 청소를 잘하는 아이, 잘 웃는 아이 등 아이들이 가지고 있는 개성은 비교의 대상이 아니라 나름대로 존중되어야 할 인정의 대상이다. 문제가 있을 때에도 비교하며 힐책하기보다 아동 스스로 최선을 다하도록 격려하는 것이 더 중요하다.

자기 칭찬의 말 속삭이게 하기　　아동 스스로 자신을 칭찬하는 칭찬의 속삭임이 습관이 되도록 한다. "내가 해냈어." "내가 한 것이지만 참 괜찮았어." "발표를 그 정도 한 것도 대단한 일이지." "알고 보면 나한테도 좋은 점이 참 많아."라는 식으로 자화자찬하는 것이다. 아동과 더불어 미리 칭찬거리를 찾고 칭찬의 속삭임을 어떻게 하는지 교사가 먼저 시범을 보여 주면 도움이 될 것이다.

무조건적으로 자기 존중하게 하기　　잘났건 못났건, 공부를 잘하건 못하건, 남이 인정하건 안하건 '나'는 '나'이고 살아 있는 존재로서 가치가 있다. 이렇게 살아 있는 그대로의 모습이 즐겁고 기쁜 것임을 알게 하고 다른 사람이 어떻게 보든 상관없이 무조건 자기를 존중하는 자기긍정의 태도를 갖게 한다. 아이들이 무엇을 잘해서가 아니라 '나'답다는 것 때문에 인정받는다는 생각이 들게끔 교사는 편애하지 말고 모든 아동을 공평하게 존중하고 사랑으로 대한다.

기타 전략

앞에서 든 전략 이외에도 위축·고립된 아동의 사회성을 향상시키기 위한 방법이 꾸준히 탐색되고 있다. 국내의 연구물을 중심으로 새롭게 탐색되는 전략들에 대해 살펴보면, 미술치료(신인영, 2000), 공감능력과 협동하는 태도의 함양(류혜자, 2003), 윷놀이, 수건돌리기, 대문놀이, 소꿉놀이, 꽃찾기 놀이 등 전통놀이(심지용, 2000), 자기모델링(윤명렬, 2002), 20가지의 협동놀이(한영주, 2002), 또래관계 개선 집단상담(오순화, 2003) 등이 있다.

학급에서 활용 가능한 개입 전략

마음가짐

위축·고립된 아동의 성장 과정을 들추어 보면 대개는 엄격한 가정 또는 가정교육이 소홀한 가정에서 자란 경우가 많다. 지나치게 엄격한 가정에서 부모의 눈치를 살피며 크는 아이들은 매사 언행에 조심을 하는 행동 양식이 습관으로 굳어진다. 그리하여 사회적인 관계에서도 소극적, 수동적인 대처 방식을 사용하게 된다. 가정에 결손이 있거나 애정 어린 양육을 받지 못하고 성장한 아동들 역시 대인관계에 자신감을 갖지 못하고 위축되는 경우가 많다. 이들의 공통점은 사회적인 관계의 성장에 필요한 긍정적 어루만짐을 충분히 경험하지 못한다는 데에 있다.

따라서 교사는 위축·고립된 아동을 만나면 이들에게 필요한 긍정적 어루만짐을 풍부하게 제공할 필요가 있다. 아동에게 다가가 아동의 존재를 인정하고 아동에게 말을 붙이고 아동을 격려하고 칭찬하는 일을 교사 쪽에서 먼저 시작하는 것이다. 이렇게 하면 아동은 처음에 어색해 하다가 점차 마음을 풀고 교사에게 다가오게 된다. 교사를 편안하게 느끼기 시작하면서 자신의 마음에 쌓아 놓은 벽을 허물게 되는 것이다.

교사가 먼저 아동에게 다가가려면 교사가 망가질 필요도 있다. 다시 말하면 교사가 약간 덜렁거리고 아동들이 예상하지 못한 방식으로 애정과 관심을 표현할 수 있어야 한다는 말이다. 교사가 이것저것 가리고 따지고 꽉 막혀있으면 아동에게 자연스럽게 다가가기가 어렵다. 따라서 교사 스스로 인간관계에 막힘이 없는 열린 사고를 하는 것이 좋다. 이런 점에서 인생 경험과 교직 경험이 풍부한 다소 나이가 든 교사들이 위축·고립 아동을 지도하는 데 적격이다. 혹자는 소위 '아줌마' 선생님이 이들의 지도에 적합하다는 말도 한다. 애정 표현에 스스럼이 없는 중년 여선생님이 보다 자연스럽게 이들에게 다가갈 수 있다는 말이다. 남녀 아동 모두에게 스스럼없는 신체 접촉을 할 수 있다는 점에서 여선생님이, 인생 경험이 많아 까다롭게 가리는 점이 적다는 점에서 중년의 선생님이 더 잘 지도할 수 있다는 뜻일 터이다. 하지만 위축·고립 아동을 지도하는 교사가 굳이 중년 여선생님이어야 할 필요는 없다. 중년 여교사가 가졌음 직한 자세와 행동을 구비하고 있다면 그것으로 족하다.

여기서 선택적 함묵 증세를 보이던 아동을 상담한 어느 중년 여교사의 상담 사례를 슈퍼비전 했던 필자의 경험을 잠깐 제시해 본다. 이 여교사는 상담에 대한 전문적 지식이 거의 없는 상태에서 전문상담자 자격연수를 받으러 왔는데 상담사례 실습이라는 과제 때문에 마지못해 선택적 함묵 증세를 보이는 남자아이를 택해 상담을 하게 되었다. 상담이라는 이름으로 이 교사가 주로 한 일은 일방적으로 아이에게 "우리 오늘부터 애인 사이로 지내자." 고 선언한 후 시간이 나면 아이를 찾아서 이름을 불러 주고, 안아 주고, 뽀뽀해 주고, 토닥거려 주고, 칭찬을 한 것이다. 처음에 아무런 반응을 하지 않던 아이가 다소 실없는 교사의 계속되는 애정 공세에 마음이 녹아서 점차 교사에게 관심을 보이기 시작하였다. 이렇게 하기를 두 달이 지나자 아이는 교사에게는 물론이고 다른 아이들과도 상당히 자연스럽게 어울리게 되었다. 장난끼가 다소 섞인 교사의 관심과 애정이 위축·고립된 아동을 훌륭하게 변화시킨 사례다. 이 사례에서 보는 것처럼 위축되고 고립된 아동들에게 교사의 진정어린 관심과 애정 표현은 생명수처럼 소중하다. 모든 사람이 그렇지만 아동을 성장시키는 기본 자양분은 애정이라는 점을 명심해야 할 것이다.

위축·고립된 아동이 교사로부터 특별한 관심과 애정을 받아서 밝고 명랑해지는 것은 좋은데 교사의 뒤를 지나치게 졸졸 따라다니면서 관심과 애정을 구걸하는 현상 때문에 고민하는 교사들이 있다. 특히 현장 경험이 적은 초등 교사들이 이런 문제로 고심한다. 선생님이 야단을 치거나 관심을 철회하면 아이의 상태가 도로 나빠질 것 같고 그냥 받아 주려니 힘도 들고 다른 아이들에게 눈치도 보이고, 이런 경우에는 어떻게 하면 좋을까?

일단 아동과 교사 사이에 형성된 인간관계를 평가한다. 아동이 교사를 신뢰하고 진심으로 좋아하는 태도가 자리를 잡았는지 확인한다. 둘 사이의 인간관계가 충분히 성숙했다고 여겨지면 이 문제를 솔직하게 다루도록 한다. 먼저, 교사는 순수하고 진정 어린 태도로 현재의 상황에서 자신의 바람과 느낌을 아동에게 설명한다. 그리고 교사가 원하는 아동의 행동 방식을 분명하게 알리고 그것이 제대로 이루어지지 않을 경우 교사가 어떻게 행동할 것인지 밝혀 둔다. 이 과정에 아동을 동참시키면 더욱 좋다. 아울러 선생님이 이렇게 말하고 행동하는 것은 선생님의 마음이 변해서가 아니라 좀 더 성숙한 방법으로 둘 사이의 관계를 발전시키려는 것임을 분명하게 지적해 둔다. 교사의 바람대로 아동이 행동을 변화시키는 기미가 보이면 적절한 비율로 보상하고 이따금 아동을 따로 만나 개별적인 관심을 표명한다. 아동의 행동에 변화가 일어날 기미가 보이지 않으면 교사는 단호하게 아동과 약속한 바를 상기시키고 이를 실행에 옮긴다. 아동은 처음에 머쓱하게 여기겠지만 곧 교사의 의도를 알아채고 따라올 것이다. 아동의 행동에 변화가 일어나면 앞에서와 마찬가지로 지체하지 않고 칭찬하며 보상을 준다. 교사와의 관계에서 아동이 배운 바를 점차 급우들 사이의 관계에 확대 적용할 수 있도록 격려하면서 교사의 역할을 줄여 나가도록 한다.

다시 한 번 강조하지만 위축 · 고립된 아동들에게 필요한 것은 따뜻한 관심과 애정 어린 의사소통이다. 교사가 인내심을 가지고 아동에게 꾸준히 관심을 보이면 어느 틈에 아동은 마음의 문을 열고 세상의 관계 속으로 들어올 것이다. 중요한 것은 교사의 꾸준한 관심과 애정 표현이라는 점을 명심하자.

개별 상담 전략

앞에서 이종락(2002)은 초등학교의 학급에서 발견되는 위축 · 고립 아동을 몇 가지 유형으로 나누고 그 원인을 분석한 바 있다. 그가 분류한 유형에 따라 교사가 어떻게 대응하는 것이 좋을지 간단히 살펴보자. 다만, 괴롭힘형은 다른 곳(아동의 공격행동관리)에서 다룬 바 있으므로 여기서는 제외한다.

상호 무관심형

이 유형의 아동들은 성격적으로 다른 아동과 어울리는 것을 싫어하고 자기가 좋아하는 활동에 탐닉하는 경향이 강하다. 따라서 이들은 다른 사람과 함께 어울려 사는 것이 중요하다는 점을 깨우칠 필요가 있다. 이들은 스스로 필요성을 인정하면 비교적 쉽게 친구를 사귈 수 있는 역량을 가지고 있다.

다양한 예화를 들어 가면서 함께 어울리는 것의 중요성을 역설한다든가, 사교적인 아동의 생활을 살아 보는 고정역할시연을 시킨다든가(박성희, 2002), 친구를 사귐으로써 얻는 이득을 따져 본다든가, 인간관계의 중요성을 강조하는 서적을 읽힌다든가, 비상구 없는 만남을 만들어 강제로 친구와 많은 시간을 함께 지내게 한다든가, 친구와 놀아 보고 그 즐거움을 느끼게 한다든가, 짝과 함께 풀어야 하는 과제를 내준다든가, 이웃의 도움을 받아야 할 수 있는 숙제를 내준다든가, 서클에 가입하게 하는 방법들이 활용될 수 있을 것이다.

놀이기능 미숙형

놀고는 싶은데 놀 줄 몰라서 친구들과 어울리지 못하는 유형의 아동들에게는 무엇보다도 놀이하는 법을 가르칠 필요가 있다. 교사가 직접 가르칠 수도 있고, 놀이를 가르칠 친구를 붙여 주거나 아니면 부모로 하여금 놀이법을 가르치라고 주문할 수도 있다. 학급에서 아이들이 즐기는 놀이는 유행에 따라 달라지는데 아이들 사이에 어떤 놀이가 유행하는지 확인하고 이 놀이법을 가르치도록 한다.

나이가 더 어린 아동을 붙여 함께 놀게 하는 것도 한 방법이다. 놀이기능이 미숙한 아동들은 지능이 다소 늦게 발달하거나 언어발달이 느린 경우가 많으므로 동년배들보다 두어 살 어린 아동을 놀이 친구로 삼게 하면 도움이 될 수 있다.

이들의 학업에 대해서도 특별히 신경을 쓰는 것이 좋다. 교사가 특별한 관심을 가지고 방과 후 지도를 하거나 아이 수준에 맞는 숙제를 내주고 학부모를 설득시켜 부족한 학업을 메울 방도를 찾게 한다. 아동의 학업이 지나치게 떨어지면 급우들로부터 무시당할 가능성이 높기 때문에 어느 정도 학업 수준을 유지할 필요가 있다. 앞 절에서 언급한 사회 기술을 가르쳐서 의사소통 능력을 향상시키는 것도 중요하다.

보살핌형

보살핌형의 아동은 신체적 · 정신적 장애를 가진 경우가 대부분으로 교사의 특별한 주의가 요망된다. 교사는 너무 큰 욕심을 부리지 말고 이들에게 아주 기초적인 사회생활 기술을 가르치는 데 힘을 쏟는 것이 좋다. 특히 보살핌을 베푸는 친구들과의 우호적인 관계를 지속할 수 있는 방법에 초점을 둔다. 친구의 보살핌을 당연하게 받아들이지 않고 '고맙다' 는 인사를 하는 등, 여러 가지 말과 행동으로 보살핌에 대한 고마움을 표현하도록 가르친다.

다른 아동들이 보는 가운데 수시로 보살핌형 아동에게 시선을 보내며 관심을 표명하는 것도 중요하다. 담임선생님이 보살핌형 아동에게 특별한 관심을 기울이면 아동 스스로도 학급 생활이 즐겁다는 생각을 가질 뿐 아니라 그 아동을 보살펴 주려는 급우들이 늘어나게 되어 두 가지 효과를 동시에 얻을 수 있다.

의사표현 부적절형

외모, 자기표현 방식, 의사소통 양식에 문제가 많은 것이 이 유형의 아동들이다. 우선 외모가 지저분하고 옷차림이 단정하지 못한 아동에게는 이 사실을 주지시키고 교사와 함께 외모 관리하는 법을 의논한다. 부모가 도와줄 수 있으면 부모에게 맡기고 그렇지 않으면 교사가 직접 나서서 손, 발, 얼굴 등 청결 유지하기와 옷을 단정하게 입는 법을 가르친다.

비디오로 동영상을 찍어 되돌려 보면서 자신의 행동을 직접 관찰하도록 하는 방법은 의사표현 부적절형 아동들에게 아주 효과적이다. 말이 많거나, 잘난 척하거나, 공주병에 걸렸거나, 다른 아동들이 싫어하는 행동을 하거나, 자기주장이 지나치게 강한 아이도 비디오를 통해 자신의 모습을 다소 객관적으로 살펴보게 되고 자신의 행동에 문제가 있다는 점을 인정하게 된다. 아동과 함께 비디오를 보면서 왜 다른 아이들이 어울리기 싫어하는지 이유를 따져 보는 것도 좋은 방법이다.

역할놀이를 통해 의사소통 방법을 확실히 배우는 것도 중요하다. 왜 친구들과 대화가 이어지지 않는지, 왜 친구들이 자신을 피하는지, 어떻게 자신을 표현하면 아이들이 관심을 가질지 등을 교사와 함께 의논하고 역할놀이를 통해 배운 것을 몸에 익히도록 한다. 역할놀이는 가능하면 생생하게 하고 아동 자신의 역과 상대의 역을 번갈아 하면서 상대의 입장에서 보는 눈을 키우도록 한다.

학급 운영을 통한 아동의 위축 · 고립행동 관리 전략

위축 · 고립 아동을 배려하여 학급을 구성하고 운영하면 이들에게 학급은 사회성을 키우는 매우 훌륭한 교육의 장이 될 수 있다. 교사는 다소 번거롭더라도 이들이 적응하기 쉬운 학급환경과 학급 분위기를 만들도록 힘써야 한다. 학급구성과 운영에 관한 몇 가지 전략을 제시해 본다.

모둠조 편성

학급에서 모둠조를 편성할 때 위축 · 고립된 아동을 배려한다. 대개 한 모둠은 5~7명의 아동으로 구성되는데, 위축 · 고립된 아동들이 소속되는 모둠에는 도우미가 될 만한 급우 한두 명을 반드시 포함시킨다. 모둠에 속한 구성원들의 결속력을 강화시키기 위하여 수업 또는 기타 학급활동을 모둠활동 중심으로 전개하고 결과에 대한 보상을 모둠 단위로 제공한다. 이때 위축 · 고립 아동이 성취한 점수는 두세 배로 인정하여 모둠 내에서 이들의 인기를 높여 나간다.

학급 이벤트 개최

다양한 학급 행사를 개최하여 아동들이 함께 참여해 즐기는 시간을 자주 갖는다. 생일 축하 잔치, 롤링페이퍼, 편지 쓰기, 손톱 깎아 주기, 베스트 드레서 대회, 빼빼로데이, 사랑의 피자 배달(송재환, 2003), 노래 모음장 및 노래 테이프 만들기, 음식백화점 꾸미기, 학급에서 주는 상, 콩과 콩깍지, 알뜰 시장(권현진 외, 2002) 등 다양한 행사를 실시하고 위축·고립된 아동의 참여를 장려한다. 때로는 이들을 중심으로 한 학급 행사를 벌일 수도 있다.

멘터 제도

멘터 제도는 다른 학년 담임교사와 합의하여 실시할 수 있다. 수줍음을 많이 타고 자기표현이 부족한 아동들도 자기보다 나이가 어린 아동과 붙여 놓으면 잘 노는 경향이 있다. 따라서 아래 학년의 아동과 언니(형)−동생 관계를 만들어 놀게 함으로써 자연스럽게 말하는 법을 연습하고 사회성을 계발하는 기회를 제공할 수 있다.

또래상담

또래상담자를 훈련시켜서 위축·고립된 아동과 상담할 수 있는 길을 열어 놓는 방법도 바람직하다. 학년 초에 서너 명의 아동을 선정하여 상담의 기초 기술을 가르친 후 이들에게 학급 상담의 상당 부분을 맡기는 것이다. 학급 동료라는 점에서 이들은 자연스럽게 문제행동을 하는 아동에게 접근할 수 있다는 장점이 있다.

수업에 참여시키기

수업을 진행할 때에도 위축·고립된 아동들을 배려할 수 있다. 먼저, 수업을 진행하는 하나의 방법으로 게임을 활용하면 좋다. 아이들은 게임을 하는 동안 서로 돌아가며 이야기할 기회를 가지기 때문에 자연스럽게 대화 연습을 할 수 있다. 게임을 활용한 수업은 5명 안팎으로 구성된 모둠에서 하는 것이 적합하다.

수업 도중에 위축·고립된 아동에게도 발표나 질문의 기회를 준다. 단, 아동이 확실하게 성공적으로 반응할 수 있는 폐쇄적 질문을 하거나 어떻게 대답해도 무리가 없는 개방질문을 하도록 한다. 아이가 반응을 한 뒤에는 칭찬을 해 주되, 다른 아이들의 눈치가 걱정되면 고개를 끄덕이거나 눈웃음을 던져 주는 등 비언어적 의사소통 방법을 사용하도록 한다. 위축·고립된 아동들은 친구의 시선을 받는 것조차 부담스러워 할 수도 있으므로 눈에 띠지 않게 칭찬하는 방법을 개발한다. 사전에 아이와 합의하여 비밀 신호를 정할 수도 있다.

사회성기술 향상 프로그램 운영

앞에서 예를 든 사회성기술 향상 프로그램을 집단상담의 형태 또는 학급 아동 전원을 교육하는 형태로 가르친다. 프로그램의 효과를 높이기 위해 게임과 역할놀이를 자주 활용하도록 하고 위축·고립된 아동의 참여를 적극 유도한다.

학급회의

학급회의를 열어 위축·고립된 아동을 돕는 문제에 대하여 아동들 스스로 진지하게 논의하도록 한다. '공격행동의 관리'에서 이미 언급하였지만 초등학교 아동들의 문제해결력은 생각보다 뛰어나다. 따라서 교사는 학급 아동들의 문제해결력을 신뢰하고 이들과 위축·고립된 아동을 돕는 데에 힘을 합치도록 한다. 위축·고립된 아동의 문제가 다름 아닌 인간관계, 다시 말하면 친구들과 어울리는 데에 있다는 점을 고려하면 더욱 그렇다. 다만, 이 회의는 학급회의 주제의 대상이 된 아동이 없을 때에 하는 편이 좋다.

제8장
절도행동

초등학교 교사들이 지도하기 힘들어하는 아동의 부적응 행동에 절도행동이 포함된다(이강형, 2001). 학급에 절도 사건이 발생하면 이에 어떻게 대처해야 할지 난감해지기 때문이다. 섣불리 훔친 아동을 찾으려니 교육을 포기한 수사관처럼 행동해야 하고 그냥 넘기자니 아동의 훔치는 행동이 도벽으로 굳어질까 염려되는 난처한 상황에 빠지게 된다. 게다가 자칫 잘못하면 학급 분위기가 침체되거나 절도행동을 한 것으로 밝혀진 아동이 학교생활에 적응하지 못하고 우울한 학창시절을 보내게 될 가능성도 매우 높다. 교육을 하기도 어렵고 하지 않기도 어려운 진퇴양난의 상황이 전개되는 것이다. 실제 아동의 절도행동 또는 도벽행동에 대한 상담 사례 보고서를 읽어 보면 상당수 교사가 어찌할 바를 모르고 상담에 임했다는 인상을 주고 있고 이들이 전개한 상담과정 역시 전혀 교육적이거나 상담적이지 않다는 사실도 알아챌 수 있다. 아동의 훔치는 행동이 학급에서 심심찮게 발생함에도 불구하고 이에 대해 적절하게 대처할 수 있는 방법적 지식(know-how)을 갖추고 있지 못하다면 그만큼 담임교사는 학급을 운영하는 데 어려움을 겪을 수밖에 없다.

필자는 초등학교 3학년 시절 우리 학급에서 일어난 절도 사건을 기억하고 있다. 학급에서 돈을 잃어버린 아이가 있었는데 그 돈을 훔친 아동을 찾아내기 위하여 담임선생님께서 적용한 방법이 지금도 기억에 생생하다. 선생님께서는 솔잎을 하나씩 나누어 주어 우리의 입에 물리시고 모두의 눈을 감게 한 후 다음과 같은 심각한 협박을 하셨다. "돈을 훔쳐 간 사람이 입에 문 솔잎은 조금씩 커질 거야. 처음에 똑같은 크기의 솔잎을 나누어 주었으니까 머지않아 범인을 찾아내게 되겠지. 그때까지 기다리다가 들키기 전에 미리 자수하는 게 좋을 거야. 돈을 훔쳐 간 아이는 슬쩍 눈을 떠. 그러면 다른 아이들은 모르고 선생님만 알 수 있으니까. 자, 빨리 자수하도록 해." 그리고 이십여 분의 시간이 지났다. 그 이십여 분의 시간 동안 나는 마음이 무척 긴장됨을 느꼈다. 괜히 내가 범인인 것 같고, 그래서 내가 입에 문 솔잎이 커질 것 같고, 감은 눈이 혹시 떠지는 거 아닌가 싶어 두 눈에 힘을 주고, 어떤 놈이 훔쳤을까 이 친구 저 친구 의심하고…… 이런 심정으로 불편했던 아이가 어디 나뿐이었을까. 그 몇 분이 몇 시간이 되는 듯 우리는 불안에 떨고 있었다. 결국 선생님의 약속에도 불구하고 훔친 아동이 누구인지 모두가 알게 되었고 우리들은 그 아이에 대해 오랫동안 좋지 않은 감정을 품게 되었다. 훔친 아이는 찾게 되었지만 모두가 상처를 입은 채 그 절도 사건은 그렇게 마무리되었고 나의 기억에 아직도 생생하게 남아 있다. 40여 년 전의 이런 장면이 오늘의 초등학교 학급에서도 그대로 재현되고 있다면 적어도 절도행동의 교육에 관한 지식은 한 치도 앞으로 나아가지 못하고 있는 셈이다.

절도행동에 대해 밝혀진 사실들

아동들의 상당수는 성장하면서 남의 물건을 훔치는 경험을 한다. 아동의 90% 이상이 훔쳐 본 경험이 있을 정도로(신연식, 1995) 훔치는 행동은 아동들에게서 자주 나타난다. 장난기에 의한 절도 또는 지적 발달과 도덕적 발달이 충분하게 이루어지지 않아서 현실의 세계와 공상의 세계를 혼동하거나 내 것과 남의 것을 구별하지 못하는 데서 오는 일종의 실험적 절도는 성장과정의 하나라고 생각할 수도 있다(박성수, 1980). 특히 소유 개념이 충분히 발달하지 않은 유아들이 다른 사람의 물건을 자기 것처럼 챙기는 행동은 아주 흔하게 나타난다. 따라서 다른 사람의 물건을 훔치는 행동, 또는 다른 사람의 물건을 자기 것처럼 챙기는 행동을 모두 문제가 있는 절도행동이라고 말할 필요는 없다. 다만, 지적으로 충분히 성숙하고 소유 개념이 분명하게 발달하였음에도 불구하고 지속적으로 다른 사람의 물건을 훔치는 절도행동을 반복한다면 그대로 둘 수는 없는 일이다. 더구나 집단생활이 이루어지는 학급에서 절도행동이 발생한다면 교사는 서둘러 대책을 마련해야 한다.

DSM-IV에서는 도벽장애(kleptomania), 즉 습관화된 절도행동을 품행장애 또는 충동조절장애의 한 요소로 포함시키고 있다. 반복적으로 지속되는 절도행동은 아동의 정신건강에 이상이 있음을 나타내는 징후라는 점을 분명히 한 것이다. 그러니까 도벽은 단순히 물건을 훔치는 행동의 차원에서뿐 아니라 심각한 부적응 현상이라는 차원에서 접근할 필요가 있다. 담임교사의 노력이 훔치는 행동을 교정하는 것 이외에 아동의 인성을 바로잡고 사회적 적응 능력을 향상시켜 주는 데에 집중되어야 하는 이유가 여기에 있다. 정도가 다소 약하기는 하지만 절도행동(stealing behavior) 역시 도벽과 같은 선상에서 다루어져야 한다.

물건을 훔친 사실이 분명한 아동에게 교사가 "너 ~~물건을 훔쳤지?"라고 물어보면 대부분의 아동들은 한사코 거짓말을 한다. 뚜렷한 증거를 들이대도 아니라고 하거나 자기는 모르는 일이라고 딱 잡아뗀다. 이렇게 절도행동과 거짓말은 '겉'과 '속'처럼 하나로 연결되어 있는 경우가 많다(이달호, 1977). 여기서 생각해 볼 것은 자신이 도둑질을 하지 않았다고 강력한 거짓말을 하는 아동의 행동은 교사의 입장에서 볼 때 오히려 다행스러운 측면이 있다는 점이다. 만일 아동이 자신이 훔쳤는데 그게 뭐 잘못된 거냐고 당당하게 대들기라도 한다면 이미 아동의 문제는 교사가 손댈 수 없을 정도로 심각해진 상태로서 앞으로 반사회적 성격장애로 발전한 가능성이 농후하다. 반면, 자신이 훔치지 않았다고 거짓말을 하는 아동은 아직은 자기가 지켜야 할 소중한 가치가 있다는 사실을 알고 있고, 담임교사, 부모, 학급 동료 등 주변의 소중한 사람들로부터 버림받고 싶지 않다는 소망을 간직한 상태, 다시 말하면 교육의 가능성에 열려 있는 상태에 있다고 해석할 수 있다.

Herbert(1978)는 아동의 반사회적 행동이 발달 초기에 시작된다고 언급한 바 있다. 청소년 비행자의 60% 정도가 10세가 되기 이전에 최초의 반사회적 행동을 저지르는데, 이 최초의 반사회적 행동이 절도라고 한다. 처음 9~10세경에 가볍게 시작된 절도가 14~15세까지 이어지다가 그 이후에 본격적인 반사회적 행동으로 확대된다고 한다. 따라서 발달 초기에 발생하는 절도행동을 효과적으로 다룸으로써 청소년 비행이나 반사회적 행동으로 이어지는 고리를 차단하는 것이 바람직할 것이다. 한 가지 다행스러운 사실은 성인을 대상으로 한 연구에서 병적 도벽과 반사회적 성격장애 사이에 별 관련성이 없다는 사례가 보고되었다는 것이다(정희연, 임두원, 서미경, 1993; McElroy et al., 1991). 이 결과는 도벽장애와 반사회적 성격장애가 서로 다른 종류의 장애라는 사실을 지적하는 것이며 따라서 아동의 절도행동을 반사회적 성격장애의 예후로 단정할 필요가 없음을 시사하고 있다. 다만, 아동의 절도행동을 그대로 두면 청소년 비행이나 반사회적 행동으로 발전할 가능성이 매우 크다는 점은 잊지 말아야 한다.

반사회적 성격장애와는 달리 기분장애는 도벽장애와 밀접한 관련이 있다 (정회연, 임두원, 서미경, 1993; Goldman, 1998). 기분장애는 우울, 불안, 긴장, 자책감 등 정서적 장애를 뜻하는데 병적 도벽이 있는 사람들은 이런 종류의 기분장애에 시달리고 있다. 이 중에서도 특히 우울증은 병적 도벽이 있는 사람의 80%에서 발견된다는 보고가 있을 정도로 도벽행동과 가까이 있다. 기분장애 중 불안과 긴장은 도벽행동을 하기 이전에, 자책감은 도벽행동을 하고 난 후에 느끼는 정서로 알려져 있다. 이상의 사실로 미루어 보면 절도를 행하는 아동들 역시 정서적으로 매우 불안정한 상태에 놓여 있으며 특히 불안, 긴장, 우울, 죄책감을 심하게 느끼고 있을 가능성이 높다. 아동의 절도행동을 지도할 때 교사가 참고해야 할 부분이다.

절도행동의 유형

절도행동의 특성을 이해하기 위하여 이를 몇 가지 형태로 구분하려는 노력이 이어져 왔다. Rich(1956)는 절도행동을 습격형(marauding type), 자기과시형(proving type), 자기위안형(comforting type), 계획형(stealing for gain)으로 분류한 바 있는데, 습격형은 특별히 계획하지 않은 채 몇몇이 급작스럽게 참여하는 절도를, 자기과시형은 훔치는 행위를 통해서 상징적으로 자기를 과시하려는 절도를, 자기위안형은 모친으로부터의 분리 또는 거부로 인해 경험한 애정결핍을 보상하기 위해 저지르는 절도를, 계획형은 경제적 가치가 큰 물품을 치밀한 계획을 세워 훔치거나 강탈하는 절도를 뜻한다. 박성수(1980)는 절도행동을 실험적 절도행동과 강박적 절도행동으로 나누었는데, 실험적 절도행동은 장난기에 의한 절도 또는 현실의 세계나 공상의 세계를 혼동하거나 내 것과 남의 것을 구분하지 못하는 데서 오는 절도를, 강박적 절도행동은 훔치는 행동이 나쁜지 알면서도 계속해서 남의 물건을 훔치는 행동을 뜻한다. 김희경·이경숙(1990)은 사려형, 무사려형, 우발형, 상습형, 선택형, 무차별형, 단독형, 집단형, 흉악범형으로 절도행동을 나누고 있다.

학급에서 발생하는 아동의 절도행동 역시 그 특성에 따라 몇 가지 유형으로 나누어 볼 수 있다. 초등학교 교장으로 일하던 강병수(1982)는 학생의 도벽 성향을 몇 가지 유형으로 나누어 제시하고 있는데 이를 참고하여 아동의 절도 유형을 분류해 보자.

절도행동의 조직적 측면

- 단독행동
- 조직행동
- 집단행동

절도행동의 내용적 측면

- 학급 내 아동의 금전 훔치기
- 학급 내 아동의 학용품 훔치기
- 학급 내 아동의 기타 물품 훔치기
- 타 학급을 대상으로 한 훔치기
- 교사의 금품 훔치기
- 교외에서 훔치기

절도행동의 동기적 측면

- 상습적 행동
- 충동적 행동

절도행동이 습관화된 아동(도벽행동 아동)에게
수반 가능성이 높은 행동

- 무단 결석 및 이석
- 교내 배회
- 퇴행 또는 공격적 행동
- 극단적 무언 또는 화려한 화술
- 고립된 교우관계
- 과다한 용돈 및 습관적 군것질
- 사행적 행동
- 학용품 과다 구입 또는 미비

절도행동의 원인

남의 물건을 훔치는 절도행동의 원인을 정확히 파악하는 일은 매우 중요하다. 원인에 대한 정확한 진단이 있으면 그에 대해 훨씬 더 실효성 있는 대책이 마련될 수 있기 때문이다.

지금까지 절도행동의 원인에 대한 학자들의 논의는 대체로 개인 심리적인 차원에 집중되어 왔다. 개인의 욕구가 절도행동을 하는 기본 바탕이라고 본 것이다. 일찍이 Freud(1965)는 절도의 원인을 공격성의 표현, 부모상에서 탈피하지 못한 의존적 욕구의 반영, 성적 충동의 표현, 우울증 해소 수단, 가정의 비밀을 폭로하려는 욕구의 표출, 권위적인 인물에 대한 보복 수단이라고 설명한 바 있으며, Meyer(1972)는 소유욕, 가정의 빈곤, 지능 결함, 위신과 인정에 대한 욕구, 보복에의 유혹, 질시, 모험, 망각 내지 히스테리 증상, 관심을 받으려는 욕구 등을 도벽의 주요 원인으로 꼽고 있다. 이중석(1992)은 소유욕, 열등감, 애정결핍 보상욕구, 자기과시욕, 부모에 대한 보복심리, 정서적 불안정, 자기애적 갈등 해소, 동성애적 충동의 만족, 자기 벌 등을 절도행동의 주요 원인으로 꼽고 있고, 신연식(1995)은 놀이, 소유관념 결여, 친구의 관심 끌기, 수집욕구, 부모에 대한 복수, 정신병 등을 주요 원인으로 들고 있다. 이 밖에 가정에서의 애정결핍(청소년대화의 광장, 1996), 애정결핍과 박탈의식(박성수, 1980)도 절도행동의 원인으로 지목되고 있는데 이들은 모두 절도행동의 원인을 개인 내부의 심리적 특성에서 찾고 있다는 점에서 공통된다. T·A·T 검사를 통해 도벽행동을 한 학생들의 심리 특성을 주요욕구, 역동적 추론, 환경에 대한 개념, 중요한 갈등, 불안의 양상, 우울과 공포에 대한 주요 방어, 범죄에 대한 벌로 표시된 자아의 적당도, 이야기에 나타난 사고과정, 지능비율 등으로 나누어 분석한 곽성구(1977)의 연구도 이 범주에 속한다.

어떤 행동을 일으키는 최종 원인이 개인의 심리적 특성에 기인한다는 점을 부인할 수는 없지만 행동에 직간접적으로 영향을 미치는 요인들은 개인의 심리적 특성에 제한되지 않는다. 개인의 심리적 특성이 진공 속에서 형성되는 것이 아니라면 이것이 형성되는 생리적·환경적·사회적·문화적 요소들이 무시되어서는 곤란하다. 절도행동 역시 마찬가지다. 따라서 아동이 절도행동을 일으키는 데 관여하는 제반 원인들에 대하여 보다 폭넓게 사고할 필요가 있다.

초등학교 교사와 대담하는 형식으로 절도행동에 대해 논한 박준희(1967)가 말하는 도벽행동은 엄격한 의미에서 도벽장애(kleptomania)가 아니라 훔치는 행위, 즉 절도행동(stealing behavior)을 뜻한다. 따라서 여기서는 도벽행동 대신 절도행동이라는 용어를 사용하도록 한다. 박준희는 절도행동의 원인을 크게 인류학적·생물학적·정신병학적·사회학적·심리학적 수준으로 나누어 논의한 바 있다. 절도행동의 원인을 인류학적으로 설명하려는 노력은 범죄인의 특성을 설명하려는 Lombrosso(1876, 박준희, 1967에서 재인용)에서 비롯된다. 그는 범죄인의 두개골은 원시인의 두개골과 흡사할 뿐 아니라 태어날 때부터 범죄를 저지를 소인을 타고난다고 주장하였다. 범죄자들은 신체적으로나 정신적으로 보통 사람들과 다른 특징을 가지고 있다는 것이다. 〈범죄생물학원론〉을 저술한 Lenz(1927, 박준희, 1967에서 재인용)는 사람은 생물학적으로 범죄를 저지를 수 있는 성향을 타고 나는데 이것이 환경의 영향을 받으면 밖으로 노출된다는 주장을 하였고, Kretschmer(1921, 박준희, 1967에서 재인용)는 사람의 체격을 세신형(마른형), 투사형(근육형), 비만형(살찐형)으로 나누고 체형과 성격 사이에 밀접한 연관이 있다는 주장을 폈다. 이를테면 세신형과 투사형은 정신적으로 괴리성을 띠기가 쉽고 비만형은 조울증에 걸리기 쉽다는 식이다. Lange(1920, 박준희, 1967에서 재인용)는 쌍둥이를 상대로 조사연구를 실시하고 범행에는 유전생물학적인 소인이 포함되어 있다는 주장을 펼치기도 하였다. 정신병학적 측면에서는 병적 인격, 오이디푸스콤플렉스, 열등감 등이 거론되고 있다. 사회학적인 측면에서는 종족, 성별, 직업, 종교, 집단과정, 사회적 분위기 그리고 돈이 주요 요인으로 등장하는데 특히 인간관계를 매개하고 경제적 유인가가 높은 돈은 절도행동과 밀접하게 연관되어 있다고 지적되고 있다. 심리적인 측면에서는 감정불안, 경박한 성격, 방탕적 성격, 열등감, 과시적 성격, 향락적 성격, 강박적 성격, 분열적 성격, 염세적 성격, 지능 등이 절도행동의 원인으로 꼽히고 있다(박준희, 1967).

김희경·이정숙(1990)은 절도의 원인을 소유욕, 부도덕한 가정, 심리적 요구, 생리적 조건, 병적 상태로 나누고 있는데 심리적 요구에는 열등감, 승인의 요구, 공격, 집단심리를 포함시키고 있고, 생리적 조건에는 월경을, 병적 상태에는 둔주와 히스테리를 들고 있다.

강병수(1982)는 도벽 발생의 원인으로 불량한 유전인자적 문제로서의 생물학적 요인, 사회적 혼란, 가정의 파손, 사회적·경제적 수준 등의 사회적 요인, 지능, 신경증 및 정신병, 성격 이상 등의 심리적 요인을 들고 있다.

지금까지 절도행동의 원인에 대한 여러 가지 견해를 살펴보았는데 이들의 견해를 뒷받침할 만한 실증 연구는 찾기가 힘든 형편이다. 절도에 관한 사례 연구들이 더러 발표되기는 했지만 그 숫자도 많지 않고 사례에 대한 체계적 분석을 시도한 경우도 별로 없기 때문이다. 절도행동 지도의 중요성을 생각해 볼 때 이상하다고 여길 정도로 이 분야의 연구는 아직 미미한 상태에 머물러 있다. 앞으로 상담자 그리고 학교 현장에서 아동을 지도하는 교사들이 관심을 가지고 연구해야 할 분야다.

비교적 최근에 전하정(1999)은 절도행동의 원인을 환경요인과 개인적 요인으로 나누어 정리한 바 있다. 이 역시 실증연구가 뒷받침된 것은 아니지만 기왕에 논의된 절도행동에 영향을 주는 요인들을 체계적으로 분류하고 있다. 이 논문의 분류에 몇 가지 항목을 첨가하여 절도행동의 원인으로 꼽히는 요인들을 살펴보자.

환경요인

절도행동에 영향을 미치는 환경요인은 크게 가정환경, 학교환경, 지역사회환경으로 나눌 수 있다. 먼저 가정환경부터 살펴보자.

가정환경　　　가정환경이 개인의 심성과 행동에 미치는 영향은 더 말할 필요가 없이 중요하다. 그렇다면 가정의 어떤 환경이 아동의 절도행동에 영향을 줄까?

첫째, 가정 결손이다. 가정 결손은 구조적 결손과 기능적 결손으로 나누어 볼 수 있다. 구조적 결손은 부모가 이혼을 했거나, 양친 중의 한 사람 또는 두 사람 모두가 사망함으로써 외형상 정상적인 가족 형태가 파괴된 경우를 말한다. 기능적 결손은 외형적인 가족 구성에는 문제가 없지만 가족 내의 인간관계, 상호작용 양식 등 가족 기능이 정상적으로 이루어지지 못하는 경우를 말한다. 가정에 구조적 결손이 있으면 모성실조 또는 부성실조 현상이 나타날 수 있고 이것이 아동의 절도행동으로 이어질 수 있다(박성수 외, 1984). 가정에 기능적 결손이 있다는 말은 가정의 교육적 기능이 마비됨으로써 아동에게 정상적인 심리적·사회적 발달을 촉진할 학습 기회를 제공하지 못한다는 뜻인데, 이 교육적 기능의 마비가 아동의 절도행동에 영향을 줄 수 있다.

둘째, 기본적 욕구 충족의 결핍으로 인한 절도행동이다. 가정은 신체적·심리적 욕구를 충족시키고 아동의 사회화를 돕기 위한 다양한 학습 기회와 경험을 제공하는 곳이다. 그런데 가정에서 이 같은 생리적 욕구, 안전욕구, 인정욕구, 애정욕구 등이 제대로 충족되지 않을 때 도벽행동으로 이를 보상하려고 할 가능성은 그만큼 높아진다(박성수, 정원식, 임승권, 1984).

셋째, 잘못된 양육태도로 인한 절도행동이다. 부모의 양육태도는 아동의 감정 통제 능력, 자기와 타인 그리고 세계에 대한 태도의 형성에 중요한 영향을 미친다. 부모의 양육태도 중 절도행동과 관련이 깊은 양육태도는 자녀를 사랑하지 않고 자녀가 하고 싶은 대로 행동하게 내버려 두는 거부적-방임적 태도다. 거부적-방임적 태도는 자녀로 하여금 사회의 관습이나 규칙, 규범을 배울 기회를 제공하지 않음으로써 충동적으로 행동할 가능성을 높인다.

넷째, 부도덕한 가정의 영향으로 인한 절도행동이다. 어떤 가정은 자녀의 절도행동을 묵인하거나, 조장하거나, 학습시키거나, 심지어 강요하기도 한다. 부모의 이런 행동은 아동으로 하여금 절도행동에 대해 무감각하게 할 뿐 아니라 가족에게 인정받는 수단의 하나로 절도행동을 습관화하는 큰 요인이 된다.

학교·학급 환경　　　초등학교 아동들에게 학교와 학급은 가정 못지않게 중요한 생활공간이다. 아동들은 학교에서 많은 시간을 보낼 뿐 아니라 사회화의 토대가 되는 능력을 키워 간다. 또래들과의 관계를 통해 사회적 규범을 학습하고, 더불어 사는 삶의 중요성을 체득하는 곳이 바로 학급이고 학교다. 아동의 학교·학급 생활에서 특히 중요한 것이 교우관계다. 교우관계가 원만하게 이루어지면 아동은 별 문제없이 성장하지만 친구를 사귀는 능력이 부족하거나 친구들로부터 따돌림을 받게 되면 여러 가지 문제가 발생한다. 또래집단에 소속되기 위한 절도행동, 친구나 또래집단의 강요에 의한 절도행동, 또래들에게 잘 보이려는 영웅심리에 의한 절도행동, 친구의 행동을 모방한 절도행동 등이 그 예가 될 수 있다.

지역사회환경　　　개인주의적 경향이 강해지면서 지역사회 또는 이웃이 개인에게 미치는 영향력이 많이 줄어든 것은 사실이지만 그 영향력을 완전히 무시하기는 어렵다. 특히 개인 생활이 상당 수준 노출되어 있는 농어촌 같은 소규모 지역사회가 개인의 생활에 끼치는 영향력은 여전하다.

지역사회환경이 절도행동에 미치는 영향은 낙인에 의한 것과 소외로 인한 것으로 나누어 볼 수 있다. 낙인이란 어떤 행위를 한 사람에 대해 좋지 않은 이름을 붙이는 현상으로 이를테면 도둑질한 사람을 도둑놈이라고 부르는 것이 이에 속한다. 일단 낙인이 찍히면 개인은 이 낙인에서 벗어나기가 매우 어렵고 많은 경우 그 낙인에 어울리는 행동을 하게 된다. 낙인현상은 절도행동에도 똑같이 적용될 수 있다. 어떤 경위로 절도를 했든 간에 일단 절도를 했다는 사실이 지역사회에 알려지면 사람들은 계속해서 그를 도둑놈이라고 기억하고 도둑놈이라고 부른다. 만일 어린 아동이 이런 상황에 처하게 되면 자신은 도둑놈이라는 부정적인 자아개념을 갖게 될 가능성이 높아지는데 이런 자아개념이 절도행동으로 이어질 가능성은 매우 높다.

지역사회는 사람들에게 소속감을 주고 강한 유대감을 갖게 한다. 우리나라의 지나친 지역주의도 사실은 이 지역에 대한 소속감을 바탕으로 형성된 것이다. 따라서 지역사회에 소속하여 다양한 활동에 참여하고 공통의 가치를 추구하는 일은 개인의 삶에 커다란 의미가 있다. 반면 개인을 무시하고 거부하는 지역사회의 무관심은 개인으로 하여금 열등감과 적개심을 일으키고 반사회적 행동을 부추기는 원인이 될 수 있다. 아동이 이웃과 지역사회의 사랑과 관심을 받지 못하는 경우 한편으로는 지역사회에 대한 적개심의 표현으로, 한편으로는 관심을 얻으려는 소망의 표현으로 절도행동이 일어날 수 있다.

사회적·문화적 환경　　시대의 전반적인 사회적·문화적 환경 역시 무시할 수 없는 요인이다. 더구나 TV와 컴퓨터로 대표되는 대중 의사소통 사회에서 이들이 전파하는 가치관과 삶의 양식이 개인의 생활에 미치는 영향력은 엄청나다. 특히 판단력이 충분히 성장하지 않은 아동들에 대해서는 말할 것도 없다.

간혹 TV 드라마를 보고 깜짝 놀라는 경우가 있다. 절도행동이 일어나는 현장을 아무런 여과 없이 세세하게 보여 주는 장면 때문이다. 뉴스에서도 절도행동에 대하여 세부적인 묘사를 하는 경우가 종종 있다. 이런 프로그램은 어린 아동들에게 절도행동에 대한 가치판단을 흐리게 하고 절도행동은 저렇게 하는 것이라는 정보를 제공할 가능성도 있다. 이렇게 되면 판단력이 미숙한 어린 아동이 막연한 모방심리에 따라 자기가 본 그대로 절도행위를 연습할 가능성은 매우 높아진다. 청소년들의 모방범죄가 적지 않다는 사실이 이를 뒷받침한다.

절도행동을 두둔하거나 미화하는 듯한 어른들의 반응도 아동들에게는 영향을 준다. 한때 우리 사회에 대도 조세형의 행적이 화제가 된 적이 있다. 그때 사회 일각에서 그의 절도행각을 은근히 미화하는 듯한 반응을 보인 적이 있다. 소위 의로운 도둑으로서 부당한 방법으로 돈을 번 부잣집만 턴다든가 절도한 돈으로 가난한 사람들을 도와준다는 식이다. 어떤 경우든 이렇게 절도행동을 의로운 행위라고 추켜세우고 미화하는 사회적 분위기가 아동의 행동에 영향을 줄 것이라는 점은 의심의 여지가 없다.

개인요인

놀이로 하는 절도행동　　도둑질을 장난 삼아 하는 아동들이 있다. 두세 명이 어울려 일종의 놀이로 주인 모르게 얼마나 잘 훔칠 수 있는지 시험해 보는 것이다. 부모가 아동에 대해서 주의를 기울이지 않고 방임 상태로 내버려 둘 때 발생할 확률이 높은 절도행동이다.

소유관념의 결핍으로 인한 절도행동　　남의 것과 내 것을 구별하지 못하여 훔치는 행동이 발생할 수도 있다. 소유관념이 제대로 발달하지 않아서 가지고 싶은 것이 있으면 아무런 의식 없이 가져가는 것이다. 어릴 때부터 자신이 요구하는 것을 쉽게 손에 넣었거나 다른 사람의 물건을 소중히 여기는 법에 대해 학습이 이루어지지 못한 아동에게서 나타날 수 있는 행동이다.

욕구충족을 위한 절도행동　　의식주와 같은 기본 욕구나 물질적 소유 욕구를 충족시키기 위하여 행해지는 절도행동이 있다. 가난한 가정에서 성장하며 경제적 결핍감에 시달리던 아동이 충동적으로 물건을 훔치거나 넉넉한 가정에서 성장하였지만 자기통제력이나 욕구저지력이 충분히 발달하지 않은 아동이 습관적으로 남의 물건을 훔치는 경우가 이에 속한다.

열등감의 보상을 위한 절도행동　　다른 아동들이 갖고 있는 학용품, 일용품, 장난감, 의복, 신발, 용돈 등에 대해 상대적 결핍감과 열등감을 가진 아동이 이를 보상하기 위하여 절도행동을 할 수 있다. 친구들로부터 무시당하지 않으려는 심리가 절도행동으로 이어지는 경우다. 그 밖에 지적·신체적 열등감을 도벽행동으로 보상받으려는 경우도 있다.

친구의 관심을 끌기 위한 절도행동　　친구들에게 관심을 끌고 인기를 얻기 위해서 물건을 훔칠 수도 있다. 장난으로 어떤 물건을 가지고 있다고 친구들에게 자랑하다가 그 사실을 입증하기 위하여 도둑질을 하는 경우, 친구들에게 인기를 얻으려고 이 물건 저 물건 주다가 결국은 도둑질을 해서 뒷감당을 하는 경우가 이에 속한다. 때로는 자신의 용기를 친구들에게 과시하기 위하여 도둑질을 할 때도 있다.

복수심의 표현으로서의 절도행동　　부모, 교사, 형제 또는 주변의 중요한 사람들의 거부, 무관심, 질책, 처벌, 무시 등에 대한 복수심이 훔치는 행동으로 나타날 수도 있다. 자신의 존재가 인정받지 못하는 현실에 대한 불만, 좌절, 분노를 훔치는 행동으로 되갚는 것이다. 이런 유형의 절도행동은 편애하는 가정에서 자주 일어난다. 부모가 한 아이를 다른 아이들보다 더 사랑할 때 편애받는 아동의 물건을 훔침으로써 빼앗긴 사랑에 대한 복수심을 표출하는 경우다. 학급 교사의 편애에 대한 반응으로 도난 사건이 발생할 수도 있다.

소속욕구로 인한 절도행동　　또래집단에 소속되기 위하여 또는 또래집단에의 소속감을 확인하기 위하여 절도행동이 발생하기도 한다. 또래집단에 끼려면 물건을 가져와야 한다는 불량한 친구들의 압박을 거부하지 못하거나, 소속된 또래집단 내의 특수한 분위기가 훔치는 행동을 장려하는 쪽으로 기울어 있을 때 발생할 수 있는 유형이다. 소속욕구는 강하지만 정상적인 방법으로 친구를 사귀지 못하는 아동들에게서 발생할 가능성이 높다.

병적 상태로 인한 절도행동　　아주 드물기는 하지만 둔주와 히스테리로 인하여 절도행동이 발생할 수도 있다. 둔주란 개인의 인격이 분열된 상태로서 평상시와 전혀 다른 인격으로 전환되는 경우를 말하며, 히스테리는 내적 갈등이 외현적인 증상으로 표출되는 현상을 말한다. 병적 상태는 아니지만 여아의 경우 생리 중 훔치는 행동이 발생할 수도 있다.

절도행동의 탐지

절도행동을 탐지해 내는 일은 그리 간단하지 않다. 절도행동의 주인공이 누구인가를 찾아내는 일이 쉽지도 않을 뿐더러 절도행위자를 찾아내는 것이 꼭 바람직한 일도 아니기 때문이다. 그렇다고 교사가 절도행동의 발생 가능성을 무시하거나 절도행동이 발생하였음에도 모른 체하며 아무런 조치를 취하지 않는다면 그것도 문제다. 따라서 교사의 입장에서 한편으로는 예방의 차원에서 다른 한편으로는 절도행동에 대한 대처의 차원에서 학급 내에서 벌어지는 아동의 행동을 세밀하게 파악할 필요가 있다. 절도행동을 탐지하는 방법으로 지금까지 제안된 내용들을 살펴보자.

관 찰

평상시 교사는 아동을 예민하게 관찰해야 한다. 문제가 일어나기 전이나 후를 막론하고 교사는 학급 아동 하나하나를 자세히 관찰하여 아동 개개인의 행동 특성을 잘 파악하고 있어야 한다. 가능하면 평상시 교사가 관찰한 내용을 기록으로 남겨 두는 것도 좋은 방법이다. 학급에서 절도행동이 발생하면 교사는 아동 개개인의 행동을 관찰하면서 평소와 다른 점이 없는지 비교해 본다. 평소와 다르게 이상한 행동을 하면, 예컨대 유난히 말을 잘 듣거나, 심부름을 잘하려고 하거나, 교사의 인정을 받으려는 행동을 하거나, 반항적인 행동을 하거나, 교사를 심하게 피하는 행동을 하면 보다 유의해서 살펴볼 필요가 있다. 다만 관찰을 할 때 교사는 가능한 한 선입견을 버리고 객관적이 되도록 노력해야 하며 아주 자연스러운 태도를 유지해야 한다.

교우관계 조사

학기가 어느 정도 진행되고 학급 아동들끼리 서로 익숙해지면 자연스럽게 또래관계가 형성되기 마련이다. 이때 교사는 여러 가지 방법을 통해서 아동들 간의 상호관계와 학급집단 내의 역동을 파악할 필요가 있다. 이를 통해서 서로 친한 아동들은 누구인지, 학급에 힘의 분배는 어떻게 형성되어 있는지, 어떤 종류의 또래집단이 있고 이들의 영향력은 어떠한지 등을 알고 있어야 한다. 혹 성격이 불량한 또래집단이 형성되는 기미가 있으면 교사는 일찍 개입하여 이를 해체시키는 것이 좋고 그것이 어려울 경우에 관찰을 게을리하지 말아야 한다. 사회성측정(sociometry) 방법은 교우관계를 파악하는 좋은 도구가 될 수 있다.

문서자료 조사

아동에 대한 지금까지의 기록물 역시 도움이 될 수 있다. 가정환경조사서, 행동·태도평가기록물, 이전 담임의 지도 경험 등을 종합하여 아동의 행동을 분석할 수도 있다. 아동들의 일기 내용도 참고 자료가 될 수 있고, 때로는 학급 내에 설치된 건의함 속에 담겨 있는 자료들이 활용될 수도 있다.

직접 조사

절도행동을 지도하려는 교사들이 가장 많이 사용하는 방법이 직접 조사다. 직접 조사는 절도행동이 발생한 후 범인을 찾아내려는 방법으로 아동들에게 자백을 강요하는 방식이다. 조회나 종례시간을 이용하여 다양한 방법으로 자백을 강요하면서 은근히 협박하거나 의심되는 친구의 이름을 써내게 하거나 심증이 가는 아동들을 개별 상담하는 식으로 교사가 직접 나서서 범인을 찾으려고 한다. 이렇게 되면 교사는 교육자이기를 포기하고 범죄를 수사하는 수사관의 역할을 수행하는 셈이 된다.

절도행동에 대한 개입 및 지도

절도행동에 대한 연구가 그리 많지 않기 때문에 절도행동에 어떻게 개입하는 것이 바람직한지에 대해서 아직은 쉽게 결론을 내리기 어렵다. 더구나 일부 사례연구를 제외하면 초등학교 학급에서 일어나는 절도행동을 심층적으로 탐구한 연구는 거의 없다고 해도 과언이 아니다. 사정이 이러하므로 여기서는 절도와 도벽행동에 대한 개입과 관련하여 이곳저곳에 언급되어 있는 방안들을 한데 끌어 모아 소개하도록 한다. 이 방안들의 효과는 검증이 필요하다.

최근 절도행동을 한 아동에 대하여 초등학교 교사들이 어떻게 지도하는가를 조사한 연구(이강형, 2001)에 의하면 아동을 이해하며 사랑으로 지도한다는 응답 51.3%, 체벌을 가해서라도 잘못을 뉘우치게 한다는 응답 19.7%, 체벌을 가하지 않고 심하게 야단친다는 응답 17.1%, 가볍게 주의를 준다는 응답 3.9%, 무관심하게 대한다는 응답 2.6%로 나타났다. 이 응답률을 보면 아동의 절도행동을 긍정적인 방식으로 해결하려는 교사들이 상당히 많다는 사실을 알 수 있다. 그렇다면 아동을 이해하고 사랑으로 지도하기 위하여 교사는 구체적으로 어떻게 해야 할까? 지금까지 제안된 방안들을 크게 예방법과 사후 대책법으로 나누어 살펴보자.

예방법

절도행동에 예방이 중요하다는 점은 여러 자료들이 공통으로 지적하고 있는데 예방법으로 제안되고 있는 내용들을 간추리면 다음과 같다.

첫째, 될 수 있는 한 아동에게 절도행동을 할 기회를 주지 않는다.

둘째, 작은 도난 사건이 일어났을 때 무심하게 지나치지 말고 이를 교육의 계기로 삼는다.

셋째, 아동에게 도덕성을 함양하는 교육을 한다.

넷째, 올바른 가치관과 적절한 소유 개념을 갖도록 지도한다.

다섯째, 아동의 학습, 교우관계 등에 많은 관심을 갖고 칭찬과 인정을 통하여 학교생활에 흥미와 관심을 갖게 한다.

여섯째, 평소 아동을 애정으로 대하고 부드러운 말로 지도 · 조언을 아끼지 않는다.

일곱째, 가정과 학교가 긴밀한 연계지도를 한다(이달호, 1977; 서울시교육연구원, 1993; 서울시교육청, 2002).

사후 대책법

학급에서 절도행동이 발생한 경우 다음과 같은 대책들이 제안되고 있다. 이 대책들은 다시 교사의 태도, 원인별 대처, 세부 전략 등으로 나눌 수 있다.

교사의 태도   첫째, 평안한 마음으로 침착하고 냉정하게 사태를 검토하고 이해 · 분석한 후 합리적 또는 합목적적인 방법으로 대처해 나간다. 아울러 깊은 과학적 통찰을 중심으로 원인을 찾고 '교육적 치료' 내지는 '치료지도'가 될 수 있도록 한다(박준희, 1967).

둘째, 도난당한 물품을 찾기 위하여 전체 아동을 상대로 수색하는 일은 하지 않는 것이 좋다(신연식, 1995; 이재연, 김영숙, 1993).

셋째, 절도행동을 한 학생을 발견하였을 경우 먼저 면담, 관찰, 조사 등을 통해 원인을 찾고 상태를 진단해야 한다. 무조건 강경한 조치를 취하거나 여러 사람 앞에서 자존심을 상하게 하면 오히려 반항적이 되거나 반대로 자신감을 잃고 우울증에 빠지거나 다른 비행을 유발할 수 있으므로 세심한 사항에 유의해야 한다. 왜 절도행동을 했는지 그 원인을 이해하고 통찰하여 절도에 대한 심리 상태를 파악하는 것이 우선 필요하다. 특히 교우관계나 성격상의 특성을 살펴보는 것이 바람직하다(서울시교육연구원, 1993; 서울특별시교육청, 2002).

넷째, 절도행동을 조사하는 목적은 아동에 대한 처벌이 아니라 아동의 성장 촉진이라는 점을 명심한다. 따라서 처벌과 징계보다 사랑과 포용, 끈기와 노력으로 아동의 행동을 바람직한 방향으로 수정하는 데 관심을 두어야 한다(김희경, 이정숙, 1990; 서울특별시교육청, 2002).

다섯째, 아동의 행동에 의심스러운 점이 포착되면 시간을 두고 관찰하되 이미 얻은 결론에 증거를 찾는 식으로 접근하지 말고 객관적인 자세를 유지한다.

여섯째, 아동의 훔친 사실이 확실해지면 원인을 잘 살펴서 대처한다. 절도행동을 했다고 해서 반드시 빌게 할 필요는 없으며 인격적인 대우를 철회하지 말아야 한다(신연식, 1995).

일곱째, 교사의 인내와 노력이 필요하다. 도벽은 습관이다. 한 가지 행동이 습관화되기까지는 많은 시간이 걸리고 여러 가지 요인들이 복합적으로 작용한다. 따라서 표면적인 도벽행위의 해결이 아니라 심리적·정서적 문제의 해결에 초점을 맞추기 위해서 긴 시간을 기다리면서 노력하는 자세가 필요하다(서울특별시교육청, 2002).

원인별 대처   아동이 절도행동을 하는 원인을 정확히 진단하고 그 원인을 제거함으로써 절도행동을 치유하려는 원인별 대처가 제안되기도 하는데 여기에는 다음과 같은 내용들이 포함되어 있다.

첫째, 놀이로 훔치는 행동을 하면 훔치는 행동을 할 때 어떤 결과가 생기는지 설명해 주고 훔친 물건에 대해 보상하게 하거나 대가를 치르게 한다(이재연, 김영숙 역, 1993).

둘째, 소유관념이 제대로 형성되지 않았으면 올바른 소유관념을 갖도록 지도한다. 물건을 훔치는 일과 그 일에 대한 결과와 물건의 소유권에 대하여 아동과 함께 토론한다(이재연, 김영숙 공역, 1993; 김희경, 이정숙, 1990).

셋째, 욕구를 통제하는 능력이 부족하면 욕구를 통제할 수 있는 자제력과 의지력을 향상시킨다(서울시교육연구원, 1993).

넷째, 가정에서 애정 어린 관계가 결핍되었다면 가정 내에서 따뜻하게 수용되는 경험을 할 필요가 있다. 부모는 아동과 대화 시간을 자주 갖고 강압적인 지시보다 허용적인 분위기를 조성한다. 용돈은 충분히 쓸 수 있도록 일정액을 지급하고 꾸중보다는 칭찬을 많이 한다(청소년대화의 광장, 1996; 정보은, 1987).

다섯째, 사회성이 부족한 아동이라면 교사의 심부름을 통해 교사의 인정을 받는다는 심리를 유발하고 학급 내 리더급의 학생과 함께하는 공동과제를 부여하여 성취감을 느끼게 하며 학급의 일원이라는 소속감을 갖도록 지도한다(정보은, 1987).

여섯째, 또래집단에서 인정을 받기 위해 훔치는 행동을 하면 아동의 잠재능력, 관심, 취미를 발견하고 이러한 능력을 바탕으로 긍정적인 활동을 통해서 성취감을 높이고 친구들과의 관계에서 의미를 찾도록 한다(이재연, 김영숙 공역, 1993).

전하정(1999)은 어린이 절도의 원인을 환경적 원인과 개인적 원인으로 나누고 원인별 교정방법을 제시하고 있는데 주요 항목을 살펴보면, 환경적 교정방법에는 부모역할교육 실시(상담 및 교육 프로그램 제공), 생리적 욕구와 안전감 충족(식생활, 주거생활 개선, 용돈 제공), 관심과 가족 간 대화 확충, 가족전체에 대한 교정, 교우관계지도, 집단상담, 지역사회교육, 이웃과의 유대강화 등이, 개인적 교정방법에는 욕구불만의 원인 해소, 긍정적 자아개념 육성(장점 칭찬, 역할 부여, 특기 신장), 절제, 책임감, 인내심 육성, 건전한 소비교육, 도덕성 교육(판단력 제고, 예화 들려주기, 실천사례 제공, 문답형 수업), 방법의 부당성 및 결과에 대한 책임감 지도 등이 포함되어 있다.

세부 전략 　도벽행동의 지도에 적용할 만한 기타 세부 전략들도 다양하게 소개되어 있는데 이를 열거해 보자.

첫째, 아동이 훔친 물건에 대해 야단치지 말고 그 물건이 있었던 곳에 아무 일도 없었던 것처럼 갖다 놓을 수 있는 기회를 준다.

둘째, 한 아동이 도둑질을 했다는 확실한 증거가 있을 경우 그 아동과 조용하고 솔직하게 대면하고 훔친 물건을 어떻게 갚을 것인지 계획을 세우게 하고 다시는 물건을 훔치지 말라고 이야기한다.

셋째, 훔치는 행동이 소집단 단위로 나타나면 아동들 스스로 문제를 해결하게 할 수 있다. 소집단에서 훔치는 행동을 해결할 수 있는 계획을 세우라고 하고 그들만 있도록 자리를 피해 준다. 조금 후에 다시 소집단으로 돌아와서 그 집단이 세운 계획에 대해 함께 토론한다. 토론 중에 아동들이 서로 비난하거나 공격하지 못하게 한다.

넷째, 이야기를 통해 아동들의 훔치는 상황과 유사한 가설적인 사례를 제시하고, 이야기가 끝난 후 그 이야기에 대해 아동이 어떻게 생각하고 있는지 물어본다.

다섯째, 절도행동을 하는 아동들이 바람직한 모델을 찾을 수 있도록 도와준다. 훔치는 아동에게 며칠 동안 그 모델의 행동을 관찰하게 하고 어떤 점을 칭찬할 수 있는지 이야기하도록 한다. 아동이 칭찬했던 행동을 함께 연습하고 배운다.

여섯째, 나무라기, 위협하기, 설교하기, 물리적인 힘을 가하기 등은 혐오행동관리기법이기 때문에 비효과적이다. 그러므로 가족과 협력하여 전개하는 긍정적인 행동관리기법이 보다 바람직하다. 또한 학교 차원에서 절도행동 방지 프로그램을 실시할 수 있다.

일곱째, 만일 아동의 도벽행동이 끊임없이 지속되고 심각할 경우 청소년범죄 담당자에게 의뢰하여 물건을 훔치면 어떤 결과가 생기는지 그 실상을 아동에게 알려 준다(이재연, 김영숙 공역, 1993: 375-377).

여덟째, 옛사람 또는 위대한 인물들과 책을 통해 만남으로써 그들의 정신

사상을 배우고 거기서 새로운 자아를 발견하고 희열을 느껴 성장·발달하도록 지도한다.

아홉째, 도벽이 미치는 영향이 얼마나 무서운 것인가를 예화를 통해 들려주고 벌을 통한 충격요법과 칭찬을 통한 즐거움을 맛보게 하여 바람직한 행동이 어떤 것인가를 스스로 깨닫게 한다(정보은, 1987: 36).

열째, 미술치료를 활용하여 아동의 도벽행동을 치유한다(최혜경, 2001).

아동의 절도행동의 관리 및 교정을 위한 학급 교사의 역할

마음가짐

앞에서 살펴본 대로 아동의 절도행동, 도벽행동은 상당히 다양한 원인에서 비롯되며 그 양상 또한 다채롭다. 따라서 이들을 잘 지도하려면 아주 세밀한 부분까지 마음을 써야 한다.

담임하는 학급에서 도난 사건이 발생하면 교사의 기분이 좋을 리 없다. 그토록 열심히 가르치던 아이들에게 배신감이 들고, 동료 교사들에게 자존심이 상하고, 교육자로서 무능하다는 느낌에 사로잡혀 좌절하고 분노하는 행동은 어쩌면 당연한 일이다. 학급에서 도난 사건이 발생할 때 많은 교사들이 흥분하고 열을 내어 소리를 지르고 빨리 자백하라고 호통을 치는 행동이 인간적으로 이해되기도 한다. 그러나 교사의 이런 행동은 교육적으로 무모하기 짝이 없다. 어떤 이유로 왜 도난 사건이 발생했는지, 그리고 이 상황에 어떻게 대처하는 것이 교육적으로 올바른지 차근차근 따져 보지도 않은 채 기분 내키는 대로 35명이나 되는 아이들을 닦달하고 괴롭히는 행위는 아무리 좋게 보아도 교사로서 할 일이 아니다. 벌써 40여 년 전에 박준희(1967) 교수가 '평안한 마음으로, 그러나 깊은 과학적 통찰'을 바탕으로 절도행동의 지도에 임하라고 충고했던 사실을 상기할 필요가 있다.

교사는 수사관이 아니다. 교사가 교단에 서는 이유는 아동을 올바른 방향으로 교육하기 위해서다. 그리고 학급에서 발생하는 거의 모든 일은 아동의 교육을 위해서 활용되어야 한다. 도난 사건도 마찬가지다. 따라서 학급에서 절도행동이 일어나면 교사는 이 사건을 교육을 위한 자료 또는 계기로 활용해야 한다. 굳이 교사가 절도행동을 한 아동을 찾아내려고 한다면 그 목적은 그 아동을 찾아 올바로 교육하기 위함이다. 단순히 자기 학급에서 도난 사건이 발생한 것이 기분 나빠서 또는 절도한 물건을 찾아 주인에게 되돌려 주기 위해서 범인을 색출하듯 소동을 피운다면 이미 교육은 포기된 것이다. 이럴 바에는 차라리 교사가 아무 일도 하지 않는 편이 더 낫다. 뚜렷한 대책 없이 무지막지한 방법으로 절도행동을 한 아동을 찾아내는 행위는 훔친 아동에게 씻을 수 없는 상처를 줄 뿐 아니라 많은 사람들에게 우울한 학창 시절을 떠올리게 하는 사례가 된다는 사실을 우리 교사들은 깊이 반성해야 한다. 교사는 수사관이 아니라 교육하는 사람이라는 점을 명심해야 한다.

간단하게 말해서 학급 아동 전체를 대상으로 훔친 아동을 찾아내려는 작업은 하지 않는 것이 원칙이다. 이 방법은 훔친 아동에게도 그리고 훔치지 않은 나머지 학생들에게도 모두 좋지 않다. 훔친 아동을 찾아내는 일이 그리 쉽지도 않을 뿐더러 혹 훔친 아동이 발견되면 이 아동은 도둑놈이라는 낙인이 찍혀 이후 학교생활이 매우 힘들게 된다. 아울러 죄 없는 나머지 학생들 역시 훔친 아동이 발견될 때까지 상당 시간 불안과 긴장에 떨어야 한다. 교육적으로 아무런 이득이 없음이 분명하다면 굳이 훔친 아이를 찾기 위해 소란을 피울 이유가 없다.

그렇다면 도난 사건이 생겼는데도 교사는 가만히 있으라는 말인가? 아니다. 교사는 이 사건을 계기로 두 가지 측면의 교육을 행할 수 있다. 하나는 학급 아동 전체를 대상으로 절도행동 방지 프로그램을 시행하는 일이고 다른 하나는 훔친 아동을 변화시키는 일이다. 여기서 두 번째 교육에 해당하는 훔친 아동 변화시키기를 위하여 반드시 훔친 아동이 누군지 확인할 필요는 없다. 훔친 아동이 정확히 누군지 모르는 상태에서도 담임교사는 아동을 변화시키기 위한 노력을 시작할 수 있다. 가장 좋은 방법은 개별면담과 소집단면담을 통하여 아동들과 깊이 있는 상담을 전개해 나가는 것이다. 물론 이런 노력이 효과를 거두려면 평소 학급 운영에서 아동들과 만나는 일을 정례화 내지는 일상화해 놓을 필요가 있다. 교사와 학생의 만남이 일상화되어 있는 학급이라면 절도 사건이 발생한 상황에서도 교사는 아동들과 자연스러운 만남을 지속할 수 있고 이 만남을 통해 아동을 진단하고 지도할 기회를 가질 수 있다. 다행인 것은 어쩌다 일어난 우발적 절도행동이 아니고 습관으로 굳어진 도벽의 경우에 대체로 훔친 아동이 누구인지 심증이 갈 때가 많고 학급 아동들 사이에서도 소문이 나기 마련이다. 이런 경우 교사는 훨씬 더 수월하게 초점을 좁혀 상담할 수 있다. 그러나 이때에도 본인이 자백하기 전이라면 훔친 아동을 단정하는 식으로 몰아가지 않고 대화를 전개해야 한다. 교사의 심증이나 소문이 틀릴 수 있을 뿐 아니라 인격적으로 대우하며 열린 대화를 할 때 아동의 변화 가능성이 그만큼 커지기 때문이다.

교사는 예방 교육의 중요성도 간과하지 말아야 한다. 예방 교육을 위하여 평소 교사는 아동의 도덕성을 함양하는 교육을 게을리하지 않아야 한다. 아울러 학급에서 우발적이거나 작은 도난 사건이 발생하면 무심히 넘어가지 말고 이를 교육의 기회로 삼는 것이 좋다. 가볍게는 훈화지도를 비롯하여 절도행동에 대한 학급 토론을 벌인다든가 절도행동 전문가를 초빙하여 이야기를 듣는 식으로 예방 프로그램을 실시한다면 도움이 될 것이다.

절도행동의 예방을 위하여 학급에서 이루어지는 아동들의 교우관계를 면밀하게 파악하는 일도 중요하다. 학급의 조직적 특성(예를 들어, 학급에 핵심 리더가 있는지, 중간 리더가 여럿 있는지, 단짝이 많은지, 고립된 아이가 있는지 또는 실질적 리더와 공식적 리더가 같은지, 다른지 등)과 학급 내의 힘의 관계가 어떻게 구성되어 있는지 주시하고 혹시 폭력적인 또래집단이나 비행집단이 생기는지 유의해야 한다. 만일 이런 종류의 또래집단이 형성되는 조짐이 보이면 조기에 개입하여 이를 해체시켜야 한다. 또래집단에 대한 소속 욕구가 강해지는 초등학교 시절이므로 학급에서 구성되는 또래집단이 밝고 건강한 성격을 띨 수 있도록 담임교사가 적절히 개입하는 것이 좋다.

반복적으로 심하게 일어나는 절도행동을 지도하는 경우, 때로는 가정과 연계할 필요가 있다. 절도행동의 원인은 대부분 가정에 뿌리를 두고 있다. 가정에서의 애정결핍 또는 기본욕구 충족의 결핍이 절도행동을 일으키는 가장 주요한 원인이다. 따라서 절도행동을 적절히 지도하려면 어떤 식으로든 가정과 연계할 필요가 있다. 그러나 절도행동을 하는 아동의 부모와 만나 대책을 협의하는 일이 그리 쉽지 않다. 절도행동의 원인이 가정에 있다면 이미 그 가정은 심리적 · 환경적 차원에서 정상적인 방법으로 아동과 상호작용하는 일에 실패하고 있기 때문에 아동에 대한 정보를 제공한다고 해서 크게 달라지기 어렵다. 때로는 자녀의 절도행동을 상담하려는 교사에게 '우리 아이를 도둑놈으로 모느냐' 며 달려드는 학부형도 있다. 따라서 교사는 가정과 연계하는 일에 아주 신중해야 한다. 가정과 연계되어야 지도 효과가 크지만 이 일을 우호적으로 해내는 일이 쉽지 않다는 점을 명심해야 한다.

지금까지 살펴본 대로 아동의 절도행동, 도벽행동에 대한 지도와 교육을 위하여 교사는 여러 가지 측면에 마음을 써야 한다. 따라서 교사는 준비하고 있어야 한다. 절도행동의 예방을 위하여 그리고 절도행동이 발생했을 때 대처할 방법에 대하여 미리 숙고하고 체계적인 접근법을 준비해 두어야 한다. 도난 사건이 터진 뒤에야 비로소 문제의 심각성을 알고 우왕좌왕하는 일이 없어야 할 것이다.

상담 전략

절도행동을 한 아동이 누구인지 어느 정도 윤곽이 드러나거나 교사의 심증이 굳어지는 단계에 도달하면 아동들과 마주 앉아 개별상담이나 소집단상담을 실시할 필요가 있다. 물론 이때의 상담은 학급에서 이미 일상화되어 있는 교사-아동 면담의 일환으로 이루어지는 것이 좋다. 가능하면 훔친 아동을 찾아내기 위한 만남, 절도행동을 해결하기 위한 만남이라는 특별한 의미를 부여하지 말고 평소의 만남처럼 자연스러움을 유지하도록 한다. 아울러 절도행동을 한 것으로 추측되는 아동 이외에 다른 아동들과도 개별면담을 이어 가도록 한다. 이렇게 하면 교사와의 만남에 대하여 아동들이 쓸데없는 긴장감을 느낄 필요가 없고 학급 아동들에게 담임선생님이 특정 아동을 의심한다는 단서를 제공하지 않을 수 있다. 교사는 절도행동을 한 아동이 다른 학급 아동들에게 노출되지 않도록 만남의 과정에 각별히 신경을 써야 한다. 아동과 상담에 임할 때 교사는 다음 몇 가지 자세를 일관성 있게 유지한다.

첫째, 수사관의 자세를 버린다. 도난 사건과 관련하여 꼬치꼬치 캐묻고 따지는 행동을 삼가도록 한다. 대신 도난 사건이 발생한 데 대하여 유감스러운 마음을 표현하고 이를 교육적으로 해결하고 싶다는 의지를 보여 준다. 가능하면 교사의 심정을 I-message의 형식을 빌려 표현하는 것이 좋다(박성희, 2001). 예를 들어, "우리 반에서 도난 사건이 생겨서 선생님은 무척 실망했어. 이 사건을 잘 해결하고 이번 사건을 통해서 너희들이 절도행동이 정말 나쁘다는 사실을 깨닫게 되기를 선생님은 바라고 있어."라고 말할 수 있다.

둘째, 아동을 인격적으로 존중한다. 아동이 한 사람으로서 존중받을 권리는 아동의 행동과 무관하게 인정되어야 한다. 한두 번 훔친 행동을 했다고 해서 아동이 직업적인 도둑은 아니다. 행동이 잘못될 가능성을 인정하고 잘못된 행동에 대해 적절한 처벌을 하는 것은 옳은 일이지만 잘못된 행동 때문에 인격을 무시하고 낙인을 찍는 행위는 전혀 교육적이지 못하다. 따라서 교사는 절도행동을 대할 때에도 아동을 존중하는 마음을 저버리지 말아야 한다. 다시 말하면 훔친 행동과 훔친 아동을 분리하여 대할 줄 알아야 한다. 교사의 이런 태도는 아동이 진정으로 변화할 수 있는 토양이 될 것이다(한국교육학회, 1998).

셋째, 공감적으로 이해하는 자세를 견지한다. 공감적 이해는 상담의 기본이다. 따라서 선입견을 가지고 아동의 말을 판단하려고 하지 말고 아동의 입장이 되어 이해하려는 태도를 가져야 한다. 아울러 모든 행동의 이면에는 선한 동기가 있다는 주장에 근거해서 아동의 도벽행동 뒤에 숨어 있을 법한 성장 동기가 무엇인지 헤아려 볼 필요가 있다. 주변의 관심을 사기 위해서 한 행동인지, 다른 아이들에게 뒤지기 싫어서 한 행동인지, 심심함을 달래기 위해서 한 행동인지, 자기주장에 귀 기울여 달라는 바람에서 나온 행동인지 등등 절도행동을 긍정적인 시각에서 재해석해 본다.

넷째, 절도를 했다는 확실한 증거를 가지고 있을 경우에 아동에게 그 사실을 직면시키고 상담할 수 있다. 그러나 이 경우에도 억지로 자백을 받아 내려고 강요하는 대신 절도행동이 가져올 결과를 여러 측면에서 검토해 보도록 안내하는 것이 바람직하다. 이때 가능하면 상세하고 생생하고 피부에 와 닿는 정보들을 활용하도록 한다. 아동으로 하여금 절도행동을 인정하게 하는 것보다 다시는 절도행동을 하지 않도록 이끌어 주는 일이 더 중요함을 명심한다.

다섯째, 절도행동의 원인을 찾아내고 그에 따라 적절한 대책을 마련한다. 상담을 통해 아동이 절도행동을 하게 된 주요 원인이 파악되면 그 원인을 해결할 수 있는 적절한 조치를 취해야 한다. 앞에서 절도행동을 일으키는 원인을 환경요인과 개인요인으로 나누어 정리한 바 있다. 이들 원인 중에 현실적으로 학급 교사가 영향력을 행사할 수 있는 내용은 주로 개인적 요인에 집중되어 있다. 따라서 여기서는 절도행동을 일으키는 개인적 요인 여덟 가지에 초점을 맞추어 그 대책을 간단하게 살펴보도록 한다.

놀이로 하는 절도행동

놀이로 절도행동을 하는 아동에게는 엄하고 단호하게 도둑질이 놀이가 될 수 없다는 점을 인식시켜야 한다. 놀이는 다른 사람에게 피해를 주지 않는 범위 내에서 자기만족을 추구하는 활동이라는 점을 주지시키고 놀이로 할 수 있는 건전한 활동을 안내해 준다. 놀이로 훔치는 행동은 대개 두 명 이상의 아동들이 어울려 하는 경우가 많으므로 집단으로 지도할 필요가 있다.

소유관념의 결핍으로 인한 절도행동

초등학교 저학년에서 발생할 가능성이 높은 행동으로서 남과 나, 남의 것과 내 것을 구별하는 훈련을 시킬 필요가 있다. 아무리 가지고 싶은 물건이라도 주인에게 허락을 받거나 정당한 대가를 주어야 가질 수 있다는 점을 인식시킨다. 역할놀이, 문답식 대화, 예화 들려주기 등을 통해 소유개념을 심어 주고 인지발달을 도모한다. 도둑질의 의미를 잘 모르고 훔친 행동이므로 너무 엄하게 다루지 않는 것이 좋다.

욕구충족을 위한 절도행동

아동에게 결핍되어 있는 기본욕구를 확인하고 이 욕구를 충족시킬 수 있는 방안을 찾도록 한다. 가정 경제가 어려워 기본 생활에 문제가 있는 경우에는 현실적인 도움이 될 수 있는 방안을 찾는다. 예를 들어, 국가의 영세민 생활보호 대책, 소년 · 소녀 가장에 대한 대책을 알아본다거나 무료 급식을 알선할 수 있다. 욕구저지력이 부족해서 충동적으로 훔치는 아동에 대해서는 보상과 처벌의 원리에 입각하여 욕구저지력이나 욕구만족 지연능력을 발달시키도록 한다. 욕구가 생길 때 바로 행동하지 않고 참으면 보상을 하고 바로 행동으로 옮기면 벌을 주는 방식이다. 보상을 주는 방법으로 토큰제도를 이용하면 욕구만족 지연능력을 키우는 데 도움이 된다.

열등감의 보상을 위한 절도행동

열등감을 극복하는 가장 좋은 방법은 자기를 좋아하게 만드는 것이다. 자기를 좋아하고 자신이 소유하고 있는 특성에 애정을 갖게 되면 열등감은 자연스럽게 극복된다. 그렇다면 아동이 자기를 좋아하도록 만들기 위하여 어떤 방법을 쓸 수 있을까?

첫째, 아동의 장점을 찾아내어 칭찬한다. 장점이 없는 아동은 없다. 다만 아동이나 주변 사람들이 이를 모르고 있을 따름이다. 예를 들어, 남에게 들키지 않고 절도행동을 한 아동이 있다면 남모르게 행동할 수 있는 신중함과 치밀함이 아이의 장점으로 꼽힐 수 있다. 이런 식으로 아동을 세밀하게 관찰해서 장점을 찾아내고 그 장점을 드러내어 칭찬해 주도록 한다. 장점을 찾아내어 추어주는 교사의 행동에 의심적은 기색을 보이는 아동도 교사가 일관성 있고 지속적으로 행동하면 자신을 그렇게 받아들이기 시작한다.

둘째, 아동이 관심을 가지고 있는 활동에 집중하게 하여 자기성취를 이루도록 한다. 다른 사람의 눈에는 별것이 아니어도 자신이 의미를 부여한 어떤 일을 성취할 때 느끼는 성취감은 정말 대단한 것이다. 여기에 교사의 든든한 지원이 있으면 자신감까지 갖게 된다. 예를 들어, 교사가 종이접기를 잘하는 아동의 행동에 관심을 보여주면 아동은 나름대로 성취감, 자신감을 갖게 되고 장기적으로는 열등감에서 벗어나는 힘을 얻게 된다.

셋째, 아동에게 일정한 역할을 부여하고 역할 수행에 대해 깊은 관심을 보인다. 학급 운영을 위해 필요한 일 중 아동이 감당할 만한 일을 부여하고 아동이 수행한 역할에 대하여 의논하는 시간을 갖도록 한다. 이때 아동과 친밀한 대화를 나눔으로써 아동에게 선생님이 자기에게 특별한 관심을 가지고 있다는 인상이 남을 수 있도록 공을 들인다. 이따금 둘만 아는 비밀신호를 정해 두는 것도 좋은 방법이다.

친구의 관심을 끌기 위한 절도행동

이들에게는 정상적인 방법으로 친구 사귀는 방법을 가르칠 필요가 있는데 친구관계와 관련된 사회적 기술이 그 중심 내용이 될 수 있다. 세부적으로 살펴보면, 기본적인 대화방법, 대화 시작하기와 끝내기, 놀이의 규칙 따르기, 친구에게 적절한 방식으로 부탁하기, 친구를 돕기, 친구 칭찬하기, 친구가 해 주는 칭찬 받아들이기, 잘못한 행동 사과하기, 친구의 무리한 부탁을 기분 나쁘지 않게 거절하기, 친구를 배려하며 자기감정 표현하기, 친구에게 관심과 애정 표현하기 등이다. 역할놀이를 곁들이면 학습 효과가 커질 것이며 7~8명으로 구성된 소집단상담을 활용하는 것도 바람직하다.

복수심의 표현으로서의 절도행동

아동의 내면에 깊이 자리 잡고 있는 복수심, 적개심을 다루려면 시간을 들여 본격적인 상담 활동을 전개할 필요가 있다. 먼저, 아동이 자기 안에 억압해 놓은 부정적 감정을 마음껏 쏟아 내도록 도와준다. 교사는 자유롭고 편안하게 대화할 수 있는 분위기를 만들어 주고 아동의 표현에 대해 공감적으로 반응한다. 이따금 아동이 격하고 험한 용어를 사용해도 놀라지 말고 침착하게 들어 주고 때로는 억압되어 자각하지 못하고 있는 감정이 분출되도록 감정 표현을 자극하고 격려한다. 달리 표현하면 아동의 감정을 자극해 쏟아 내도록 하고, 쏟아 낸 감정을 공감적으로 이해하여 청소해 주는 과정을 되풀이하라는 말이다. 이렇게 하면 아동의 감정은 점차 정화되어 가라앉고 굳이 절도행동에 의지하지 않고서도 자신을 표현하는 단계에 도달하게 된다. 여기에는 어떠한 내용의 말이 나오더라도 놀라지 않고 꾸준하게 들어 줄 줄 아는 교사의 상담 능력이 요청된다.

소속욕구로 인한 절도행동

여기에 속하는 아동들에게도 앞의 '친구의 관심을 끌기 위한 절도행동' 항에서 언급한 친구관계와 관련된 사회적 기술을 가르칠 필요가 있다. 아울러 도덕적 판단력을 키워 줄 필요가 있다. 아동의 도덕적 판단력을 키워 주기 위하여 교사는 여러 가지 노력을 할 수 있다. 그중 가장 많이 활용되는 것이 사회적 문제 상황(딜레마 스토리)을 주고 이를 해결하도록 하는 방법이다. 아동이 사회적 문제 상황에서 나름대로 해결책을 찾으면 사후에 토론을 한다든가 소집단을 활용함으로써 문제 상황 속에 담겨 있는 도덕적 의미를 이해시킨다. 이때 또래들의 집단 압력을 받는 상황이 담겨 있는 딜레마 스토리를 자료로 이용하여 효과를 높일 수 있다.

병적 상태로 인한 절도행동

병적 상태로 인한 절도행동의 지도는 전문가에게 의뢰하는 것이 제일 좋은 방법이다(우리나라에 절도행동 전문가가 많지 않다는 점이 아쉽다). 다만 증거가 분명할 경우 철저한 비밀을 유지하되 아동의 절도행동을 선생님이 알고 있다는 메시지를 전하도록 한다. 평소 아동의 행동을 자세히 관찰하는 일도 게을리하지 말아야 한다.

학급 운영을 통한 절도행동 관리 전략

절도행동의 예방과 재발 방지를 위하여 교사는 학급 운영 방식에도 관심을 가져야 한다. 절도행동을 다루기 위한 학급 운영 방식이 특별히 따로 있는 것은 아니지만 절도 사건이 발생했을 때 탄력적으로 대응할 수 있도록 사전 준비를 해 두는 것이 좋다. 현실적으로 도움이 될 수 있는 몇 가지 방안을 검토해 보자.

첫째, 학생들과의 만남을 일상화한다. 특별히 문제가 있을 때에만 아동들을 불러 상담하지 말고 수시로 아동들과 만나 대화한다. 번호 순이든, 키 순이든, 아동이 원하는 순서든 일정한 방법을 정해 놓고 아동들과 자주 만나도록 한다. 이렇게 만남을 일상화하면 절도 사건이 일어났을 때에도 아동들과 자연스럽게 만나서 대화를 하고 여러 가지 조치를 취할 수 있다. 간간이 소집단으로 만나 이야기하거나 집단상담 경험을 갖는 것도 만일의 사태가 발생할 때 도움이 될 수 있다.

둘째, 평상시 아동들에게 자기 물건을 스스로 챙기는 습관을 들이도록 한다. 학급 주변에 훔칠 만한 물건을 두지 않음으로써 도난 사건을 미연에 방지할 수 있다. 특히 고액의 현금을 소지하는 일이 없도록 하고 고가품은 학교에 가져오지 않도록 한다. 최근에는 학교에서 고지하는 각종 납부금을 자동 이체하는 제도가 생겨서 아동들이 직접 현금을 가지고 학교에 오는 사례가 많이 줄어들었다. 그럼에도 불구하고 고액의 현금을 가지고 다니는 아이가 있다면 교사의 사전 지도가 필요하다. 교사의 자기 물품 관리 또한 철저해야 한다. 절도 사례 중에는 교사의 지갑에서 돈을 빼 가거나 지갑을 통째로 가져가는 일이 적지 않다. 무심코 아이들의 시선이 닿는 곳에 지갑이나 가방을 놓아두고 방치함으로써 아동의 절도행동이 일어나게 하는 경우다. 담임교사는 가능하면 지갑을 몸에 지니도록 하고 귀중한 소지품은 아동들이 쉽게 접근할 수 없는 곳에 두어야 한다. 교사의 물품이 도난당하면 교사는 감정적으로 흥분하는 경향이 있다. "이놈들이 선생님의 물건에 손을 대?"라고 생각해서 강한 분노와 배신감을 느끼고 그리하여 아동들을 강압적, 감정적으로 대할 가능성이 높다. 이렇게 되면 도난 사건의 해결은커녕 교사와 학생의 관계가 악화되기 십상이다. 이런 형태의 도난 사건에는 교사의 책임도 없지 않다는 점을 인정하고 차분하게 대처해야 한다.

셋째, 도난 사건이 발생하면 학급회의에 이 문제를 올려 토론하는 기회를 갖는다. 학급회의 시간이나 아니면 특별한 시간을 정하여 아동들 스스로 도난 사건에 대해 토론하게 한다. '도난 사건과 우리 학급'이라는 주제로 절도 사건 발생에 대하여 그리고 절도 사건 재발 방지를 위하여 다양한 의견을 내놓고 대책을 협의하게 한다. 이때 교사는 토론의 목적이 물건을 훔친 아동을 찾아내려는 것이 아님을 분명히 해야 한다. 아동들의 자유로운 토론이 되도록 교사가 자리를 비울 수도 있다. 도난 사건을 학급회의에 부치는 목적의 하나는 절도행동을 한 아동 스스로 자신의 행동을 돌이켜 볼 시간을 갖도록 하는 것이다. 자신의 절도행동이 학급 아동 전체가 관심을 갖는 토의의 내용이 되는 사건은 아동으로서는 충격적인 경험이 될 수 있다. 아동이 이미 돌이킬 수 없는 도벽장애에 빠진 상태가 아니라면 이런 경험은 아동의 이후 행동에 커다란 영향을 미칠 것이다.

넷째, 수업시간에 아동의 도덕성 함양을 위한 교육을 실시한다. 국어·사회·도덕 수업에 절도행동과 관련된 내용을 포함시켜 다루도록 한다. 소설 『장발장』처럼 절도행동에 관한 문학작품이나 동화를 다룬다든가, 절도행동과 관련된 이야기의 일부를 제시해 주고 나머지 부분을 아동들이 완성하는 이야기 완성기법을 사용한다든가, 절도 사건과 관련된 역할극이나 역할놀이를 한다든가, 사회적 문제 상황(딜레마 스토리)을 제시하여 절도행동에 대한 판단력을 높여 나가는 방법 등을 활용할 수 있다. 도덕성 발달단계를 측정하는 콜버그의 척도에 담겨 있는 하인즈의 이야기가 절도 상황을 다루고 있음은 잘 알려진 사실이다.

다섯째, 학급 내에 형성된 또래집단에 문제가 있으면 적극적으로 개입한다. 절도와 비행을 일삼는 음성적 또래집단은 해체하고 건강한 성격을 지닌 또래집단이 많이 만들어지도록 노력한다. 또래집단에 대한 정보를 얻기 위하여 담임교사는 여러 가지 정보를 활용할 수 있다. 평상시 아동들의 행동을 관찰하여 서로 친한 아동들을 확인하거나, 아동들의 일기를 살피거나, 학급 건의함을 수시로 점검하거나, 교우관계도를 조사하여 학급 아동들 사이에서 일어나는 역동적인 관계를 파악하고 있어야 한다.

음성적 또래집단을 해체하려면 이 또래집단이 아동들에게 행사하는 영향력을 줄여야 한다. 이를 위해 또래집단의 리더 역할을 하는 아동의 힘을 박탈하는 방법, 또래집단이 어울릴 수 있는 시간과 장소를 빼앗는 방법, 또래집단에 참여함으로써 얻을 수 있는 소속감을 대신 만족시킬 수 있는 다른 집단을 만들어 주는 방법, 또래집단의 에너지를 학급을 위해 긍정적인 방향으로 사용하도록 안내하는 방법(예를 들어, 학급 비행 감시단으로 임명) 등을 활용할 수 있다.

건강한 또래집단을 만들어 주는 것도 좋은 방법이다. 이를 위해 교사는 의도적으로 아동들을 묶어 주는 역할을 할 수도 있다. 성격이 이질적인 학생들을 같은 모둠에 앉게 하는 방법, 모범생과 문제행동을 하는 아동을 비상구 없는 만남으로 묶어 주는 방법, 수행해야 할 과제 중심으로 아동을 나누는 방법, 소집단을 짜고 공식 명칭을 붙여 일정한 역할을 떠맡기는 방법, 취미가 같은 아동들을 함께 모으는 방법 등을 활용할 수 있다. 새로 만들어진 또래집단이 계속 유지되려면 교사의 지속적인 관심이 있어야 한다. 이따금 또래집단이 잘 기능하는지 확인하고 적절한 강화와 보상을 제공해 주도록 한다.

참고문헌

강병수(1982). 도벽성 학생 선도 방안. **충북교육**, 63, pp. 91-99.

강희선(1998). 인형놀이를 통한 사회성훈련이 아동의 수줍음과 자아존중감에 미치는 효과. 전남대학교 대학원 석사학위논문.

고려대학교부설 행동과학연구소(2000). **심리척도 핸드북 II**, 179-180. 서울: 학지사.

고려원, 오경자(1994). 부모훈련을 통한 주의력결핍-과잉활동아의 치료효과연구. **한국심리학회지: 임상**, 13(1), 217-233.

곽금주(1992). 공격영화시청이 아동과 청소년의 사회정보처리과정에 미치는 영향. 연세대학교 박사학위논문.

곽성구(1977). TAT로 본 도벽학생의 특성. 고려대학교 교육대학원 석사학위논문.

권현진, 김언지, 안준상, 이현진, 정기원, 정원엽(2002). **새내기초등교사를 위한 학급경영 길라잡이**. 서울: 양서원.

김경옥(1993). 사회적 기술훈련이 고립아동의 또래 자아개념과 주요인물 자아개념에 미치는 효과. 효성여자대학교 대학원 석사학원논문.

김대식(2003). **공부혁명**. 서울: 에듀조선.

김도석(2000). 수학과 수업과 칭찬지도의 실제. **교육연구**, 369, 59-63.

김동성 역(1992). 부모와 교사, 임상가들을 위한 어린이의 과잉행동과 **치료**. 서울: 홍익재.

김동운(1998). 자기교시의 사회적 기술훈련을 통한 고립아동의 자아존중감 향상과 대인불안 감소 효과. 영남대학교 교육대학원 석사학위논문.

김동환(2003). **서울대를 꿈꾸려면 공부방법과 습관을 정복하라 1, 2**. 서울: 서교출판사.

김동환(2004). 성적을 변화시키는 최강의 공부방법. 서울: 서교출판사.

김명선(2000). 의도적인 칭찬활동을 통한 사제간의 신뢰로운 인간관계 조성. 교육연구, 375, 375, 87-92.

김무천(1998). 교사의 칭찬 지도와 행동강화의 요령. 교육연구, 345, 44-49.

김미숙(1982). 아동의 위축행동에 관한 연구. 충북대학교 교육대학원 석사학위논문.

김미영(2000). 집단기여와 또래중재가 고립유아의 사회적 수용과 또래관계 행동에 미치는 효과. 숙명여자대학교 대학원 박사학위논문.

김병극(1996). 교사가 사용하는 칭찬·질책 용어에 관한 문화기술적 연구. 충남대학교 대학원 석사학위논문.

김상복(2004). 엄마, 힘들 땐 울어도 괜찮아. 서울: 21세기북스.

김성애(1989). 게임을 통한 고립아동의 사회성훈련의 효과. 대구대학교 대학원 석사학위논문.

김수미(1997). 학급내 인기아와 고립아의 자아개념과 대인관계 성향에 관한 연구. 울산대학교 교육대학원 석사학위논문.

김숙희, 송숙희(2003). 초등학생 학습혁명. 서울: 조선일보사.

김순희 역(1980). 부모와 아이들 사이. 서울: 종로서적.

김영진(2003). 아동·청소년 지도자를 위한 학습상담연구. 경기도 파주시: 양서원.

김영천(2000). 네 학교 이야기. 서울: 문음사.

김원중(1999). 칭찬과 꾸중의 원리, 학생생활연구, 17, 5-27.

김인식(2000). 교사의 칭찬 유형과 방법. 교육연구, 369, 28-32.

김차식(1998). 교사의 칭찬지도와 학업성취도. 교육연구, 345, 50-53.

김철수(1977). 도벽이 있는 문제아의 지도. 부산교육, 183, 141-146.

김태국(1995). 사회적 기술훈련 프로그램이 국민학교 고립아동의 자아존중감 향상 및 대인관계 불안감소에 미치는 효과. 충북대학교 교육대학원 석사학위논문.

김현옥(2002). 자아발달을 돕는 칭찬, 교육연구, 390, 63-66.

김현옥(2002). 칭찬의 미학. 교육연구, 398, 58-61.

김형태, 오익수, 김원중, 김동일(1996). 청소년 학업상담. 서울: 청소년대화의광장.

김희경, 이정숙(1990). 문제아 임상심리학. 서울: 교문사.

남미영(2004). 공부 잘하는 아이로 만드는 독서 기술. 경기도 파주시: 북 21 아울북.

남세진, 조흥식(2001). 집단지도방법론. 서울: 서울대학교출판부.

동아출판사(1994). 동아새국어사전. 서울: 동아출판사.

류주현(2000). 칭찬교육을 통한 올바른 인성함양. 충북교육, 135, 27-31.

류혜자(2003). 고립아동을 위한 친구관계기술훈련 프로그램의 효과. 부산대학교 교육대학원 석사학위논문.

민영욱(2003). 사람은 칭찬을 먹고산다. 서울: 가림출판사.

박남주(1991). 사회적 기술훈련이 고립아동의 사회적 행동과 친구수용도 및 외로움 감소에 미치는 영향. 경북대학교 교육대학원 석사학위논문.

박병호(1995). 칭찬과 격려를 통한 즐거운 교실 만들기. 교육경남, 123, 111-112.

박성수(1980). 문제행동의 교육과 치료. 서울: 배영사.

박성수, 오성심(1972). 국민학교에서의 행동수정. RB-72-5. 서울: 한국행동과학연구소.

박성수, 이성진(1995). 행동수정의 사례집. 서울: 교육과학사.

박성수, 정원식, 임승권(1984). 생활지도. 서울: 한국방송통신대학출판부.

박성연, 이숙 편역(1998). 아동지도. 서울: 중앙적성출판사.

박성희(2001). 동화로 열어가는 상담이야기. 서울: 학지사

박성희(2001). 상담과 상담학 2: 상담의 실제. 서울: 학지사.

박성희(2002). 상담과 상담학 3: 상담의 도구. 서울: 학지사.

박성희(2005). 꾸중은 꾸중답게, 칭찬은 칭찬답게. 서울: 학지사.

박원희(2004). 공부 9단 오기 10단. 경기도 파주시: 김영사.

박정숙(2001). 고립아: 그들의 학교생활. 창원대학교 대학원 석사학위논문.

박준희(1967). 도벽심리학. 서울: 배영사.

박형배 역(2001). 학습장애와 행동문제가 있는 어린이에 대한 이해와 지침. 서울: 하나의학사.

박희병(1998). 선인들의 공부법. 경기도 파주시: 창비.

서울시교육연구원(1993). 교육연구, 284, 72-77.

서울특별시교육청(2002). 학급담임 학생생활지도 핸드북: 우리 학급 생활지도 어떻게 할까?

성기선(2004). 공부의 왕도. 서울: 아이엔티 디지털.

성병창(2000). 초등학교에서 훈육문제 행동의 원인 분석. 지방교육경영, 5, 2, 221-222.

손부일(1998). 미술과 학습의 활성화와 칭찬지도의 요령. 교육연구, 345, 64-72.

송인섭(1989). 인간심리와 자아개념. 서울: 양서원.

송재환(2003). 재미와 감동을 주는 12달 학급행사. 서울: 양서원.

신봉섭(2004). 공부방법을 알면 성적이 보인다. 서울: 한언.

신연식(1995). 어린이 문제와 지도. 서울: 학문사.

신인영(2000). 초등학교 위축아동의 집단미술치료에 관한 연구. 원광대학교 교육대학원 석
사학위논문.

신현균, 김진숙(2000). 주의력결핍 및 과잉행동 장애. 서울: 학지사.

신형근(1987). 고립아동의 사회적 행동과 또래수용도에 미치는 coaching의 효과. 계명대학
교 교육대학원 석사학위논문.

신홍민 역(2003). 교사와 학생 사이. 서울: 양철북.

신휘영(2000). 고운심성을 기르기 위한 칭찬의 말. 교육연구, 369, 43-46.

심지용(2002). 전통놀이가 정신지체 아동의 고립행동 및 대인관계에 미치는 효과. 대구대학
교 특수교육대학원 석사학위논문.

안미란 역(2004). 전략적 공부기술. 서울: 들녘미디어.

안소현 역(2003). 내 인생을 바꾸는 칭찬 한 마디. 서울: 해바라기.

안순자(1974). 자녀훈육 방법으로서의 질책에 관한 연구. 이화여자대학교 교육대학원 석사
학위논문.

양광식(1999). 자기표현훈련이 고립아의 사회성에 미치는 효과. 울산대학교 교육대학원 석
사학위논문.

오계순(1980). 습관 교정 지도: 도벽성을 중심으로. 수도교육, 52, 48-54.

오순화(2003). 또래관계 개선 집단상담이 따돌림 피해 아동의 사회적 고립 극복에 미치는 효
과. 대구교육대학교 교육대학원 석사학위논문.

원창석(2000). 수업에서의 발문 전략과 칭찬. 교육연구, 369, 47-50.

유연수(2001). 사회적 고립아동의 사회기술훈련 효과에 관한 메타분석. 성균관대학교 대학원 석
사학위논문.

유재환(2000). 사회적 기술훈련 프로그램이 고립학생의 학교 적응에 미치는 효과. 공주대학
교 교육대학원 석사학위논문.

유천근(1969). 질책과 칭찬이 우수아와 열등아의 학습에 미치는 효과. 서울대학교 교육대학
원 석사학위논문.

윤명렬(2002). 자기모델링이 위축아의 행동 및 또래수용도에 미치는 효과. 인천교육대학교
교육대학원 석사학위논문.

윤태진(2002). 칭찬지도와 학습의 효율화. 교육연구, 398, 67-71.

이강이(2004). 꾸중은 이렇게, 한겨레신문 5월 3일.

이강형(2001). 초등학교 부적응 아동의 지도실태에 관한 연구. 울산대학교 교육대학원 석사
　　학위논문.

이금자(2000). 꽃나무들의 "사랑해요 · 칭찬해요" 행진. 교육연구정보, 61-66.

이누이 다카시(박혜정 역, 2002). 자녀를 현명하게 꾸짖거나 칭찬하는 부모의 지혜. 서울:
　　아침나라.

이달호(1977). 문제행동(도벽성과 부정직성)의 요인분석: 비행소년의 비행과 비교. 학생지도연
　　구, 6, 1-14.

이성진(1996). 교육심리학서설. 서울: 교육과학사.

이성진(2001). 행동수정. 서울: 교육과학사.

이순연(2004). 집단한습동기화를 위한 칭찬지도. 교육연구, 414, 72-74.

이신동, 이경화 공역(2001). 학습전략과 교육. 서울: 교학사.

이윤옥(1984). 고립아동의 사회적 기술훈련을 통한 또래아동에 미치는 영향 연구. 중앙대학
　　교 대학원 석사학위논문.

이제명(2003). 상담적 칭찬 기술. 복음과 상담, 30, 86-97.

이종락(2002). 초등학교 고립아에 대한 문화기술적 연구: 고립의 유형, 과정, 원인. 창원대학
　　교 대학원 박사학위논문.

이중석(1992). 10대의 정신병리(상). 대전: 대교출판사.

이채윤 편역(2003). 사람의 마음을 사로잡는 칭찬의 힘. 서울: 아이디어.

이천희(2002). 학습강화를 위한 보상과 벌. 교육연구, 398, 77-81.

이향숙(2002). 말하기 · 듣기 수업지도에서 효과적인 교사의 발문과 칭찬 방안. 교육연구,
　　398, 82-86.

전귀남(2004). 과잉 · 공격행동 아동에 대한 해결중심 단기상담의 사례연구: 현상학적 · 심리
　　학적 분석을 중심으로. 청주교육대학교 교육대학원 석사학위논문.

전명남(2004). 학습전략 업그레이드. 서울: 연세대학교 출판부.

전하정(1999). 초등학교 어린이 도벽에 관한 사례연구. 공주교육대학교 교육대학원 석사학
　　위논문.

정갑순(1981). 또래집단에서의 어린이의 사회성 발달에 관한 연구. 중앙대학교 대학원 석사
　　학위논문.

정보은(1987). 도벽성이 있는 어린이 지도 사례. 연구월보, 205, 35-37.

정송현(1975). 칭찬과 질책이 학업성적에 미치는 효과에 관한 연구. 경희대학교 교육대학원 석

사학위논문.

정인성, 최성희(2002). 효과적인 학습전략. 서울: 교육과학사.

정재은(2004). 똑같이 공부해도 일등하는 아이, 꼴찌하는 아이. 서울: 글송이.

정종진(1996). 학교학습과 동기. 서울: 교육과학사.

정종진(2003). 어린이 행동장애: 원인, 발달, 치료. 서울: 시그마프레스

정해균 역(2004). 신나는 회사를 만드는 칭찬의 기술. 서울: 새로운 제안.

정희연, 임무원, 서미경(1993). 병적도벽 사례. 순천향대학교논문집, 16, 2, 357-361.

조선비(2002). 칭찬을 통한 학업성취도 향상. 교육연구, 390, 53-57.

조성구 역(2000). 꾸짖는 상사가 인재를 키운다. 서울: 삶과 꿈.

조승연(2002). 공부기술. 서울: 중앙 M&B.

조용남(2002). 자아존중감 증진훈련이 선택적 함묵증 아동의 사회 · 정서적 고립 및 의사소통
　　태도에 미치는 효과. 단국대학교 특수교육대학원 석사학위논문.

조천제 역(2003). 칭찬은 고래도 춤추게 한다. 서울: 21세기북스.

채규만, 장은진, 김도연(2003). 아동치료전문가, 부모 및 교사를 위한 주의산만 아동의
　　학습 및 치료지침서. 서울: 특수교육.

천희영(1997). 아동의 사회적 철회에 관한 기초연구: 개념과 측정방법. 아동연구, 6, 6, 11-24.

청소년대화의 광장(1996). 청소년비행상담.

최대일(1998). 초등학교에서의 처벌방법에 관한 연구. 춘천교육대학교 교육대학원 석사학위
　　논문.

최재율, 김희승(1994). 집단과 리더십. 서울: 유풍출판사.

최현숙 역(2003). 말 한 마디로 사람의 기를 살리는 칭찬의 기술. 서울: 거름.

최혜경(2001). 품행장애와 주의력 결핍 및 과잉행동장애 증상을 가진 도벽 아동에 대한 단일
　　미술치료 사례연구. 경성대학교 교육대학원 석사학위논문.

추병완(2000). 교사의 칭찬과 학생의 도덕발달. 교육연구, 369, 33-37.

탈무드 공부방법 연구회 편저(2001). 우등생과 열등생은 공부방법 차이. 서울: 서교출판사.

한국교육학회(1998). 인성교육. 서울: 문음사.

한영주(2002). 협동놀이가 위축행동 아동의 사회적 행동에 미치는 효과. 대구대학교 특수교
　　육대학원 석사학위논문.

해바라기(2003). 일등하는 아이들의 과목별 공부방법. 서울: 가가 M&B.

허승희(1993). 국민학교 아동을 위한 사회, 정서적 고립척도 개발. 초등교육연구, 7, 19-34.

황영미(2000). 협동활동 프로그램을 통한 고립유아의 사회적 상호작용 행동 변화 연구. 부산
대학교 교육대학원 석사학위논문.

황정규(1984). 학교학급과 교육평가. 서울: 교육과학사.

황청자(1991). 사회기능훈련이 고립아의 급우관계형성 및 학업성취에 미치는 효과. 건국대
학교 교육대학원 석사학위논문.

Abicoff, H.(1987). An evaluation of cognitive behavior therapy for hyperactivity
children. In B. Lahey & A. Kazdin(eds.), *Advances in Clinical Child Psychology,
10*, 171-216. New york: Plenum.

Abicoff, H.(1991). Cognitive training in ADHD children: Less to it than meets the
eye. *Journal of Learning Disabilities, 24*, 205-209.

American psychological Association.(1994). *Diagnostic and statistical manual of
mental disorders*(4th ed.). Washington, DC: Author.

Antony, M. M., & Swinson, R. P.(2000). *The shyness & Social anxiety workbook:
Proven techniques for overcoming your fears.* Oakland, CA: New Harbinger
Publications.

Aramowitz, A. J., & O' Leary, S. G.(1991). Behavioral interventions for the classroom:
Implications for students with ADHD. *School Psychology Review, 20*(2), 220-234.

Barbara, B., & Eleanor, W.(1992). Attention deficit disorders and the role of the
elementary school counselor. *Elementary School Guidance & Counseling, 27*(1),
39-47.

Barkley, R. A.(1981). *Taking Charges of ADHD: The Complete authoritative guide
for parents.* 안동현, 김세실 공역(1997). 말 안 듣는 아이. 서울: 하나의학사.

Barkley, R. A.(1981). Hyperactivity. In E. J. Mash & L. G. Terdal(eds.), *Behavioral
assessment of childhood disorders.* New York: Guilford press.

Barkley, R. A.(1998). *Attention-deficit hyperactivity disorder: A handbook for
diagnosis and treatment.* New York: Guilford Press.

Barkley, R. A.(2000, 2nd ed.). *Taking charge of ADHD: The complete, authoritative
guide for parents.* 안동현, 김세실 공역(1997, 초판). 말 안 듣는 아이: 임상가를 위한
평가 및 부모 훈련교재. 서울: 하나의학사.

Beck, A. T., & Emery, G. (1985). *Anxiety disorders and phobias: A cognitive perspective*. New York: Basic Books.

Begun, R. W. (1996). *Ready-to-use social skills lessons & activities*. 응용발달심리센터 역(2002). 바로 사용할 수 있는 사회적 기술 향상 프로그램, 유아용, 초등학교 1-3 학년용, 초등학교 4-6학년용, 중·고등학생용. 서울: 시그마프레스.

Bloomquist, M. L. (1996). *Skills training for children with behavior disorders*. 곽영숙 역(2000). 행동장애 어린이를 돕는 기술. 서울: 하나의학사

Branden, N. (1992). *The power of self esteem*. 강승규 역(1994). 나를 존중하는 삶. 서울: 학지사.

Brestan, E. V., & Eyberg, S. M. (1998). Effective psychosocial treatments of conduct-disordered children and adolescents: 29 years, 82 studies, and 5,272 kids. *Journal of Clinical Child Psychology, 27*, 180-189.

Coddington, D., & Wallick, M. M. (1990). *Child psychiatry: A primer for those who work closely with children*. 진혜경, 이경숙, 박영숙 공역(2002). 소아정신의학. 서울: 학지사.

Cotton, J. L., & Cook, M. S. (1982). Meta-analyses and the effects of various reward systems: Some different conclusions from Johnson et al., *psychological Bulletin, 92*, 176-183.

Crick, N. R., & Dodge, K. A. (1994). A review and reformulation of social information-processing mechanisms in children's social adjustment. *Psychological Bulletin, 115*, 74-101.

Crozier, W. R., & Alden, L. E. (eds., 2001). *International handbook of social anxiety: Concepts, research and interventions relating to the self and shyness*. NY: John Wiley & Sons.

Dansereau, D. (1978). *Problems in primary education*. London: Routledge & Kegan

David, D. B. (1993). *Ten days to self-esteem*. 김기정, 백기청, 신미영, 양병환, 조연규, 최영회, 한창환 공역(1999). 자신감에 이르는 10단계. 서울: 학지사.

Dodge, K. A. (1980). Social cognition and children's aggressive behavior. *Child Development, 52*, 162-170.

Dodge, K. A. (1991). The structure and function of reactive and proactive aggression.

In D. Pepler & K. Rubin(eds.), *The development and treatment of childhood aggression*. Hillsdale, NJ: Earlbaum.

DuPaul, G. J., Guevremont, D. C., & Barkley, R. A.(1992). Behavioral treatment of attention-deficit hyperactivity disorder in the classroom: The use of the attention training system. *Behavior Modification, 16*, 204-225.

Ellis, A.(1962). *Reason and emotion in psychotherapy*. New York: Lyle Stuart.

Evans, M. A.(1993). Communicative competence as a dimension of shyness. In K. H. Rubin & J. B. Asendorf(eds.), *Social withdrawal, inhibition and shyness in children*(pp. 189-212). Hillsdale, NJ: Erlbaum.

Falbo, T.(1977). The multidimensional scaling of power strategies. *Journal of Personality and Social Psychology, 35*, 537-548.

Flore, T. A., Becker, E. A., & Nero, R. C.(1993). Educational interventions for students with attention deficit disorder. *Exceptional Children, 60*(2), 163-173.

Forsyth, D. R.(2001). 집단역학(서울대학교 사회심리학연구실 역). 서울: 시그마프레스 (원저 1997 출판).

Freud, A.(1965). *Normality and pathology in childhood*. NY: International University Press.

Gittleman, R.(1983). Hyperkinetic syndrome: Treatment issues and principles. In M. Rutter(ed.), *Developmental neuro-psychiatry*. New York: Guilford.

Goldman, M. J.(1998). *Kleptomania: The compulsion to steal-what can be done?* NJ: New Horizon press.

Goyette, C. H., Conners, C. K., & Ulrich, R. F.(1978). Normative Data on Revised Conners Parent and Teacher Rating Scales. *Journal of Abnormal Child Psychology, 6*, 221-236.

Hallowell, E. M., & Ratey, J. J.(1994). *Answers to distraction*. 박형배, 서완석 공역 (2000). 주의력 결핍장애에 대한 의문과 해답. 서울: 하나의학사.

Hardman, M. L., Drew C. J., & Egan, M. W.(2002). *Human exceptionality: Society, school, and family*. Boston: Allyn and Bacon.

Henggeler, S. W.(1991). *Treating conduct problem in children and adolescents: An overview of the multisystemic approach with guidelines for intervention design and implementation.* Division of Children, Adolescents and Their Families, South Carolina Department of Mental health, Charleston, SC.

Herbert, M.(1978). *Conduct disorders of childhood and adolescence.* NY: John Wiley & Sons.

Hymel, S., & Rubin, K. H.(1985). Children with peer relationships and social skills problem: Conceptual, methodological, and developmental issues. In Whitehurst, G. J.(ed). *Annals of Child Development, 2,* Greewish, Conn: JAL.

Johnson, D. W., & Johnson, R.(1989). *Cooperation and competition: Theory and research.* Edina, MN: Interaction Book Company.

Johnson, D. W., Maruyama, G., Johnson, R., Nelson, D., & Skon, L.(1981). Effects of cooperative, competitive, and individualistic goal structures on achievement: A meta-analysis. *Psychological Bulletin, 89,* 47-62.

Johnson, S. M., & Bolstad, O. D.(1973). Methodological issues in naturalistic observation: Some problems and solutiions for field research. In L. A. Hamerlynck, L. G. Handy & E. J. Mask(eds.). *Behavior change: Methodology, concepts and practices.* Champagne, Illinois: Research Press.

Jones, R. R., Reid, J. B., & Patterson, G. R.(1975). Naturalistic observation in clinical assessment. In P. McReynold(ed.), *Advances in Psychological Assessment, 3,* 42-49. San Francisco: Jossey-Bass.

Jongsma, A. E., Peterson, M., & McInnis, W. P.(2000). *The child and adolescent psychotherapy planner.* 강위영, 송영혜 공역(2002). 아동 심리치료 치료계획서. 서울: 시그마프레스

Kazdin, A. E.(1997). Practitioner review: Psychosocial treatments for conduct disorder in children. *Journal of Child Psychology and Psychiatry, 38,* 161-178.

Kipnis, D.(1984). The use of power in organizations and I interpersonal settings. *Applied Social Psychology Annual, 5,* 179-210.

Landon, S. J., & Sommers, R. K.(1979). Talkativeness and children's linguistic abilities. *Language and Speech, 2,* 269-275.

Lucker, J. R., & Molley, A. T.(1995). Resurces for working with children with attention-deficit/hyperactivity disorder(ADHD). *Elementary School Guidance &*

Counseling, 29(4), 260-279.

Mash, E. J., & Wolfe, D. A.(2001). Abnormal child psychology. 조현춘, 송영혜, 조현재 공역(2003). 아동이상심리학. 서울: 시그마프레스.

McCarney, S. B. & Bauer, A. M.(1995). The parents guide to attention deficit disorders; intervention strategies for the home. 박형배 역(1996). 주의가 산만한 자녀를 위한 부모용 지침서: 증상에 따른 가정에서의 치료 방법. 서울: 하나의학사.

McCrosky, J. C., & Daly, J. A.(1976). Teacher expectations of the communica-tion apprehension child in the elementary school. Human Communication Research, 3, 67-72.

McElory, S. L., Pope, H. G., & Hudson, J. I.(1991). Kleptomania: A report of 20 cases. American Journal of psychiatry, 148, 652-657.

McKinney, J. D., Montague, M., & Hocutt, A. M(1993). Exceptional Children, 60(2), 125-131.

Meyer, D.(1972). Psychiatric appraisals of parent and siblings of stealing. American Journal of Psychiatry, 118, 902-908.

Moreno, J. L.(1934). Who shall survive? N.Y.: Beacon House.

Moriss, R.(1990a). Attention disorders in school age children: The role of the school psychologist in diagnosis and treatment. (ERIC Document Reproduction Service No0. ED 329 060)

Moriss, R.(1990b). Children with attention disorders in school: A descriptive guide for parents and teachers. (ERIC Document Reproduction Service No. ED329 061)

Patterson, G. R.(1982). Coercive family process. Eugene, Oregon: Castalia Publishing Company.

Pelham, W. E., & Murphy, H. A.(1986). Behavioral and pharmacological treatment of attention deficit and conduct disorders. In M. Hersen(ed.), Pharmacological and behavioral treatment: An integrative approach. New York: John Wiley and Sons.

PHP Editors Group(박화 역, 2003). 칭찬 잘 하는 리더가 존경받는다. 서울: 도서출판 홍.

Rapee, R. M., & Spence S. H. Cobham, V., & Wignall, A.(2000). Helping your anxious child. 이정윤, 박중규 공역(2002). 불안하고 걱정 많은 아이, 어떻게 도와줄까?: 아동기 불안의 인지행동치료 지침서. 서울: 시그마프레스.

Reeve, R. E.(1990). Facts and fallacies. *Intervention in School and Clincic, 26*(2), 70-78.

Robinson, F. P.(1946). *Effective study.* New York: Harper

Schwartz, D., Dodge, K. A., Coie, J. D., Hubbard, J. A., Cillessen, A. H. N., Lemerise, E. A., & Bateman, H.(1998). Social-cognitive and behavioral correlates of aggression and victimization in boy's play groups. *Journal of Abnormal Child Psychology, 26*, 431-440.

Schwiebert, V. L. & Sealander, K. A.(1995). Attention deficit hyperactivity disorder: An overview for school counselors. *Elemantary School Guidance & Counseling, 29*(4), 249-260.

Thompson A. E., Morgan, C., & Urquhart, I.(2003). Children with ADHD transferring to secondary schools: Potential difficulties and solutions. *Clinical Child Psychology and Psychiatry, 8*(1), 91-103.

Thompson, C. L., & Rudolph, L. B. *Counseling Children.* 김영숙, 이재연 공역(1993). 아동을 위한 상담이론과 방법: 문제행동을 하는 아동의 생활지도. 서울: 교육과학사.

Walker, H. M.(1970). *Walker problem behavior identification checklist manual.* Western psychological Association.

Wicks-Nelson, R., & Israel, A. C.(2000). *Behavior disorders of childhood.* 정명숙, 손영숙, 양혜영, 정현희 공역(2001). 아동기 행동장애. 서울: 시그마프레스.

Winkley, L.(1996). *Emotional problems in children and young people.* NY: Cassell.

Wolpe, J.(1958). *Psychotherapy by reciprocal inhibition.* Stanford, Calif: Stanford University Press.

Zentall, S. S.(1993). Research on the educational implications of attention deficit hyperactivity disorder. *Exceptional Children, 60*(2), 143-153.

찾아보기

인명

내용

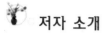 저자 소개

박성희(sukmep@hanmail.net)
　　서울대학교 교육학과(학사, 석사, 박사)
　　한국행동과학연구소 상담실 책임연구원
　　미국 위스콘신 대학교 상담학과 객원교수
　　캐나다 브리티시컬럼비아 대학교 상담학과(ECPS) 객원교수
　　현 청주교육대학교 초등교육학과 교수

◼ 저 서
　　공감(이너북스, 2009)
　　현명한 아버지가 아이의 미래를 바꾼다(가야북스, 2008)
　　마시멜로 이야기에 열광하는 불행한 영혼들을 위하여(이너북스, 2008)
　　한국 문화와 상담(공저, 학지사, 2008)
　　고전에서 상담 지식 추출하기(학지사, 2008)
　　동사섭 상담(학지사, 2007)
　　나이칸 상담(학지사, 2007)
　　모리타 상담(학지사, 2007)
　　도덕경과 상담(학지사, 2007)
　　퇴계유학과 상담(학지사, 2007)
　　논어와 상담(학지사, 2007)
　　선문답과 상담(학지사, 2007)
　　불교와 상담(학지사, 2007)
　　마음과 상담(학지사, 2007)
　　황희처럼 듣고 서희처럼 말하라(이너북스, 2007)
　　동화로 열어가는 상담이야기(학지사, 2007)
　　한국형 초등학교 생활지도와 상담(공저, 학지사, 2006)
　　꾸중을 꾸중답게 칭찬을 칭찬답게(학지사, 2005)
　　공감학: 어제와 오늘(학지사, 2004)
　　상담학 연구방법론(학지사, 2004)
　　상담의 도구(공저, 학지사, 2002)
　　상담의 실제(공저, 학지사, 2001)
　　상담의 새로운 패러다임(학지사, 2001)

담임이 이끌어 가는 **학급상담** 2판
-교사와 학생이 함께 행복한 교실-

2006년 3월 15일 1판 1쇄 발행
2007년 6월 25일 1판 2쇄 발행
2009년 7월 20일 2판 1쇄 발행
2016년 1월 20일 2판 3쇄 발행

지은이 • 박성희
펴낸이 • 김진환
펴낸곳 • (주)**학지사**
       04031 서울시 마포구 양화로 15길 20 마인드월드빌딩
대표전화 • 02-330-5114   팩스 • 02-324-2345
등록번호 • 제313-2006-000265호

홈페이지 • http://www.hakjisa.co.kr
페이스북 • https://www.facebook.com/hakjisa

ISBN 978-89-6330-155-6 93180

정가 13,000원